Andar na Vida: Prostituição de Rua e Reacção Social

Andar na Vida: Prostituição de Rua e Reacção Social

Alexandra Oliveira

Professora da Universidade do Porto,
Faculdade de Psicologia e de Ciências da Educação

2011

Reimpressão

ANDAR NA VIDA: PROSTITUIÇÃO DE RUA
E REACÇÃO SOCIAL
AUTORA
Alexandra Oliveira
EDITOR
EDIÇÕES ALMEDINA, S.A.
Rua Fernandes Tomás nºs 76, 78, 80
3000-167 Coimbra
Tel.: 239 851 904 • Fax: 239 851 901
www.almedina.net • editora@almedina.net
DESIGN DE CAPA
FBA.
PRÉ-IMPRESSÃO, IMPRESSÃO E ACABAMENTO
G.C. – GRÁFICA DE COIMBRA, LDA.
Palheira Assafarge, 3001-453 Coimbra
producao@graficadecoimbra.pt
Outubro, 2011
DEPÓSITO LEGAL
330998/11

Apesar do cuidado e rigor colocados na elaboração da presente obra, devem os diplomas legais dela constantes ser sempre objecto de confirmação com as publicações oficiais.
Toda a reprodução desta obra, por fotocópia ou outro qualquer processo, sem prévia autorização escrita do Editor, é ilícita e passível de procedimento judicial contra o infractor.

 GRUPOALMEDINA

BIBLIOTECA NACIONAL DE PORTUGAL – CATALOGAÇÃO NA PUBLICAÇÃO
OLIVEIRA, Alexandra Maria da Silva, 1969-
Andar na vida: prostituição de rua e reacção social
ISBN 978-972-40-4443-9
CDU   316

Ao Mica.

INTRODUÇÃO GERAL

A prostituição é frequentemente analisada a partir de ideias estereotipadas e simplistas que carecem de conhecimento e de uma atitude compreensiva. Os preconceitos sobre a prostituição e as pessoas que se prostituem exigem uma confrontação com concepções fundamentadas na realidade e que mostrem a diversidade de actores, de práticas, de motivações, de experiências de vida, de significados, de contextos e de condições de trabalho das pessoas envolvidas. Aos desconhecimentos e simplismos falta-lhes uma visão aprofundada e baseada na complexidade deste fenómeno social.

Neste livro, procuro contrariar preconceitos e estereótipos dando a conhecer o mundo da prostituição de rua e dos actores que o *habitam*, em particular das mulheres prostitutas, mas também de transexuais. Fiz uma investigação que incidiu sobre os contextos da prostituição de rua e as pessoas que a praticam, bem como sobre outros actores, tais como os clientes e os companheiros, mas salientei igualmente a reacção social ao fenómeno. Optei pelo estudo da prostituição de rua urbana em contexto e, por isso, escolhi o método etnográfico, com a imersão no terreno e a observação participante que ele implica, porque queria conseguir uma abordagem *de dentro* do fenómeno. Pretendi uma aproximação ao objecto que permitisse abarcá-lo lá, onde ele se situa e, na medida do possível, experienciar as diversas vivências dos seus actores. Quis ouvi-los e captar os significados que dão às suas vidas, de forma directa e sem pré-juízos, encarando-os como actores capazes de se analisarem e de encontrarem sentido no seu devir.

A investigação científica recente, na área das Ciências Humanas e Sociais, tem dado um contributo importante para contrariar as acepções mais redutoras sobre a prostituição. Tem-no feito através de investigações de carácter proximal, obtendo resultados empíricos que remetem para a sua complexidade, e ainda pelo próprio envolvimento e comprometimento de muitos dos seus investigadores quando colocam o seu saber ao serviço da sociedade.

Depois de esquecida pela ciência enquanto objecto de estudo, durante parte do século XX, e recuperada após o aparecimento da SIDA, a prostituição ressurgiu nas investigações e nos discursos científicos com métodos mais compreensivos e desenhos de estudo mais abrangentes. As abordagens científicas ao fenómeno deixaram de estar circunscritas às mulheres prostitutas e ao contexto da prostituição de rua. Os prostitutos homens, transexuais e travestis, os clientes e outras formas de trabalho sexual (como o que é efectuado nas linhas de telefone eróticas, o *strip tease*, as massagens eróticas ou o trabalho das acompanhantes) passaram a surgir nas investigações e a sua pertinência a ser reclamada. As prostitutas de rua, investigadas pela ciência desde que esta se começou a interessar pela temática e, tantas vezes, durante tanto tempo, tomadas pelo todo, são assim secundarizadas em benefício da desocultação de outros actores e dimensões do fenómeno.

Nos objectivos dos meus trabalhos anteriores, havia deslocado os meus interesses da prostituição de rua (Manita & Oliveira, 2002) para o que designei de trabalho sexual de interior, abarcando a prostituição praticada em bares, apartamentos ou hotéis, o alterne e o *strip tease* (Oliveira, 2004a). Com o actual trabalho, *regressei* à prostituição de rua, destacando a sua presença na cidade. Efectuei-o porque esta forma clássica do sexo comercial sofreu transformações e demonstrou incremento e diversificação da oferta. Um acréscimo do número de mulheres, homens e transgéneros[1], de diferentes idades e nacionalidades, a trabalhar em diferentes locais, alterou a prostituição de rua.

Foram estas transformações que eu quis conhecer. Que prostituição de rua é esta, hoje, no século XXI? Quem são os seus actores? Como se relacionam? Que trajectos de vida têm? Como são as suas famílias? O que é ser-se prostituta de rua? Qual é a regularidade das chamadas vítimas de tráfico e exploração sexual? Quem são as estrangeiras e estrangeiros que fazem prostituição de rua? Que papel têm os exploradores neste trabalho? Que funções desempenham as instituições na resolução dos problemas que enfrentam estas mulheres e homens? Como se relacionam as prostitutas e prostitutos com a restante população? E com o resto da cidade? Estudar a prostituição, designadamente a de rua, pareceu-me ser, hoje, uma possibilidade de caracterizar um fenómeno em mudança. Ainda mais, em Portugal, onde escasseiam os estudos científicos nesta área.

Os aspectos mais negativos e estereotipados sobre o trabalho sexual, em geral, e a prostituição de rua, em particular, têm sido evidenciados pelas diferentes vozes que *dizem* o trabalho sexual. Os diversos discursos – mediático, institucional, popular e algum do discurso científico – têm limitado o seu âmbito à pobreza, à marginalidade, à degradação, à droga e à doença. Actualmente, o tema tem ganho

---

[1] A palavra transgénero abrange todas as pessoas que desafiam as fronteiras de género, incluindo travestis (ou *cross-dressers*), transexuais, *drag queens* ou *drag kings*, entre possíveis outros.

visibilidade por via da retórica da luta contra o tráfico e a exploração sexual. Parece-me, porém, que à semelhança do que aconteceu no século XIX, com a sífilis, e no século XX, com a SIDA, é, agora, a imigração clandestina que vai incitar a produção científica, por via da preocupação dos poderes com a ordem social. A prevenção da imigração (clandestina), reconceptualizada no discurso da luta contra o tráfico e a exploração sexual, legitima as acções de perseguição dos imigrantes. E a ciência, ou a vontade de saber, como diria Foucault (1988), corre o risco de se desenvolver, nesta área, em ligação íntima com o poder. O poder incita o saber porque o saber é criador de poder.

Nesta investigação, com o método que utilizei e as variáveis que analisei, pretendi olhar criticamente os discursos, por vezes, dominantes e, quase sempre, simplistas, e dar o meu contributo para uma visão mais compreensiva e abrangente, que tem vindo a ser construída pela Ciência sobre a prostituição e os actores que a praticam.

Sem me tentar pelo equívoco da glorificação do trabalho sexual e reconhecendo os constrangimentos, nomeadamente estruturais, que sustentam muito do envolvimento no comércio do sexo, optei por salientar as capacidades humanas de auto-determinação. Identifico aspectos negativos no trabalho sexual, como o estigma e a violência, mas compreendo que, para muitas mulheres, homens e transgéneros, a entrada e manutenção na prostituição surgem como uma oportunidade de melhorar a sua vida e uma procura pessoal de dignidade.

Apresento os factos tal como eles me foram dados a conhecer, quer pela observação directa que fiz, quer pela forma como os sujeitos os *contaram* ao longo da minha permanência no terreno. E o que eu vi põe em causa muita da representação social sobre a prostituição.

Estes dados não existem independentemente de mim: o que consta deste trabalho é a minha própria visão e interpretação destas pessoas e deste mundo. Porém, tentei representar de forma exacta, tanto quanto possível, os acontecimentos que observei e nos quais estive envolvida. Na organização e interpretação dos dados – e as interpretações são as traduções que eu fiz da realidade -, pretendi ser fiel aos aspectos que me foram evidenciados. Apoiando-me no material empírico que obtive, e articulando-o com os resultados de outras pesquisas, tentei dar sentido à porção da realidade que estudei.

Orientações epistemológicas e teóricas
O paradigma é, segundo Kuhn (1994), a grelha de leitura conceptual pela qual os cientistas enquadram os fenómenos. Dito de outro modo, o paradigma diz respeito à visão do mundo que norteia o trabalho científico e pretende responder às seguintes perguntas (Guba & Lincoln, 1989): qual é a natureza da realidade, qual é a relação

entre o investigador e aquele que é investigado, qual é o papel dos valores, qual é a linguagem da investigação e como se processa a pesquisa? Em resposta a estas questões, Guba e Lincoln (1989) defendem que, nas investigações qualitativas, a natureza da realidade é compreendida como subjectiva e múltipla e que os investigadores tentam diminuir a distância entre eles e os investigados, reconhecem que a pesquisa é guiada por valores e que o enviesamento ocorre, escrevem num estilo literário informal, aplicando termos qualitativos, usam uma lógica indutiva, estudam em contexto e utilizam um desenho de investigação emergente. É assim que entendo a investigação.

Para o paradigma científico que enquadra este trabalho, designado de construtivista, mas também de interpretativo ou hermenêutico, por oposição aos paradigmas tradicionais da ciência, a realidade não é tomada como algo externo e verdadeiro (Guba & Lincoln, 1989; Denzin & Lincoln, 1998). Para o paradigma em que se situa esta investigação, investigador e investigado são interdependentes; mais do que observador neutro e objecto de inquirição, respectivamente, como é sugerido no paradigma da ciência natural (Pidgeon & Henwood, 1997).

A constatação de que a mera presença do observador provoca alterações na realidade a estudar obriga à análise desses transtornos para se poder compreender o objecto. Assim, não parece possível seguir a via da objectividade, o que se pode ambicionar na investigação não é a procura ou a descoberta da verdade, mas uma interpretação da realidade. Uma versão da realidade filtrada pela nossa visão e orientada pelos nossos valores.

A tradição interpretativa assenta no conhecimento *de dentro* e os objectivos da sua análise são a descrição, explicação e compreensão das experiências vividas pelas pessoas, ou seja, desenvolvem-se análises desde o ponto de vista da pessoa que experiencia (Charmaz, 1995). Segundo Denzin (1998), a investigação é organizada através de uma postura hermenêutica dialógica, fundamentada em descrições densas da acção e da experiência subjectiva em situações naturais e, continua, uma boa interpretação construcionista é baseada numa amostragem intencional (teórica), é gerada a partir do terreno (*grounded*), a análise de dados é indutiva e as interpretações são idiográficas (contextuais).

Em suma, no que respeita às questões epistemológicas da base, neste estudo, opera-se um afastamento da lógica hipotético-dedutiva e da metodologia quantitativa da ciência positivista e adopta-se o pensamento interpretativo, contextual e de abordagem qualitativa do paradigma construtivista. A interpretação, a subjectividade, a aproximação e interacção entre sujeito e objecto e a transgressão metodológica são conceitos chave incorporados na investigação e responsáveis pelo tipo de conhecimento que geram: o conhecimento parcial, situado e *grounded*.

No que concerne à bússola conceptual que o orienta, este trabalho insere-se na tradição da etnografia urbana da desviância, recorrendo à abordagem do interaccionismo simbólico enquanto grelha de interpretação do fenómeno a estudar. Igualmente, a abordagem fenomenológica, especificamente as teorias do actor social, têm aqui importância na interpretação dos comportamentos de venda de sexo comercial e dos percursos de vida dos seus actores. São estes os quadros teóricos que considerei como linhas orientadoras deste trabalho. Analisemos cada uma deles e a justificação da sua importância.

O termo interaccionismo simbólico diz respeito a uma abordagem específica do estudo do comportamento humano e da vida em sociedade, e foi gizado por Herbert Blumer, em 1937, por influência de George H. Mead para quem o *self* pessoal, embora intencional e criativo, era um produto social. De acordo com Blumer, no livro *Symbolic interactionism* (1986), o interaccionismo simbólico tem três premissas básicas: a primeira diz que o ser humano se comporta em relação às coisas em função do significado que estas têm para ele; a segunda defende que os significados dessas coisas são produtos sociais, isto é, derivam da interacção que cada um tem com os demais; por último, na terceira premissa, diz-se que esses significados são tratados e modificados pela pessoa através dum processo interpretativo quando esta lida com as coisas com que se confronta.

Para a abordagem interaccionista simbólica a acção humana ocorre sempre numa situação que confronta o actor e este actua com base na definição que faz dessa situação. O interaccionismo simbólico apresenta, assim, uma visão do mundo que enfatiza a base social do comportamento humano e que, simultaneamente, acentua a variabilidade das respostas individuais nas situações sociais. Para o interaccionismo, o comportamento, mais do que ser determinado por forças *externas*, é resultado da interpretação que cada sujeito faz em situação de interacção social. O que significa que as pessoas interpretam a realidade, não lhe respondem de forma automatizada. O ser humano interage consigo mesmo e, neste sentido, não é um mero organismo respondente, mas actuante: um organismo que molda uma linha de acção com base nas indicações que dá a si mesmo, não se limitando a responder aos factores que actuam sobre ele, o que quer dizer que o indivíduo se confronta com um mundo que tem que interpretar em vez de actuar num ambiente ao qual ele responde devido à organização deste (Blumer, 1986).

O interacccionismo simbólico é uma teoria de grande alcance que atravessa várias áreas disciplinares e, de entre as diversas investigações que utilizaram esta corrente, destaca-se, para este estudo, a importância dos trabalhos de Goffman (1963) sobre o estigma, de Becker (1963) e de Cohen (1987) sobre o *labelling* e a reacção social e de Sykes e Matza (1996) e Matza (1964) sobre as técnicas de neutralização e a ideia de que os delinquentes não são diferentes das restantes pessoas, escolhendo ficar num limbo entre o convencional e o crime (ou a norma e o desvio).

Questões que, em exercícios anteriores, me apareceram centrais para a análise da prostituição.

O interaccionismo simbólico tem servido, então, de grelha às investigações da área da Sociologia da desviância, como um quadro teórico de referência para a compreensão dos comportamentos em estudo. Já na Criminologia, as teorias do actor social, assim chamadas por se debruçarem sobre os fenómenos a partir da noção de actor social, têm servido de grelha interpretativa dos fenómenos transgressivos, particularmente dos criminais. Eis, a segunda orientação teórica desta investigação, conceptualmente situada em contiguidade com a primeira.

Segundo Manita (1997), as teorias do actor social ligam-se com a análise do vivido do transgressor e do seu percurso transgressivo. Esta investigadora defende que é a partir de uma abordagem construtivista e fenomenológica do autor da acção e da evolução temporal que se procura determinar o sentido que a transgressão comporta para os seus actores.

A noção de actor social, embora tenha lugar numa certa tradição psicológica, foi concebida por A. Torraine, passando a ser utilizada sobretudo pela Sociologia. Este conceito, tal como o concebe Debuyst (1990), implica três condições: uma, que o sujeito não é um ser passivo, resultado de determinismos; a segunda, que o sujeito é dotado de um ponto de vista próprio, dependente da posição que ele ocupa no quadro social (o que não permite que ele seja considerado completamente livre – Digneffe, 1997), da sua história e dos projectos em torno dos quais as suas actividades se organizam; por último, é no quadro societal ou das inter-relações que o sujeito é chamado a ser actor.

Para Digneffe (1990), a grelha de leitura do actor social pode ser fecunda para uma compreensão das condutas da transgressão, pois supõe uma visão do mundo social que é dinâmica, histórica e não determinista. A noção de actor social supõe, segundo ela, uma representação do actor que transgride como alguém inserido numa história e que manifesta nas suas relações as regras das quais ele participa, mas mostra igualmente que não existe um sentido único para todas as condutas transgressivas.

Christian Debuyst e Françoise Digneffe são dois dos mais destacados entre os representantes desta corrente no estudo do crime e da transgressão e que, designadamente, influenciam as interpretações efectuadas no âmbito deste trabalho.

Para Debuyst, a delinquência deve ser analisada a partir de três aspectos principais: (a) A posição que o indivíduo ocupa na sociedade; (b) Os processos que daí resultam, assim como as características contextuais e as diversas interacções que experimenta; (c) As características da personalidade do indivíduo (Manita, 1997). Assim, a noção de processo, por oposição à de causalidade, passa a ser central – sendo o processo a acção que toma lugar num determinado tempo e contexto.

Françoise Digneffe (1989), inspirada nos trabalhos de Durkheim e Piaget, vê a moral não como um conjunto de regras de conduta (que definem o que está certo e o que está errado), mas como uma gestão de vida no interior de um sistema de regras que adquirem estatutos e níveis de significação diferentes consoante os projectos que cada indivíduo adopta. Para Digneffe (1989), o sujeito é simultaneamente *actuante* e *agido*[2]. O ser humano constitui, para esta autora, um enigma prático: por um lado, não pode sobreviver sem ser nas e pelas instituições, onde é confrontado com tudo o que é da ordem do instituído; por outro lado, se as instituições são o que institui as liberdades, então o ser humano também participa do *instituir*. Para efectuar uma análise da relação dos indivíduos com as instituições é preciso ter em conta a posição que ele ocupa na instituição e as relações desiguais que aí se manifestam necessariamente. O ponto de vista sobre a norma depende sem dúvida, em parte, dessa posição e há talvez posições nas quais, no limite, a transgressão aparece como o único modo de sobrevivência possível. Assim, para esta autora a delinquência pode ser uma forma de gestão de vida escolhida pelo indivíduo – sem cair no que diz ser o erro da *ficção do livre arbítrio*, pois o sujeito gere-se entre as suas opções e os constrangimentos contextuais.

Ambas as grelhas teóricas, interaccionismo simbólico e teoria do actor social, encaram o indivíduo como um ser activo no quadro das inter-relações sociais: é ele que define e interpreta as situações sociais nas quais se envolve. Concebem, portanto, a pessoa como actuante, em contexto e com capacidade para dotar o mundo de sentido.

O objecto
O objecto da minha investigação é a prostituição de rua. Mais especificamente: o estudo da prostituição de rua operacionalizado em diversos objectivos que pretendem servir de indicadores sobre a sua organização, dinâmicas e aspectos quotidianos, sobre os seus actores e as relações que se estabelecem entre eles, muito particularmente sobre as vidas pessoais, laborais e familiares das pessoas que se prostituem e, ainda, sobre a forma como a sociedade reage a esta actividade. Delimite-se, conceptualmente, este objecto e faça-se uma revisão da forma como as ciências o têm estudado, antes de se passar à enunciação dos objectivos do trabalho.

A noção de prostituição tem evoluído ao longo dos tempos. Desde os primeiros estudos, realizados no século XIX, por médicos higienistas, que os seus autores tentaram definir o fenómeno – de Parent-Duchâtelet (1981), em 1836, em França, a Santos Cruz (1984), em 1841, em Portugal. Para estes cientistas, a prostituição era

---

[2] "Le sujet est à la fois «actant» et «agi»" (p.102). Digneffe (1989) concebe o sujeito desta forma a partir da articulação de duas grelhas de interpretação da consciência moral, a durkheimiana – moral heterónoma – e a piagetiana – moral autónoma.

praticada por mulheres reconhecidas como tal, o que fazia do sexo feminino e da notoriedade pública condições necessárias. Estas primeiras definições de prostituição caracterizavam-se ainda pela conotação moral negativa – a prostituição é "o gozo sensual por depravação de costumes", dizia D'Azevedo (1864, p. 9), por exemplo. Mais tarde, surgiram outras expressões, como meretriz e tolerada (Fonseca, 1902) e, cronologicamente, as definições evoluíram deixando cair as apreciações de cariz moralista.

Na última metade do século XX, as definições foram incluindo mais elementos para tentar abarcar actos e actores que anteriormente estavam excluídos. Por exemplo, Corbin (1978) refere quatro critérios: hábito e notoriedade; venalidade; ausência de escolha; e ausência de prazer ou de qualquer satisfação sensual pela pessoa que se prostitui. E Henriques (1962 *cit in* Pryen, 1999a) defende que a prostituição consiste em todos os actos sexuais, incluindo os que não compreendem a cópula, usualmente praticados por indivíduos com outros indivíduos, sejam do seu próprio sexo ou do sexo oposto, por um motivo não sexual; e ainda que actos sexuais com animais ou objectos, praticados com objectivo de lucro por um ou mais indivíduos, e que produzem no espectador qualquer forma de satisfação, podem ser considerados como actos de prostituição. Diz ainda este investigador que a implicação emocional pode ou não estar presente – o que contraria outros autores, como McCaghy (1985) e Clinard e Meier (1985) que defendiam que a prostituição se caracterizava pela indiferença emocional entre as partes envolvidas.

A tendência actual é a da simplificação do conceito, com expressões como compra e venda de serviços sexuais por pagamento em dinheiro (Høigård & Finstad, 1992), troca de dinheiro por sexo (O'Neill, 1997) ou actos sexuais por ganho monetário (Murphy & Venkatesh, 2006).

Nos anos 70 do século XX, opera-se uma mudança significativa na concepção destes comportamentos com o surgimento do conceito de trabalho sexual. Esta noção, proposta por Carol Leigh, uma prostituta e activista dos EUA, aspirava à abrangência e à desestigmatização. A prostituta deixava de ser a *desviante social* ou a *escrava sexual* e passaria a ser a trabalhadora sexual (Oliveira, 2004a). O termo trabalho sexual implica que se considera tratar-se de uma actividade de prestação de serviços sexuais. O que implica a defesa da profissionalização destas actividades, sem estigma, e de forma a dignificar este trabalho exercido por mulheres, homens e transexuais.

O trabalho sexual relaciona-se, então, com serviços, desempenhos ou produtos sexuais comerciais (prostituição, pornografia, *strip tease*, danças eróticas, chamadas eróticas) (Weitzer, 2000). A prostituição é apenas uma das formas de trabalho sexual, incluindo-se sob esta designação uma série de actividades que ultrapassam os limites da prostituição, mas que, de alguma forma, se relacionam com o sexo ou o erotismo e com o objectivo de ganhar dinheiro (Oliveira, 2004a).

À semelhança do que sugeri em trabalho anterior (Oliveira, 2004a) e agora reformulo, trabalho sexual será uma actividade comercial de prestação de serviços em que é desempenhado um comportamento com um significado sexual ou erótico para quem compra. Incluída no trabalho sexual está, pois, a prostituição que é o desempenho comercial de relações sexuais (vaginais, orais, anais ou masturbatórias), entre outras actividades com conotação sexual.

Entende-se que esta transacção de serviços sexuais é entre adultos e com consentimento. Quando não há consentimento, trata-se de violência, abuso ou escravatura sexual e não de trabalho sexual. Os casos que envolvem crianças configuram situações de abuso sexual de menores.

O trabalho sexual é multiforme, compreende diversos tipos de actores e desenrola-se em múltiplos contextos. Há trabalhadores do sexo femininos, masculinos e transexuais; a sua orientação sexual pode ser hetero, homo ou bissexual; podem ter idades, nacionalidades e características étnicas muito diversificadas. As condições de trabalho e as relações que os actores implicados estabelecem entre si (trabalhadores do sexo, clientes, gerentes de casas de prostituição, exploradores, ...) também se diferenciam bastante nas suas características: os trabalhadores do sexo podem ter mais ou menos controlo sobre as suas condições de trabalho e maior ou menor autonomia relativamente a empregadores ou outros.

O tipo de trabalho efectuado e os contextos de realização deste também são muito variáveis. Há prostitutas e prostitutos de rua, acompanhantes, *call girls*, *strip teasers*, alternadeiras, dominadoras e dominadores, operadoras de linhas de telefone eróticas, actrizes e actores de filmes pornográficos e massagistas e modelos eróticos. Os contextos em que operam são igualmente diversos: apartamentos privados, casas de massagens, hotéis, bares, clubes, saunas, empresas de chamadas eróticas, contextos da indústria pornográfica e, ainda, a rua. Nos últimos anos, esta diversificação expandiu-se de forma evidente, tendo as tecnologias da informação permitido o surgimento de novas formas de trabalho sexual que se desenrolam em contextos anteriormente inexistentes – como exemplo, tome-se a venda de serviços eróticos pela Internet através da utilização de uma *web cam*.

No que respeita à prostituição, a tipologia que tradicionalmente foi a mais utilizada decompõe as pessoas que se prostituem pelo local onde trabalham, sendo habitual dividir-se esta actividade em prostituição de rua e prostituição de interior. Neste grupo, estão as actividades que decorrem nos contextos que referimos em cima e que incluem desde os apartamentos privados aos hotéis. No primeiro grupo encontram-se as pessoas que solicitam os clientes na rua, seja nos centros urbanos, nas periferias das cidades ou em rodovias de ligação que passam por zonas verdes, como matas ou parques.

Tal como veremos na monografia de terreno, estas categorias nem sempre são estanques. Há actores e trabalhos de prostituição claramente diferenciados, habitando mundos diferentes e tendo experiências díspares, como serão os casos mais extremados da *call girl* de meio sócio-cultural favorecido e detentora de grande capital cultural e económico, por um lado, e da prostituta de rua degradada e excluída social e economicamente, por outro. Mas existem outros casos em que a divisão entre rua e interior não existe, pois há mulheres e homens que trabalham nos dois contextos, mulheres que angariam os clientes às janelas das casas em que trabalham ou outras que colocam anúncios em jornais, prostituindo-se em hotéis e/ou apartamentos e, simultaneamente, estão numa pensão que acolhe prostitutas de rua.

Na cidade do Porto, a prostituição de rua desenvolve-se em vários territórios distribuídos espacialmente. Quer estejamos no centro, quer na periferia da cidade, podemos encontrar zonas onde se pratica a prostituição. Na periferia decorre sobretudo junto das grandes vias de acesso. Podemos dizer que a prostituição se desenvolve em quatro tipo de zonas: residenciais, predominantemente comerciais, próximo de zonas verdes e em vias de passagem de tráfego automóvel.

A transacção sexual comercial que se segue à solicitação na rua pode decorrer em pensões (com predominância destas) ou nos carros dos clientes, se se trata do centro da cidade, ou ao ar livre no caso das periferias e rodovias de ligação. Actualmente, fora das cidades, algumas mulheres utilizam carrinhas pessoais onde têm as relações sexuais pagas.

O conhecimento científico

No século XIX, em Portugal como noutros países, teve início o estudo sobre a prostituição. Estas primeiras investigações, originárias da medicina higienista, tinham como preocupação fundamental o controlo da sífilis, centravam-se sobretudo na descrição e, se teciam explicações, elas eram causais e lineares. Dê-se como exemplo, o primeiro estudo português, efectuado por Santos Cruz (1984), em 1841, sob encomenda dos poderes régios. Este médico encontrou nas prostitutas características que permitiam distingui-las das restantes mulheres – a obesidade, a voz rouca, a falta de higiene, ter doenças como a sífilis e a sarna, ... – e descobriu características consideradas causas da entrada na prostituição, que incluíam experiências sexuais desregradas antecedentes, a preguiça, a vaidade, a cobiça do luxo, a sedução e o engano por parte dos amantes, a miséria e a pobreza, uma inclinação natural e a falta de vergonha, entre outras. Este, tal como outros investigadores que lhe sucederão – e.g. D'Azevedo (1864), Ângelo Fonseca (1902), Egas Moniz (1906), Crespo (1944) -, além de descreverem as diferenças fisiológicas e comportamentais das mulheres que se prostituíam, explicaram a sua entrada na prostituição pelo estabelecimento de causas individuais, embora reconhecendo que na sua génese se encontravam questões sociais.

As causas sociais vão adquirindo evidência, muito embora ligadas a aspectos biológicos. Em 1928, Guimarães, do Instituto de Criminologia do Porto, argumenta que a prostituição é o resultado de condições económicas, socialmente desiguais e injustas, que devem ser compreendidas em articulação com a degenerescência, tal como defendia Lombroso. No mesmo sentido, Fonseca (1964) enumera causas familiares e causas individuais, numa investigação em que agrupa as razões da entrada na prostituição a partir de relatos de mulheres prostitutas.

Depois, em Portugal, os estudos sobre o tema escasseiam. À excepção do *Puta de prisão*, de Isabel do Carmo e Fernanda Fráguas (1982), um trabalho que caracteriza um grupo de 50 mulheres presas pelo crime de prostituição[3], na segunda metade do século XX não se produziram trabalhos de relevo sobre esta temática. Será necessário esperar pelo início do séc. XXI para que a comunidade científica portuguesa volte a demonstrar interesse pela temática da prostituição e outros trabalhos sexuais.

Mas volte-se um pouco atrás, à primeira metade do século XX e à investigação que era efectuada no estrangeiro. Nesta altura, além da medicina, o saber passa para outros domínios: a Criminologia, a Antropologia, a Sociologia e a Psicologia começaram a interessar-se pela prostituição. A Sociologia, por exemplo, foi um dos domínios científicos que analisou a prostituição, preocupando-se com os factores externos que influenciavam o indivíduo. De acordo com Perkins (1991), a partir de uma revisão de literatura, a investigação sociológica inicial era sobretudo teórica e Kingsley Davis, um dos mais conhecidos académicos de uma das suas escolas fundamentais, o funcionalismo, terá sido o primeiro a dar atenção à prostituição. Segundo esta autora, Kingsley Davis estava preocupado com a natureza da relação entre os comportamentos *normais* e os comportamentos *desviantes*, e defendia que a prostituição tinha, a par do casamento, uma importante função social ao ajudar a atenuar a repressão sexual masculina. Em 1937, Davis concluiu que a prostituição devia ser apelidada de desviante, mas, mais tarde, defendeu que a troca de sexo por dinheiro pelas prostitutas não era intrinsecamente diferente daquilo que fazem as mulheres que permitem o acesso ao seu corpo no casamento por segurança económica

Outro autor da área da sociologia, da corrente interaccionista simbólica, com contributos importantes na análise da prostituição foi William I. Thomas. O seu "The unadjusted girls" (1923) é um trabalho *avant la lettre* para aquele início de século. Ele defende algo do qual ainda hoje muitos duvidam: que as prostitutas são mulheres normais que passam por estilos de vida desviantes. Ele salienta que muitas das mulheres entram na prostituição influenciadas pelas suas circunstâncias sociais (eram pobres, provinham de relações familiares instáveis e eram imigrantes) e

---

[3] Entre 1963 e 1982, a prostituição era crime, em Portugal.

que existe uma sobre-determinação dos interesses económicos, na medida em que estes são convertíveis em novas experiências, segurança e reconhecimento. Thomas advoga que os desejos individuais podem entrar em conflito com os desejos da sociedade, isto é, as definições de cada indivíduo podem entrar em choque com aquilo que a sociedade espera dele. Por isso, só compreendendo o comportamento como um todo podemos apreciar a insucesso de certos indivíduos para se adaptarem aos padrões habituais.

Um trabalho clássico da escola de Chicago é o *The taxi-dance hall*, de Paul G. Cressey (1972), de 1932. Este, embora não exactamente sobre prostituição, ajustar-se-ia hoje à designação de trabalho sexual, pois refere-se a uma actividade muito semelhante à praticada pelas alternadeiras[4]. Os salões de *taxi-dance* surgiram, em 1913, nos EUA, sendo locais onde as mulheres eram pagas para dançar com homens-clientes, usualmente numa base de comissão de 50/50 – metade do dinheiro gasto pelos clientes ia para os proprietários e a outra metade para as mulheres. Elas eram remuneradas por dançarem durante um curto período de tempo, havendo um preço fixo por dança, sendo um exemplo claro de troca de dinheiro por companhia[5]. Cressey defendeu que era um mundo mercenário e silencioso, em que a companhia feminina era vendida a um preço agradável, havendo pouca conversa – a conversa, de resto, não parecia uma arte muito desenvolvida nestes salões de *taxi-dance*. Alguns homens dançavam por puro divertimento, mas outros, uma minoria, esperavam pela hora do fecho para tentarem *um encontro* com a rapariga[6]. Estes clientes eram quase todos imigrantes e desejavam uma companhia feminina na ausência dos seus familiares.

Quanto às dançarinas, as mais populares, conseguiam ganhar, em algumas horas, duas ou três vezes mais do que ganhariam por estar o dia todo numa fábrica, de maneira que o *taxi-dance hall* acautelava, de forma satisfatória, os principais interesses e desejos das jovens raparigas que saíam de casa: os desejos de reconhecimento, estatuto, intimidade e excitação. Cressey diz que estas dançarinas de *taxi-dance* eram provenientes de famílias onde existiam conflitos graves, lares desfeitos, pais/mães psicopatas, pais/mães fanáticos religiosos e que desenvolviam um modo de

---

[4] A alternadeira é uma empregada de bar que tem como objectivo convencer os clientes a oferecer-lhe bebidas, em troca de conversa e companhia, recebendo uma percentagem do dinheiro que o cliente dispender.
[5] Porquê o termo *taxi-dance hall*? Cressey (1972) explica que, tal como no caso do condutor de táxi com o seu carro, nestes contextos as mulheres são para aluguer público e são pagas em função do tempo dispendido e dos serviços prestados.
[6] Tal como fazem, actualmente, alguns clientes dos bares de alterne em relação às mulheres que aí trabalham, quando tentam comprar-lhes serviços sexuais fora do seu horário de trabalho, sobretudo no final da noite.

vida não convencional, passando por uma série de estágios, que podiam culminar na prostituição.

A Psicologia foi outra das ciências a ocupar-se da mulher prostituta e das suas razões de entrada na actividade. O perfil psicológico clássico da prostituta descrevia uma mulher sexualmente frígida, com uma infância marcada pela privação e o abuso, que era hostil em relação aos homens e uma lésbica latente ou assumida (Pheterson, 1989, apoiando-se em vários autores como Glover, Greenwald, James e Kemp).

Segundo uma revisão de literatura de Vanwesenbeeck (2001), a vitimização na infância aparece em vários estudos, na segunda metade do século XX, como um factor explicativo da prostituição: as pesquisas iniciais sobre o abuso físico e sexual das mulheres revelaram uma percentagem relativamente alta de prostitutas entre as vítimas de abuso na infância e, adicionalmente, evidenciaram uma proporção relativamente elevada de vítimas de abuso sexual entre as prostitutas.[7]

De forma a tentar perceber quem eram as prostitutas, os primeiros estudos psicológicos procuraram patologias nestas mulheres que, contudo, de acordo com Vanwesenbeeck (2001), não conseguiam provar de forma clara. Pelo contrário, havia uma forte evidência de que as imagens estereotipadas das prostitutas eram simplistas e que estas eram caracterizadas por uma grande variedade de tipos e traços de personalidade. A patologia apenas foi demonstrada de forma convincente em grupos muito específicos de prostitutas, aquelas que haviam sido sujeitas a um trauma (Vanwesenbeeck, 2001).

Na mesma linha, Exner Jr., Wylie, Leura e Parrill, em 1977, criticaram os estudos que descrevem as prostitutas como psicologicamente desajustadas, mergulhadas num estado patológico de desamparo e confusão e levando uma vida de escravatura relativamente a proxenetas o que, por sua vez, perpetua os seus sentimentos de raiva relativamente a si. Num estudo empírico, estes autores concluem que a esmagadora maioria dos casos que investigaram não se relacionava com qualquer patologia.

As explicações científicas foram evoluindo e emergiu um conjunto de estudos que analisava abundantes causas – sociais, familiares, psicológicas (e.g. Benjamim & Masters, 1964; McCaghy, 1985) – e que foi introduzindo variáveis intercruzadas na explicação do comportamento prostitucional (e.g. Schissel & Fedec, 1999), começando a demonstrar alguma tradução da complexidade do fenómeno.

As teorias explicativas que se fundamentam, ou incluem elementos, da aprendizagem social também se impuseram, rejeitando as explicações sociológicas e psico-

---

[7] Como salienta esta autora, a maioria destas investigações foi efectuada com amostras não representativas da totalidade das prostitutas, por exemplo, entre mulheres presas, prostitutas de rua ou utentes de projectos específicos (Vanwesenbeeck, 2001).

lógicas anteriores, porque as consideravam generalizações enviesadas e subjectivas sobre a mulher prostituta. Como exemplos destas generalizações, Bartol (1991) refere a pertença às classes baixas, a aversão aos homens, o narcisismo, a frigidez, o espírito fraco, os distúrbios emocionais, a homossexualidade latente ou manifesta ou o medo do lesbianismo, a hiperssexualidade, a privação sexual, o primitivismo e o desenvolvimento fixado no complexo de Édipo. Bartol afirma que estes factores foram já contestados e que as mulheres prostitutas têm uma grande variedade de motivos para se envolverem na prostituição e demonstram um leque alargado de tipos de personalidade, vários níveis de educação e enquadramentos familiares e diversos percursos de vida – embora reconheça haver uma forte associação com histórias familiares conflituosas, experiências sexuais negativas e toxicodependência. Acentuando a aprendizagem social, Bartol (1991), tal como Meier (1989), defende que o comportamento humano representa uma quantidade infinita de padrões de resposta aprendidos – obtidos pelo contacto com pessoas que encorajam e fornecem modelos significativos, bem como oportunidades de aprendizagem – e que a prostituição, sendo um comportamento complexo, não é excepção.

A abordagem multidisciplinar de Widom (1984), originária da Psicologia, utiliza igualmente princípios da aprendizagem social, embora não se resuma a estes. Esta autora propôs um modelo multidimensional dinâmico e não causal que inter-relaciona os factores que contribuem para o desenvolvimento desse comportamento. Segundo a autora, o seu propósito foi delinear a complexidade e a inter-relação entre os factores envolvidos: predisposições individuais (como, por exemplo, as diferenças de quociente de inteligência e de temperamento e a necessidade de estimulação), experiências de socialização, influência do sexo, personalidade, grupo de pares e comunidade de cada pessoa, atitudes da sociedade relativamente ao comportamento e factores situacionais (como as condições de vida precárias, a necessidade de drogas, o desemprego e a persuasão por parte de um proxeneta, entre outras). Este é um modelo claramente biopsicossocial, tratando-se de uma explicação mais compreensiva a prenunciar já um tipo de saber centrado nos processos e não nas causas.

Os estudos actuais sobre as razões de entrada no trabalho sexual têm em conta a complexidade do fenómeno e as múltiplas variáveis e processos que o caracterizam, são mais compreensivos e utilizam metodologias proximais, dando a palavra aos trabalhadores do sexo. Destes resultam explicações que me parecem mais adequadas e que superam a velha dicotomia entre auto e heterodeterminação ou entre agência e vitimação. São explicações que rejeitam dicotomizar motivações e causas e tentam fazer com que se interpenetrem, concluindo pela interacção entre as condições estruturais e as características individuais.

Tome-se, como exemplo, a explicação apresentada por Ribeiro, Silva, Schouten, Ribeiro e Sacramento (2008). Nesta investigação, conclui-se que as mulheres prostitutas denotam uma componente estratégica e margem de relativa liberdade na sua *opção* em começar este modo de vida, ainda que condicionadas por factores de diversa ordem na entrada e manutenção da actividade. Defendem estes autores que:

> não obstante os constrangimentos estruturais, as redes e facilidades organizacionais e, no limite, as situações de precariedade socioeconómica e vulnerabilidade jurídica (vg., residência ilegal) se apresentarem como condições integradoras e propiciadoras da prostituição, elas não são as únicas nem são absolutamente determinantes. (...) para não cair em explicações deterministas, [dever-se-á] integrar a dimensão racional e, em particular, a vertente interaccionista-simbólica na abordagem do fenómeno, revalorizando assim a perspectiva dos actores sociais, o seu maior ou menor espaço de manobra face às estruturas, as conveniências ou vantagens em persistirem nesta actividade, assim como, inclusive, a possibilidade de algumas das(os) protagonistas implicadas transformarem a situação ou, pelo menos, saírem dela (Ribeiro *et al.*, 2008, p. 47/48).

Para sumarizar, dizem considerar que "a via mais adequada para abordar o fenómeno da prostituição consistirá em assumir uma perspectiva pluricausal e pluridimensional que, sem esquecer ou menosprezar os diversos níveis de análise, saiba integrá-los e hierarquizá-los de modo situacional e criativo" (Ribeiro *et al.*, 2008, p. 48).

Explicações semelhantes, de maior ou menor complexidade, acentuando mais uns aspectos do que outros, muito de acordo com o tipo de amostras em que se baseiam as suas investigações, encontram-se em outros trabalhos recentes. Sanders (2005), por exemplo, numa etnografia levada a cabo em saunas, agências de acompanhantes e apartamentos privados de prática de sexo comercial, faz uma análise em que recusa as explicações estruturalistas por si só. Esta autora defende que a interacção entre as características da história pessoal e as estruturas sociais e organizacionais é dinâmica e que o balanço entre elas é altamente contingente, pois oferece uma variedade de oportunidades e de espaços de auto-controlo e auto-gestão.

No traço evolutivo da ciência sobre o estudo da prostituição e de outros trabalhos sexuais, as investigações deixaram de estar centradas exclusivamente no esforço de compreensão dos motivos de entrada nesta actividade e passaram a analisar outros aspectos. Os estudos complexificaram-se e passaram a utilizar métodos como a imersão prolongada no terreno, a observação participante e entrevistas aprofundadas, não apenas a trabalhadores do sexo, mas ainda a clientes, proxenetas, polícias e profissionais que fazem trabalho social nesta área, tentando, desta forma, obter dados mais intensos, qualitativos e aprofundados (e.g. Handman &

Mossuz-Lavau, 2005; Hart, 1998; Høigård & Finstad, 1992; Welzer-Lang, Barbosa & Mathieu, 1994).

O estudo de Daniel Welzer-Lang, Odette Barbosa e Lilian Mathieu (1994), por exemplo, abarca a diversidade dos locais, das práticas e dos actores: compara a prostituição masculina com a feminina, incluindo os transsexuais, descreve a entrada, a vivência e a saída da prostituição, analisa as relações homem–mulher no meio prostitucional e as transformações da prostituição tradicional numa prostituição mais invisível que inclui travestis e transsexuais.

Também a investigação dirigida por Marie-Elizabeth Handman e Janine Mossuz-Lavau (2005) retrata a prostituição praticada em variados locais – prostituição de rua, prostituição anunciada na Internet, *call girls* -, por diversos actores (homens, mulheres e transexuais), tendo inquirido pessoas que se prostituem, clientes e associações que lidam com o fenómeno e incidindo em múltiplas temáticas: o estigma e as violências de que as prostitutas são vítimas, a migração e o tráfico, a caracterização dos clientes e as mobilizações colectivas dos trabalhadores do sexo contra os efeitos da aplicação da lei.

Assim, a ciência mais recente abandonou a procura de características individuais e causais para se centrar noutras variáveis e em novos actores. A heterogeneidade de trabalhos, de trabalhadores do sexo e de contextos e a relevância que passa a ser dada a outros actores e a novas variáveis fazem parte da preocupação de quem investiga o trabalho sexual.

Uma pesquisa efectuada em bases de dados relativa à produção científica sobre a prostituição (Oliveira, 2004a) revelou que cerca de 35% dos trabalhos académicos estabeleciam uma ligação entre a prostituição e o VIH/SIDA, as infecções sexualmente transmissíveis (IST) e a promoção da saúde, sendo, nestes casos, o interesse central da comunidade científica já não a prostituição e a pessoa que se prostitui, mas a ligação destas com as doenças. O aumento significativo de estudos sobre a prostituição, nos anos 90 do século XX, não é, pois, indissociável do surgimento da SIDA, da proporção atingida pela doença e do medo de que toda a comunidade fosse afectada.

Noutros casos, o elo estabelecia-se com a toxicodependência: 15,8% dos trabalhos pesquisados associavam a prática da prostituição ao consumo de drogas, nomeadamente à conexão entre consumo de drogas e práticas de sexo de alto risco, o que naturalmente decorreu da entrada de toxicodependentes na prostituição como forma de fazer face à necessidade de grandes quantias de dinheiro para adquirir drogas ilegais.

A associação entre a prostituição e a vitimação também tem sido o foco de diversos estudos académicos. Esta faz-se quer pela evidência de altos níveis de violência sobre as pessoas que se prostituem, chamando a atenção para a necessidade de mudar as políticas e as práticas no sentido da prevenção do crime sobre os trabalhadores do sexo (Church, Henderson, Barnard & Hart, 2001; O'Neill & Barberet, 2000; McKeganey & Barnard, 1996; Pourette, 2005a), quer demonstrando a associação entre a violência e a prostituição para a utilizar como um argumento ideológico contra o comércio do sexo (e.g. Farley, 2004; Farley & Barkan, 1998; Raphael & Shapiro, 2004).

A noção de que apenas uma pequena percentagem das prostitutas o fazem na rua -10 a 20% de acordo com os estudos citados por Weitzer (2005a) – incita a que se estude o trabalho sexual de interior. Além das prostitutas de rua, surgem, então, estudos sobre *call girls* (Lever & Dolnick, 2000), prostitutas que anunciam na Internet (Venner, 2005), bem como sobre outras trabalhadoras do sexo como as *strip teasers* (Frank, 1998, 2002; Lewis, 1998, 2000; Thompson, Harred & Burks, 2003; Deshotels & Forsyth, 2006), as actrizes e actores de filmes pornográficos (Abbot, 2000; Thomas, 2000) e as operadoras de linhas de telefone eróticas (A. Flowers, 1998; Rich & Guidroz, 2000). E, alguns investigadores tentam comparar o trabalho sexual de rua com o de interior no que respeita às condições de trabalho, aos riscos que se correm num e noutro contexto e às vantagens e desvantagens de cada um deles (Lever e Dolnick, 2000; Murphy & Venkatesh, 2006; Sanders & Campbell, 2007; Weitzer, 2000)

Os homens prostitutos passam também a ser incluídos nas investigações na área do comércio do sexo. Numerosas investigações incidem sobre o trabalho sexual masculino (e.g. Allman, 1999; Arnal & Llario, 1996; Browne & Minichiello, 1995; Earls & David, 1989; Mariño, Minichiello & Disogra, 2003; Davies & Feldman, 1997; Hall, 2007; Pourette, 2005a; West, 1998), embora poucas recaiam sobre os transexuais – encontram-se, porém, alguns estudos que os incluem, como os de Dixon e Dixon (1998), Pourette (2005b) e Welzer-Lang, Barbosa e Mathieu (1994).

A prostituição adolescente masculina (e.g. Trottier, 1992) e feminina (e.g. Rees & Lee, 2005) aparece como objecto específico de poucas investigações. E, de acordo com Trottier (1992), a prostituição juvenil de rapazes, ocupa na literatura geral uma posição ainda mais marginal do que a prostituição juvenil de raparigas.

Os clientes do sexo comercial são igualmente alvo do interesse científico. Este grupo, tradicionalmente ignorado pela ciência passa a objecto de estudo. Quem são os clientes, que motivações têm para procurar trabalhadores do sexo e que relações estabelecem com estes são perguntas a que diversas investigações pretendem responder (e.g. Atchison, Fraser & Lowman, 1998; Campbell, 1998; Faugier & Sargeant, 1997; Frank, 2002, 2003; Leonini, 2002; Lowman & Atchison, 2006; Månsson, 2005; Monto, 2000; Mossuz-Lavau, 2005; Sacramento, 2005; Santos-Ortíz, Laó-Meléndez & Torres-Sanchéz, 1998).

Hart (1998) analisou os clientes de acordo com uma abordagem original. Ela estudou as identidades inter-relacionais das prostitutas e dos seus clientes e as relações de poder que se estabelecem entre eles, concluindo que o poder não está sempre, nem na totalidade, do lado do cliente, sendo negociado entre ambos. Na mesma linha, Sacramento (2005) questionou o domínio e o poder que frequentemente são atribuídos ao cliente de forma absoluta, admitindo que estes possam ser dominados e lesados.

Já os designados chulos ou proxenetas das pessoas que se prostituem, embora não suscitando por si só o interesse científico, constituem com frequência uma secção dos estudos da prostituição (e.g. O'Connell-Davidson, 1998; Høigård & Finstad, 1992; O'Neill, 2001; Pryen, 1999b). Mas só muito raramente, as relações amorosas entre as trabalhadoras do sexo e os seus companheiros foram analisadas a partir de um enfoque diferente do da exploração e da violência – Bradley (2007) e Sharpe (1998) constituem as melhores excepções que conheço.

Além de outros actores, surgem ainda novas variáveis e abordagens ao trabalho sexual. A grelha ocupacional é uma das formas recentes de analisar a prostituição. Para alguns autores, a prostituição é, claramente, uma ocupação profissional, pois preenche uma necessidade social e oferece uma recompensa financeira aos seus praticantes (Bullough & Bullough (1987). A análise da prostituição como trabalho (e.g. Bindman, 1997; Brewis & Linstead, 2000a, b; Ford, 1998; Parent & Bruckert, 2005), abriu portas a comparações com outras profissões (e.g. Nahra, 2005), à inclusão destes estudos no âmbito da Sociologia das profissões (Pryen, 1999b), à realização de análises sobre questões laborais (e.g. Lopes, 2006; Murphy & Venkatesh, 2006) ou a que se abordasse o comércio do sexo como um trabalho emocional, dando ênfase à gestão de emoções levada a cabo pelos trabalhadores do sexo (Deshotels & Forsyth, 2006).

Da mesma maneira, as questões sobre a saúde e o bem-estar dos profissionais do sexo, nomeadamente sobre o *burnout* associado ao trabalho sexual (Vanwesenbeeck, 2005), sobre os riscos e as estratégias de gestão destes (Sanders, 2005; Wallman, 2001) ou sobre a forma de gestão do estigma a que estão sujeitos (Thompson, Harred & Burks, 2003) enquadram-se nesta nova grelha que toma o trabalho sexual como um trabalho.

Outra temática habitual nas investigações diz respeito ao impacto da legislação e das políticas públicas relativas à prostituição nos trabalhadores do sexo (e.g. Danna, 2007; Edwards, 1997; Gemme, 1998; Morton *et al.*, 2002; Vernier, 2005). Os estudos que incluem este tema têm surgido, designadamente na Europa, onde grupos de abolicionistas e medidas legais repressivas têm feito sentir a sua pressão. É assim na sequência da publicação da chamada Lei Sarkozy, em 2003, em França, que pune a solicitação pública, activa e passiva, da troca de sexo por dinheiro, que surge o estudo que foi dirigido por Handman e Mossuz-Lavau (2005); ou que Östergren (2007) chama a atenção para os efeitos negativos da lei sueca que criminaliza os clientes da prostituição.

Muitas destas medidas repressivas são concebidas sob o lema da luta contra o tráfico e a exploração sexual, associados à imigração para o comércio do sexo, pretendendo proteger as pessoas que se prostituem. No entanto, como refere Guillemaut (2008), a imigração não é um fenómeno recente na prostituição: está inscrita na história mais geral das migrações. Por ora, o actual discurso anti-prostituição fez surgir uma infindável quantidade de publicações sobre esta temática. A maioria destas edições situa-se ao nível do debate ideológico ou de discussões retóricas e sobre conceitos (Agustín, 2001, 2003, 2005a; Fernández, 2001; Kempadoo, 2005; Toupin, 2002; Weitzer, 2007; Wijers & Van Doorninck, 2005). Mas, os estudos empíricos com pertinência na apresentação da realidade da imigração e do tráfico, e que podem contribuir para a clarificação de algumas das discussões retóricas, encontram-se já em número não negligenciável – por exemplo, Agustín (2004), González e Martínez (2002), Moujoud e Teixeira (2005), Oso (2000, 2006) e Ribeiro *et al.* (2008). A reiterar o interesse crescente e, simultaneamente, a demonstrar a diversidade de abordagens que surgem sobre este tema, apareceu em 2008 um número da revista *Recherches sociologiques et anthropologiques* (Vol. 39, nº 1) inteiramente dedicado aos discursos comprometidos e aos olhares críticos sobre o tráfico e a prostituição.

As relações do grupo de trabalhadores do sexo com a restante sociedade não se fazem apenas por via de imposições legislativas. Também as representações sociais sobre os trabalhadores do sexo são interesse manifesto em trabalhos científicos. Por exemplo, Pitcher, Campbell, Hubbard, O'Neill e Scoular (2006) estudaram o impacto da prostituição de rua em zonas residenciais e a relação que as prostitutas estabelecem com os moradores destas zonas, e Hallgrimsdottir, Philips e Benöit (2006) compararam as representações dos média sobre os trabalhadores do sexo com as representações que eles próprios têm de si.

Os estudos sobre trabalho sexual direccionam-se, então, para novas abordagens, actores e contextos, diversificam-se e encontram diferentes formas de aproximação ao fenómeno e, nomeadamente, dão aos trabalhadores do sexo a possibilidade de eles próprios interpretarem a situação em que se encontram. A investigação de Piscitelli (2007) que analisa o turismo sexual a partir do discurso das próprias trabalhadoras do sexo em zonas de turismo no Brasil, é um bom exemplo deste tipo de estudos. Como diz Perkins (1991), as prostitutas deixaram de ser simples objectos de análise dos investigadores, para benefício destes, passando os seus comentários e pontos de vistas a estar frequentemente no centro do trabalho de investigação. O conjunto de trabalhos em que a voz é dada aos trabalhadores do sexo é actualmente vasto (e.g. Handman & Mossuz-Lavau, 2005; Hart, 1998, Pyett, 1998; Medeiros, 2000; Ribeiro *et al.*, 2008), tendo os seus investigadores consciência da importância desta metodologia para a melhor compreensão das motivações e vivências destes actores.

Os próprios trabalhadores do sexo começaram a impor a sua voz e a reivindicar não só direitos, mas a sua capacidade para conduzir investigações. Desde a publicação, em 1987, de *Sex work: writings by women in the sex industry*, editado por Frédérique Delacoste e Priscilla Alexander (1987) que numerosos escritos efectuados por trabalhadores do sexo foram publicados. Desde outras antologias de textos de trabalhadores do sexo como a de Jill Nagle (1997), intitulada *Whores and other feminists*, até à investigação histórica de Roberts (1996 – *A prostituição através dos tempos na sociedade ocidental*).

Laura Agustín (2005b), no *call for papers* de um número especial da revista *Sexualities*, defende que, no estudo do trabalho sexual, as temáticas são repetitivas e apela a uma aproximação original à temática, a que chamou o estudo cultural do comércio do sexo. Segunda esta autora, os investigadores centram-se sempre nas motivações pessoais, na moralidade de comprar ou vender sexo, no estigma, na violência e na prevenção de doenças. Assim, propõe que se estude o significado de comprar e vender sexo de acordo com os processos sociais, culturais e históricos nos quais ele ocorre e que se explorem temas relacionados com o amor e o desejo e questões sexuais concretas. Deste modo, é publicado em 2007 um número desta revista, organizado por Agustín, no qual o comércio do sexo se configura como uma questão cultural e não moral, verificando-se novas abordagens ao trabalho sexual, por exemplo: o surgimento de formas diferentes de pornografia através de comunidades localizadas na Internet, por Feona Attwood (2007); a transformação do significado e da experiência do comércio sexual para os trabalhadores do sexo e seus clientes, propiciadas pela emergência de novas tecnologias de informação, por Elizabeth Bernstein (2007); e o próprio artigo da organizadora deste número especial da revista, Laura Agustín (2007), que examina criticamente os projectos de intervenção dirigidos a trabalhadores do sexo, sobretudo imigrantes, questionando a construção da categoria de vítimas e a solidariedade que lhes é *imposta*.

É ainda possível apresentar outros exemplos de abordagens originais e pertinentes do estudo do comércio do sexo e dos seus actores: a procura de sexo comercial por deficientes (Sanders, 2007), a intimidade nas relações sexuais comerciais (Frank, 1998) ou a identidade sexual das trabalhadoras do sexo (Parent, 2001), uma questão sempre ignorada.

Em suma, a complexidade do trabalho sexual tem vindo a ser alvo da ciência que deixou de se focar exclusivamente nos traços e motivações das prostitutas. Novas variáveis e actores são analisados e outras grelhas de interpretação são utilizadas pelos investigadores científicos que tentam melhor compreender este fenómeno. Também a utilização de metodologias mais proximais se revelou como uma grande vantagem, ao permitir uma visão *de dentro*, que contribuiu para derrubar as barreiras que muitas vezes impedem a desconstrução de mitos, estereótipos e preconceitos relativos à prostituição e outros trabalhos sexuais e seus actores. Contudo, a maioria da investigação ainda é feita com mulheres, alguma com homens e apenas excepcionalmente com transgéneros. Da mesma forma, os clientes já não são um grupo ignorado na investigação, mas os companheiros das pessoas que se prostituem estão praticamente ausentes. Todavia, a ciência vai procurando novas formas de estudar este fenómeno multiforme e complexo e, simultaneamente, adaptando-se às suas novas configurações.

Os objectivos
Na actual investigação, pretendi aprofundar os conhecimentos relacionados com este fenómeno, focando-me em um dos seus sectores, e interpretar além de descrever. Para isso, efectuei um estudo etnográfico sobre a prostituição de rua. O propósito foi fazer um estudo intensivo (e não extensivo) que me permitisse conhecer o mundo social da prostituição de rua e, em particular, as prostitutas que o vivem.

Tinha como fim contribuir para o aumento dos conhecimentos nesta área, aprofundando alguns dos vectores que formam este fenómeno. Designadamente, parti para o trabalho de campo com a finalidade de caracterizar, compreender e interpretar vários aspectos do mundo social da prostituição de rua e dos actores que o compõem. Pretendi fazê-lo tomando o contexto da prostituição de rua como ponto de partida, de permanência e de chegada e, assim, optei pelo método etnográfico e pela imersão no terreno a que ele obriga, com vista a obter uma visão de dentro do fenómeno. Este *habitar* o mundo da prostituição de rua, tomando-o como centro, enformou o meu trabalho: os objectivos iniciais adequaram-se e, sobretudo, ampliaram-se pelos dados empíricos que fui colhendo. Um exemplo. Se sabia, previamente, que a violência sobre as pessoas que se prostituem estava presente, não havia presumido que o fosse de maneira tão intensa e permanente e que se recobrisse de tantas formas, das mais próximas, com resultados visíveis e imediatos, até às mais subtis, à distância e subterrâneas. Foi esta evidência que me fez lançar um olhar mais atento a estas questões, originando novas interrogações e que, no final, tornou *obrigatória* a inclusão de um capítulo sobre a reacção social à prostituição.

Então, os objectivos deste trabalho podem ser designados como o conhecimento dos seguintes aspectos:
1. As trajectórias de vida das pessoas que se prostituem, os processos subjacentes ao seu envolvimento, manutenção e saída desta actividade e os significados que lhes atribuem. De entre as várias dimensões a estudar, salienta-se a relação consigo, com a actividade, com a rua e com as pessoas significativas, nomeadamente filhos e companheiros, e as questões relacionadas com a estigmatização.

2. Os clientes da prostituição, designadamente as suas motivações e os significados auto-atribuídos ao seu comportamento e o tipo de relação que estabelecem com os trabalhadores do sexo.
3. Os contextos onde decorrem as actividades prostitutivas, bem como o próprio exercício da venda de sexo e as interacções que aí ocorrem entre os diversos actores (especificamente prostitutas, clientes, companheiros, vizinhos, polícias, instituições) e os comportamentos, os hábitos e os papéis que assumem.
4. A reacção social aos actores e actos do sexo comercial de rua, seja por parte dos indivíduos ou grupos no meio envolvente dos locais de prostituição, seja a um nível macro-sistémico, incluindo as relações com instituições diversas.

Assim, cruzam-se três eixos de análise nesta investigação: o eixo individual (através das trajectórias e sentidos das prostitutas e, em menor escala, de clientes e companheiros), o eixo ecológico-contextual (pelo estudo do mundo social da prostituição de rua) e o eixo social (pela análise crítica das reacções ao comportamento).

O método etnográfico

A etnografia é o método escolhido em conformidade com as orientações epistemológicas e teórico-conceptuais definidas para a investigação e com as características do objecto de estudo e dos objectivos que o orientam.

O método etnográfico urbano tem tradição no estudo dos objectos designados de ocultos, marginais ou desviantes e obtém, pela sua abordagem proximal, uma visão dos actores sociais estudados que, dificilmente, se alcança pelo recurso a outras metodologias.

Tal assenta na concepção de que a observação, a interacção e a experiência pessoal directas são a única forma de obter um conhecimento preciso sobre o comportamento desviante (Adler, 1993). Como muito bem salienta Philippe Bourgois (1995), a pesquisa das ciências sociais que se fundamenta em números oficiais ou sondagens com amostragens aleatórias é incapaz de contabilizar com precisão as pessoas cuja vida depende da economia clandestina. E, ainda mais, quando são alvo de uma tão grande censura moral como é o caso das pessoas que se prostituem. Lisa Maher (1997) defende justamente a etnografia para o estudo daqueles que vivem nas margens da nossa sociedade, pois, para alguns destes grupos, a observação participante pode ser a única forma de obter informação precisa; é ingénuo esperar, acrescenta, que as pessoas envolvidas em actividades ilícitas (ou alvo de reprovação social, adiciono eu) vão simpaticamente responder a um estranho que lhes aparece com um inquérito na mão.

A etnografia caracteriza-se por ter como principal instrumento de pesquisa o próprio investigador e como procedimentos centrais a presença prolongada no contexto em estudo e o contacto directo com as pessoas, as situações e os acontecimentos (Firmino da Costa, 1986). Trata-se de ir ao encontro das pessoas no seu ambiente e isso implica a imersão no terreno e a utilização da observação naturalista. A sua principal característica é *estar lá* (Sluka & Robben, 2007) para se conseguir uma aproximação aos indivíduos que permita compreender o mundo a partir da sua perspectiva (Blumer, 1986) ou, como formulava Malinowski (1983), apreender o ponto de vista das pessoas e a sua relação com a vida e praticar a sua visão do mundo.

Com este método pretende-se obter um conhecimento preciso, aprofundado e o mais completo possível. Assim, uma outra característica da etnografia é a sua perspectiva holística, o que significa que se ambiciona alcançar todos os aspectos da unidade de estudo aos quais for possível ter acesso. A adopção desta abordagem aspira a alcançar um quadro compreensivo e completo do grupo em estudo, o que exige uma grande quantidade de tempo no terreno, de forma a obter o máximo possível de dados (Fetterman, 1989). Para se maximizar a colecção de dados é habitual, além da observação participante, o recurso a fontes diversificadas, como monografias de investigação, artigos científicos, artigos jornalísticos, autobiografias, diários, entre outras (Fernandes, 2002). O quadro nunca ficará completo, pois é inexequível a obtenção da totalidade da informação e sob todos os ângulos, mas é possível que esse esforço de apreender a realidade como um todo nos dê um panorama minucioso sobre o objecto que estamos a estudar.

Há várias formas de fazer observação, a que pratiquei neste trabalho foi predominantemente a observação participante. Burgess (1984) define-a como a observação que envolve situações em que o investigador participa, enquanto observa e desenvolve relações com os participantes.

Adler e Adler (1998) defendem que a observação participante é não só a forma de observação naturalista mais conhecida, como aquela que tem as suas raízes teóricas na perspectiva do interaccionismo simbólico. Estes autores considerem, porém, que é preferível o uso da expressão *papel do investigador como membro periférico* para definir o tipo de envolvimento deste no contexto em estudo. Com esta designação pretendem referir-se aos investigadores que observam e interagem com suficiente proximidade para dispor de uma informação privilegiada sobre a identidade dos seus membros, mas sem participar nas actividades que constituem o aspecto central da pertença ao grupo. Foi assim que agi na minha investigação.

O observador participante trava sempre uma luta constante para participar sem participar, ou seja, participar *sem se tornar um deles, nem tão pouco imitá-los* (Geertz, 1993). Participa mantendo-se à margem de todo o processo, porque a presença do investigador é temporária; ele tem uma tarefa baseada em directrizes teóricas e não faz parte daquela realidade social.

A observação participante permite aos investigadores perceber a participação das pessoas no mundo em estudo, aproximando-se da forma como esse mundo é visto pelos seus membros, pelo estabelecimento e aprofundamento de relações com as pessoas que o compõem. Para isso, deve-se aí adoptar um papel que me parece só poder ser aberto (*overt*). A clareza quanto aos propósitos da investigação é um ponto de partida essencial para se actuar dentro de parâmetros éticos, não temer pela descoberta da dissimulação e obter a confiança necessária aos objectivos de apreensão do real de acordo com o *programa* da etnografia.

Uma investigação que parte da honestidade e deixa claros os seus propósitos pode possibilitar ao investigador a obtenção de uma participação real e intencionalizada dos membros do grupo na pesquisa. Estes podem, após a compreensão dos propósitos do investigador, direccionar o seu discurso para aspectos relevantes da pesquisa, dar sugestões ou voluntariar-se para realizar entrevistas. Tal aconteceu no trabalho que levei a cabo.

A observação participante implica, depois de escolhido o objecto de estudo e os locais de observação nos quais se vai desenrolar a pesquisa, que o investigador consiga acesso a esse meio e permaneça no contexto natural durante um período de tempo relativamente prolongado, de forma a investigar, experienciar e representar a vida e os processos sociais que aí ocorrem. Tal envolve necessariamente o derrubar das barreiras existentes entre o mundo do investigador e o dos investigados. E, pelo facto da minha investigação se ter desenvolvido na rua – um local público – , tal não significa que esta tenha sido uma tarefa fácil. Eu tinha bastantes contactos com prostitutas e prostitutos de rua e, frequentemente, deslocava-me até junto deles, com quem tinha conversas circunstanciais. Neste sentido, eu tinha acesso ao terreno e aí permanecia por breves momentos com eles. Mas estar, casualmente, na rua com prostitutas e prostitutos é distinto de aí querer fazer uma investigação. Nas investigações por observação participante, a permanência no terreno deve ser sistemática, periódica e abranger todos os momentos das acções que aí se desenrolam. Também já defendi que o meu estatuto havia que ser aberto. Para isso, tive que obter autorizações por parte dos seus actores, o que não foi fácil e, em certos locais, não foi mesmo bem sucedido. Conquistar a sua confiança foi igualmente trabalhoso.

Este é um método que não permite delinear o desenho da investigação aprioristicamente. Não é possível partir para o terreno com um plano determinado que sabemos que vamos cumprir. Os imponderáveis são tantos que o processo se vai construindo sem termos a certeza de quando acabará, nem do que vamos conseguir. O projecto e a metodologia de investigação estão continuamente a ser definidos e redefinidos pelo investigador: aqui, não há regras, procedimentos rígidos ou papéis fixos (Burgess, 1984). Por exemplo, relativamente a um dos contextos de observação participante, depois de ultrapassadas todas as fases anteriormente descritas, acabei por abandonar o local porque tinham ocorrido transformações de diversa ordem, na sequência das quais este ficou apenas com uma prostituta em permanência. Este facto exigiu que recomeçasse todo o processo num outro local, só que, entretanto, tinham passado cinco meses. Neste intervalo de tempo, fui recolhendo informação, mas não lograi atingir a quantidade e qualidade de dados que desejava. O método é, deste modo, um trabalho em curso que se monta e desmonta para voltar a montar. Um trabalho de Sísifo, por vezes. Devido a estas características, fiz um plano anual, mensal, semanal e diário, que ia alterando no decurso da observação participante. O *puzzle* metodológico só fica pronto no fim e ao alcance do olhar retrospectivo.

Uma outra fase do método etnográfico consiste em registar os dados coligidos durante a observação[8] e, posteriormente, depois de ordenados e analisados, com eles elaborar um relatório com descrições que fornecem uma versão do mundo estudado. A observação directa envolve não só o ganhar acesso e a imersão, mas também produzir descrições e interpretações desse mundo. Trata-se de traduzir para linguagem científica o que vimos, ouvimos e sentimos sobre a organização, as dinâmicas e os sentidos dos actores e do mundo social que pesquisamos. Citando Fernandes (2002), "a etnografia consiste em descobrir sozinho aquilo que os de lá (de lá, da unidade de estudo) sabem há muito, dizendo-o depois no texto monográfico de um modo que os de lá nunca diriam" (p. 218). É, assim, também um trabalho de tradução. A descrição etnográfica não é um simples exercício de transcrição ou descodificação, o que se pretende é também a construção e tradução (Laplantine, 1996).

Até aqui, caracterizei o método etnográfico em geral, definindo já algumas das especificidades da sua aplicação no meu estudo. Sem pretender esmiuçar todos os seus aspectos, quis salientar algumas das características que me pareceram ter uma maior relevância, seja para a descrição dos seus traços principais, seja para o que apliquei no terreno. Passo agora a concretizar na minha pesquisa a maneira como me apropriei deste método. Assim, tanto quanto possível de forma detalhada, descreverei como fiz uma etnografia sobre prostituição de rua na cidade do Porto.

Começo pela escolha do terreno. Ambicionava estudar a prostituição de rua que se desenrola na parte central da cidade e seus actores – o que reflecte já uma escolha: o centro da urbe. A prostituição de rua que se realiza na periferia liga-se, sobretudo, com a toxicodependência pesada de drogas duras e está, consequente-

---

[8] Do método etnográfico faz parte a escrita das notas de terreno ou a construção do diário de campo. A escrita das notas de terreno é uma actividade central nas etnografias que trata de registar o que foi observado e vivido no contexto. Fixam-se os acontecimentos, as pessoas e os lugares para poderem ser, posteriormente, revistos, analisados e interpretados. Deste modo, durante o período em que durou o trabalho de campo, efectuei sistematicamente registos relativos a todos os momentos em que estive no terreno. Ao longo desta obra colocarei frequentemente excertos do meu diário de campo para ilustrar os diversos dados que apresento. Tal será indicado através das iniciais DC, seguidas da data em que foi efectuado o registo.

mente, implicada com algumas actividades ilícitas, como a venda de substâncias ilegais. Aí ocorrem, com frequência, agressões físicas e sexuais, brigas, roubos e ameaças às mulheres prostitutas, o que já conhecia do trabalho de proximidade que havia efectuado durante quatro anos num projecto de intervenção com pessoas que se prostituem. Assim, excluir estes contextos como locais de estudo por razões de segurança, pareceu-me um critério rigorosamente válido.

Fixei-me, então, no interior do tecido urbano, onde havia que seleccionar algumas ruas, segmentos de rua, esquinas ou praças. Para tal, foi importante quer a minha experiência anterior na investigação (Manita & Oliveira, 2002; Oliveira, 2004a, b) e na intervenção, quer ainda o hábito que adquiri de efectuar o que denominava de *rondas* pelas ruas da cidade, o que fazia por estratégia metodológica, que me permitiram obter uma percepção temporal das flutuações que este fenómeno sofria – flutuações espaciais, em número e características dos seus actores. Sem possuir um mapeamento traçado no papel, eu tinha, desde há muito, um mapa mental das zonas de prostituição do Porto.

Igualmente resultante destas experiências e deste hábito, eu conhecia um grande número de mulheres, alguns transgéneros e poucos homens prostitutos de rua. De entre estes, eu mantinha contactos regulares com um número de mulheres e transgéneros, pois as rondas que eu efectuava propiciavam, frequentemente, o encontro com esses conhecidos com quem dialogava, mesmo que fosse com brevidade. Antes da fase intensiva de terreno, eu passava pelos possíveis locais de observação com periodicidade, como estratégia para ir mantendo contacto com os trabalhadores do sexo.

Estes dois critérios, conhecer as diferentes zonas de prostituição e os seus actores e relacionar-me com alguns deles, orientaram a selecção de um conjunto de locais onde tentaria efectuar a observação participante. Nesses, seleccionei seis zonas com características diversificadas: tinham vários tipos de prostitutas (tradicionais, toxicodependentes e migrantes), incluíam transgéneros e prostitutos e eram locais com existência de actividade de prostituição durante diferentes horas do dia (manhã, tarde e noite). O que tinham em comum era situarem-se na parte central da cidade, em zonas residenciais ou comerciais, existindo contiguidade espacial entre algumas delas. Iria começar por tentar a imersão nestes *terrenos*. Mais tarde, o desenvolvimento da investigação levou-me para mais três locais que não tinham sido previamente definidos.

Quando me refiro a uma zona, ou a um local, quero significar um segmento espacial, que pode ser relativo apenas a uma rua ou segmento de rua, ou pode ser um conjunto de ruas em intersecção, incluindo ainda esquinas ou praças. Há zonas onde as prostitutas se situam unicamente ao longo de uma via e outras em que se distribuem por várias esquinas ou ruas próximas. Mas, o *meu* terreno não se limita a estas *zonas*. Demarcar uma área pelo local onde as mulheres angariam habitualmente os clientes não faz sentido. Uma determinada esquina ou pedaço de rua não servem os propósitos de uma investigação que pretende ir de encontro ao *habitat natural* das pessoas (Becker, 1963), pois este abrange múltiplas realidades. Compreende, na verdade, vários locais da vida dos sujeitos que ultrapassam o domínio da prostituição. Leva-nos para contextos privados e relativos à dimensão familiar, como o local de habitação, e para outros contextos públicos, como cafés, restaurantes e centros comerciais. O próprio local de prostituição desdobra-se: há o local de angariação dos clientes, maioritariamente a rua, mas não necessariamente apenas a rua, nem a mesma rua, e o local onde se desenrolam as práticas sexuais comerciais, quase sempre a pensão, mas que podem abranger outros contextos tão diversos como hotéis, automóveis de clientes, domicílios, jardins ou parques de estacionamento. Assim, não vale falar em unidades de observação, pois elas não são caracterizadas pela unicidade. Os locais onde se observa são múltiplos, mesmo se partem de uma zona definida previamente como local de prostituição.

O terreno é aonde quer que ocorram as interacções que formam a realidade (Emerson, Fretz & Shaw, 2001). Ou: as fronteiras do terreno são o resultado daquilo que o etnógrafo pode abranger com o seu olhar (Atkinson, 1992). E quando o meu olhar podia abranger mais, eu não desaproveitava a oportunidade. Tome-se o exemplo do local que me foi indicado por uma das informantes privilegiadas: trata-se duma rua de prostituição em que as mulheres angariam os seus clientes a partir de janelas. Esta mulher havia trabalhado aí e sugeriu levar-me lá para que eu conhecesse a forma de funcionamento desses locais. Aí fui levada por ela e aí pude permanecer a fazer observação.

Assim, as zonas que defini, inicialmente, foram apenas pontos de partida para um terreno mais alargado e que extravasou as fronteiras do local onde os clientes habitualmente são angariados.

Burgess (1984) indica que a selecção do local de pesquisa deve obedecer a critérios como a conveniência da situação para o investigador, a existência de contactos já estabelecidos ou a disponibilidade das pessoas para colaborarem. Ora, tendo garantidos os dois primeiros critérios, faltava descobrir se as pessoas estavam disponíveis para me auxiliarem, o que introduz questões relativas ao acesso ao meio e à imersão no contexto.

Se eu já tinha contactos e conhecia o terreno, visitando-o por vezes, posso considerar que, de alguma forma, já estava no meio. Não começava do zero. Para mim, a rua não estava longe. Não sentia que incomodasse as pessoas e, pelo contrário, parecia que elas me aceitavam com um misto de agrado e de curiosidade. Em sentido lato, posso dizer que o acesso ao meio teve início em 2000, quando comecei a minha colaboração com um projecto de intervenção no terreno com pessoas que se prostituem.

Mas o que pretendia agora era diferente; era a imersão prolongada no terreno e tinha que tentar outras estratégias de aproximação ao mundo no qual ambicionava entrar. Assim, quando principiei a minha fase intensiva de trabalho de campo, em Outubro de 2004, consegui autorização de dois projectos bem implementados no terreno – projectos de redução de riscos com pessoas que se prostituem na rua –, para me poder deslocar ou permanecer nos seus centros de atendimento. O objectivo era contactar com prostitutas e prostitutos, observar as suas interacções, poder entrevistá-los e conseguir estabelecer pontes para novos locais. Estes projectos funcionaram para mim como plataformas espaciais, isto é, como locais implementados no terreno que pretendia estudar, onde aguardava os meus informantes, estabelecia novos contactos, fazia entrevistas, fazia observações (Fernandes, Neves & Chaves, 2001).

Ao mesmo tempo, eu pensava nas várias prostitutas que conhecia e que podiam funcionar como minhas informantes privilegiadas[9] ou *madrinhas* no terreno. Para isso, achei que deviam reunir três condições: serem capazes de entender os meus objectivos, confiarem em mim e simpatizarem comigo. Pensei em várias possibilidades, algumas das quais não foram exequíveis, e acabei por escolher três mulheres e uma transexual que reuniam estas caracterísiticas, o que veio a revelar-se uma opção correcta no caso das mulheres que colaboraram com esse estatuto na minha investigação. No decurso da pesquisa acabei por desenvolver relacionamentos destes com mais oito mulheres, o que considero ter tido um contributo decisivo para a multiplicidade e diversidade de dados que julgo ter conseguido.

No caso dos transgéneros, por diversos motivos, não consegui que passassem de meros informantes a informantes privilegiados – estive com eles muitas vezes em contexto, a conversar e a observar, fiz entrevistas, mantive relações amistosas e cheguei a frequentar alguns locais fora do contexto da prostituição, mas não consegui mais do que isto. Em suma, embora tenha tido alguns informantes transgéneros, não consegui *transformar* nenhum deles em informante privilegiado, o que não me impediu de ter observado e registado alguma informação em profundidade sobre este grupo.

No caso dos homens, eu conhecia poucos e não tinha com nenhum deles uma relação que considerasse que podia desenvolver-se – as observações junto destes foram muito curtas e esparsas.

A esta aceitação pelas mulheres, mais do que pelos homens e transexuais não pode ter sido alheio o meu género. As características pessoais do investigador, nomeadamente esta, influenciam o processo de investigação (e.g. Burgess, 1984;

---

[9] A(o)s informantes privilegiada(o)s são pessoas com as quais se desenvolve um relacionamento mais intenso e frequente.

Adler, 1993; Hammersley & Atkinson, 1994). O género não é neutro e, o meu, ajudou-me grandemente com as mulheres.

Para conseguir o acesso de forma plena tive que encetar um trabalho de perseverança e de grande resistência à frustração, pois várias das pessoas com quem fui contactando, e a quem apresentei os objectivos de meu trabalho, recusaram ser informantes ou participantes na minha pesquisa. Deste modo, também me aconteceu o oposto do que relatava atrás: algumas pessoas não compreenderam os meus objectivos de trabalho, não confiaram em mim, nem simpatizaram comigo. Por estas razões, rejeitaram-me e inviabilizaram os meus esforços nos locais que frequentavam. A entrada não foi fácil e nem sempre fui recebida com delicadeza; em certas situações fui tratada com desconsideração e desrespeito.

Refere Firmino da Costa (1986) que o objectivo da existência dos informantes privilegiados é múltiplo. Em primeiro lugar, por imperativo prático de inserção no tecido social local. Em segundo lugar, porque se procura observar sistematicamente os seus quadros de vida e comportamentos e se tenta conversar com eles regularmente. Por último, porque eles são fonte de informação permanente sobre outras pessoas, aspectos do contexto social e acontecimentos que nele vão ocorrendo. Serve esta citação para caracterizar perfeitamente a importância dos informantes privilegiados no meu trabalho.

Porém, nestes devo distinguir dois tipos. Na minha investigação, duas das mulheres, que identificarei como Inês e Mónica[10], foram o que acabei por designar de informantes-mais-do-que-privilegiadas. Estas duas mulheres, desde o primeiro contacto comigo, demonstraram possuir de forma inequívoca as três características enunciadas em cima e, com o desenvolvimento da investigação, demonstraram-no de forma perfeita e surpreendente. A Inês e a Mónica apresentaram-me novas pessoas do meio, incluindo clientes, levaram-me a locais que não conhecia, voluntariaram-se para responder a uma entrevista e para levar a que os seus companheiros também o fizessem, descreveram-me pormenorizadamente aspectos centrais das dinâmicas da prostituição, conduziram-me às suas casas, apresentaram-me os seus familiares directos e fizeram-me participar dos vários aspectos que a sua vida recobre. Foram actrizes-chave neste trabalho. Distingui-as, assim, das restantes

---

[10] A este propósito, defino já que qualquer nome referido neste trabalho se trata de pseudónimo criado por mim. Sejam nomes próprios, apelidos, toponímia ou nomes de estabelecimentos comerciais eles não correspondem aos nomes verdadeiros. Fi-lo de forma a proteger a identidade das pessoas, conservando o seu anonimato, e para impossibilitar a identificação de locais.
Ainda mais, quando nos meus registos aparecem referências a outras pessoas que não pertencem ao mundo da prostituição, como um familiar de uma prostituta, alguém das minhas relações pessoais ou um técnico de um projecto, elas serão identificadas por uma ou duas iniciais, que não correspondem, necessariamente, às primeiras letras do seu nome. As instituições indicadas aparecerão designadas por uma letra maiúscula, tendo efectuado esta atribuição por ordem alfabética, independentemente das letras que compõem o nome dessa organização.

informantes privilegiadas que, tendo cumprido este papel, não o fizeram de forma tão permanente e intensa.

À medida que o tempo decorria e se tornava evidente a falta de sucesso em algumas das zonas onde pretendia efectuar observação participante, tive que considerar a hipótese de tentar aceder a outros locais. Contudo, mesmo nos casos em que havia uma boa recepção, não era fácil entrar *lá*. Chegada *à porta*, ficava muito tempo à espera que me conduzissem lá *dentro*. E depois de entrar, podia passar um longo período até que conquistasse a confiança. Por exemplo, num certo local onde consegui desenvolver a investigação de forma bastante intensiva, apesar do relacionamento com a Joana e a Raquel ter sido fácil e imediato, com grande parte das restantes mulheres da rua, quase todas jovens imigrantes, passaram-se alguns meses até que elas demonstrassem confiar em mim.

Nestas situações, para me ir aproximando delas e ganhar a sua confiança, além de lá permanecer e tentar maximizar a interacção, fui utilizando estratégias, nomeadamente envolvendo-me em actividades rotineiras na zona, tais como efectuar compras no comércio local, às vezes, por sua sugestão, ou frequentando os mesmos cafés do que elas. Com o mesmo objectivo, transportava comigo preservativos que poderia ter oportunidade de oferecer e cigarros, mesmo não sendo fumadora – há sempre alguém que *crava* um cigarro ou que, com pressa, pergunta se por acaso não tenho um preservativo que possa dispensar (e, *por acaso*, eu tinha, o que lhes dava jeito a elas e a mim também). Aproveitei, igualmente, momentos festivos como o Natal ou a Páscoa para oferecer pequenas lembranças – gesto que elas muito apreciavam. Relativamente às estrangeiras, aprendi algumas palavras das suas línguas, aspectos geográficos dos seus países ou as etnias que os compõem para me tentar aproximar delas. Se todas estas actividades eram estratégicas, elas tinham também muito de cortesia – eu, de facto, sentia-me agradecida pela sua abertura a mim e ao meu trabalho, mesmo que tímida, pelo que oferecer-lhes uma caixa de amêndoas, na Páscoa, por exemplo, era um gesto genuíno de retribuição e simpatia.

Ao longo do tempo eu iria perceber que o terreno estava cheio de dificuldades e que tinha de coleccionar pequenas vitórias. Mesmo nas zonas onde consegui entrar e tive aceitação plena das mulheres, nem sempre as incursões no terreno eram bem sucedidas. Percorri infindáveis vezes as diversas zonas de observação sem encontrar qualquer dos meus contactos, o que me fez levantar diversas estratégias para obviar este impedimento. Primeiro, tentei perceber as razões e, quando as consegui entender, tive que planear novas formas de contornar as causas.

Uma das razões pelas quais muitas vezes não encontrava as mulheres ou transgéneros é porque nem sempre elas vão trabalhar. Assim é compreensível que não as encontrasse na rua. Uma das formas para não sair de minha casa em vão, passava por telefonar previamente para a informante privilegiada de um determinado local para saber se, nesse dia, ela estaria na rua. Este método é um processo. As estratégias são constantemente adaptadas às exigências do terreno. Era pelo *fado* de ir à rua e não as encontrar que, sempre que possível, telefonava antes de sair para um determinado contexto.

Outras das razões pelas quais nem sempre as via na rua era porque se encontravam no interior das pensões ou em cafés nas imediações destas. Foi só depois de ter apreendido isto que passei a procurá-las nesses locais, diminuindo, deste modo, a probabilidade de os meus dias de trabalho serem em vão.

Ia conseguindo pequenos ganhos no trabalho de conquistar as minhas participantes até ter sinais evidentes de boa inserção no terreno e de aprofundamento da relação, como quando a linguagem delas passou a ser menos cuidada na minha presença, me passaram a tratar pelo meu nome próprio, me começaram a convidar para ir às suas casas e ainda quando me pareceu que começaram a encarar-me como mais uma mulher entre elas, ao me incluírem em conversas sobre *temas femininos* banais ou mesmo quando *enfiavam* a mão no meu braço enquanto nos deslocávamos pela rua.

Quem utiliza outras metodologias sabe que tem de manter uma postura de investigadora, uma atitude técnica. Quem aplica a etnografia deve ser capaz de ser flexível. Estar na rua, à noite, num local de prostituição é completamente diferente de estar num gabinete, num laboratório, numa sala de aula ou em qualquer outro contexto (mais protegido) onde se possam aplicar instrumentos de avaliação. Logo, a postura e o comportamento da investigadora que aí recolhe dados são necessariamente diversos. Os limites do que é correcto ou incorrecto alteram-se e um acto inadmissível noutro contexto é perfeitamente correcto num contexto de rua – o que é isso da investigadora passear de braço dado com as prostitutas pela rua?, perguntarão os mais puristas! Mas isto tem de ser gerido com extremo cuidado. Na rua, a proximidade é muito maior, o informalismo é uma constante, o apelo à pessoa que é a investigadora é usual.

Depois de longos meses no terreno, comecei a ter a percepção de que a minha presença causava uma interferência mínima nas suas dinâmicas. Se, no início, as minhas chegadas aos locais eram vistas com surpresa, ao fim de algum tempo a deslocar-me aí com assiduidade, a minha presença passou a ser encarada com normalidade.

Foi como se tivesse conseguido entrar no seu mundo. A partir de certos momentos, em alguns locais e com certas mulheres, acho que elas me começaram a ver como se eu pertencesse lá. Deixaram de me olhar de dentro para fora, para fora do mundo delas ao qual eu não pertenço, e passaram a olhar de dentro para dentro, como se eu tivesse conseguido pôr um pé nesse mundo. Com a minha presença, atitude e comportamentos fui-lhes transmitindo que a minha visão, embora exterior, se dirigia ao centro do seu mundo, que ia além da superficialidade permitida pelos preconceitos e estereótipos. Às tantas, elas constatavam que eu as via de forma humanizada, como pessoas normais, sem nada de mal nem demais. Tinha conseguido entrar no meio, onde pretendia permanecer. Ao fim de algum tempo eu deixei de ser um elemento perturbador da vida na rua, consegui estar no terreno como se fosse de lá (ou quase).

Vejamos em que consistiu o estar no contexto.

Permaneci no terreno para fazer observação participante nos locais aonde o envolvimento com os actores me levou, através das diversas informantes, sobretudo as que tinham o estatuto de informantes privilegiadas, e interagindo sempre que as mulheres e transexuais o permitiram, propuseram ou quando tal aconteceu inesperadamente. Apesar da observação se ter efectuado em variados contextos e com diversos actores, os locais de observação e de interacção foram maioritariamente as ruas, sendo as prostitutas as protagonistas centrais da observação.

A observação foi bastante estendida no tempo; disse já que podia mesmo considerar que ela se iniciou em 2000. O primeiro registo de notas de terreno que efectuei data de 1 de Outubro de 2002 e o último refere-se a 22 de Novembro de 2007, ou seja, separam-nos cinco anos durante os quais fui coligindo informação. Mas foi entre Outubro de 2004 e Outubro de 2005 que a observação participante se desenrolou de forma intensiva e sistemática, a uma média de três dias por semana e permanecendo entre alguns minutos e 12 horas no terreno, tendo contabilizado, apenas nos anos de 2004 e 2005, um total de 422 horas: vendo o que as pessoas faziam, ouvindo o que elas diziam, experienciando os factores que influenciam as suas vidas (Addler, 1993). Em variados locais de prostituição de rua, sobretudo aquela que se pratica em pensões na zona central da cidade do Porto, fiz parte de todas as actividades diárias e rotineiras, excepto trocar sexo por dinheiro.

Isto quer dizer que permaneci na rua com elas, esperei com elas que os clientes se lhes dirigissem e observei e participei da interacção que tinham com estes, conversei com as donas e as empregadas das pensões, nomeadamente quando todas as mulheres estavam ocupadas; mas também que conheci os seus filhos, os seus companheiros e outros familiares, fiz refeições com elas, fui a festas em suas casas, fiz de psicóloga a seu pedido, servi de taxista muitas vezes, porque tinha carro e elas não, e participei das suas actividades de lazer.

Acho, assim, que atingi os meus objectivos que eram: aprender e conhecer, perguntando, fazendo, observando, testando e experimentando as mesmas actividades, rituais, regras e significados do sujeito (Estroff, 1981 *cit in* Koester, 1996). E acho que o consegui sobretudo a partir do momento em que me pareceu que elas actuavam como se eu não estivesse lá.

No caso das mulheres de origem africana, apesar das relações terem sido amistosas, nunca se aprofundaram. Para mim, as africanas sempre foram difíceis e só por momentos consegui ganhar a sua confiança. E esses momentos não foram muitos. A dificuldade poderá estar relacionada com muitos factores, como o obstáculo da língua e o medo da detenção e deportação na eventualidade de estarem em situação irregular, mas penso que ele é também um reflexo de diferenças culturais – aqui as dissemelhanças de *raça* ou etnia enunciadas na literatura como potenciais influenciadoras da relação entre etnógrafa e sujeitos observados (e.g. Burgess, 1984; Hammersley & Atkinson, 1994) ganha sentido. Mesmo quando consegui obter alguns sinais positivos e de disponibilidade, eles não mudaram substancialmente a forma como continuaram a relacionar-se comigo. Isto impediu que eu tivesse conseguido qualquer entrevista formal e aprofundada com estas imigrantes.

A propósito das características do investigador, refira-se ainda a importância da aparência física, especificamente a indumentária que utilizava. Sempre que fui para o terreno fazer o meu trabalho de campo tive preocupação com a forma como me vestia. Frequentemente, ia de sapatilhas, calças de ganga, blusa básica e casaco por cima. As calças de ganga são das peças de vestuário mais massificadas e eu também as usava. Em relação a elas, eu reduzia as diferenças, pois vestia-me como quase todas elas se vestem habitualmente, no dia-a-dia, e muitas, mesmo, no trabalho. Também não queria provocar um choque de imagem nos restantes actores envolvidos e assim apresentava-me vestida de forma simples. Para quem estava de fora, o objectivo era a discrição, pois não me interessava chamar a atenção de possíveis clientes interferindo no negócio. A importância da roupa que escolhia residia pois na transmissão da mensagem de que desejava continuar a manter-me na posição de membro marginal e aceitável (Hammersley & Atkinson, 1994), o que evitou eventuais avaliações do meu comportamento por parte das trabalhadoras do sexo como contendo alguma ameaça concorrencial. Aqui não era esperado que eu praticasse prostituição: eu era psicóloga, não prostituta e, para elas, estas duas actividades não se podem fundir. Se alguma mulher mais extrovertida e à vontade comigo se atrevia a indagar-me sobre essa possibilidade, logo as outras a censuravam pelo que consideravam ser a sua insolência e falta de sentido de realidade.

O papel que desempenhei com intencionalidade foi o de investigadora que pretendia estudar o mundo da prostituição e, deste modo aberto, claro e inequívoco, eu apresentava-lhes os objectivos do meu trabalho. Tive de o fazer explicitamente, até porque muitas delas me conheciam do trabalho de intervenção na área da saúde. Associavam-me ao trabalho técnico e remover a etiqueta de *menina da carrinha* ou *doutora da carrinha que dá preservativos* foi um trabalho difícil. Em alguns locais consegui que, depois de vários meses, me tivessem dissociado desse papel, tanto que eu já não estava ligada à intervenção e o facto de permanecer sozinha com elas na rua com frequência modificou a maneira como me viam. Noutros locais, tal não foi alcançado, continuando algumas das mulheres a identificar-me dessa forma, não tendo conseguido, por exemplo, tratar-me pelo meu nome próprio mas pelo título que me atribuíam – *doutora*. Em zonas onde não havia feito o trabalho de intervenção, e com mulheres que não conhecia previamente, essa etiqueta não chegou a existir.

Neste processo etnográfico, passei por vários níveis de observação, do distanciado para o interactivo, do passivo, em que elas me davam explicações sobre o que se estava a passar, ao activo, em que eu fazia perguntas sobre aspectos que não compreendia. As relações com as mulheres e transexuais foram-se aprofundando e a estranheza deu lugar à familiaridade, o formalismo à informalidade, o distanciamento à abertura. No início, sentia-me espectadora dum filme, depois passei a achar que o integrava. O estar na rua com elas, como se fosse uma prostituta, foi uma experiência incrivelmente produtora de dados e de sentidos – mesmo sob o ponto de vista humano...

Permanecer na rua, num local de prostituição e com prostitutas, é também saber esperar. O estudo de terreno da prostituição de rua passa, necessariamente, por uma imensa capacidade de aguardar. Por elas ou com elas, mas esperar. Que é, afinal, o que fazem as pessoas que estou a estudar. Esperam muito tempo, esperam sempre. Nem sempre têm clientes que as procuram durante a sua permanência na rua. Passam, assim, o tempo a conversar entre elas. E quando lá estava, também comigo.

Mas os dias não são todos iguais, por vezes encontrava as mulheres mais taciturnas, limitando-se a ficar imóveis, encostadas, e eu, ali, a tentar que elas conversassem comigo, em vão. Às vezes, estava na rua com as mulheres, mas não conseguia dialogar com elas nada de relevante, ou pior, não conseguia conversar de todo. De bom grado percebia a excepcionalidade destas situações, mas a minha desvantagem residia na falta de treino em estar *sem nada que fazer* na berma de um passeio e a ansiedade de quem tinha noção de que o tempo foge muito rapidamente. Em alguns desses momentos, fui eu que me comportei como se fosse uma prostituta *ao ataque*: andava de um lado para o outro, vinha até ao passeio ver os carros que passavam, tentava, enfim, apaziguar-me contra a inacção.

Há aqui um claro contraste entre o comportamento indiferente delas e o meu comportamento dinâmico, de quem não estava a conseguir esperar. Mas o trabalho de rua também é feito destas coisas: de tempos *mortos* e de tempos excessivamente longos. Para se estar na rua tem de se ter disponibilidade total. O *emprego* de etnógrafa não pode ser feito em *part-time*. Ir para o terreno implica ter todo o tempo para permanecer lá. Não é possível ir e pensar em voltar com hora marcada. Nunca se sabe se surge uma actividade ou um convite que não se pode recusar, até porque, às vezes, surgem oportunidades únicas para o avanço da investigação.

Nos casos em que fui bem sucedida nas relações que estabeleci no terreno, desde os primeiros contactos que percepcionei uma atitude de protecção e de amabilidade comigo. O meio da prostituição de rua é agressivo e o seu saber sobre aquele ambiente duro indicava-lhes que tinham que proteger-me das experiências desagradáveis que aí podiam ocorrer. Sobretudo as mais velhas, que se mostraram maternalistas, tentando evitar, por exemplo, o meu contacto com putativos clientes incómodos. Pretendiam proteger-me de eventuais perigos associados à rua, em especial durante a noite, mas antes de mais tentavam arredar-me das investidas dos clientes que se dirigiam a mim. Com este comportamento elas queriam afastar-me de situações que percepcionavam como potencialmente ameaçadoras. Isto, também, revela que elas se demarcavam de mim, conferindo-me um estatuto diferente – o de *mulher séria*, que merece respeito porque tem um comportamento respeitável. Este estatuto, validado em qualquer meio, normativo ou não, é neste contexto significado de fragilidade e a minha situação de fragilidade incitava-as a um comportamento protector de uma eventual ofensa moral. As interacções próprias daquele contexto, as interacções dos clientes com as mulheres que estão na rua, são entendidas como inapropriadas para alguém que pertence a outro contexto, logo, tentavam desviar-me delas

Ao longo do tempo, esta atitude foi desaparecendo, o que significa que passaram a habituar-se à minha presença, percebiam que essas interacções não me melindravam e que tinha conseguido fazer prevalecer a minha mensagem de que procurava isso mesmo: experienciar a situação em que se encontravam, nomeadamente sendo abordada por potenciais clientes. Com o decorrer do tempo, as diferenças entre etnógrafa e prostitutas tornavam-se menos presentes.

A permanência prolongada no terreno permitiu-me o estabelecimento de relações estreitas e a integração genuína nas dinâmicas sociais, permitindo a apreensão do real na sua complexidade que de outra forma não seria possível de captar. Foi, por exemplo, na sequência do aprofundamento das relações que eu pude passar a entrar nas pensões e a observar as suas dinâmicas. A primeira vez que entrei num quarto de pensão foi um momento com significado para mim. Indicou um franquear de portas, eu estava num local onde nunca tinha estado e era um local de relevo para as minhas observações.

Foi também nesse seguimento que passei a ser confidente de algumas delas: passaram a contar-me os seus problemas pessoais e a solicitar-me apoio psicológico. Este pedido de apoio, como psicóloga, surgiu várias vezes, tanto para si, como para familiares ou mesmo para clientes. Eu entendia a minha resposta positiva como um gesto de reciprocidade. Não existe etnografia sem confiança e sem troca, diz Laplantine (1996).

Esta reciprocidade foi efectuada a vários níveis mas, algumas vezes, senti que havia um certo calculismo na forma como as mulheres se relacionavam comigo – e nisso aproximávamo-nos um pouco... Em todo o caso, elas tinham com frequência a noção da troca. Elas faziam-me um *favor*, ajudando-me na minha investigação, e eu ajudava-as em áreas do meu domínio ou mostrava-me cooperante em pequenos actos, como dar-lhes boleia no meu carro, para não despenderem dinheiro em táxis. A lista de contrapartidas que lhes proporcionei é grande e inclui, além das que já referi, a ajuda no esclarecimento e na resolução de questões legais, médicas e de apoio social (recorrendo, nomeadamente, a pessoas das minhas relações pessoais, que se disponibilizaram para prestar apoio em situações específicas), a ajuda em tarefas burocráticas, a disponibilização para testemunhar em processos legais, a oferta de pequenos presentes (cosméticos, peças de decoração, alimentos, brinquedos para filhos), o pagamento de refeições, a oferta de preservativos, a distribuição de material informativo sobre IST em diversas línguas e a disponibilização do meu telemóvel para efectuarem chamadas.

Estes actos não *pagam* a sua disponibilidade e quase sempre surgiam espontaneamente. Parece-me que a palavra reciprocidade é, de facto, a mais adequada para classificar estas trocas. Dar algo de útil aos participantes das investigações pela sua colaboração tem aparecido como uma exigência ética do trabalho de campo que, mais do que uma estratégia prática para agradar aos informantes e estabelecer uma boa relação, adquiriu uma dimensão moral (Sluka & Robben, 2007). O que me parece apropriado para classificar as contrapartidas que senti ser correcto proporcionar-lhes.

A este propósito, uma das minhas informantes privilegiadas, a Rafaela, mostrou-me que percepcionava o facto de eu estar na rua com elas como tendo componentes de aprendizagem e de troca. Ela referiu-se à minha estadia no terreno como se fosse um estágio de um curso de prostituição ou se fosse o próprio curso. Fê-lo em tom de brincadeira e eu acabei por ser rotulada de prostituta estagiária. Mesmo sendo alheia ao que é o conhecimento científico e os seus métodos, esta mulher intuiu a importância da imersão no terreno e da observação participante. Em suma, ela captou a essência e a importância da etnografia. Foi, pois, com satisfação que eu aceitei o rótulo que me foi colocado. Certa vez, no seu calão altamente explícito[11], esta mulher, expressou de forma clara a troca que essa aprendizagem implicava. Veja-se:

---

[11] A linguagem utilizada pela maioria das pessoas neste contexto recorre com abundante frequência ao calão. No início, as mulheres demonstraram cuidado com o uso que faziam da língua na minha presença, mas com o passar do tempo e sentindo-se mais à vontade, deixaram de agir assim. Expressões como *filho da puta* ou palavras como *foda-se* são muito frequentes; são auxiliares da comunicação e servem para dar ênfase à mensagem. Chamarem *puta* umas às outras é também recorrente e não é sentido como um insulto.
Sempre que, neste trabalho, colocar excertos do meu diário de terreno que contenham transcrições de diálogos e afirmações, fá-lo-ei sendo fiel à formulação original. Não farei adaptações, cortes ou atenuações à carga brejeira que essas afirmações possam ter. Foi esta a linguagem que captei na rua. Foi assim que ouvi falar os diversos intervenientes. E foi esta a minha missão: a de transmitir o mais rigorosamente possível o que ouvi e vivenciei. Isto inclui-se na minha posição de descrever o fenómeno sem o julgar, olhá-lo sem o desvirtuar, numa atitude apreciativa – é o que Matza (1969) chama de *compêndio analítico do fenómeno*.

Fui embora e levei a Rafaela de carro, com os seus dois sacos de compras pesadíssimos, para a B., onde ela vai ter com o marido. A Lena, quando a Rafaela lhe disse que eu a ia levar, ficou admirada que eu tivesse carro. Aliás, quer ela quer a outra [que eu não conhecia] estavam um pouco espantadas, sem perceberem o que eu estava lá a fazer, até porque a Rafaela brincou, dizendo:
- É assim, eu estou aqui a ensiná-la a meter *piças* e ela dá-me boleia.
(DC 29.06.2005)

Uma última nota sobre o meu relacionamento com as mulheres. Na rua, as pessoas notavam a minha presença e eu passei a ser motivo de interrogação por parte dos clientes e dos comerciantes ou de outras pessoas com quem elas lidavam, nomeadamente prostitutas que ainda não me conheciam. Todos perguntavam quem eu era e elas explicavam que eu era uma psicóloga que está a escrever um livro sobre as pessoas que fazem prostituição. Perante algumas pessoas, passei a ser exibida como um objecto de prestígio exótico, utilizando uma expressão de Bourgois (1995), muitas faziam questão de estar comigo, de publicitar que eu era psicóloga, e de ser vistas na minha presença. Isto significa que elas percepcionavam o meu trabalho de forma positiva e que tinham ganhos com a minha presença.

Aliás, elas expressaram essa satisfação em momentos nos quais tal se proporcionou. Darem-me *feed back* positivo e reconhecerem a importância do meu trabalho, era muito compensador para mim. Significava que os ganhos não eram apenas meus ou, eventualmente, da Ciência, mas que podia haver benefícios para a população que sustentava o meu trabalho, pelo menos elas assim o reconheciam. E esse reconhecimento tem valor; não vamos subestimar as prostitutas de rua apenas porque são pouco escolarizadas e aparentam ter pouca consciência sobre si. Elas consideravam que uma eventual divulgação do meu trabalho, designadamente através dos meios de comunicação social, podia ser útil para chamar a atenção das discriminações de que são alvo. Por exemplo, uma mulher que perdeu a tutela de uma filha sem aparente justificação, dizia-me: "Ponha no seu livro que tiram os filhos às prostitutas só pelo facto delas serem prostitutas!" (DC 31.10.2004).

Além das trabalhadoras do sexo, nas ruas também estabeleci relações com os clientes, dependendo estas do tipo de relacionamento que estes tinham com as mulheres. Os clientes habituais a quem as prostitutas me apresentaram foram, em geral, amáveis comigo e, em alguns casos, colaborantes. Os clientes ocasionais tinham reacções diversificadas à minha presença. Alguns não chegaram a perceber que eu não era prostituta e, quando interagiam comigo, ficavam apenas a saber que eu não *estava ali a trabalhar*. Os que eram informados sobre o meu estatuto tinham comportamentos variados: recusavam falar comigo, afirmavam que tinham presumido isso mesmo, não acreditavam e insistiam em comprar-me serviços sexuais ou fugiam[12]. Quanto aos que recusavam a falar comigo, as razões que evocavam prendiam-se com serem casados (e, por isso, *parecer mal*), terem receio que eu conhecesse as suas esposas ou, a mais frequente, *estarem com pressa*. Os que não acreditavam que eu não era prostituta e insistiam acabavam por ficar embaraçados e pedir-me desculpas pelo seu comportamento quando percebiam que, de facto, não era essa a minha actividade.

Estas interacções que inicialmente me causavam desconforto não eram, de todo, os aspectos mais negativos que vivi durante a permanência no terreno. O trabalho etnográfico neste contexto tem grandes dificuldades. Às frustrações permanentes de esperar por alguém que não aparece, de desmarcar entrevistas inúmeras vezes, de ver o tempo a passar sem acontecer nada de novo ou de ser tratada com indiferença ou agressividade, juntam-se situações deprimentes, incomodativas e pessoalmente exigentes que tornam este trabalho pesado e desgastante. É, por vezes, com grande sacrifício pessoal que se utiliza uma metodologia como esta junto desta população. Por muito que se goste da população a estudar, por mais interesse que se tenha pela desviância, mesmo que se considere que o nosso mundo é tangível com aquele, não é sem custo que se passam horas, dias e noites na rua, com mulheres cujos interesses, vidas, sonhos e experiências são tão diferentes dos nossos.

Nem sempre o desenrolar do trabalho etnográfico se faz na direcção dos nossos interesses, às vezes via-me envolvida em actividades que nada tinham a ver com o meu objecto de estudo. Da mesma forma, passei horas a conversar sobre coisas que me desinteressavam. O desenrolar da telenovela, a importância de pormenores culinários, as costureiras e os arranjos de roupa, as tricas das vizinhas e os filhos eram frequentemente os temas de conversa – tal como é comum com outros grupos de mulheres. Neste aspecto, os investigadores das outras metodologias têm grandes vantagens em relação a nós, porque eles não ficam no terreno.

E, quando se fica *lá*, quando se tem de estar *lá*, além daquilo que nos interessa, acontece também o que nos é intolerável. Suportar pessoas alcoolizadas, discursos reaccionários, homens a assediaram-me de forma sexualmente explícita e comportamentos indecorosos fizeram parte do estar no terreno e de ter estado inserida nas actividades rotineiras das participantes do meu estudo.

---

[12] "Houve um homem que queria negociar comigo e quando a Bianca lhe disse que eu não era dali, que era doutora, ele fechou de imediato o vidro e foi embora rapidamente" (DC 30.11.2004). A explicação pode ser outra qualquer, mas parece-me que o homem ficou com receio. Porquê? Porque no âmbito das suas actividades desviantes, ele foi confrontado com alguém que ele associou, não ao desvio, mas à norma. Este contacto com o mundo normativo, ao qual ele pertence, não lhe interessa no momento em que quebra as regras. O medo é, talvez, o de ser descoberto, o de serem conhecidas as suas actividades moralmente ilícitas. É como se, ao encontrar uma mulher não prostituta naquele ambiente de prostituição, pudesse estar a encontrá-las todas, incluindo a sua esposa.

As próprias condições climatéricas nem sempre ajudam. O frio gélido que, muitas vezes, senti é uma das muitas durezas de se estar na rua, de permanecer no terreno horas infindáveis. É de incomodidades como esta que é feito o trabalho etnográfico e é por elas que o desgaste físico e emocional é grande. Exige-nos muito este método. Convoca-nos a 100%. Não basta estar presente de corpo, é necessária uma entrega.

Esta entrega e a longa permanência no terreno tornam o nosso trabalho parte da nossa vida. Não se vai lá recolher dados para depois ir para o conforto do lar. Está-se lá. Em parte, vive-se lá. Passamos a adoptar os modos de estar, as rotinas, a forma de falar do nosso objecto de estudo. Algumas das modificações comportamentais que sofremos são voluntárias e têm como objectivo a proximidade que leva à aceitação. Outras, não são planeadas. Por exemplo, no período em que decorreu o trabalho de terreno sentia que a minha linguagem estava mais simplificada, usava mais expressões populares e recorria com facilidade ao calão. Sentia-o sobretudo em outros contextos, quando saía do terreno, porque lá, paradoxalmente, parecia-me que falava melhor...[13]

Como referia Lévi-Strauss (1993), "não há lugar para a aventura na profissão de etnógrafo; só serve para escravizá-lo (...)" (p.11). Não quero com isto significar que o trabalho de campo padece de um sofrimento permanente, vivi algumas situações com alegria, muitas vezes estive com serenidade no contexto e partilhei com as mulheres momentos de intimidade. As agruras deste trabalho são, em simultâneo, largamente compensadas pelos ganhos que se obtêm no terreno, pelos objectivos que se atingem, pelas vitórias que se vão somando.

Estas asperezas do trabalho de campo acabam por ter o seu papel e significam que, afinal, eu estava imersa mas não me sentia como se estivesse em casa. Há sempre um distanciamento – social, cultural, experiencial – que tem o seu papel. Se se perde totalmente a sensação de ser um estranho é porque se deixou escapar a perspectiva analítica e crítica (Hammersley & Atkinson, 1994) e o nosso trabalho de investigador perde o seu sentido. Não se trata, aqui, de evocar a perda de objectividade, uma vez que assumi já a sua impossibilidade, mas de sermos capazes de um olhar distanciado e analítico que nos permita problematizar o fenómeno. É que, de ver tão de perto, a vista pode turvar-se. Os aspectos negativos não serviram, assim, para me vangloriar, mas para me incomodar. O desconforto servia para me lembrar que eu não pertencia lá e que só dessa forma podia olhar distanciadamente.[14]

---

[13] No seu clássico apêndice metodológico, W. Whyte (1984) faz uma observação idêntica sobre o seu vocabulário, dizendo que, ao fim de bastante tempo no terreno, quando ia a Harvard sentia que a língua estava presa.
[14] Também não pretendo que me atribuam uma medalha de coragem pela bravura de ter efectuado uma excursão transgressiva a um território virgem, rebelde, perigoso e estigmatizado, como ironiza Frank (2007), a propósito da postura de alguns investigadores do trabalho sexual. Nada disso. Eu

Outros métodos de recolha de dados
Durante toda a fase de observação participante, fiz entrevistas informais: conversas que ia desenvolvendo com todo o tipo de informantes, fosse porque surgiam espontaneamente, fosse porque eu as induzia mas, em qualquer um dos casos, estas surgiam naturalmente no decorrer das interacções desenvolvidas no terreno. Eram conversas com um propósito, como é habitual formular-se sobre as entrevistas numa certa tradição das ciências sociais (Burgess, 1984). Estas ocorriam em qualquer situação: na rua, numa pensão, num café, num automóvel, num transporte público, na casa de alguém; com qualquer pessoa: prostitutas, clientes, companheiros, filhos, irmãs e outros familiares, donas e empregadas das pensões, vizinhos e comerciantes dos locais de prostituição.

Além destas, conduzi entrevistas formais com trabalhadoras do sexo e com alguns clientes e companheiros. Referir entrevistas formais não significa entrevistas que decorreram em contexto formal, porque as entrevistas que realizei decorreram em variados contextos: na rua, em cafés, nas pensões, no meu automóvel, nas suas casas ou numa instituição. Com entrevistas formais refiro-me a situações em que os sujeitos eram formalmente interpelados e aceitavam responder a uma série de questões que lhes eram colocadas por mim, em momento reservado para tal. Nessas situações, eu seguia um guião semi-estruturado e pedia-lhes autorização para proceder a um registo áudio da nossa conversa ou, quando tal não era possível, a escrever notas sobre as respostas que ia obtendo.

No caso das entrevistas a clientes, não avaliei como adequado transportar um guião. Não me pareceu apropriado à situação e ao contexto levar um papel com perguntas, pois corria o risco de contribuir para que a situação fosse confrangedora para o entrevistado. Assim, havia interiorizado o guião de entrevista e estava pronta para o utilizar em qualquer momento. Para me auxiliar nesta tarefa, havia elaborado um mini-guião, isto é, um resumo do guião que trazia sempre comigo e que, caso me fosse possível, passaria a rever. Isto foi possível algumas vezes, mas em outras não.

De qualquer forma, relativamente às entrevistas conduzidas com clientes, como são curtas e pouco aprofundadas, era possível fazê-las sem qualquer registo no momento, não comprometendo os seus propósitos. O que se tornava importante era que o registo posterior fosse efectuado no mais curto espaço de tempo, para que não se perdesse informação, mesmo que fosse constituído apenas por tópicos que depois seriam desenvolvidos.

As entrevistas formais tiveram como objectivo recolher informação complementar àquela a que acedia com a observação participante. Especificamente com

---

escolhi um terreno que conhecia bem e estive *protegida* pelos actores que o habitam. Mas, porque alguns territórios, como é o caso do terreno da prostituição, são zonas duras, eu não aconselhava os inexperientes ou novatos a começarem por uma experiência destas.

as trabalhadoras do sexo, pretendia obter dados retrospectivos sobre as suas vidas, captar sentidos e significações relativos a aspectos específicos e perceber quais os processos que estavam na base das suas mudanças de vida. Estas entrevistas foram guiadas por blocos temáticos, que incluíam: (1) O posicionamento/atitudes relativamente à prostituição e seus actores; (2) A história de vida respeitante a seis eixos: família, percurso escolar, actividade laboral, prostituição, relações afectivas e vida sexual; (3) Outros temas que pudessem ser relevantes como as questões do tráfico e da imigração, o consumo de drogas, a criminalidade e a transexualidade.

A selecção das pessoas a entrevistar obedeceu a três critérios: a significatividade, a facilidade de acesso e a disponibilidade da pessoa. Pelo primeiro destes critérios, pretendia-se encontrar indivíduos com características significativas dentro da população. Quando se passa das metodologias quantitativas para as qualitativas abandona-se a noção de representatividade e passa-se a falar em significatividade. Assim, conhecendo quais os grupos mais típicos entre as pessoas que se prostituem na rua, tentei obter entrevistas que os abrangessem: mulheres, transexuais, imigrantes, toxicodependentes e, ainda, pessoas com diversas idades. Assim, tomei a singularidade destas mulheres como reveladora de um certo vivido social (Poirier, Clapier-Valladon, & Raybaut, 1995), como uma *amostra* que representa aquele grupo.

Os outros dois critérios foram mais difíceis de alcançar. A questão do acesso foi já aqui discutida. Aceder aos indivíduos não significava, porém, que obtivéssemos as entrevistas. As dificuldades em entrevistar prostitutas têm sido amplamente referidas na literatura científica (e.g. Pryen, 1996, 1999b; Medeiros, 2000; Handman, 2005; Ribeiro *et al.*, 2008) e várias tentativas de explicação têm sido adiantadas para tal – a existência do estigma, o controlo por parte de proxenetas, a situação de ilegalidade em que se encontram muitas das estrangeiras, o dispêndio de tempo que implica essa disponibilização.

Mesmo com mulheres com quem tinha estabelecido uma boa relação e que concordaram em efectuar uma entrevista, eu passava por diversas dificuldades para o conseguir. Os adiamentos eram sucessivos e eu não conseguia perceber porquê. Além das explicações já apontadas, parecia-me ter de haver mais alguma explicação e, sobre isso, queria efectuar três reflexões.

A primeira foi-me induzida por Laura Agustín que, invertendo a pergunta habitual, questionava: "Porque é que elas respondem às entrevistas? Podem mostrar resistência, mas acabam por responder e isto é interessante..."[15] Embora tal não se aplique a todas as situações, pois algumas não respondem de todo e outras não

---

[15] Comentário proferido durante o Seminário Internacional "Prostituição feminina em regiões de fronteira", organizado pelas universidades de Trás-os-Montes e Alto Douro, Beira Interior e Minho, em Vila Real, no dia 11 de Julho de 2005.

apresentam qualquer dificuldade, posso partir desta interrogação para tentar colocar-me na situação das mulheres e transexuais que fazem prostituição e concluir que não vejo grandes motivos para que respondam a entrevistas: elas vão despender parte do seu tempo, sem qualquer contrapartida, a contar diversos aspectos da sua vida, alguns dos quais de grande intimidade, a uma pessoa que, embora possam conhecer, melhor ou pior, não lhes é assim tão próxima, sem saberem exactamente para que servem esses dados, nem terem a garantia de como vão ser utilizados. Por muito que achemos que o nosso trabalho é importante, não podemos esperar que as pessoas que queremos entrevistar tenham essa visão ou que concordem com ela.

A segunda reflexão procura sustentar a dificuldade em entrevistar prostitutas na antecipação da ansiedade provocada pela situação da entrevista. Para muitas mulheres e transexuais esta é uma situação nova e desconhecida, além de poder ser desconfortável ao obrigar alguém a falar de si e da sua vida. A simples presença de um gravador pode ser ansiógena para quem não está habituada a lidar com esse aparelho. Uma mulher com quem estabeleci uma das melhores relações durante o trabalho de campo que, além do mais, se caracteriza pela expansividade, a Rafaela, adiou sucessivamente a entrevista até a termos realizado. Quando, finalmente, fiz a entrevista, esta não correu bem por, designadamente, ela ter passado quase todo o tempo a responder por monossílabos. Na altura, não me deu explicação para o sucedido, mas acabou por me dizer, mais tarde, que tinha ficado inibida pela presença *daquele aparelho* [o gravador].

Noutro caso, a impossibilidade relacionou-se com o facto de a mulher não querer revolver aspectos negativos da sua vida. Não consegui entrevistar esta mulher, com quem estabeleci uma boa relação, apesar de o ter tentado por diversas vezes. Disse-me que não o queria fazer porque teria que falar sobre aspectos negativos da sua vida e que isso a faria sofrer.

A terceira reflexão sobre as razões para se esquivarem às entrevistas formais prende-se com o que julgo ser a desvalorização do saber e das histórias de vida que algumas prostitutas têm relativamente a si. Esta desvalorização das suas experiências e conhecimentos acontece tanto em termos absolutos, como por efectuarem uma comparação com o que imaginam que é o saber de alguém oriundo de um meio cultural diferente do delas mas que, pela maneira de falar, pelo meio que frequenta, pelo título que ostenta, é alguém com um nível de conhecimentos bastante superior ao seu. Algumas mulheres verbalizaram isso: "Mas o que é que eu lhe posso dizer que já não saiba?"

Como ficou subentendido anteriormente, quando referi o local em que se efectuaram as entrevistas formais, estas não foram realizadas nas condições ideais. Aliás, tive grande dificuldade em efectuá-las em circunstâncias fisico-ambientais adequadas e com a disponibilidade total da mulher ou transexual. A situação em que as realizava era sempre aquela que melhor se adequava ao desejo da trabalhadora do sexo – não obstante, eu tentar sempre realizá-las na situação mais favorável. Relativamente às condições físicas e ambientais, as piores foram as das entrevistas efectuadas em cafés e na rua; as melhores foram aquelas que realizei nas suas casas ou nas instituições. Quando as entrevistas decorreram em cafés, não consegui utilizar o gravador devido ao forte ruído de fundo existente, pelo que, com a sua autorização, ia tirando notas durante o decorrer da entrevista – notas essas que desenvolvia logo que possível para maximizar a informação guardada.

Apesar de todas as atribulações, consegui 32 entrevistas a trabalhadoras do sexo, compostas por 28 mulheres e quatro transexuais. Destas, 23 são portuguesas e nove são estrangeiras – sendo seis brasileiras, duas romenas e uma espanhola. As idades deste conjunto de mulheres e transexuais variam entre os 21 e os 60 anos, distribuídos da seguinte forma: oito entre os 21 e os 30 anos; 14 entre os 31 e os 40 anos; nove entre os 41 e os 50 anos; e uma mulher com mais de 50 anos. Deste grupo, constavam três toxicodependentes, duas ex-toxicodependentes e duas com problemas de alcoolismo. A quase totalidade destas mulheres e transexuais fazia prostituição de rua, à excepção de duas mulheres, que entrevistei numa das instituições que usei como plataforma espacial, e que exerciam trabalho sexual de interior. Ainda duas mulheres trabalhavam num local muito específico em que a solicitação de clientes é efectuada à janela, num misto de prostituição de rua e de interior.

No que diz respeito aos clientes, obtive poucas entrevistas formais: apenas sete. Tal deveu-se a duas razões. A primeira, eu partia das prostitutas, da relação que tinha com elas e da minha permanência junto a si nos locais de prostituição, o que favorecia contactos formais apenas com clientes com os quais elas tinham uma relação de confiança – tal não invalidava, contudo, conversas casuais com clientes ou possíveis clientes, o que constituiu as entrevistas informais. Era necessário, primeiro, que elas avaliassem positivamente a possível resposta do cliente, depois que se disponibilizassem a falar com eles e, por último, era preciso esperar que o cliente em questão as procurasse. Segunda razão: depois de ultrapassadas estas fases, era forçoso que esse cliente aceitasse a proposta da mulher que falava com ele antes de mim, ocasião em que a maioria deles recusava. Assim, as probabilidades de eu entrevistar os clientes ficaram bastante reduzidas e eu consegui um pequeno número de entrevistas.

Estas entrevistas eram curtas e constituíam-se em torno de quatro temas, além da caracterização socio-demográfica: (1) A história e os motivos de recurso à prostituição; (2) A percepção sobre o fenómeno e os seus actores; (3) O relacionamento afectivo e sexual de âmbito não comercial (actual ou passado); (4) Aspectos relacionados com a saúde, especificamente a prevenção de doenças nos contactos sexuais comerciais.

Finalmente, as entrevistas formais aos companheiros, maridos ou namorados das prostitutas que, embora em número pequeno, considero detentoras de significatividade. Além de entrevistas informais que realizei com estes, consegui entrevistar seis homens que são casados, coabitam ou namoram com prostitutas. O que considero relevante pela sua singularidade.

Ouvir a perspectiva destes homens mostrou-me a prostituição sob um ângulo diferente, o que é de grande importância. Quer porque eles têm um discurso que deve ser considerado válido e que atribui sentidos a si, à actividade das companheiras e à relação que têm com elas, que nunca é tido em conta, quer porque, como salienta Bradley (2007), uma das poucas investigadoras a ter efectuado um estudo com companheiros de trabalhadoras do sexo, estes têm um grande impacto sobre as mulheres e a sua actividade. Os temas que guiaram as entrevistas com os companheiros foram, além das perguntas que pretendiam recolher dados biográficos: (1) A percepção sobre o fenómeno e seus actores; (2) A percepção sobre si e a forma como lida com o seu estatuto; (3) A percepção que tem sobre a companheira e a sua actividade; (4) O relacionamento afectivo e sexual com companheira; (5) Outros relacionamentos passados.

Esta vertente do meu trabalho, que foi ao encontro do discurso dos pares amorosos das trabalhadoras do sexo, significou um novo rumo no meu estudo. O facto de eu ter chegado lá significou um aprofundamento no meu tema. A minha abordagem ultrapassou os limites do contexto de exercício da prostituição para abarcar outras dimensões da sua vida e da vida dos seus familiares mais próximos, designadamente dos seus companheiros.

Sobre as entrevistas, devo referir, para terminar, que tive de ter cuidada atenção na gestão da informação que me foi sendo fornecida pelas diferentes partes, para não correr o risco de quebrar a confidencialidade que garantia a todos. Assim, por exemplo, quando falava com um companheiro, não lhe podia transmitir qualquer dado disponibilizado pela mulher nem vice-versa – o mesmo se passava relativamente aos clientes. No início das entrevistas eu garantia o anonimato dos dados, referindo que isso era válido, nomeadamente, para as suas companheiras ou companheiros. Uma das prostitutas interpelou-me, directamente, para que eu lhe revelasse pormenores da conversa que tinha tido com o seu companheiro, ao que eu respondi salientando as garantias de sigilo que tinha concedido a ambos e que tinham sido a base da confiança dos dois.

Além das entrevistas formais, utilizei ainda informação que foi recolhida pelas trabalhadoras do sexo junto de clientes, recorri a notícias de jornais e páginas oficiais da Internet, participei de fóruns de discussão temáticos e fiz alguns registos fotográficos.

Começo por referir a utilização de informação recolhida pelas próprias trabalhadoras do sexo sobre os seus clientes através de uma ficha para recolha de dados.

Tratou-se de um mini-inquérito elaborado com este propósito e que permitia obter dados sobre a idade, o sexo, a profissão, a nacionalidade, a zona de residência, o estado civil, o tipo de cliente (habitual ou não), os serviços praticados e o uso de preservativo. Usei uma folha com um tamanho pequeno (8 x 15 cm) para que os inquéritos coubessem facilmente nas carteiras das trabalhadoras do sexo, eliminando uma potencial barreira à sua utilização. Foram distribuídos 30 destes mini-inquéritos por cada um de três transexuais e seis mulheres (totalizando 270 exemplares) que se disponibilizaram a colaborar nesta recolha de informação. Foi-lhes pedido que os preenchessem apenas nos casos em que tivessem as informações pretendidas. Foram devolvidos 101 inquéritos preenchidos: 41 provenientes de duas mulheres e 60 de duas transexuais.

Apesar de apresentar os dados, que obtive com estes mini-inquéritos, sei da sua pouca fiabilidade. São dados obtidos de forma indirecta e a amostra carece de representatividade. No entanto, como o número de inquéritos obtidos não foi despiciendo e como as amostras com clientes são, habitualmente, pequenas (pela sua difícil acessibilidade) e estando eu na posse dos dados, considerei fazer um tratamento estatístico simples – estatística descritiva – e analisá-los. Tendo em conta estas ressalvas, sobre a sua fraca representatividade, da monografia constarão alguns dos resultados que obtive com a análise estatística destes dados a complementar a informação obtida através da observação e entrevistas com clientes.

Outra fonte de dados foi a análise documental, utilizando material jornalístico, especificamente notícias de jornais, e documentos de organismos ou instituições (governamentais ou não) publicados em páginas oficiais na Internet. Com esta pesquisa, nomeadamente a que se refere às notícias de jornais, não pretendi efectuar uma análise de conteúdo formal, recolhendo e analisando as peças jornalísticas de forma sistemática, mas pretendi conhecer e acompanhar os acontecimentos e os discursos relativos ao objecto que estava a estudar. A leitura e a atenção constante ao que era noticiado sobre as questões relativas à prostituição e outros temas adjacentes, como o tráfico e exploração sexual, permitiram-me obter informação que coadjuvava numa compreensão mais alargada do fenómeno da prostituição e, simultaneamente, possibilitou uma melhor interpretação e enquadramento de alguns dos dados que surgiram no terreno.

Também participei de fóruns internacionais de discussão temática geridos por trabalhadores do sexo e que incluem pessoas ligadas a projectos de intervenção e investigadores de todo o mundo. Fiz igualmente parte de uma rede virtual internacional de investigadores sobre trabalho sexual e imigração, onde se pretende conhecer e divulgar informação sobre o tema. A pertença a estas redes permitiram-me obter dados complementares relevantes para o meu trabalho. Assim, pude conhecer: (a) Os pontos de vista e problemas de trabalhadores do sexo com diversas experiências, em diferentes contextos de trabalho e de variadas proveniências geográficas e, simultaneamente, as acções que desenvolvem em prol dos seus direitos; (b) Os projectos de intervenção dirigidos para e elaborados com e por pessoas que fazem trabalho sexual, designadamente os seus objectivos, métodos, estratégias e resultados; (c) As investigações e seus resultados, bem como os encontros científicos que se desenvolvem a nível internacional e os temas que aí são debatidos.

Finalmente, fiz alguns registos fotográficos que ilustram *objectivamente* algumas das descrições efectuadas.

Em suma, paralelamente à observação participante e às entrevistas que levei a cabo no contexto, recolhi mais alguns dados de natureza diferente, que articulei com a restante informação obtida.

No final desta introdução geral, qual é a coerência de tudo isto: construcionismo, interaccionismo simbólico, actor social e etnografia, aplicados à investigação? O interaccionismo simbólico concebe o indivíduo em contexto e incorpora as influências sociais e individuais, pela interpretação das interacções. A perspectiva do actor social vai na mesma linha e encara o sujeito como activo e dotado de um ponto de vista próprio. Isto implica que a realidade é construída pelo próprio sujeito, o que se coaduna com uma visão construcionista da ciência. Ao nível da aplicação na investigação, estas concepções envolvem uma necessária imersão no contexto e a permanência neste, de modo a ter uma noção de dentro e a participar das próprias interacções que se observam – o que é característica da etnografia. É aqui que me parece residir a coerência da minha investigação e é daqui que penso que foi possível ter realizado uma monografia consistente. Entre-se nesta, porque é ela o cerne deste trabalho.

A monografia que passo a apresentar resulta da organização, análise e interpretação dos dados e é composta de quatro partes. A primeira, de importância central, diz respeito ao mundo social da prostituição de rua (capítulo 1) e compreende aspectos relativos à ecologia e à organização territorial, às dinâmicas do negócio sexual, ao quotidiano que se desenrola nas pensões e à diversidade de clientes e de relações que se estabelecem neste mundo. À medida que a relação com as minhas informantes se aprofundava, pude conhecer e fazer parte das relações que estabeleciam com outros familiares, pelo que também destas se falará neste trabalho, no capítulo 2, no qual analisarei as relações das prostitutas com os companheiros, os filhos e outros familiares. Outro capítulo, o terceiro, compreende os discursos de mulheres e transgéneros que se prostituem sobre a actividade que exercem e sobre as suas próprias vidas, incluindo a dimensão temporal na análise das suas trajectórias – ser-se prostituta de rua tem um sentido nas vidas daquelas mulheres e transgéneros. Por último, o capítulo 4, incide nas questões da estigmatização, das exclusões e das várias formas de violência que são praticadas sobre os trabalhadores do sexo, e que reuni sob a designação de *Reacção social*.

Capítulo 1
O mundo social da prostituição de rua

Neste capítulo pretendo descrever e interpretar o mundo social da prostituição de rua. Que mundo é este, quem são os actores que o habitam, que relações estabelecem entre eles e quais as actividades e as rotinas que os caracterizam são a centralidade desta parte do trabalho. Antes, porém, devo explicar o que entendo por mundo social.

Um dos nomes mais notórios quando se evoca o conceito de *mundo social* é o de Anselm Strauss (1978), para quem esta noção aparece como uma ferramenta de grande utilidade na compreensão da sociedade, dos grupos e dos processos. Para este sociólogo americano existe uma infinitude de mundos – como os da ópera, do *baseball*, da literatura, do *surf*, dos coleccionadores de selos, da medicina, da lei, da ciência e do catolicismo – que frequentemente são segmentados em vários submundos específicos[16]. Há mundos grandes e mundos pequenos, uns são internacionais e outros locais, uns são públicos e outros menos visíveis (Rosecrance, 1985), sendo todos eles caracterizados pela complexidade e pela heterogeneidade (Velho, 1999).

De acordo com Fernandes e Carvalho (2003),

> o conceito de mundo social fornece uma proposta descritiva da realidade que não a secciona nas clássicas repartições estritamente sócio-económicas. Um mundo

---

[16] Encontram-se outros exemplos de mundos sociais na literatura, como o mundo do internado num hospital, no clássico *Asylums* de Goffman (1990), o mundo social dos salões de *taxi-dance* descrito por Paul Cressey (1972), o mundo dos vendedores e traficantes de drogas das classes altas no *Wheeling and dealing* de Patricia Adler (1993), o mundo dos tratadores de cavalos de corrida (Rosecrance, 1985), o mundo universitário (Hermanowicz, 2005) ou o mundo dos cuidados intensivos e da reabilitação neurológica (Lindemann, 2005).

social não é definido por uma categoria analítica *a priori* (do tipo da classe social, por exemplo) – é constituído pela heterogeneidade de quem o faz e refaz, de quem o frequenta e transforma. O investigador reconstitui um mundo social ao seguir a pista a quem o protagoniza. (p. 23)

Seguir esta pista foi o que fiz no meu trabalho de terreno e, assim, *encontrei* no mundo social da prostituição de rua, além das prostitutas e prostitutos, clientes, homens que não chegam a ser clientes, clientes-amigos e donas, gerentes e empregadas(os) de pensões. O que caracteriza esta rede de indivíduos é um conjunto de rotinas e actividades que tem a sua centralidade na prostituição[17].

O mundo social da prostituição de rua inclui, então, a rede de pessoas que contribui para a compra e venda de serviços sexuais através das suas actividades, muitas delas de rotina.

Para dar conta deste mundo, começo por caracterizar a sua ecologia e organização territorial (ponto 1.1.), salientando a existência de diferentes contextos ambientais com densidades e grupos diversos e a rejeição e instrumentalização de que podem ser alvo os trabalhadores do sexo. Num segundo ponto (1.2.), centro-me no negócio sexual: que dinâmicas, práticas, saberes, regras, estratégias e mutações o marcam e caracterizam. O quotidiano das pensões, pela importância de que estas se revestem, é o objecto do ponto seguinte (1.3.), onde discutirei as relações que aí se estabelecem e o lucro e a legalidade que as qualificam. Depois, o texto incide sobre os clientes e as relações que estabelecem com os trabalhadores do sexo (ponto 1.4.) que, genericamente, analisarei segundo três eixos: sexo, afectos e poder. Finalmente, no ponto 1.5., examino as relações entre as prostitutas.

1.1. A prostituição na rua: ecologia e organização territorial

Diversidade de contextos ambientais

Defini já as minhas unidades de observação como sendo zonas de prostituição urbana no centro da cidade do Porto. Excluí os territórios que se situam junto a bairros de habitação social, matas, parques e vias rápidas na periferia da cidade

---

[17] Tal, está em consonância com a definição de Becker (1982) de *art world* (sem esquecer as diferenças entre o mundo da arte e o da prostituição), que se refere à rede de pessoas cuja actividade cooperativa, organizada através dos seus conhecimentos conjuntos, produz os trabalhos pelos quais o mundo da arte é conhecido. Esta noção relaciona-se ainda com o que McCall e Becker (1990) designaram por *mundo* ao referirem uma organização mais ou menos estável de actividades colectivas no qual as pessoas estão ligadas por uma função comum de natureza repetitiva.

ou em localidades limítrofes, alguns dos quais havia analisado em trabalhos anteriores (Manita & Oliveira, 2002; Oliveira, 2004a) e que têm características ecológicas distintas das que se encontram no centro da urbe.

A investigação concentrou-se no centro da cidade, no entanto, como o terreno é fluído, certas vezes, tive de me deslocar a outros locais. Justifica-se esta deslocação pela mobilidade dos trabalhadores do sexo que, em diferentes períodos do dia, podem encontrar-se em lugares diversos. Por exemplo, a mesma mulher pode trabalhar, à noite, no centro da cidade e, durante o dia, fora da urbe. Adicionalmente, ao longo do trabalho de terreno, fui ouvindo dos trabalhadores do sexo histórias e descrições de outros lugares. Fiquei, deste modo, a conhecer ambientes de prostituição contrastantes.

Aos diferentes sítios da cidade correspondem contextos e formas de exercício de prostituição distintos. Assim, antes de passar à caracterização das zonas de eleição da observação participante, apresento dois excertos do diário de terreno que descrevem contextos geograficamente mais periféricos. O primeiro destes extractos refere-se a uma estrada nacional numa zona de mato e, o segundo, a uma via rápida de acesso à cidade.

> Hoje, à tarde, a Fátima e a Luciana foram até à M.P. (...), trata-se duma estrada em recta, com pinhal dos dois lados, que tem algumas prostitutas toxicodependentes. Mal chegaram, a Luciana foi logo ameaçada por um *chulo*[18] das outras mulheres. Depois foi chateada por polícias que lhe disseram que não a queriam ali. Perguntou porquê. Explicaram-lhe que tinha havido uma queixa por roubo contra as prostitutas da zona. Embora os polícias soubessem que não se tratava da Luciana, pela descrição física que fez a vítima, quiseram que ela saísse dali, porque também iriam fazer o mesmo às outras. Ela aproveitou para dizer que tinha sido ameaçada por um *azeiteiro*[19]. Eles incentivaram-na a fazer queixa. Passado um pouco, voltaram e insistiram para que se fosse embora. Ela fez um *choradinho* dizendo que era viúva e tinha filhos pequeninos. Parece que a conversa foi cordial. Ela acha que eles foram compreensivos. À terceira vez lá a convenceram a ir-se embora. Como eles queriam que ela saísse naquele momento, ela pediu aos polícias que a deixassem vestir umas calças. Eles espantaram-se e ela explicou porquê. Eles fizeram uma observação sexista, referindo que, para eles, ela estava bem assim [de mini-saia]... Previamente, conseguiu ter dois clientes. Pouco antes do carro da polícia ter chegado pela última vez, ela recebeu uma nova ameaça dum *chulo*. Simulou que telefonava e, como os polícias chegaram nesse momento, os homens fugiram assustados. (DC 01.06.2005)

---

[18] Palavra da gíria que designa proxeneta.
[19] Idem.

Fui procurar a Orlanda. (...) Quem vem em direcção ao Porto, mal entra nesta via, encontra um posto de abastecimento de combustível. Para se aceder aí, existe um curto ramal de acesso e, logo a seguir, duas bombas e só depois o cubículo onde se paga. À direita desta *caixa* existem instalações sanitárias, num pequeno edifício que é composto por dois compartimentos.
A Orlanda encontra-se logo no início do ramal, do lado direito. Senta-se numa espécie de passeio, com os pés esticados para a estrada. O local onde ela se senta está todo preparado: um grande plástico forra o passeio em terra batida e, por cima, uma manta em xadrez. A ladear o plástico maior, mais dois plásticos de menores dimensões. Há imensos papéis, sacos de plástico enrolados, restos de embalagens alimentares, bocados de tecidos. E ela sentada no meio de tudo isto. (...) Não se pense, no entanto, que ela não mantém a sua noção de organização e higiene. Tudo tem uma utilidade: há um saco para guardar o dinheiro, outro para guardar os preservativos; há um copo e uma colher enrolados em vários toalhetes de papel que são utilizados quando ela vai buscar um galão ao café do outro lado da estrada (...). Há também um balde com água, que (...) é para quando vai "fazer xixi, virar um bocado para não ficar a cheirar mal".
Por trás dela, há uma zona, a cerca de um metro do solo, onde se encontra um terreno asfaltado de grandes dimensões, que está desocupado, mas terá tido alguma utilidade no passado. Para se chegar a este descampado tem de se passar por uma vegetação, na qual foi aberto um pequeno caminho. Vou com ela ver o sítio e ela explica-me:
– Durante o dia vou com os clientes ali para não se ver nada [aponta para o fundo onde a vegetação é densa] e, à noite, vou dar as *quecas* aqui [diz apontando para um local mais próximo à esquerda]. Levo a manta e os preservativos.
– [Alexandra] Os seus clientes como fazem?
– Eles param o carro aqui e vou com eles lá para trás. Alguns vêm de trás e chegam aqui e dizem: *Ó menina...* e eu vou com eles (...).
– Os clientes são todos conhecidos?
– Sim.
Hoje, tal como ontem, não fez nenhum serviço; já deve, por isso, 10 euros à senhoria. Pediu-me um euro para tomar um galão e eu dei-lhe cinco. Ontem, quem lhe deu dinheiro para o galão foi o rapaz da bomba de gasolina. De resto, a relação com os empregados que aí trabalham é muito boa (...) deixam-na usar as instalações sanitárias, bem como guardar as suas coisas. (...)
O trânsito era imenso àquela hora. De vez em quando um camião buzinava ao passar e ela acenava. Passou um camião do outro lado e ela disse-me que era seu cliente. No local da Orlanda, costumava estar mais uma rapariga que não tem aparecido. Logo depois do posto, "ali naquela árvore", está outra mulher. Mais à frente, ao pé da cervejaria, estão mais duas. (DC 01.02.2005)

Por contraste com o centro da cidade, estes locais surgem como mais hostis e desprotegidos para as trabalhadoras do sexo. Aqui, o isolamento entre elas é maior, a actuação da polícia parece ser mais abusiva do que na cidade e a concorrência é mais notória e, aparentemente, pode ser ditada por homens que se evidenciam como exploradores. Ainda outra diferença: a ausência de edificações onde se possam desenrolar as actividades sexuais comerciais imprime ao acto um carácter mais precário e impossibilita as condições de higiene apropriadas.

Além do que foi descrito, estas mulheres podem ainda ser alvo de actos mais gravosos, como chantagem, extorsão, ameaças e agressões por parte de homens que pretendem explorá-las. A trabalharem de forma independente, elas ficam à mercê de delinquentes que as obrigam ou pretendem obrigá-las a entregar-lhes dinheiro. Isoladas, com medo e sem protecção, elas vêem-se compelidas a efectuar esse pagamento. Apesar de alguns avisos às forças policiais, a verdade é que estes indivíduos ficam impunes, não sendo a resposta policial atempada, adequada e preventiva.[20]

A cidade central não é tão inóspita e, como a maioria das prostitutas tem as relações sexuais com os seus clientes em pensões (91%, de acordo com Manita e Oliveira, em 2002), as condições de higiene são também mais adequadas. Ainda aqui, as regras parecem emanar mais das mulheres e das exigências da própria actividade do que de agentes externos, sejam eles proxenetas, polícias ou clientes.

A prostituição em estradas ou matas, em zonas não urbanizadas é, assim, muito mais perigosa para as mulheres que nelas trabalham, pois a quantidade e o tipo de agressões são em maior número. Os acontecimentos que aí decorrem levam a considerar uma diferenciação dos locais pelo risco, sendo estes tanto mais perigosos quanto mais isolados se encontrarem e menos habitados forem (Redoutey, 2005). É, então, nas zonas residenciais do centro da cidade que é mais seguro ser-se prostituta de rua.

Veja-se, mais pormenorizadamente, o que caracteriza o centro.

Demograficamente, a cidade do Porto tem vindo a conhecer um profundo declínio, que contrasta com as grandes densidades populacionais a que teve tendência, sobretudo desde o início da industrialização, devido à sua relativamente pequena área geográfica (Pereira, 2005). O Porto tem perdido população desde 1981, prevendo-se que em 2011 atinja os 200 mil habitantes, situando-se próximo do número de há 100 anos (Jesús, 2006). De acordo com a Sociedade de Reabilitação Urbana da Baixa Portuense (2007), esta tendência

---

[20] Apesar de não ter explorado estas zonas de prostituição, este tipo de informação chegou-me quer através de descrições feitas por mulheres que aí trabalham ou trabalharam, quer por relatos de notícias de jornais (e.g. Moita & Costa, 2008).

é bastante acentuada e nota-se de sobremaneira no centro histórico do Porto e em áreas correspondentes ao crescimento da cidade nos séculos XVIII e XIX, que se caracterizam pela desertificação. Segundo Virgílio Pereira (2005), "são sobretudo as freguesias do centro histórico e da área central da cidade aquelas que têm visto diminuir de um modo particularmente efectivo a sua população – variações negativas na ordem dos 30% para freguesias como a da Sé e a da Vitória e sempre muito negativas para as de Miragaia, Sto. Ildefonso, Cedofeita e Bonfim" (p.69).

Esta diminuição do número de pessoas que habitam o Porto é resultante da diminuição da natalidade, o que é uma das suas características fortes, a verificar-se desde 1960, e da transferência sistemática dos seus habitantes para outros concelhos da Área Metropolitana do Porto (Pereira, 2005). Como consequência, o seu centro fica despovoado, sendo o seu movimento no comércio e serviços feito sobretudo durante o dia, graças à população flutuante. A partir do fim da tarde, depois do horário de encerramento dos estabelecimentos comerciais, quando as pessoas regressam às suas habitações nas periferias, o movimento de transeuntes e veículos diminui precipitadamente, propiciando um esvaziamento das ruas.

As zonas do Porto onde realizei a fase intensiva da pesquisa de terreno inserem-se nas freguesias de Vitória, Santo Ildefonso e Bonfim, áreas integrantes do centro tradicional da cidade. Aqui, verifiquei que o comércio e o movimento diurnos contrastam com a pouca circulação à noite. Nesta altura, em alguns locais, aqueles que concentram edifícios de habitação familiar, é possível em certas horas, como após o jantar, observar ainda algum movimento de transeuntes; também em ocasiões festivas, como na noite de S. João, uma grande festa popular, ou nas noites de vitória do clube desportivo de maior importância da cidade, o centro enche-se de pessoas e automóveis, mas, nos restantes dias do ano, parece que, à noite, a cidade não passa por ali.[21]

Deste modo, o ambiente dos contextos físicos que habitei durante o meu estudo diferencia-se bem consoante a hora. Os numerosos estabelecimentos comerciais existentes nas zonas centrais da cidade, desde o chamado comércio tradicional até aos grandes armazéns de moda, e os diversos serviços que incluem a banca, os seguros e os organismos estatais, geram uma enorme actividade diurna incomparável ao sossego da noite.

O tráfego intenso, com a sua poluição sonora e ambiental, e a grande quantidade de pessoas na rua formam um conjunto capaz de enorme estimulação sensorial que implica sobrecarga cognitiva. Por oposição, quando os espaços ficam com pouca actividade e o único movimento parece ser o dos carros que

---

[21] As excepções referem-se às zonas onde se situam estabelecimentos de diversão nocturna.

passam com homens à procura de prostitutas, regista-se um ambiente mais sereno.

Relações com transeuntes e residentes: rejeição e instrumentalização
A movimentação de pessoas e de automóveis é, de facto, superior ao movimento de procura de trabalhadores do sexo, mas, quando se está à noite, numa zona de prostituição do centro da cidade e acompanhada de prostitutas, observa-se que, não só passam poucas pessoas a pé, como quase todos os veículos que circulam transportam homens, geralmente sós, que se delongam nos olhares aos profissionais do sexo.

> O movimento de carros é constante. Passam lentamente junto aos passeios, abrandam, dirigem-se fazendo-se interessados e, às vezes, negoceiam com as prostitutas ou prostitutos.
> A esmagadora maioria, talvez nove em cada 10, dos carros que passam aqui, depois da meia-noite, transportam homens sós. Homens de qualquer idade e aspectos diversos, em todas as marcas e modelos de carros.
> Hoje percorri sozinha grande parte da rua. Sempre que o faço, tenho uma experiência surpreendente: apesar de eu ir na rua apressada e circunspecta há homens que me seguem de carro, que param, que se metem comigo e houve mesmo um que me seguiu a pé. Eu não olho, não chamo, não faço sinais como as mulheres e homens que ali trabalham; não circulo peripatética[22], nem fico parada na beira do passeio ou debaixo das arcadas de um prédio. Mesmo assim, eles seguem-me e assediam tomando-me por prostituta. (DC 18.09.2004)

Parece que quase todos os homens que circulam nas ruas de grande concentração de trabalhadores do sexo o fazem com o propósito de os procurar e parece também que consideram que qualquer mulher ou homem que aí circula se trata de um desses profissionais. Observa-se, assim, uma atracção de homens por estes locais, o que representa uma deslocação da procura para os lugares de oferta.

Esta constatação de que as ruas de prostituição atraem homens durante a noite parece ter um oposto diurno de outros moldes. Como já afirmei, há um grande afluxo de pessoas durante o dia ao centro da cidade e, entre estas, encontram-se mulheres que aparentemente se incomodam com a presença de prostitutas nos locais por onde devem passar. Ora, perante esta presença de

---

[22] Peripatético é relativo ao pensamento de Aristóteles, tendo ainda o significado de ir e vir a conversar, que era o que fazia este filósofo grego com os seus discípulos. Também as prostitutas vão e vêm na rua, por isto mesmo, podem ser referidas como peripatéticas – tal é usado no francês (*péripatéticienne*).

trabalhadoras do sexo, estas mulheres operam um afastamento espacial. Tal aparece registado no meu diário de terreno assim: "Havia muito movimento de pessoas, mas, aparentemente, naquela rua, só passam homens. As mulheres que querem cruzar a Rua dos Bons Ares em direcção ao cinema arranjam alternativas nas ruas adjacentes que não têm prostitutas" (DC 23.06.2005). O evitamento espacial por parte da população feminina normativa, quando tem de cruzar os territórios da prostituição, embora menos nítido e generalizado do que a atracção dos homens por estes locais, foi notado nas ruas para as quais existem percursos pedestres alternativos. Na ausência destes, pude observar algo semelhante traduzido na mudança de passeio para efectuar um trajecto no lado oposto da rua.

Nota-se, assim, um evitamento do espaço[23] *das* prostitutas. A este evitamento, Fernandes (1998), a propósito dos bairros sociais etiquetados como perigosos, chamou *evitamento experiencial* (p.122), na medida em que a população normativa efectua um desvio para os evitar.

Este desvio dos territórios habitados por trabalhadores do sexo é uma das várias manifestações de rejeição das pessoas que se prostituem enquanto grupo. No entanto, a rejeição pode assumir outras expressões, tal como a maneira de olhar e de se comportar de muitas pessoas quando se dirigem ao conjunto das prostitutas ou a alguma delas individualmente. Não me refiro, neste ponto, aos olhares e interacções masculinas dos clientes potenciais; nem aos olhares de todas e todos os que passam com indiferença ou desinteresse – tal como se passa por um polícia parado numa esquina ou por um vendedor ambulante. Falo dos que dirigem insultos ou gestos obscenos e ainda daqueles que examinam e perscrutam de forma insistente, ora dissimulada, ora ostensiva. Saber que aquelas mulheres ali paradas são prostitutas suscita e justifica a curiosidade e o olhar *voyeurista* de quem passa. É porque são etiquetados de *outsiders*, isto é, julgados desviantes pelos outros (Becker, 1963), que os homens e mulheres que se prostituem são excluídos e rejeitados por palavras, actos e comportamentos de evitamento.

Estes comportamentos exteriores imprimem tensão a quem está na rua e podem deixar os trabalhadores do sexo inquietos. A pressão aplicada sobre este grupo é um diferenciador dos territórios da prostituição de rua quando comparados com outros territórios de rua urbanos.

No que concerne aos olhares, parece certo que estes incomodavam mais a etnógrafa, inexperiente nessa arte de estar exposta, do que as prostitutas.

---

[23] Tomamos aqui a noção de espaço no sentido de *lugar praticado*, tal como propõe Certeau (1990 *cit in* Augé, 2005).

Contudo, frequentemente, as mulheres reagiam, resultando daí alguma tensão. Veja-se o seguinte exemplo como ilustração do que afirmei:

> Muitas das pessoas que passam de carro, sobretudo se vierem acompanhadas, olham, comentam e até riem. Reparei num carro com dois casais jovens com esse comportamento. A Clara, chateada, desafiou-os:
> – O que é que foi? Nunca viste? Estão a olhar para onde?
> (DC 22.07.2004)

Já no que respeita às agressões, físicas ou verbais, uma constante sobre as pessoas que se prostituem na rua, como se verá em capítulo próprio (Cap. 4), as consequências são mais graves e as reacções das mulheres mais violentas. Tal é o caso relatado a seguir:

> Anteontem à noite, um carro com três rapazes, parou à porta da pensão quando lá estava apenas a Mónica. Perguntaram o preço e depois começaram a gozar com ela e a insultá-la, até lhe chamarem *puta* com toda a violência. Não aguentando mais, a Mónica devolveu o insulto dizendo:
> – Puta é a tua mãe.
> Um dos rapazes saiu do carro e ela refugiou-se na pensão. (...) A Mónica [que acabou por ser agredida] está muito pisada e tem dores fortes num joelho. (DC 16.07.2005)

É assim o ambiente relacional com muitas das pessoas que atravessam os territórios da prostituição de rua: caracteriza-se pela rejeição e pela ocorrência de agressões variadas.

No que diz respeito às relações com comerciantes e habitantes das zonas, o que ressalta dos dados empíricos, é que este inter-relacionamento é, na generalidade, positivo. Parece-me existir, na esmagadora maioria dos casos, uma co-habitação pacífica.

> A interacção com quem vive e mora ali é normal. Cumprimentam vizinhos e funcionários comerciais com reciprocidade:
> – Meninas! Um bom Natal para vocês! – disse o senhor da loja de móveis.
> Até a C.P., uma amiga minha que mora naquela zona e que encontrei mais à frente, cumprimentou a irmã de uma das prostitutas. (...)
> As pessoas que ali moram conhecem-nas. Quando ía a chegar encontrei o A., um amigo meu que frequenta a casa de uma familiar quase em frente a uma das pensões. Contei-lhe o que estava ali a fazer e comentei que não estava a encontrar nenhuma das prostitutas. Então, ele informou-me que, como estava muito frio, elas deviam estar dentro da pensão.

– É o que elas costumam fazer para se protegerem – disse-me.

Lembro-me também que a S.S., uma ex-aluna que mora ali perto, me contava que as cumprimenta e que interagem relativamente a coisas banais, como quando elas lhe indicam se tem lugar disponível para estacionar o carro.

Diz a C.P. que, há algum tempo, em reunião de condomínio no seu prédio, foi proposto por uma moradora que se realizasse um abaixo-assinado para contestar a presença das prostitutas na rua. Esta acção não foi adiante por oposição dos outros condóminos que argumentaram que elas não incomodavam ninguém e que já lá estavam antes do prédio ter sido feito. Nesta discussão, a C.P. foi uma forte defensora das prostitutas, pelo que estas, tendo tido conhecimento disso, a têm em grande consideração e se referem a ela dizendo: *ela é muito nossa amiga*. Quando casualmente se encontram no café, a C.P. cumprimenta-as, é simpática e troca com elas breves diálogos circunstanciais. (DC 23.12.2004)

Este excerto denuncia, no entanto, a possibilidade de atritos. A acontecerem, estes decorrem de duas causas. A primeira diz respeito a situações em que o grupo de prostitutas provoca ruído excessivo, como resultado tanto do movimento de pessoas e carros nas suas imediações em horas tardias, como de discussões que incomodam os vizinhos. A segunda trata-se de rejeição infundada do grupo, tal como parece que terá sido o caso levantado pela moradora acima referida.

Aos olhos destes cidadãos, a presença de prostitutas no centro geográfico da cidade, em pleno coração de algumas das zonas habitacionais da classe média, pode como que contaminar o seu espaço físico e social. Ao trazerem a periferia para o centro da cidade, as prostitutas questionam a distinção que tem sido apontada por alguns autores (Fernandes, 1998, 2006; Fernandes & Neves, 2002; Wacquant, 2000), entre zonas problemáticas e cidade normativa. As prostitutas, encaradas como desviantes, desenvolvem as suas actividades menos lícitas entre populações socialmente integradas. Esta co-habitação com o cidadão comum das zonas nobres do miolo urbano constitui, então, o interface visível entre dois mundos: o do *excluído* e o da cidade dominante[24]. Esta inserção de marginalizados no tecido urbano central pode, aos olhos de alguns habitantes da centralidade, pôr em risco a sua boa localização, as regras e a ordem social (Fernandes, 2006).

A propósito do seu trabalho de terreno e da mobilidade espacial a que ele obrigava, Fernandes (2007, comunicação pessoal) referia: "quando dava por

---

[24] O que Fernandes (2006) identificou no caso dos sem-abrigo e dos arrumadores de automóveis e que, agora, reconheço no caso da prostituição que *vive* o centro da cidade.

mim estava no outro lado da cidade"[25]. Em termos geográficos, Fernandes (1998) deslocava-se com os seus informantes desde os *territórios psicotrópicos* até outros locais da cidade. No meu caso, eu não precisava de me afastar do local onde estava para me encontrar do outro lado da cidade. Quando ia para a rua adjacente, onde se encontram os prédios habitacionais de classe média/média alta, os cafés mais elegantes e algumas pessoas com quem tenho relações pessoais, eu estava a entrar no *outro lado da cidade*. Essa cidade da burguesia, do bem-estar, dos níveis educacionais elevados e das profissões prestigiantes. Enfim, a cidade da inclusão.

Por oposição, *ali ao lado*, onde eu passava horas seguidas na companhia das prostitutas, seus clientes e outros conhecidos ou familiares, eu via-me num mundo com características diferentes. Era como se, no centro da cidade, eu me encontrasse num bairro social da periferia. A linguagem é popular, a escolaridade é mais baixa, os antecedentes ambientais, sociais e familiares dos sujeitos são empobrecidos e os gostos e as experiências de vida são diferentes dos meus. Parafraseando Blumer (1986), não é por viverem lado a lado que as pessoas deixam de habitar mundos diferentes.

Há, dizia então, cidadãos que pretendem a expulsão das pessoas que se prostituem, como forma de rejeitar a degradação, a droga, a delinquência, a incivilidade e a insegurança que associam a este grupo, mas, por outro lado, pode também haver, por parte de comerciantes das zonas de prostituição, o sentimento de que as prostitutas na rua constituem importantes factores de segurança, solidarizando-se com elas e tornando-se seus aliados. Numa cidade em que o centro é pouco habitado, os estabelecimentos comerciais ficam mais vulneráveis a assaltos durante a noite. De tal forma que os seus proprietários reconhecem que a presença das prostitutas na rua até altas horas da madrugada, bem como o movimento que decorre da sua actividade, beneficia a vigilância dos seus negócios. Assim, numa altura em que, numa determinada rua, a dona de uma loja tentou uma acção contra as trabalhadoras do sexo os restantes comerciantes da rua argumentaram que não tinham razões de queixa contra as prostitutas e que, pelo contrário, achavam que elas eram uma razão de segurança, pois estando na rua durante grande parte da noite, quando mais ninguém anda cá fora, elas impedem que as lojas sejam assaltadas.

Bertrand (2006), em trabalho efectuado no Canadá, descreve como um grupo de residentes num bairro de *risco* pretendia expulsar as prostitutas e os

---

[25] Este trabalho consistiu numa etnografia urbana num bairro problemático da cidade do Porto, em zona que o autor designou de *território psicotrópico* (Fernandes, 1998), isto é, um território que atrai indivíduos com interesses em torno das drogas e com um estilo de vida em que estas têm um papel importante.

toxicodependentes da sua zona porque, argumentavam, a sua presença fazia baixar o valor das propriedades; já os proprietários dos restaurantes e lojas de roupas opunham-se a esta expulsão porque consideravam as prostitutas boas clientes dos seus negócios. No primeiro caso, diz a autora, tratava-se de vontade de exclusão motivada pelo interesse pessoal e financeiro e, no segundo, a instrumentalização financeira da marginalidade. No caso que observei, tratar-se-á duma instrumentalização securitária.

Também aqui os comerciantes reconhecem que as prostitutas são importantes fontes de receitas, o que permite identificar uma instrumentalização por interesses financeiros. Só que, neste caso, a instrumentalização favorece a inclusão do grupo rejeitado.

Se há trabalhadoras do sexo que frequentam os territórios da prostituição apenas com o objectivo de aí trabalharem, há as que os habitam de forma mais permanente, sendo clientes do comércio local. Ao comprarem em todos os tipos de comércio, incluindo cafés, restaurantes, cabeleireiros, super-mercados, mercearias, papelarias, lojas de pronto-a-vestir, farmácias e lojas de electrodomésticos, estabelecem boas e estreitas relações com os seus empregados e proprietários. Assim, compreende-se que o ambiente entre eles seja pacífico.

O relacionamento com a comunidade aparece configurado como ambíguo, pois lado a lado coexistem os que vivem próximo das prostitutas sem conflitos e os outros que, pelo contrário, pretendem acabar com essa convivência[26]. Contudo, o ambiente que ressalta é de sossego e benefício relativamente às prostitutas, excepto se estas provocarem barulho ou desacatos.

De qualquer forma, saliente-se a existência de relações sociais nos contextos de prostituição. Seja com comerciantes, habitantes ou outros, as prostitutas estabelecem relações no espaço social. Tal como refere Redoutey (2005), estas não são seres a-contextuais, corpos isolados e desprovidos de relações no seu meio ambiente físico e social.

A pensão como organizador e estabilizador espacial
A generalidade das práticas prostitutivas do centro da cidade é efectuada em pensões, desempenhando algumas destas o papel de organizador espacial da prostituição, na medida em que esta se ordena topologicamente a partir daquelas. É muito habitual a imagem de grupos com várias mulheres à porta duma pensão ou, então, diversas prostitutas espalhadas por uma ou mais ruas nas quais se encontram esses estabelecimentos, bem como em ruas e esquinas adjacentes.

---

[26] Na verdade, esta não é mais do que a dupla posição que desde sempre representou a reacção social à prostituição.

Se um conjunto de ruas próximas concentrar várias pensões, também se verifica nessa zona um grupo alargado de prostitutas. Num certo local, de área pequena –correspondendo aproximadamente a 0,03 km2, ou seja, a cerca 150 por 200 metros – as mulheres chegaram a contabilizar-me 38 prostitutas, o que é um número muito elevado.[27]

Nem todas as prostitutas utilizam as pensões. Algumas, para arrecadarem o dinheiro que pagariam ao estabelecimento hoteleiro, mantêm as relações sexuais com os clientes no interior das suas viaturas ou mesmo em casas de banho públicas.

> Na zona do campo de jogos há grande concentração de mulheres durante a noite. A maioria junta-se à entrada da pensão na Rua da Amizade ou perto duma esquina da Rua das Comunidades. Neste último sítio, encontram-se toxicodependentes que prestam o serviço no carro dos clientes, no parque de estacionamento do campo de jogos. Esta opção comporta obviamente mais riscos. É frequente acontecerem agressões nesse parque. (DC 28.07.2003)

Todavia, nas zonas centrais da cidade onde o estudo decorreu, estas práticas são minoritárias e geralmente escolhidas apenas por toxicodependentes. É por isso que afirmo que a prostituição se organiza em torno das pensões, sendo esta organização um contributo para a estabilidade territorial de muitos dos locais de prostituição.

Existem ruas onde a existência de prostituição é relatada em trabalhos do século XIX (e.g. Vieira, 1892) e que ainda hoje são zonas de venda de sexo. Apesar desta estabilidade centenária em alguns dos locais da prostituição de rua, não deixamos de notar a mobilidade noutros territórios. A instabilidade refere-se quer à mudança individual do local de actividade de alguns trabalhadores do sexo, quer ao fim das actividades de prostituição, por desaparecimento das pessoas que se prostituíam aí. As razões para um desfecho destes, a extinção da prostituição num determinado local, podem ser várias, entre elas: o encerramento da pensão à qual recorriam as mulheres dessa zona; passar a haver mais policiamento no local, o que provoca um evitamento dos clientes que receiam

---

[27] Convém notar que, antes das prostitutas desta zona me terem apresentado as contas que apontam para o número de 38, a quantidade de mulheres nunca me pareceu tão elevada. Adianto várias explicações: a primeira, porque apesar de estarem numa pequena área, estão distribuídas por três ruas e ocupam várias esquinas; a segunda, porque a sua distribuição também se faz por diferentes horas do dia, sendo poucas as mulheres que estão durante todo o dia e noite; finalmente, observamos que o absentismo é muito grande e que diariamente uma ou outra vão faltando por diversas razões. Assim, quem observa, nunca vê o grupo todo em simultâneo, dando a impressão de que são menos do que as que de facto ali trabalham.

aproximar-se na presença de agentes policiais; a abertura de negócios de restauração ou lazer com funcionamento nocturno nas imediações, o que atrai a população *normativa* e afasta os sujeitos com comportamentos de suposta ilicitude moral; ou, no caso de territórios frequentados por prostitutas toxicodependentes, a droga passar a ser vendida num local afastado daquele.

Densidade, grupos e tensões
No que concerne a mudanças, fui assistindo a várias durante o trabalho de terreno. A zona do campo de jogos, que acima referi, é um excelente exemplo. Ao longo do tempo o número, proveniência, idade e género das pessoas que aí trabalham foi variando. Depois da data em que efectuamos aquele registo, as prostitutas foram diminuindo em número até ficarem apenas três. Após o que voltaram a aumentar e se diversificaram com a vinda de estrangeiras e de travestis ou transexuais.

Assim, a densidade de homens e mulheres por local é variável no tempo. Há zonas de grande concentração, enquanto que em outros locais se encontram apenas dois ou três trabalhadores do sexo. É quando se efectua um *recuo*, e se olha de longe para as diferentes partes da cidade, que se percebe que espacialmente a prostituição se distribui por zonas com densidades diferentes: há ruas com pouquíssimos trabalhadores do sexo e outras que têm umas dezenas.

Esta densidade também varia consoante a hora do dia, encontrando-se mais prostitutas e prostitutos durante a noite. As pensões recebem os profissionais de ambos os sexos durante a tarde, a noite e a madrugada, ou mesmo de manhã em algumas casas. Conheci pensões nas quais a prostituição se pratica desde as sete, oito ou nove horas da manhã, sendo estes os horários de *fecho* de outras pensões. As trabalhadoras do sexo que estão de manhã podem não ser as mesmas que estão à tarde, e estas podem não ser as que se encontram à noite. Os homens e transexuais trabalham sobretudo à noite.

Os horários de trabalho não são muito extensos, mas dada a rotatividade ao longo do dia das pessoas que se prostituem, as horas de prostituição em locais de grande movimento podem cobrir quase 24 horas por dia.

No que respeita à composição dos trabalhadores do sexo por género, verifiquei, tal como era previsível, a quase totalidade de mulheres. A presença da prostituição de rua masculina é reduzida no centro da cidade e alguns homens prostituem-se travestidos de mulheres. Os transexuais são um grupo que se apresenta com relativa expressividade.

Quanto à idade, um fenómeno inexistente é o da prostituição infantil. Em seis anos de trabalho de terreno, quer no âmbito da intervenção, quer da investigação, nunca me deparei com crianças, nem sobre tal ouvi contar às pessoas do meio (que condenam de forma veemente essas situações). Encontram-se alguns adolescentes do sexo masculino, à volta dos 16, 17 anos que, pela sua constituição física – baixos, franzinos e imberbes –, podem aparentar ter menos idade e ser confundidos com crianças[28]. Muito frequentemente, estes rapazes trocam favores sexuais por dinheiro de forma esporádica, não se identificando como prostitutos, e a sua motivação prende-se com a aquisição de bens materiais, tais como roupa e calçado de marca e acessórios em ouro, ou de consumo, como drogas ilegais. A prostituição de crianças na rua existe apenas no imaginário colectivo das inquietações sociais e ocupa as *preocupações* dos meios de comunicação social que, de forma fortuita e breve, efectuam incursões nestas zonas.

Voltando às mudanças, observei transformações decisivas na organização territorial provocadas pela vinda de estrangeiros para a prostituição de rua. Nos últimos anos, o número de migrantes entre os trabalhadores do sexo passou de residual (Manita & Oliveira, 2002) a muito expressivo, o que contribuiu para um aumento e diversificação das pessoas que se prostituem[29].

Tradicionalmente, as prostitutas agregavam-se de acordo com certas características, como serem ou não dependentes de drogas, o sexo ou género, a aparência física e a idade. Agora, parece-me, a tendência é para a mistura. Continuam a existir zonas nas quais as pessoas maioritariamente se agrupam pelas suas características, mas esta já não é uma regra tão generalizada como era no passado. Acima de tudo, actualmente, as zonas não são estanques a trabalhadores do sexo com características diferentes das que qualificam o grupo dominante. Existe, por exemplo, uma zona associada à prostituição transexual e travesti, onde a concentração destes é grande, mas na qual a sua presença não é exclusiva: encontram-se também aqui mulheres e homens; toxicodependentes e não toxicodependentes; velhas e estrangeiras.[30]

---

[28] Penso que a presença de adolescentes com estas características físicas no mercado do sexo de rua é o resultado de uma adaptação à procura. Parece-me, pelas descrições que ouvi aos rapazes, que os homens que os procuram, geralmente de meia-idade ou idosos, se aproximam deles precisamente pela sua aparência infantil.

[29] Segundo o Espaço Pessoa, da Associação para o Planeamento da Família, que intervém com prostitutas e prostitutos de rua no Porto, aproximadamente 50% dos seus utentes actuais não são portugueses. Dados de 2008 do programa TAMPEP (2009) indicam que 56% dos trabalhadores do sexo em Portugal são migrantes. A TAMPEP – Rede europeia para a prevenção do VIH/SIDA e IST e promoção da saúde entre trabalhadores do sexo migrantes foi fundada, em 1993, para responder às necessidades dos trabalhadores do sexo imigrantes na Europa, segue o modelo de participação e desenvolvimento comunitário e tem como referência os direitos humanos. Esta rede opera em 25 países europeus, incluindo em Portugal, cujo representante é o projecto Auto-estima da Aministração Regional de Saúde do Norte.

[30] Não obstante o que aqui defendo, encontrei noutras zonas da cidade, perto de grandes vias e de bairros de habitação social, zonas de prostituição constituídas exclusivamente pelas toxicodependentes. Estas permanecem aí, pois estão simultaneamente junto dos locais onde podem comprar a droga de que necessitam e das estradas movimentadas onde angariam clientes.

A razão para a diminuição da coesão dos grupos e mistura de características, tem relação directa com a grande quantidade e variedade de trabalhadores do sexo que se encontra agora na rua e com o facto destes terem ocupado espaço nos territórios de prostituição existentes. O aparecimento de cada vez mais mulheres e homens na prostituição de rua, desde as toxicodependentes e transexuais/travestis até aos imigrantes mais recentemente, que foram tomando para si espaços já ocupados, tornou os grupos menos homogéneos.

As questões territoriais ainda são pertinentes e existem regras a respeitar neste âmbito. Há, porém, aspectos inelutáveis como a grande quantidade de imigrantes presentes. Com efeito, verifica-se uma mistura, que sobrevive com alguma tensão latente, entre mulheres muito novas e outras de idade madura, de imigrantes com portuguesas e de mulheres com homens e transexuais. Esta tensão manifesta-se, por vezes, originando contendas, e noutras ocasiões apenas se pressente. Se o mito do conflito é de relativizar, de facto, o território tem que ser conquistado, pois é um espaço de concorrência pelo qual, às vezes, é preciso lutar, mesmo fisicamente (Pryen, 1999c).

As tensões entre trabalhadores do sexo, apesar de não se mostrarem muito frequentes, configuram situações causadoras de desconforto, só superadas em frequência e intensidade pelas agressões externas.

> Começamos a ouvir gritos na rua. Era a Ana e a Joana que discutiam. Gritavam insultando-se no passeio. Fomos até à varanda. A Raquel tentou acalmá-las sem sucesso, até que teve de dar um grande berro perante o qual elas se calaram. O ambiente era muito tenso. Mais ninguém se meteu na discussão
> (...) A Mariana tomou partido da romena [mais nova]. A Raquel disse que percebia o ponto de vista da Joana: ela é mais velha e também quer trabalhar. (DC 30.06.2005)

O desconforto provocado, tanto em mim, como nos trabalhadores do sexo, provém da inquietação que causa uma situação como esta, mas também, no meu caso, da tentativa de me levarem a tomar partido de uma das partes em discussão. O aborrecimento causado não chegava, no entanto, a provocar-me qualquer receio de um envolvimento nas disputas. Sempre senti por parte de todas um rigoroso cuidado comigo.

A única situação em que a tensão sentida na rua me provocou um certo medo refere-se a uma discussão que envolveu exploradores de mulheres estrangeiras e que passo a citar, de acordo com o que ficou registado no diário de terreno. Também neste excerto me refiro à pressão que, em certos locais, é provocada por um excessivo movimento de homens com comportamento agressivo relativamente às prostitutas.

Hoje, lidei de perto com uma situação de exploração sexual de mulheres, na zona da Pensão Fernandes. O explorador romeno, acompanhado pela mulher que já tem benesses[31], estava zangado e discutia, enfurecido, com a Martina. Eu tive algum receio. Sem me sentir pessoalmente ameaçada ou fortemente assustada, estava alerta. Suponho que esses indivíduos pertencem a máfias violentas e perigosas. Imagino que não hesitam em espancar ou eliminar uma mulher. Em princípio, não vão querer arranjar problemas com uma portuguesa, até porque depois têm as autoridades atrás deles, mas... causam-me um certo medo.[32]

Também a presença na rua de tantos homens que, em grupos de dois ou de quatro, paravam junto a nós e ali ficavam, dentro ou fora dos seus carros, com um comportamento desafiador, causavam-me inquietação.

Isto foi novo para mim. Nem na Rua de Cabo Verde, nem na Rua da Amizade, nem em qualquer outro local, tinha sentido tanta tensão. Foi apenas um sentimento; não estive, de facto, em perigo. (DC 01.04.2005)

Em suma, os contextos de exercício da prostituição de rua são muito diversificados. Os locais nos quais fiz a observação participante, zonas comerciais e habitacionais, sem grande densidade populacional, oscilam entre a agitação diurna, com muitas pessoas, veículos e estabelecimentos comerciais em laboração, e a inacção social da noite num centro citadino pouco habitado. Esta diferenciação denota-se ainda no tipo de interacção tida com as prostitutas ou prostitutos: de dia verificam-se os comportamentos não verbais como o evitamento espacial e a observação curiosa prolongada, e à noite, sem movimento de transeuntes, observa-se a circulação automóvel com homens que procuram prostitutas ou com outros indivíduos que pretendem agredi-las, perturbando o ambiente da rua. Já quanto aos moradores da vizinhança e estabelecimentos de comércio e serviços, há também um balanço mas, agora, entre o bom e o mau relacionamento, entre a instrumentalização securitária e financeira e o interesse pessoal, com preponderância para o contexto relacional amistoso e mesmo cooperante.

No que diz respeito às questões de organização territorial, as pensões têm um papel preponderante e contribuem, a par com outros aspectos, para a estabilização dos grupos de pessoas que se prostituem nos seus territórios habituais. Estes grupos, distribuídos pela cidade em zonas de densidade variada, têm vindo a revelar-se tendencialmente menos homogéneos, o que lhes

---

[31] Algumas das mulheres traficadas e exploradas sexualmente por organizações controlam as outras a troco de alguns benefícios, como nos pareceu ser o caso aqui narrado.
[32] Na releitura do diário de terreno, verifico como nem sempre o etnógrafo se consegue despir dos seus apriorismos próximos dos estereótipos mais simplistas e difundidos.

imprime alguma tensão interna que pode, por vezes, expressar-se abrupta e violentamente.

1.2. Dinâmicas da prostituição: o negócio sexual

Prostituição de rua e de interior: vantagens diferenciais e práticas articuladas
O negócio sexual de que aqui tratamos é aquele cujos trabalhadores solicitam em espaços públicos, como ruas, avenidas e praças. Este tipo de comércio sexual é habitualmente encarado de forma desvalorizada, por comparação com outros que são praticados em contextos que denominei de interior (Oliveira, 2004a), tais como a prostituição de bordel, o serviço de acompanhantes, o trabalho das *call girls* ou a prostituição de apartamento. São vários os autores que partilham desta perspectiva, entre os quais Weitzer (2000) que, ao enunciar as diferenças centrais entre prostituição de rua e prostituição de interior, refere que é entre as prostitutas de rua que se encontra o estatuto mais baixo e o estigma mais forte, que as experiências no trabalho são avaliadas mais negativamente e que existem mais problemas psicológicos e de auto-imagem. A prostituição de rua aparenta, então, ser destituída de vantagens.

Contudo, ao ouvir as pessoas que se prostituem na rua falar sobre o seu trabalho, compreendi que elas identificam benefícios neste modo de prostituição por comparação com outros. Contrariamente ao que se poderia supor, as razões pelas quais os trabalhadores do sexo estão na rua não se prendem com ausência de atributos e competências para o trabalho noutros contextos. Algumas das pessoas que se prostituem na rua, pelas suas características físicas, como as que estão associadas à idade avançada, ou pelas suas características psicológicas, nomeadamente as que decorrem da dependência de álcool e drogas, não possuem um perfil adequado às exigências próprias do trabalho sexual em contextos de interior, mas outras, possuindo-o, optam por permanecer na rua por aí reconhecerem vantagens.

Assim, não ter que repartir os seus ganhos com qualquer entidade patronal é uma vantagem desde logo enunciada por quem trabalha na rua. A sua actividade laboral é por conta própria e o dinheiro que auferem é integralmente seu. Os trabalhadores do sexo que solicitam na rua desaprovam o chamado *sistema 50/50* praticado nas casas de prostituição por o considerarem injusto. A prática habitual nestas casas é a de cobrar às mulheres e homens que aí trabalham 50% do dinheiro dos passes ou, nalguns casos, 40%, o que é tido como uma percentagem demasiado alta. Mesmo aquelas que reconhecem mais vantagens ao trabalho de interior referem sempre esta desvantagem, sendo este o motivo pelo qual permanecem na rua. Note-se que estas vantagens são referidas relativamente à prostituição de bares ou de casas geridas por terceiros, situação na qual muitas delas se iniciaram. Na verdade, também é possível obter esta autonomia em trabalho sexual de interior, designadamente quando exercido de modo individual.

Uma das vantagens da prostituição de rua é ser um trabalho independente. Não existe qualquer relação laboral entre as prostitutas de rua e os donos das pensões e algumas das mulheres nem sequer recorrem àqueles estabelecimentos hoteleiros. Elas(es) são autónomas(os). Pagam um preço por cada vez que usam um quarto, mas este contrato informal dura apenas enquanto decorre a relação sexual, ou melhor, enquanto a mulher estiver no quarto com o cliente. Além de que este preço é fixo, não depende do dinheiro auferido pela mulher com cada cliente, não traduzindo qualquer percentagem sobre o passe. Tudo na relação comercial de sexo com o cliente – as práticas, o preço cobrado, a duração e demais regras impostas – é definido por si.

Outra das vantagens enunciadas é a flexibilidade de horários, pois estes são escolhidos por cada mulher, homem ou transexual de acordo com o seu desejo e as suas necessidades, designadamente as económicas. São eles que definem as suas horas de trabalho e que as alteram por sua vontade, mesmo que só pontualmente – o que é mais difícil, se não mesmo impossível, quando o trabalho sexual é exercido noutros contextos.

Os dias em que trabalham são igualmente flexíveis. Além do horário, a mulher, homem ou transexual pode escolher os dias da semana que reserva para trabalhar, se em todos eles ou apenas em alguns. Isto é, trabalha apenas os dias que considera suficientes para atingir a quantia de dinheiro de que necessita.

Outro benefício definido por certas mulheres é o facto de na prostituição de rua a relação sexual ser mais rápida e, em geral, mais desprovida de intimidade do que noutros contextos. Para muitas das trabalhadoras do sexo, esta característica torna mais pesada a prostituição de interior. Isto mesmo havia já identificado em trabalho precedente (Oliveira, 2004a), do qual retirei a seguinte citação pela sua expressividade:

> Enquanto que na prostituição de rua é o acto sexual por si só que o cliente compra, noutros contextos o pagamento implica outras actividades. É esta característica que faz com que algumas mulheres prefiram estar na rua (...) Reparemos no que diz Joana: *É muito mais fácil estar na rua. Não conseguia ter que estar com os clientes a conversar juntinhos, a pôr a mão, etc., não consigo... não dá comigo... não gosto... estar ali, na rua não, na rua é: pára um carro, 'quanto é?', se que, quer, se não quer, não quer. Entro no carro, vamos para a pensão, recebo o dinheiro e despacho-o...*" (p. 181)

Se são reconhecidas certas vantagens ao trabalho sexual de interior, como um maior resguardo da reprovação social e das agressões, também são associados benefícios à prostituição de rua, a saber: ser um trabalho independente de qualquer forma de patronato em que os ganhos não são repartidos; as condições da relação com o cliente serem totalmente negociadas pela trabalhadora do sexo, o que lhes confere maior controlo sobre a escolha dos clientes e práticas; e ter flexibilidade de horários e dias de trabalho. Ser prostituta de rua é, assim, considerada uma boa opção pela independência e liberdade que caracterizam a actividade neste contexto.

Muitas das mulheres que defendem estas vantagens falam por experiência própria, pois, tal como já referi, é frequente terem começado pela prostituição de bares e só depois terem ido para a prostituição de rua. Estes pequenos excertos, retirados de entrevistas, dão conta disso mesmo, assim como enumeram certas das vantagens acima indicadas.

– [Alexandra] Com que idade é que começou a prostituição?
– [Carla] Com 16 anos. No início trabalhei em bares, nos dois primeiros anos, até fazer os 18 anos. Depois vim para a rua.
– Porquê?
– Porque aquilo era muita prisão, tinha aqueles horários certos... e era uma exploração, eles querem ficar com tanto dinheiro como nós.

– [Alexandra] Quais são para si as vantagens da prostituição?
– [Rosana] As vantagens são: ter dinheiro fora de um trabalho normal e não ter horários... porque uma puta trabalha quando quer.

A prostituição de rua e a prostituição de interior não são campos opostos e podem coexistir. Além de ser habitual a alternância entre os dois tipos de prostituição, ainda é possível que as mulheres que angariam os seus clientes articulem estratégias de prostituição de rua com estratégias de prostituição de interior. Tal é o caso duma rapariga que coloca anúncios num jornal, como fazem os trabalhadores do sexo que trabalham em apartamentos, mas, segundo um acordo que fez com o gerente de uma pensão, recebe os seus clientes aí, tal como as prostitutas que angariam na rua.

Há ainda situações de trabalho sexual de rua combinado com trabalho sexual de interior que são praticados por algumas mulheres e homens que se prostituem ora na rua, ora em casas, ora nos dois em simultâneo. Podem, por exemplo, trabalhar num apartamento durante o dia, enquanto estão na rua à noite. Ou trabalhar apenas à noite, sendo que de segunda a quinta-feira estão na rua e ao fim de semana trabalham num bar. Ou uma série de outras combinações que se adaptam às necessidades e desejos de cada trabalhador do sexo. De qualquer forma, o que me parece de salientar é a opção ser tomada pelas prostitutas e prostitutos a partir de um conhecimento aprofundado que têm dos diversos locais e modos de funcionamento do negócio do sexo. E ainda, esta decisão ser efectuada à medida das suas preferências e necessidades, denotando capacidade e autonomia de decisão.

Um exemplo perfeito, embora invulgar, da mistura de características dos dois tipos de prostituição, rua e interior, encontrei-o numa rua antiga duma cidade limítrofe do Porto, onde as mulheres angariam os seus clientes a partir de janelas nas quais se debruçam para a rua. Vejamos a caracterização deste local:

> Depois de ontem me ter desencontrado com a Inês, hoje fui com ela à Rua da Serra. É uma rua situada em Vila Nova de Gaia, próxima de (...). É comprida e estreita, com casas de três andares, tal como muitas das ruas antigas do Porto.
> Deixei o carro numa rua perpendicular e fomos a pé. À medida que nos aproximávamos de uma das extremidades da rua comecei a vislumbrar várias cabeças louras que espreitavam das janelas.
> A Inês voltou-se para uma destas raparigas e perguntou-lhe pela Leopoldina. Ela respondeu que estava lá dentro e convidou-nos a subir. Entramos por um corredor estreito e subimos por uma escada em madeira. Quando chegamos ao primeiro patamar apareceu uma senhora de preto, grisalha, com puxo, fio de ouro com crucifixo e uma bebé que dormia nos seus braços. Era a Leopoldina, responsável por aquela casa há 18 anos e afilhada de casamento da dona (...)
> Esta rua é *conhecida* por ter casas de prostituição em que as prostitutas estão à janela. Segundo a Inês, e também as outras senhoras com quem conversei lá, a rua já teve muitas casas destas, muito movimento e muitas mulheres. A Leopoldina referiu que uma vez chegaram a ter 70 clientes num dia, ter 50 era habitual. Actualmente, restam apenas três casas em dois prédios contíguos. (DC 11.05.2005)

Esta rua, bem conhecida entre as mulheres que se prostituem, sobretudo as mais velhas, tem assim um modo de prostituição de rua exercido *dentro de portas*. Considero que esta é uma forma de prostituição de rua, já que as características das mulheres, as práticas, o ambiente e o tipo e a forma de angariação de clientes são em tudo semelhantes às da restante prostituição de exterior, com a diferença de que, neste caso, elas não estão (totalmente) na via pública, mas (parcialmente) à janela do local onde trabalham.

Estes locais de prostituição, actualmente em número reduzido, mas numerosos no passado, são intermédios entre as pensões de apoio à prostituição de rua e as casas de prostituição à porta fechada. As mulheres estão num apartamento, onde prestam os seus serviços, mas mantêm-se à janela; têm vistas para a rua e são vistas da rua pelos potenciais clientes mas estão algo resguardadas, quer de agressões climatéricas, quer de outro tipo de ataques.[33]

Esta rua é um caso muito particular de prostituição de rua e aponta para alguma artificialidade na distinção entre rua e interior. A prostituição é multiforme e flexível e muitos dos seus protagonistas recorrem a variadas estratégias para usufruírem de todas as suas vantagens e potencialidades económicas, incluindo trabalhar em distintos horários, em diferentes dias da semana e em diversos contextos.

As práticas e os saberes profissionais

A divisão entre rua e interior, apesar da articulação verificada, não é o único sinal de que existe uma organização na economia da prostituição. Esta actividade está constituída como uma indústria ou um sector de serviços, ou como qualquer outro sector laboral. Na medida em que a prostituição é uma actividade que permite obter um rendimento mas não é legalmente regulada, ela inclui-se no sector laboral informal[34]. Porém, o facto do Estado não reconhecer o trabalho sexual como uma actividade profissional legítima, não obsta a que este esteja ordenado como uma actividade laboral e seja entendido e praticado como um trabalho.

É praticado como trabalho porque as mulheres, homens e transgéneros optam legitimamente pela venda de serviços sexuais como forma de obtenção de rendimento económico. Mesmo considerando os constrangimentos estruturais e contingenciais e admitindo que estes condicionam esta decisão, há um fazer desta venda de serviços o seu modo de vida profissional. Há indivíduos que definem claramente a sua actividade como um trabalho e alguns dizem mesmo que é um trabalho como os outros.

---

[33] Este sistema é o que de mais próximo encontrei das montras existentes em cidades como Amesterdão ou Bruxelas. A visão do interior, que as mostra debruçadas sobre a janela, tendo sob os braços uma almofada que as protege da rigidez do parapeito e sob os pés uma caixinha de madeira que as eleva de forma a serem vistas da rua, evoca de forma evidente a prostituição de montra.
Há, ainda, um caso que gostaria de referir, pois, na sua aparência, permite uma comparação com as montras. Uma prostituta que conheço protege-se habitualmente da chuva, do frio e do vento, bem como dos insultos e outras agressões, colocando-se, durante a noite, no interior duma entrada envidraçada dum estabelecimento de serviços situado numa esquina. É um local com grande visibilidade que, além da protecção, ainda fornece iluminação face à pouca claridade da rua. De acordo com o que me contou e ainda pela evidência sugerida pela existência no local de câmaras de videovigilância, os funcionários desse estabelecimento conhecem o uso que a prostituta faz do seu espaço durante a noite, sem que a recriminem ou impeçam de aí continuar. Este é, contudo, um caso singular.
[34] Segundo Cunha (2006), as coordenadas que definem a economia informal são: a ausência de regulação das actividades económicas pelo Estado, seja no domínio das relações de produção, seja no das relações de troca; a ausência de legalidade; e, embora não necessariamente, a ausência de uma lógica de mercado.

Sabe-se desde Foucault (1985, 1988, 1990) que o sentido do acto sexual é determinado social e culturalmente e ainda influenciado pela história e pelo contexto. O significado dos actos sexuais é definido por cada indivíduo e redefinido pontualmente. Não há uma experiência única do corpo partilhada por todos (Agustín, 2005c). Existem homens e mulheres que delimitam certos actos sexuais num âmbito comercial e prestam serviços nessa área, assim formando um sector laboral de comércio sexual, também denominado de indústria do sexo ou indústria de serviços sexuais. Desta forma, encara-se a prostituição e outros trabalhos sexuais como uma actividade laboral e definem-se as suas características enquanto tal. No quadro desta investigação, considero a prostituição um trabalho[35] de prestação de serviços sexuais, na medida em que a maioria das pessoas que a pratica a pensa dessa forma – estou, pois, a adoptar o ponto de vista do actor social. O trabalho constitui-se, então, enquanto categoria analítica das práticas captadas empiricamente.

Por oposição à concepção de que esta actividade não carece de conhecimentos e competências específicas, verifiquei que há um conjunto de saberes e de práticas que se adquire quer com a experiência, quer através de aprendizagem com as mais experientes. As prostitutas recém-entradas na actividade profissional, confrontam-se com a necessidade de iniciar uma série de actividades que desconhecem, ou que, conhecendo, nunca haviam praticado no contexto duma relação comercial. Também da mesma forma se deparam com um conjunto de exigências, nomeadamente psicológicas, para as quais não estavam preparadas.

A formalização e transmissão dos seus saberes e competências não são muito explicitadas, à semelhança do que acontece em outras ocupações com formação profissional fraca ou inexistente (Pryen, 1999b)[36]. Porém, as prostitutas experientes, geralmente mais velhas, desempenham um papel crucial, seja no apoio emocional que prestam, seja nos ensinamentos que transmitem às principiantes. Nas palavras de Regina, uma das prostitutas com quem fiz a pesquisa: "Na primeira vez, nós não sabemos... 'Como é que eu chupo? Como é que eu faço'. Depois há sempre as mais velhas que ensinam as mais novas..." (DC 14.10.2004)

---

[35] Para uma discussão sobre as diferenças entre as noções de trabalho, profissão e *ofício* e suas relações com a prostituição ver Pryen (1999b). Esta autora considera que a prostituição não é uma profissão, mas que é um *métier* (que traduzimos por *arte* ou ofício) para as pessoas que a exercem.

[36] A área da prevenção do VIH/SIDA e de outras IST tem sido um dos poucos domínios no qual as prostitutas têm visto reconhecidos os seus conhecimentos, nomeadamente ao serem integradas como educadoras de pares nos projectos direccionados para a prevenção destas doenças junto de profissionais do sexo.

Os conselhos das prostitutas mais velhas às que estão a iniciar o trabalho visam ajudá-las na aprendizagem da profissão e dirigem-se a dois fins: às estratégias para lidar com o impacto emocional da actividade e ao ensino das técnicas inerentes às práticas do negócio. Quanto ao primeiro ponto, vai no sentido de as dotar de competências para a gestão emocional, bem como de lhes prestar suporte para lidarem com as primeiras experiências que são, quase sem excepção, vividas de forma negativa. Como evidenciei em trabalho anterior (Oliveira, 2004a), as prostitutas, depois de iniciarem a sua actividade, aprendem a lidar com a experiência física e emocional do acto sexual comercial. Esta aprendizagem direcciona-se para a aquisição de mecanismos de imposição de barreiras de defesa do Eu, de forma a reduzirem os riscos de danos psicológicos. Assim, durante o acto sexual, desviam o seu pensamento daquela acção, pois o significado sexual do acto situa-se apenas no cliente. A prostituta é uma profissional e, enquanto tal, pagam-lhe para que ela efectue um serviço; esse serviço implica o uso do corpo, mas não implica o seu Eu[37]. Para o conseguirem realizar com sucesso, elas precisaram de fazer uma aprendizagem e de ultrapassar a tensão da fase inicial. Em suma, elas devem estabelecer um distanciamento emocional e para isso é necessário aprender. O modelo e o apoio das mais experientes revela-se fundamental para a boa prossecução dessa aprendizagem.

No que respeita ao ensino das técnicas, há sempre alguma que serve de mestra na aprendizagem das que chegam de novo. Esta instrução centra-se na prática: o que fazer e como fazer; o que fazer e como fazer para ganhar mais dinheiro; como angariar clientes e como negociar com eles; como se comportar dentro do quarto; quais os comportamentos a pôr em prática para a prevenção do risco de se ser agredida e do risco de contrair uma doença; que técnicas existem para impor o sexo seguro.

Existe, então, uma tecnologia para aprender no negócio do sexo que é a *tecnologia do fazer o sexo comercial*. Por exemplo, como levar um cliente renitente a usar preservativo? Esta tarefa, que se afigura difícil, conta entre as pessoas que se prostituem com um conjunto de conhecimentos e técnicas auxiliadoras nas quais elas são especialistas. Das práticas disponíveis, elas podem usá-las todas ou apenas algumas. As técnicas de negociação para o sexo seguro implicam vários modos de interacção e um domínio da comunicação eficiente (Oliveira, 2005). Destas, destacamos as três que se apresentam mais frequentemente: a atitude pedagógica da prostituta, que ensina (educa) o seu cliente sobre questões relacionadas com a saúde e com a doença e sobre os perigos do sexo não protegido; a atitude na qual as profissionais do sexo devolvem a questão ao cliente, confrontando-o com os perigos que corre ao ter sexo sem preservativo;

---

[37] Não obstante, algumas prostitutas têm experiências diferentes desta.

e, finalmente, a atitude da prostituta para quem o sexo sem preservativo não é alvo de negociação e que desiste do negócio assim que um cliente propõe sexo não seguro.

Saliento ainda outro tipo de comportamento por ser o mais tecnicista: refiro-me aos casos em que, perante a recusa do cliente em usar protecção, a prostituta forja um estratagema para o levar a pensar que está a ter relações sexuais de penetração sem preservativo quando na verdade não está. Embora estas técnicas não sejam usadas por muitas mulheres, as mais frequentes são a colocação do preservativo com a boca durante o sexo oral que antecede o coito vaginal, sem que o cliente disso se aperceba, e a simulação de penetração vaginal pelo encaixe do pénis entre as coxas das mulheres. Tanto num caso como no outro, o cliente pensa que está a ter relações sexuais sem preservativo tal como solicitou à trabalhadora do sexo. As razões pelas quais estas técnicas não são utilizadas de forma generalizada devem-se à sua dificuldade de implementação, ao perigo de o cliente vir a descobrir o artifício, ficando desagradado e, dessa forma, agredir a mulher ou, então, não voltar a procurar os seus serviços e, ainda, à recusa de certas mulheres em utilizar meios fraudulentos.

Existem ainda outras formas mais subtis, que o engenho de cada mulher põe em prática. Para levar o cliente a usar preservativo, elas informam, fazem pedagogia, negoceiam. Uma mulher, a Regina, contou-me que quando vai pela primeira vez com um cliente esconde o preservativo debaixo da almofada e só quando este está despido é que lhe mostra o preservativo. Acha que assim é mais fácil convencê-los: quando eles já estão sexualmente excitados.

O preservativo feminino, recentemente re-introduzido no mercado, também se apresenta como uma alternativa eficiente aos casos em que o cliente não quer utilizar preservativo. Este meio preventivo, que tem vindo a ser progressivamente utilizado sobretudo por prostitutas que trabalham em contextos de interior, coloca mais poder nas *mãos* das prostitutas.

Outra área que dominam e implica um saber profissional, é a das técnicas para poder trabalhar com a menstruação. A maioria das mulheres não pára de trabalhar quando está com o *período* e, assim, tem que utilizar técnicas para disfarçar este estado e/ou reter o fluxo menstrual.

> Apareceu lá [numa instituição de apoio] uma senhora que eu desconhecia, já não muito nova, que trabalha numa casa e que queria preservativos Zig-zag por duas razões: é alérgica aos Control e, como os Zig-zag são vermelhos, permitem disfarçar a menstruação, com a ajuda de uma esponja vaginal. (DC 20.04.2005)

A técnica aqui referida é o uso de tampões que permitem ter relações sexuais. Estes não são os tampões comuns, que são rígidos e implicam a abstinência de relações sexuais quando são utilizados, mas esponjas que, pelas suas características físicas, podem ser usadas durante as relações sexuais vaginais[38]. Estas esponjas não estancam o sangue menstrual mas, colocadas no fundo da vagina, absorvem o seu fluxo impedindo que este chegue ao exterior. Assim, as prostitutas podem ter relações vaginais sem que o cliente saiba que elas estão menstruadas. Há, no entanto, que ter um cuidado adicional: para que ao retirar o preservativo o cliente não note eventuais manchas vermelhas, é útil o uso de profilácticos cujo látex seja avermelhado ou rosado, o que acontece apenas em algumas das marcas comerciais disponíveis.

Sendo o trabalho destas mulheres a troca de sexo por dinheiro, esta é uma questão importante para que o seu lucro não registe uma quebra nestes dias, o que significaria a diminuição em cerca de um quarto na facturação, considerando que a menstruação pode ocorrer durante cerca de uma semana por mês. Estas técnicas não são nem evidentes, nem do conhecimento de grande parte da população feminina, tratando-se duma prática e dum conhecimento específico deste grupo de trabalhadoras.

Há ainda outras técnicas particulares deste grupo profissional, as que se dirigem a agradar os clientes. Parece-me haver mulheres que não se esforçam para que os seus clientes fiquem agradados e regressem, mas outras têm uma estratégia comercial forte e têm a preocupação de tornar o acto satisfatório para o cliente. Entre estas técnicas está o cuidado em ser meiga e paciente. Isto implica falar de forma carinhosa, ser atenta e apoiante, escutar os problemas do cliente, dar-lhe o tempo de que ele necessita para a sua satisfação sexual, compreender eventuais falhas de erecção ou orgásticas e ser capaz de se adaptar aos pedidos dos clientes, mesmo que estes lhes pareçam estranhos.

Estes actos fazem da prostituição um trabalho emocional. Como argumenta Chapkis (1997), as emoções podem ser mudadas, desempenhadas, criadas e objectificadas. Tal como noutras actividades que implicam actos íntimos, a prostituta tem que representar emoções e comportamentos que mostrem que ela gosta do que está a fazer – isso faz parte do seu trabalho –, o que exige capacidades e conhecimentos obtidos, em grande parte, pela experiência e saber profissionais.

As trabalhadoras do sexo dominam igualmente técnicas de observação do comportamento masculino nas suas imediações, que lhes indicam se um homem que deambula naquela zona é ou não um possível cliente. Eu, que não domino essas técnicas, frequentemente não me apercebia da interacção entre clientes e prostitutas antes de os ver dirigirem-se para a pensão. A relação de procura que os clientes têm com as prostitutas pode ser sub-reptícia, feita de

---

[38] Também não me refiro aqui às esponjas vaginais anticonceptivas.

sinais e informações quase subliminares. Só a atenção e experiência das mulheres permite analisar esses sinais dotando-os de intencionalidade.

> Quando a Regina foi com um cliente eu não percebi o *engate*. Estávamos as três no passeio e, dum momento para o outro, vejo-a a atravessar a rua e ir ter com um senhor, depois dirigiram-se à pensão. Perguntei à Inês:
> – Ele é cliente habitual da Regina?
> – Não.
> – Então como é que ela soube?
> – Ele chamou-a. Ele já tinha passado três vezes e tinha olhado para ela, por isso é que ela foi ter com ele com mais à vontade. (DC 26.01.2005)

Quando um homem passa e olha, elas têm de se certificar se é um potencial cliente e para isto há algumas pistas, como ver se vem alguma mulher atrás (pode ser um homem que passeie com a esposa); a velocidade e o tipo de passo com que se move (se vier devagar e displicente provavelmente é um cliente); e o número de vezes que passa, pois um homem que passa duas ou três vezes no mesmo local e olha para uma mulher é porque quer negociar com ela. É por isso que elas têm de estar muito atentas e dominar essa capacidade de observar, analisando os sinais não verbais emitidos pelos homens que passam e são possíveis clientes.

Então, em oposição ao conhecimento comum, há um conjunto de técnicas, procedimentos, métodos e meios que são do domínio das pessoas que se prostituem, o que faz delas peritas e desta uma prática profissional.

Além das técnicas, há regras e, na vigilância destas, a mulher mais velha tem um papel decisivo. A autoridade e o estatuto da mulher mais velha, ou há mais tempo no local, são reconhecidos pelas restantes, quer na aceitação das regras impostas, quer na manutenção da ordem. Esta imposição e manutenção das regras é tanto mais importante quanto a composição dos trabalhadores do sexo num local é variável. Ao longo do tempo, novas mulheres, homens e transexuais vão chegando à prostituição e têm que aprender e cumprir as regras que existem no local, que podem ser diferentes das que vigoram noutro sítio, tais como o preço médio e a proibição de prestar serviços nos carros dos clientes. Estas são propostas pela prostituta mais velha às recém-chegadas para evitar conflitos, pois novas mulheres na rua são sinais de possíveis contendas. Aliás, quando chega alguém novo a um local tem de *negociar* com a *que manda*, para que a sua presença seja pacífica e haja um bom acolhimento.

A utilização do preservativo é outra regra. Embora as mulheres que quebram esta regra dificilmente o admitam às restantes, eu detectei duas situações: a das mulheres que não abrem excepções e a daquelas que dizem fazê-lo em certas situações.

É no grupo dos clientes habituais que a probabilidade de dispensa do uso de preservativo atinge uma das maiores cifras. A explicação para esta abstenção relaciona-se com a introdução de uma componente afectiva e de características menos profissionais na transacção comercial decorrentes do facto do relacionamento se ter prolongado no tempo. Se o preservativo é frequentemente considerado uma barreira emocional no sexo comercial, então, quando a dimensão afectiva ganha espaço na relação, aparece como consequência que os obstáculos ao sexo desprotegido diminuem.

Com certos clientes habituais, a relação deixa de ser estritamente comercial e passa a incluir elementos de afecto e confiança, o que faz com que a utilização do preservativo se jogue num cenário diferente do das relações tidas com os clientes casuais. Vejamos o que nos disse o António, cliente da Mónica, sobre esta questão:

– [António] Não sei se ela lhe disse, mas eu tenho relações com ela sem preservativo...
– [Alexandra] Não, não disse. Mas porque o faz?
– Porque confio nela.
– O que quer dizer com isso?
– Nas outras relações que tenho com outras mulheres, sem ser com a minha, uso sempre preservativo. Tenho cuidado porque tenho medo... mas com a Mónica é diferente. Ela é especial.
– Mas sabe que corre riscos?
– Sim, já sei, mas espero que não aconteça nada. Confio nela.
– O que é que isso significa?
– Que eu confio que ela não tem relações sem preservativo com os outros clientes. (E António)[39]

Assim, este cliente habitual considera que a sua relação com a prostituta é especial, a ponto supor que a excepção ao uso de preservativo é tida apenas com ele. Nas relações com estes clientes, a utilização do preservativo conta com um entrave: o do sentido afectivo que é imprimido à relação, sobretudo pelo cliente. A probabilidade de ocorrerem relações sexuais desprotegidas é tanto maior quanto a regularidade da relação entre trabalhador do sexo e seus clientes, pois quanto mais tempo passam com o cliente mais difícil é manter as barreiras entre ambos.

Saliente-se, porém, que para a maioria dos trabalhadores do sexo a regra da utilização sistemática do preservativo é cumprida sem excepções. É por isso

---

[39] Este excerto faz parte duma entrevista com um cliente. Sempre que colocar excertos de entrevistas no corpo do texto, seguirei esta regra: no final da citação, coloco um *E* seguido do nome do entrevistado ou da entrevistada.

que eles possuem um baixo nível de prevalência de IST (Goodyear, 2007; Kleiber, 2000). Este cumprimento escrupuloso encontra-se em prostitutas possuidoras de todas as características, incluindo as de faixa etária elevada, as que são toxicodependentes e as portuguesas. Contudo, é no grupo das que são mais novas, não toxicodependentes e estrangeiras, que a prática de relações sexuais protegidas sistematicamente se encontra generalizada. Quanto mais idade tiver a prostituta, maior é a probabilidade de dispensar o uso do preservativo a pedido do cliente; as toxicodependentes aceitam mais facilmente a efectivação de relações sexuais sem protecção; e as portuguesas abrem mais excepções do que as estrangeiras.

Respeitar a autoridade das mais velhas, praticar o preço estipulado e usar sempre o preservativo foram destacadas por serem das regras mais evidentes no negócio sexual. Porém, não são as únicas. Há, nomeadamente, regras de conduta e de respeito, como comportarem-se com correcção, designadamente na rua, não serem desonestas com clientes e colegas e guardarem o segredo profissional.

Estratégias comerciais

Frequentemente, as pessoas que se prostituem alteram o horário e o local de aliciamento dos clientes com vista a tornar o negócio de venda do sexo mais rentável. Passam a trabalhar em horas e locais com mais procura e maior probabilidade de obter um rendimento elevado.

Outra das estratégias comerciais de um número expressivo de mulheres e da quase totalidade das transexuais é o cuidado com a aparência e preocupação com uso de roupa adequada e em ter um aspecto agradável.

A Rafaela é muito divertida. Está sempre a dizer piadas e a desafiar quem passa, homens (...) Ela diz que é mesmo assim e que não vale a pena estar com cara de chateada como fazem outras.
– [Rafaela] Apesar de eu ter mais idade do que a Clara [tem mais 16 anos], trabalho muito melhor do que ela por causa da maneira de eu estar na rua. Tudo influencia. Aqui, até a roupa tem influência... ela vem sempre de preto e com *Kispos* grossos... claro, não trabalha, assim não chama a atenção dos homens. (DC 22.02.2005)

Como a roupa que vestem tem influência no negócio, para muitas, a *farda* de trabalho é a mini-saia, mesmo que nunca a usem noutras situações.

(...) fiquei a saber que a mini-saia da Isabel é sempre a mesma. Ela usa constantemente mini-saia curta e justa, mas eu não tinha reparado que era uma única.
– [Isabel] Eu ando sempre de calças, sempre... só tenho esta saia para vir trabalhar. Todos os dias chego aqui de calças e mudo lá dentro [na pensão], visto esta saia que

é sempre a mesma há mais ou menos dez anos... É só para este bocadinho aqui à tarde. (DC 26.03.2005)

Há, para muitas mulheres, uma roupa de trabalho, com a mini-saia como peça central, que é diferente da roupa que usam habitualmente. Se para o trabalho levam mini-saias, botas de salto alto, meias de rede e blusas com decotes, quando não estão a trabalhar usam calças, sapatilhas e blusões. Umas chegam para trabalhar assim mesmo, até porque saem de casa para o trabalho e regressam num táxi, outras trocam de roupa na pensão.

A Ana é uma romena lindíssima de 20 anos que estava vestida de casaco e mini-saia brancos, meias de rede e botas de cano alto pretas com umas tiras em cabedal brancas e vermelhas que faziam desenhos geométricos. Todavia, ela não chegou assim mas de calças. Fez a muda de roupa na pensão.
Já no outro dia reparei que quando a Sara chegou fez o mesmo: subiu até à recepção e trocou as calças de ganga por uma mini-saia que trazia na saca, que depois guardou para quando acabasse o trabalho. (DC 01.04.2005)

A adequação do horário e do local de trabalho, da indumentária e da postura de forma a obter mais clientes é um comportamento característico daquelas que são mais activas na solicitação – aliás, na citação atrás, da Rafaela, é nítido que ela não se referia apenas à roupa mas, também, à forma de estar na rua. Estas são as que têm maiores rendimentos e que concorrencialmente são mais agressivas.

A concorrência nota-se entre mulheres mais velhas e mais novas, entre mulheres com má ou boa aparência, independentemente da idade, mas ainda entre aquelas que têm diferentes comportamentos na rua. Constata-se a presença de dois tipos de postura de solicitação, tanto nas mulheres como nos transexuais: solicitação activa e solicitação passiva. Estas verificam-se em certos locais, em contraste com outros, num mesmo local entre mulheres diferentes ou pode mesmo acontecer que um trabalhador do sexo tenha posturas desiguais em dias distintos.

Estar na rua nem sempre corresponde a uma procura activa de clientes. Algumas prostitutas limitam-se a estar lá de forma passiva. Não se dirigem aos clientes, não olham para eles, não os chamam; esperam ser vistas e escolhidas. A solicitação passiva corresponde a este estar (aparentemente) indiferente e as mulheres com este comportamento têm o hábito de se sentar nas soleiras das portas, nas beiras das montras ou de se encostar à parede do edifício onde se encontra instalada a pensão.

Passei na pensão do campo de jogos. Cheguei ao semáforo para virar e estavam a Mónica, a Rafaela e a Clara sentadas na beira da montra da loja de mobiliário para escritório. Sorri-lhes. Sorriram-me. Abri o vidro, a Rafaela *mandou uma boca* e eu disse-lhes que estacionava o carro depois da esquina e que vinha ter com elas. Quando as vejo assim, parecem-me estar sentadas de forma indiferente. Como se apenas esperassem o correr do tempo. Só esperam, não procuram. (DC 22.07.2004)

A solicitação activa é o oposto disto, diz respeito a um comportamento de angariação de clientes comercialmente agressivo. A mulher fica de pé na orla do passeio, ou mesmo na própria via de circulação automóvel, virada para os carros que passam e movimentando-se ao longo do passeio; olha e chama os clientes que parecem estar interessados ou vai ter com eles e pergunta: "Queres vir?" – "A Joana chamou um ou dois homens que passavam com um: *Vamos?* A Martina atirava beijos e, quando passavam próximos, perguntava, *queres ir ao quarto?*" (DC 23.03.2005). Estas são comercialmente mais aguerridas a vários níveis, pois além deste comportamento activo, são as que se vestem de forma mais apelativa e que trabalham nos períodos de maior procura. São ainda as que, mesmo quando percebem que o cliente que pára e pergunta o preço pretende apenas isso, fazem um esforço de negociação: chamam-lhes *amor* ou *querido* para os cativar, apoiam-se na porta do carro para ficarem mais próximas e aparentarem intimidade e informam que o preço da pensão está incluído no valor que adiantaram. Enfim, tentam converter um homem que aparentemente é apenas um curioso num cliente de facto.

Estas trabalhadoras do sexo, mais activas na solicitação, podem constituir um estímulo para que as outras se adaptem a esta concorrência, mudando alguns dos seus hábitos como, por exemplo, a forma de vestir quando coexistem num mesmo local. Mas, habitualmente, estas posturas correspondem a locais diferentes ou a horários distintos. Por exemplo, num determinado local, durante a tarde, encontram-se prostitutas tradicionais que estão passivamente na rua e, à noite, estão imigrantes que solicitam de forma activa. Estas duas posturas têm implicações nos resultados comerciais. Uma mulher activa consegue mais clientes do que as que têm uma postura passiva.

Quem está na rua nestes contextos percebe os olhares perscrutadores dos clientes que avaliam. Avaliam o aspecto físico da mulher, se é bonita, se tem um corpo atraente, ou se está bem vestida, mas igualmente a sua disponibilidade. A disponibilidade é mais óbvia numa postura de solicitação activa. Para quem se limita a estar passivamente na rua, resta apenas o jogo de olhares para poder levar o cliente a fazer a opção de comprar o serviço.

Quando estava na rua mantinha-me, naturalmente, numa posição passiva, ou melhor, numa atitude de não solicitação. Apesar disto, muito frequentemente, fui abordada por potenciais clientes. Esta abordagem era tanto mais recorrente quanto mais eu estava direccionada para a rua, para os carros que passavam e para os seus condutores. Se eu estivesse de costas para a rua, virada para as mulheres ou a olhar para o chão, dificilmente eles interagiam comigo. Da minha participação no jogo da solicitação resultou nítido que a interacção de olhares entre uma hipotética prostituta e um possível cliente é crucial para desencadear a abordagem por parte deste.

A negociação e o passe
À solicitação, seja activa, seja passiva, pode corresponder a aproximação de um cliente potencial. Nesta altura, qualquer actividade é secundarizada e o trabalhador do sexo dirige-se ao homem para iniciar a negociação. Esta pode ficar-se pelo que apelido de diálogo mínimo na negociação da prostituição, ilustrado na citação que se segue:

> Vários carros foram parando e os ocupantes (sempre homens sós e novos) foram tendo com a Bianca um breve diálogo de negociação que não levou à concretização de nenhum passe:
> – [potencial cliente] Quanto levas?
> – [Bianca] Ó 'mor, são 25, já com a pensão.
> Ele arranca e ela comenta:
> – É sempre assim: perguntam e andam. (DC 30.11.2004)

Apesar deste cliente não ter comprado o serviço e da Bianca ter comentado que *é sempre assim*, na verdade, com muita frequência, basta este diálogo mínimo para que o passe se realize. Outras vezes, os potenciais clientes vão mais longe na negociação e fazem outras perguntas à mulher, o que pode, ou não, acabar na realização do negócio. Vejamos um exemplo de um diálogo, mais longo, sem consequências, com dois homens com cerca de 40 anos:

> – [um dos homens] Quanto levas?
> – [Martina] Trinta, já com o quarto.
> – Quantos pratos?
> – Chupar e foder.[40]
> – Só?
> – Só.
> – Por esse dinheiro?
> – Sim.

---

[40] Ao responder que faz sexo oral (*chupar*) e vaginal (*foder*), ela está a excluir o sexo anal. Na gíria, diz-se que uma prostituta faz os três pratos se praticar sexo oral, vaginal e anal.

E viraram costas. Passado algum tempo, voltaram a parar.
– Mas que é que fazes? Pões-te nua? Tiras a roupa toda?
– Não. Tiro as calças e as cuequinhas.
– E a camisola?
– Não.
– E deixas apalpar as mamas?
– Não. (DC 01.04.2005)

Podemos perceber, deste modo, que os potenciais clientes podem prolongar o diálogo para se inteirarem das condições definidas pela mulher, o que mesmo assim não os compromete a comprar o serviço. Por vezes, parece que se trata de um interesse genuíno em entender o que está incluído no preço para poder tomar a decisão. Contudo, noutras vezes o diálogo parece ser a motivação principal (como analisarei na secção 1.4. deste capítulo). O que interessa aqui é notar que os diálogos podem ser mais ou menos longos, mas que se detêm sobre as mesmas questões: o preço, os serviços a prestar, o que inclui e o que está excluído, e ainda a utilização de preservativo.

A excepção a estes diálogos ocorre se o cliente for habitual. Nestes casos, pode mesmo não existir qualquer interacção verbal. Eu não compreendia isto nos meus primeiros tempos no terreno mas, mais tarde, viria a perceber que, no caso dos clientes habituais, não é necessário explicitar vontades. Elas vêem--nos a aproximarem-se na rua, mesmo que ainda estejam distantes, e pela troca de olhares que têm, confirmam que eles se deslocaram ali para comprarem os seus serviços. Às vezes, não há mesmo qualquer interacção e elas limitam-se a entrar na pensão quando os vêem a aproximarem-se, porque têm a certeza que é por elas que eles vieram àquele local. Isto acontece quando as características comportamentais dos clientes são bem conhecidas das mulheres; quando elas sabem que eles vivem e trabalham fora do Porto, deslocando-se aí apenas para a transacção sexual, quando eles têm dias e horas certas para as encontrar ou ainda se as avisaram previamente de que iriam aparecer.

Depois do diálogo da negociação, logo que o cliente se decide, este e a prostituta dirigem-se à pensão e entram. Na quase totalidade das vezes, isso acontece na pensão onde a mulher habitualmente trabalha, mas alguns clientes preferem ir a locais diferentes, comummente estabelecimentos mais caros e avaliados como tendo superior qualidade e higiene.

Então, depois de entrarem, com a mulher à frente, ambos se dirigem à *recepção* onde esta antecipadamente deve pagar o valor estipulado pela utilização do quarto. A mulher começa por pedir ao cliente este valor. Por vezes, o restante pagamento é feito à mulher logo na hora ou, em alternativa, é-lhe pago já dentro do quarto, mas sempre antes da relação sexual.

No momento do pagamento do valor do quarto à empregada da pensão, dependendo do estabelecimento, a prostituta pode levantar toalhas que leva consigo para o quarto. Algumas mulheres, nesta altura, pegam num malote pessoal que deixam na recepção, contendo os seus produtos de higiene e protecção.

De seguida, a empregada da pensão indica-lhes o quarto a que se devem dirigir: elas entram, recebem o seu pagamento, caso esse não tenha ainda ocorrido, e começa a interacção sexual propriamente dita. Vejamos a exposição que disso me fez uma das minhas informantes:

– [Mónica] Entro, dispo-me e ele despe-se. Depois, lavo-o no bidé muito bem lavado. Puxo bem as peles para trás para ficar limpinho. E lavo-me a mim. Ele deita-se na cama. Eu chupo-lhe um bocado e depois pergunto se ele também me quer chupar a mim. Se ele quiser, eu chupo-lhe enquanto ele me chupa, naquela posição, o 69. Depois, ponho-me à canzana para ele se vir. Volto a lavar-me e se ele quiser lava-se também.
Perguntei-lhe se era essa a posição habitual. Ela disse-me que sim porque assim eles agarram-na nas ancas e atingem o orgasmo mais rapidamente. (DC 16.07.2005)

Noutra ocasião, a mesma mulher deteve-se mais pormenorizadamente na descrição dos cuidados de higiene pré e pós coito:

Diz que faz o seguinte: depois do cliente despido, ela lava-lhe os genitais, com incidência no pénis, por motivos de higiene. "Há muitos homens que são porcos, cheiram mal e têm aquele *farelo* [no prepúcio] e podem ter *chatos* ou outros *bichos* e feridas". Com a lavagem, assegura a higiene e, simultaneamente, avalia o aspecto para detectar qualquer anomalia. Neste ritual utiliza uma toalha que, no final, o cliente poderá voltar a utilizar se pretender voltar a lavar-se.
Uma segunda toalha é para ela própria se limpar, pois lava os seus genitais antes da relação sexual. Além disso, gosta de humedecer a toalha e passar pelo peito quando os homens lhe colocam as mãos nas mamas durante a relação sexual:
– Sabe como é... eles põem as mãos suadas e sujas e eu gosto de me limpar.
Há uma terceira toalha que é utilizada para cuspir e limpar a boca no fim do sexo oral por causa do sabor do lubrificante. Nesta altura perguntei-lhe se ela se despia toda e ela respondeu que não. Tira as calças e as cuecas apenas. Quanto ao tronco, levanta a camisola e o *soutien*. Diz que despir-se toda só de vez em quando no Verão. (DC 01.02.2005)

Este acto decorre sem grandes variações, pois a oferta de serviços é muito semelhante entre elas. A existirem diferenças elas ligam-se com os cuidados de higiene; há mulheres que são mais cuidadosas do que outras.

Quanto às práticas disponibilizadas, quase todas as mulheres oferecem ao cliente o sexo oral e a penetração vaginal. São raras as que permitem que o cliente lhes faça sexo oral, porque têm medo de eventuais doenças transmissíveis pela boca do cliente e ainda porque não querem sentir o prazer sexual que esta prática lhes pode provocar. Embora seja solicitado com bastante frequência, poucas permitem o sexo anal, quer por razões morais ligadas com o tabu associado a este tipo de relacionamento sexual, quer pelo desconforto físico que esta penetração pode provocar.

O serviço mais habitual, para quase todas, é a prática de sexo oral, seguida de sexo vaginal. Constatei ainda a existência de pedidos menos usuais, como orgias, preferentemente com duas mulheres prostitutas e um homem cliente, ou uma transexual prostituta e um casal cliente. Assim como a existência de práticas de sexualidade não convencional[41], tais como travestismo, fetichismo, infantilismo, *chuva dourada*[42], insultos e espancamento. Porém, a grande maioria dos pedidos e das práticas enquadram-se no que é considerada a sexualidade normativa.

---

[41] O que aqui designo de sexualidade não convencional encerra as práticas que têm sido nomeadas como parafilias. De acordo com a Classificação Internacional de Doenças da Organização Mundial de Saúde, do Manual de Diagnóstico e Estatística de Saúde Mental (DSM) da American Psychiatric Association (APA) e de outros manuais de psiquiatria em vigor, estes actos são classificados como perturbações mentais. Segundo Bancroft (1989), citado por Gomes (2003), os comportamentos parafílicos dividem-se em dois, sendo que uns implicam um desvio patológico individual, como certos agressores sexuais que têm nos pedófilos o caso mais explícito, e outros constituem um desvio subcultural, a que chama de minorias sexuais, onde se inclui, por exemplo, o fetichismo, isto é, a excitação sexual com objectos inanimados, como peças de vestuário em couro.
Estas práticas têm igualmente sido designadas, sobretudo pela comunidade de praticantes, por BDSM, sigla que designa o *bondage* (imobilização física) e a disciplina, a dominação/submissão e o sadomasoquismo. Mais genericamente, o conjunto destas práticas é referido apenas por sadomasoquismo.
Para mim, estes comportamentos constituem formas de sexualidade não convencional, não são desvios psicopatológicos. O meu distanciamento em relação às grelhas medico-psiquiátricas tradicionais prende-se com a recusa da psicopatologização desnecessária destas práticas – mesmo no caso da pedofilia penso ser a grelha criminológica aquela que melhor enquadra esse acto.
A associação entre estas práticas sexuais e a doença mental remonta ao século XIX, a Krafft-Ebing (1998), e tem sido habitual nos *psi* que abordam o fenómeno. Contudo, tal como aconteceu para outros comportamentos, seja a prostituição ou a homossexualidade, que deixaram de ser *lidos* no quadro da psicopatologia (recorde-se que apenas em 1973 a homossexualidade foi removida do DSM), também no que respeita à sexualidade não normativa a abordagem científica do fenómeno tende actualmente a alargar a sua grelha de análise (Weinberg, 2006) e a rejeitar a patologização (Cross & Mateson, 2006), sobretudo desde que deixou de recorrer em exclusivo a amostras psiquiátricas e passou a efectuar estudos com recurso à etnografia.
[42] Chuva dourada é a palavra da gíria que se refere à urofilia ou ondinismo, isto é, à obtenção de prazer sexual com a urina e o acto de urinar. Habitualmente, a excitação sexual é obtida por um indivíduo quando este é objecto do acto de urinar por parte de um parceiro sexual.

Outras práticas extraordinárias podem ocorrer, aproximando-se do que é mais habitual em contextos de interior.

> Demorou com ele mais do que os 15 minutos da praxe. Perguntei-lhe porquê. Ela diz que, embora ele ejacule rapidamente, gosta de levar muito tempo antes. Gosta que ela se dispa para lhe dar massagens. No fim, este tempo extra é compensado monetariamente. Hoje pagou-lhe 50 euros.
> – [Mónica] Uma vez levou-me para um motel e passamos a tarde juntos. Não foi bem a tarde toda, aí umas duas horas e meia. Quis que eu tomasse banho e deu-me massagens. Ele até diz: 'Ó Mónica, qualquer dia vou trazer um óleo para te dar massagens'. E eu digo-lhe, traga. Também gosta de me oferecer prendas... já me deu um perfume e um livro. (DC 10.02.2005)

Estes casos que, embora excepcionais, também existem na rua, implicam maior intimidade e mais disponibilidade emocional e temporal, mas envolvem uma maior compensação monetária e, por isso, são aceites. Também noutros casos o trabalho das prostitutas assemelha-se a um trabalho de acompanhante, passam o dia ou parte dele com o cliente, partilham refeições, recebem prendas e o trabalho é pago a um preço superior – nestes casos, parece haver da parte deles uma romantização da relação[43].

> Na próxima terça-feira, [a Inês] já tem combinado trabalho com o farmacêutico. Ele telefonou-lhe e combinou que a apanhava às 10.30h, na estação de comboios, para irem para a estalagem. Vão para o quarto ter relações, depois almoçam lá, por volta das 13h, conversam um pouco e vêm embora. A Inês diz que deve chegar, ao Porto, cerca das 16h. Quando fazem isto, ele dá-lhe 60 euros. Se não almoçassem dava-lhe 50 euros. Ela acha que não é muito bem pago porque são muitas horas mas, pelo menos, é certo e não custa muito. (DC 12.03.2005)

Através dos excertos do diário de terreno que fui introduzindo, deixei já a indicação de que as prostitutas têm limites claros quanto aos serviços que prestam, nomeadamente, o tipo de actos e a forma como são praticados. A ideia estereotipada de que os clientes concretizam todos os seus desejos com as prostitutas, quer porque elas o permitem, quer porque eles detêm poder para impôr as práticas que pretendem, não tem consistência empírica[44]. Como

---

[43] Como refere Frank (1998), quando os clientes regulares das bailarinas de *strip tease* lhes oferecem presentes, estes podem servir os propósitos de *love affair*, de símbolos do amor romântico.

[44] O que é contraditório com a visão que os clientes têm das prostitutas, segundo a qual, com estas mulheres podem fazer tudo aquilo que desejarem sexualmente. Mas não é estranho, pois clientes e trabalhadoras do sexo têm frequentemente concepções contraditórias sobre o encontro sexual, nomeadamente no que respeita ao poder e controlo (McKeganey & Barnard, 1996).

refere Gil (2005), o cliente não se serve do corpo da prostituta como bem entende. As prostitutas não deixam que os clientes imponham todos os seus desejos e, designadamente, a maioria delas não tira toda a roupa que traz vestida, ficando nua, não deixa tocar nos seios, não permite beijos na boca, nem faz sexo anal, apesar de qualquer um destes pedidos ser frequente.

Os exemplos que encontrei parecem-me claros quanto à negação da ideia da mulher disponível e à mercê das mais variadas *perversões* masculinas, bem como da imagem da prostituta destituída de poder, mostrando ainda o significado estritamente comercial que elas atribuem ao acto sexual. Na relação com os clientes, as prostitutas, mais do que objectos sexuais, são agentes activos.

Outra característica do passe é a sua curta duração. Passa pouco tempo desde que *sobem* com o cliente até que este deixa a pensão. Depois da negociação concluída tudo se concretiza muito rapidamente.

> Foi tudo muito rápido, como sempre. A Inês deixou-me às 18.20h na Rua de Cabo Verde para ir com um cliente e chegou ao café às 18.35h. Apesar disso, ela comentou que até achava que este tinha sido um bocadinho mais demorado. (DC 26.01.2005) Quando a Martina saiu do quarto, passados 10 minutos de ter entrado com um cliente, eu desci com ela. Fiquei até ela voltar a subir com novo homem. Desta vez esteve 13 minutos. (DC 26.03.2005)

A duração usual do passe é curta, entre 15 e 20 minutos. Embora tenha assistido a passes mais prolongados, cheguei a registar uma duração de nove minutos. Atente-se que não me refiro à duração do acto sexual, mas a todo o tempo compreendido entre a entrada e a saída do quarto da pensão. Isto envolve entrar no quarto, o tempo que homem e mulher levam a despir-se total ou parcialmente, eventuais cuidados de higiene pré relação sexual, excitação sexual do cliente, colocação do preservativo, frequentemente estimulação oral, penetração, relação sexual propriamente dita, atingimento do orgasmo e finalização, retirada do preservativo, possíveis cuidados de higiene pós-coito, acto de vestir e saída do quarto. Mesmo que, nos casos mais rápidos, algumas destas etapas sejam ultrapassadas, continua a ficar muito pouco tempo para tudo.

Se, aparentemente, isto nos pode remeter para simplicidade e linearidade dos actos sexuais dos homens que procuram prostitutas na rua, como veremos no ponto 1.4., relativo aos clientes, a relação sexual é apenas uma pequena parte num conjunto vasto de comportamentos incluídos na procura de sexo pago. Igualmente no que concerne às trabalhadoras do sexo, se compararmos este tempo com o tempo que elas despendem na solicitação e nas várias negociações com os potenciais clientes, a duração do desempenho sexual é diminuta. A maior parte do tempo do processo prostitutivo, quer para prostitutas, quer para clientes decorre fora do quarto da pensão.

Mudanças e consequências

Um tema recorrente, durante todo tempo em que permaneci no terreno, foi o da facturação baixa. Foram poucos os dias em que me desloquei aos locais de observação e que à pergunta sobre se estava tudo bem elas não se queixaram de que o negócio estava mau. Quando referiam este abaixamento nos lucros, elas faziam-no comparando a situação actual com a passada em que havia mais procura e rendimentos superiores. A crise veio após anos durante os quais a *prostituição dava muito dinheiro*. Mas não só. Vejamos outras explicações para a baixa facturação de que se queixa a generalidade das prostitutas.

Na prostituição de rua ocorrem diversas mutações com origem e características diversas; mudanças estruturais, pessoais ou acidentais, que se repercutem, ora na sua organização, ora nos lucros auferidos por cada mulher, homem ou transexual. Analisemos cada uma delas com mais detalhe:

(a) Mudanças estruturais

Até aos anos 80, a totalidade das pessoas que se prostituía constituía um grupo coeso. A prostituição de rua era composta por mulheres com características muito semelhantes entre si, nomeadamente no que respeita ao meio sócio-económico de origem, idade e escolaridade, de que o livro de Carmo e Fráguas, de 1982, tão justamente dá conta a partir das histórias de vida de 50 prostitutas. A chegada das toxicodependentes convertidas em prostitutas, a praticarem regras diferentes, com mais urgência em ganhar dinheiro e a descer os preços, contribuiu para um aumento da rivalidade, da competição e da heterogeneização das pessoas que se prostituem na rua. Tal como Maher (1997) descreve a propósito da chegada do *crack* a Nova Iorque e concomitante crescimento do número de mulheres a envolver-se no trabalho sexual, o mercado do sexo tornou-se menos lucrativo, mais exigente e crescentemente violento.

Também a existência de um proxeneta era uma regra quase sem excepção. No princípio do século XX, o *chulo* deixou de ser um companheiro apoiante de situações difíceis e passou a ser um explorador a viver à custa da mulher que se prostitui (Pais, 1985). Este papel desenvolveu-se e manteve-se durante grande parte desse século, mas foi declinando no seu final. A crescente emancipação das mulheres, sobretudo durante o final do século passado, foi um contributo importante para este declínio. O poder aumentado das mulheres e a sua consciência da opressão concorreram para a rejeição da exploração da prostituição por parte dos seus companheiros, que eram simultaneamente e com frequência seus agressores físicos. No início de século XXI, a figura do proxeneta é quase inexistente, na rua e nos outros contextos.

Nesta linha, alguns autores apontam que este declínio começou antes da chegada das toxicodependentes à prostituição (File, 1976 e Morningstar & Chitwood, 1987 ambos citados por Maher, 1997), mas outros salientam que a droga teve neste processo de desaparecimento dos chulos um papel importante (Bourgois & Dunlap, 1993; Maher, 1997). De qualquer forma, esta revelou-se uma enorme mudança que se mantém.

Mais recentemente, a vinda de estrangeiras para a prostituição de rua provocou novas mutações com grandes consequências. As imigrantes são em número cada vez maior. Esta oferta crescente de estrangeiras, sul-americanas (quase em exclusivo brasileiras), africanas e europeias do centro e de leste significou mais concorrência e teve um impacto nas autóctones que viram os seus rendimentos diminuir, resultado da redistribuição da procura pela nova expressão da oferta. Ainda mais porque essa oferta, pelas suas características, exerceu uma força centrípeta relativamente à procura: as mulheres imigrantes, pela sua idade, aparência e atitude na rua, constituem uma concorrência feroz para as portuguesas que estão há mais tempo na prostituição.[45]

Como resposta inicial, as mais antigas tentaram expulsar as estrangeiras recém-chegadas, mas depois resignaram-se à sua concorrência, pois não podem expulsá-las a todas, mesmo que tenham perdido com a sua presença.

Este incremento da oferta levou ainda a um abaixamento dos preços. Cada mulher ganha agora menos por cada relação sexual e ainda faz menos clientes por dia, o que diminuiu claramente as suas receitas individuais. É por isso que constantemente todas se queixam e dizem que o negócio está mau. É habitual que as trabalhadoras do sexo adiantem como explicação a crise económica, mas parece-me que esta não é uma explicação cabal e que há que ter em consideração o aumento da oferta. Há pelo menos oito anos que o preço mais frequente é de 25 euros pela felação, seguida de coito vaginal. Há mulheres que cobram 30 euros. No entanto, outras pelas mesmas práticas cobram agora 20 ou até 15 euros. Ou seja, em média, o preço desceu.

Em resumo, identifiquei duas grandes mutações estruturais da prostituição de rua: (a) A diminuição e quase desaparecimento dos proxenetas; (b) A chegada e permanência de mulheres com características diversificadas, primeiro

---

[45] A actual oferta diversificada na rua, bem ainda como a melhoria do aspecto e a diminuição da faixa etária das mulheres, estimulou o aumento da procura. As zonas que concentram muitas mulheres migrantes passaram a evidenciar um maior movimento de homens possíveis clientes, o que se traduziu num aumento dos serviços comprados.
Não defendo que a procura de sexo pago tenha vindo a aumentar, antes pelo contrário, concordo com os autores que advogam a sua diminuição (e.g. Bullough & Bullough, 1998). O que considero é a hipótese dum deslocamento pontual da procura para a prostituição da rua, em detrimento de outros locais, como resultado do aumento e diversificação da oferta neste contexto.

toxicodependentes e depois imigrantes, que originaram o aumento da concorrência e a diminuição dos lucros.

(b) Mudanças pessoais

As mudanças estruturais podem induzir alterações ao nível pessoal. Algumas das mulheres a trabalhar na rua, com a vinda das estrangeiras, desejando manter o nível de rendimentos, operaram transformações nas suas práticas para se adaptarem à concorrência. Assim, mudaram de local para territórios ainda não conquistados, alteraram o sector de actividade, trocaram ou alargaram o horário de trabalho e introduziram modificações na sua aparência de forma a melhorá-la – isto mesmo referi atrás a propósito dos horários de trabalho e das estratégias comerciais. Uma das minhas informantes, a Mónica, pela constatação de que o seu ritmo de trabalho nocturno reduziu grandemente devido à presença de duas brasileiras no seu local habitual, passou a trabalhar, durante as noites de fim-de-semana, num bar de alterne com reservados[46]. Ainda outra mulher, a Júlia, forjou uma estratégia semelhante: durante a semana faz prostituição de rua e, ao fim-de-semana, é paga para fazer sexo ao vivo num bar. Também junto da Mónica e duma colega, a Clara, verifiquei algumas mudanças de aparência:

> Hoje a Mónica e a Clara estavam de mini-saia. Peça de roupa que nunca tinha visto nelas. Antes pelo contrário, sempre as ouvi comentarem depreciativamente as mulheres que as usam, putas ou não. Disse-lhes isso e elas explicaram-me que o faziam para ver se trabalhavam mais. Consequências da crise... Têm que tentar novas estratégias, ou recuperar antigas, para conseguirem mais dinheiro. (DC 16.07.2005)

Outras mulheres procuram novos locais, como uma esquina ainda sem prostitutas, e novos horários de prática de prostituição. É por esta razão que há agora locais com prostitutas desde as seis horas da manhã. Estas tentam captar clientes, ao que parece com sucesso, junto dos homens que se dirigem para os seus empregos.

Reconhecem-se ainda mudanças nos rendimentos dependentes apenas de alterações no projecto individual de cada trabalhador do sexo. Ilustro com o exemplo da Regina, quando lamenta a perda de rendimentos e se refere "ao tempo em que chegou a fazer quinze a vinte clientes por dia (...). Nessa altura, estava sempre a comprar coisas para si, em especial botas e carteiras. E ainda

---

[46] A designação de *bar de alterne com reservados* refere-se a um local onde as mulheres praticam, simultaneamente, alterne e prostituição.

dava uma mesada ao companheiro" (DC 11.02.2005). Na altura deste registo, a Regina permanecia muito menos horas na rua do que nesse passado em que atendia tantos clientes. Então, ficava na rua todo o dia e pela noite dentro, pelo que a avaliação de diminuição da procura que faz está carregada de subjectividade. O facto de ela ter menos clientes dever-se-á, antes do mais, à diminuição do tempo de permanência na rua. A diminuição da procura explicará apenas parte da quebra da sua produtividade.

(c) Mudanças acidentais
Se há mudanças estruturais que permanecem no tempo e mudanças pessoais cujas causas radicam no percurso individual, existem outras que são casuais.

A prostituição de rua é caracterizada por um certo grau de inconstância. Por vezes, ocorrem grandes mudanças num determinado local, devido a um acontecimento casual, como, por exemplo, um incêndio numa pensão. Numa altura, na zona do campo de jogos, a pensão ardeu parcialmente e apenas um quarto ficou a funcionar. Este incêndio viria a determinar alterações significativas neste local. Depois do acontecimento que destruiu parte do imóvel, o proprietário não foi lesto a recuperar o edifício, pelo que as mulheres passaram a ter más condições de trabalho e quase todas sairam de lá procurando outros locais da cidade. Desta maneira, um ponto de intensa actividade prostitutiva passou a ter apenas três mulheres de forma permanente, e quase todas aquelas que saíram nunca mais voltaram. Três anos depois deste episódio, com a pensão já toda recuperada, havia de novo bastantes trabalhadores do sexo neste local.

Os roubos efectuados por prostitutas-toxicodependentes a clientes também podem provocar mutações.

– [Regina] Isto desde que entrou o euro que nunca mais foi igual... também houve as obras que demoraram muito tempo... desde que houve as obras que nunca mais... e, ao mais, havia aqui muitas toxicodependentes que roubavam os clientes e eles afastaram-se. Nós éramos para aí 20 aqui na rua, quase todas toxicodependentes que roubavam muito os clientes e eles foram fugindo... claro, não voltavam... e desde que isso aconteceu que a rua deixou de ser procurada. (DC 30.03.2005)

Naquela rua, os donos das pensões, incomodados com estes roubos, expulsaram as toxicodependentes dos seus estabelecimentos e, como consequência, estas deixaram o local. Deste modo, como estas eram a maioria, o número de mulheres nesse local diminuiu grandemente. A rua ficou, então, com um pequeno grupo de cerca de seis prostitutas. Pelo que observei, quanto maior o número de trabalhadoras do sexo numa rua, maior é a expressividade da procura nesse local. Logo, aqui a procura tendeu a diminuir pelo decréscimo da quantidade de trabalhadoras do sexo na rua. Também as obras de beneficiação do espaço urbano, referidas pela Regina, levaram ao encerramento de alguns estabelecimentos comerciais, estreitaram as ruas e alteraram-lhes os sentidos do tráfego, o que similarmente ajudou à diminuição do movimento de veículos e transeuntes.

Ainda um outro exemplo de mudanças substanciais ocorridas por acontecimentos imprevistos: uma das ruas do Porto com grande quantidade de trabalhadores do sexo, a maioria dos quais transexuais ou travestis, viu-se de um momento para o outro alvo notícias na comunicação social que iniciaram uma transformação no local.

Expliquemos. Nos dias 18 e 19 de Fevereiro de 2006, Gisberta, uma transexual brasileira, prostituta, toxicodependente e seropositiva, foi agredida até à morte por um grupo de adolescentes. Entre muitas questões e debates que suscitou, esta morte, altamente destacada na comunicação social, chamou a atenção para o seu estatuto de seropositiva que foi relacionado com a prostituição e a transexualidade. Na sequência deste acontecimento, os transexuais/travestis que se prostituíam nesta rua viram aumentadas em número, tipo e intensidade as agressões que habitualmente já lhes são dirigidas. Nessa altura, era referido que *desde a morte da Gisberta* os insultos e agressões tinham aumentado. Por causa destas e da diminuição da procura, presumivelmente relacionada com a associação que foi efectuada pelos clientes entre prostituição transexual e seropositividade, os trabalhadores do sexo deslocaram-se para outros locais. Sem procura e a serem agredidos por quem passava, os trabalhadores do sexo simplesmente *desapareceram* do local.

Resumindo este extenso ponto, o negócio sexual de rua pode ocorrer de forma articulada com o trabalho sexual praticado em interior e, contrariamente ao que é propalado, apresenta vantagens para certas prostitutas que assim justificam a sua opção por esse contexto.

Ainda, esta é uma actividade que, embora não seja reconhecida pelo Estado, se caracteriza por um conjunto de saberes e de práticas profissionais que permitem classificá-la como trabalho. Contrariando a imagem de que os trabalhadores do sexo não possuem qualquer competência profissional, nem a prática de prostituição assim o exige, encontrei técnicas, procedimentos, métodos e meios que provam o oposto. É, pois, também uma actividade com regras e formas próprias de estar na rua e em que os horários de trabalho existem à medida dos desejos e necessidades de cada trabalhador do sexo. As estratégias comerciais de angariação de clientes são diversas, caracterizando-se por serem mais ou menos activas consoante o trabalhador do sexo, o que se vai reflectir no maior ou menor sucesso comercial.

De todo o processo prostitutivo, o passe é a actividade mais simples e linear, quer pela sua curta duração, quer pela pouca diversidade de práticas sexuais comummente executadas.

Por último, identifiquei mudanças estruturais, pessoais e acidentais que ocorrem no trabalho sexual de rua e que têm repercussões quer na organização da actividade, quer nos lucros que cada trabalhador do sexo consegue obter.

1.3. O quotidiano das pensões

A vida nas pensões desenrola-se como em qualquer outro estabelecimento de prestação de serviços. Há um(a) proprietário(a) que superintende o estabelecimento e retira lucro da actividade; há um(a) funcionário(a) que gere a casa, vigia as actividades e zela pelo cumprimento das regras, sendo ainda responsável pela manutenção da ordem e da limpeza – por vezes, a proprietária é simultaneamente a gerente; há a(o)s prestadora(e)s de serviços que aí atendem os seus clientes; e há os clientes que procuram os serviços desta(e)s. Tudo se passa regularmente. Trata-se dum negócio com as dinâmicas e características de qualquer outro, mesmo que contenha aspectos de ilicitude e não seja reconhecido legalmente.

Quando fui para o terreno, na impossibilidade de deixar cair todos os preconceitos, pensei encontrar nas pensões ambientes obscuros, onde imperava o medo e a violência e onde, por isso mesmo, teria que me mover com cautela, para meu bem e para não perturbar as práticas ilícitas que aí decorriam. Afinal, depois de franqueadas as portas desses locais, pude construir uma imagem oposta. Lá dentro, tudo decorre às claras. A existir medo, ele relaciona-se com a violência que vem do exterior, dos clientes agressivos, de delinquentes a fazerem passar-se por clientes ou ainda da polícia investida dos seus poderes ou do seu abuso de poder. O ambiente é acolhedor, quase sempre muito familiar e, no dia-a-dia, ou no noite-a-noite, tudo decorre com normalidade enquanto nos quartos se desenrolem constantemente relações sexuais pagas.

O entendimento dos actos sexuais como uma actividade íntima, adequada a um ambiente recatado, faria pensar no ambiente das pensões como tranquilo e silencioso, o que nem sempre acontece e, a verificar-se, não é intencional. O barulho que tiver que ser feito, far-se-á. É habitual falar-se com tom de voz elevado no interior da pensão ou mesmo verificarem-se conversas entre as mulheres desocupadas com aquelas que se encontram nos quartos a atender os clientes. Ninguém se preocupa se perturba o que se passa dentro do quarto – e, às vezes perturbam...

De resto, diariamente, à medida que vão chegando ao local, as mulheres *acomodam-se*: deixam as suas carteiras, casacos e outros haveres na recepção à guarda da empregada ou patroa. Em alguns casos, mudam de roupa, podem manter alguns diálogos com quem se encontre aí e começam a trabalhar, quer dizer, dirigem-se à rua para iniciar a angariação de clientes. Ao fim do dia de trabalho, muitas das que fazem o horário diurno, iniciam outra rotina, que é habitual para muitas mulheres (e alguns homens): vão às compras, ao supermercado ou à mercearia, e depois regressam a casa.

Patronato e relações de amizade
Cada estabelecimento destes tem várias mulheres que aí trabalham. A relação que estabelecem com os donos, gerentes e/ou empregadas das pensões é, frequentemente, de grande proximidade, chegando a existir amizades genuínas. Mas não se excluem casos em que as relações são impessoais, como o são as relações empregador-empregado, com os primeiros a tentarem impor regras e a ameaçar que o não cumprimento destas pode significar *despedimento*.

Apesar das profissionais do sexo se referirem aos donos e às donas das pensões como *o meu patrão* ou *a minha patroa*, a relação entre eles não tem qualquer carácter vinculativo, contratual ou hierarquizado – tal apenas indica a atribuição de um cunho laboral à sua actividade. Qualquer mulher que queira iniciar a sua actividade prostitucional, ligada a um determinado local onde existe uma pensão, deve negociar esta sua entrada com as outras prostitutas e não com o dono da mesma. A haver negociação é com as outras mulheres por questões de concorrência. Quanto à pensão, aceita e reconhece o benefício de aí ter mais uma trabalhadora do sexo, pois é delas que dependem os seus lucros. Por vezes, estes proprietários, ou os gerentes a seu mando, comportam-se como se isto fosse diferente, como se houvesse entre eles uma relação hierarquizada na qual as prostitutas dependeriam daqueles. As prostitutas trabalham numa pensão se quiserem, durante quanto tempo entenderem, e recorrem a ela a quantidade de vezes que só elas definem.

As vivências na pensão são simultaneamente profissionais e formais, tanto quanto domésticas, de amizade e informais. Nos casos em que existe uma relação de amizade, as trabalhadoras do sexo e as donas, gerentes ou empregadas de pensões comportam-se como é habitual entre pessoas que são amigas: confiam umas nas outras, entreajudam-se, partilham momentos festivos e de lazer, visitam-se quando estão doentes. As seguintes citações ilustram alguns destes aspectos:

> Fui também cumprimentar a Joana que encontrei sozinha e com o seu ar envergonhado do costume. (...) Ela estava com a chave da pensão porque a patroa tinha ido ao médico. É habitual ela ficar a tomar conta quando a patroa não pode. (DC 05.05.2005)

– [Noémia] Graças a Deus que a minha patroa não me falta com nada. Ele dá-me tudo... olhe, é óleo, é batatas... graças a Deus não tenho nada que dizer. Já cá estou há 25 anos mas nunca encontrei ninguém como ela. É boa pessoa. (DC 11.02.2004).

Eram quase oito horas e ela queixava-se de fome. Diz que é por estar habituada a comer às 7.30h. Hoje, vai jantar com a D. Luísa na pensão. A *patroa* estava a cozinhar para as duas. Faz isso de vez em quando. (DC 31.05.2005)

Esta proximidade comprova-se ainda nas suas características socio-económicas: empregadas e patroas diferenciam-se pouco das prostitutas, sendo mesmo que algumas daquelas são ex-prostitutas. É curioso ter ainda verificado que as donas, gerentes e empregadas de pensões que trabalham há muitos anos com prostitutas, têm um discurso muito semelhante ao destas, quer no que respeita ao cansaço e ao desgaste que a actividade provoca, quer ainda quanto ao arranjar motivos adiados para deixar a actividade. Embora digam não sentir estigma, referindo que o cansaço se liga com a ausência de bem-estar e o excesso de horas de trabalho, muitas delas nocturnas, elas adoptam a linguagem das profissionais do sexo. Vejamos o discurso de Leopoldina, gerente de uma pensão há 18 anos:

Diz que está cansada do trabalho que faz. É uma actividade de muito desgaste que espera deixar quando a filha acabar o curso universitário. Vai tentar voltar a trabalhar na restauração [onde trabalhava antes de ter este emprego]:
- Vou ver se me inscrevo no centro de emprego. Tenho que ir lá um dia destes... a ver se arranjo um curso de cozinheira que era a minha profissão... porque lhe garanto, quando a minha filha acabar o curso dela, eu largo isto, é certinho... a minha filha acaba o curso e, para mim, acaba isto... a minha filha detesta que eu faça este trabalho. Eu própria odeio aquela porcaria.
- [Alexandra] Sente estigma por ter este trabalho?
- Não. Tem a ver com o meu bem-estar... é uma vida muito cansativa... são muitas horas, é muito *stress*... é um viver que não é viver... o domingo não é domingo... para mim o domingo devia ser para a família... a família, o bem-estar, a casa... vou contra a vontade... (DC 20.05.2005)

Apesar disto, ser patroa duma casa de prostituição permite usufruir das vantagens económicas de se ser prostituta, evitando os seus aspectos negativos mais marcados, pois não está na rua exposta aos olhares, às agressões e às intempéries e foge ao estigma, embora possa haver alguma marca negativa por estar associada a um negócio ilícito e considerado imoral.

Uma empregada, gerente ou patroa duma pensão ao ter que dirigir o estabelecimento e superintender as mulheres que aí trabalham, tem que, quando necessário, independentemente de eventuais relações de amizade, impor a manutenção de ordens e regras, pois é preciso lidar com situações complexas e inesperadas, provocadas por clientes, hóspedes e trabalhadores do sexo. A Raquel, prostituta que numa dada altura se tornou empregada da pensão, diz que é preciso ter capacidade para fazer um trabalho daqueles Segundo ela, "não é preciso ter *pulso*, mas psicologia para saber levá-las" (DC 22.03.2005).

Lucro e legalidade

As pensões são casas de prostituição que vivem do dinheiro que as mulheres pagam pelos quartos, embora em muitas delas coexista um negócio hoteleiro legal. E pagam bem: cinco a 10 euros por cada vez que os utilizam. Ou seja, entre 17 e 40 % do total do dinheiro ganho pelas prostitutas entra directamente nos *cofres* das pensões. A prostituta deve pagar uma quantia ao estabelecimento sempre que usa um quarto com um cliente. Por este pagamento ela tem direito a utilizá-lo durante cerca de 20 minutos. Se ultrapassar esta duração, é-lhe cobrada nova quantia igual. Este valor, dizem os trabalhadores do sexo, está em prática há cerca de 15 anos. Até aí eram 500 escudos e quando houve aumento a diferença foi muito sentida por elas.

Por estes cinco euros, além de poderem ir ao quarto com o cliente, elas recebem toalhas, toalhetes ou preservativos, dependendo da pensão – em algumas recebem apenas uma toalha e nada mais. Quanto aos lençóis, não são mudados e as mulheres vão rodando pelos quartos. Por isto, algumas delas trazem uma coberta que colocam na cama cada vez que utilizam um quarto. Algumas pensões têm disponíveis lençóis descartáveis mas, caso pretendam usá-los, as prostitutas devem proceder a um pagamento adicional.

Isto remete para as condições das pensões. Algumas são de boa qualidade: têm quartos grandes, limpos, arrumados e arranjados, as camas e os colchões estão em bom estado e existe água quente e corrente disponível na casa de banho, mas outras carecem de tal.

> A Clara queixou-se que as camas fazem muito barulho e que já aconteceu partirem, por duas vezes. Nesse momento, estávamos as duas à porta e ela *convidou-me* a escutar o forte barulho da cama que era feito enquanto a Mónica atendia um cliente. (DC 13.02.2005).

> A Noémia falou ainda das pensões. Diz que prefere trabalhar naquela que fica em frente ao sítio X., porque é mais limpa:

– Em questão de higiene não se compara. Em questão de toalhas, de roupa de cama, é limpa. A outra, do sr. Y, é um nojo. Um nojo! [posteriormente esta pensão foi encerrada pelos serviços de inspecção sanitária] Aqui, na Dona Maria, tem água quentinha e é limpa. Na outra, desculpe lá menina, temos que limpar a pachacha[47] a um papel.
– [Alexandra] E o preço é o mesmo?
– [Noémia] É igual, mas em questão de higiene não se compara. (DC 11.02.2004)

Verifica-se, então, com frequência, a falta de condições de trabalho. No caso descrito, não existiam diferenças de preço para condições de higiene desiguais, mas nalguns sítios, melhores condições de higiene e privacidade pagam-se mais caras.

A Júlia trabalha numa pensão que, embora sendo mais cara de que as outras – paga 10 euros de cada vez que usa o quarto, enquanto que o habitual são cinco euros – é, segundo ela, mais limpa e dá-lhe a possibilidade de usar sempre o mesmo quarto. Assim, ela sabe que é apenas ela que usa os lençóis onde se deita. Aproveita ainda esta exclusividade do quarto para guardar alguns bens, sobretudo roupa, mas também preservativos e dinheiro. (DC 07.10.2003)

Algumas pensões não têm lucros muito elevados e podem mesmo ter problemas financeiros – uma das fontes dos problemas económicos das pensões é o roubo do apuro diário por parte das empregadas e não esqueçamos que as flutuações próprias do negócio podem fazer diminuir rápida e drasticamente o número de pessoas que aí se prostituem -, mas a generalidade delas obtêm altos ganhos. Mesmo quando o investimento inicial é grande, o que é habitual acontecer, pois o preço do passe das pensões é muito elevado, como os custos de manutenção são mínimos e os ganhos diários avultados o lucro é grande.

Vejamos algumas notas do diário de terreno sobre esta questão:

Segundo ela [Júlia], o que a pensão recebe por dia, resultado das suas visitas ao quarto, é de cerca de 100 euros – o que dá 3000 euros por mês. O dinheiro que a Júlia paga diariamente à pensão, deve chegar para todas as despesas da casa. Mesmo que esta não tivesse mais hóspedes, acho que ainda teria lucro. (DC 07.10.2003)

Isto de haver apenas uma mulher a trabalhar nesta casa [uma das casas da Rua da Serra] leva-me a fazer contas. A patroa tem que pagar o aluguer da casa (a Inês disse-me

---

[47] Palavra do calão que se refere aos órgãos sexuais femininos exteriores.

que quando lá trabalhava era de 250 euros por mês) e o ordenado da empregada e ainda tem lucro, mesmo levando os 40/60[48]. Este negócio tem lucros inacreditáveis. Não imagino o que ganharão os donos das chamadas casas de massagens, que têm várias mulheres a trabalhar para eles, cobram 50/50 e trabalham com preços por relação sexual mais elevados. O não reconhecimento da prostituição como profissão parece só interessar a quem explora a actividade – e aos abolicionistas que ainda não perceberam isto apesar de todas as evidências... É o facto desta actividade ser ilícita que propicia a exploração. (DC 11.05.2005)

Muitas das pensões não vivem apenas do dinheiro do negócio sexual, coexistindo o negócio legal de aluguer de quartos à noite com o negócio ilegal de aluguer de quartos à fracção da hora.

A D. Luísa sabe que parte do seu negócio não é legal. Os seus registos oficiais limitam-se aos hóspedes, que não as prostitutas. Disse-me ela que, mesmo que quisesse fazer registos relativos às raparigas, só o podia fazer uma vez por dia. Não podia registá-las de cada vez que vão ao quarto. Deste modo, é do interesse dela que as *suas mulheres* acatem o *conselho* dos polícias de se espalharem pela rua.[49] Mais do que ser vantagem das prostitutas é conveniência da patroa. A polícia não manda fechar pensões, mas pode, nem que seja informalmente, pedir a actuação da Inspecção das Actividades Económicas.
Esta pensão – pensão Fernandes – ocupa o primeiro e o segundo andares dum edifício que tem estabelecimentos comerciais no rés-do-chão. São dez os quartos: os do andar de cima, em número de cinco, são para *alugar* – um está arrendado a uma prostituta, outro está arrendado pela segurança social e os restantes são para turistas; os outros cinco, situados no primeiro andar, são para as *visitas*[50]. A dona diz que é um estabelecimento que funciona dentro da legalidade no que respeita a impostos e descontos da funcionária – só não o é no que respeita às *visitas*, que não podem ser registadas no livro de registo oficial, aquele que vai para as finanças. (DC 22.03.2005)

A prostituição é, no entanto, a actividade que proporciona o maior lucro a estas pensões, pois se pensarmos que o pagamento fixo ronda habitualmente os cinco euros e que cada prostituta atende em média cinco clientes por dia (Manita & Oliveira, 2002), podemos perceber a importância que esta actividade ilícita tem nos negócios hoteleiros supostamente lícitos.

---

[48] Isto significa que, nesta casa, 40% do dinheiro recebido pela prostituta fica na pensão, enquanto que esta fica com os restantes 60%.
[49] A intervenção da polícia e este conselho aconteceram na sequência de desacatos ocorridos entre prostitutas.
[50] Isto é, destinam-se à prática da prostituição.

Noutros casos, o negócio é totalmente ilegal:

> Esta *pensão* não é uma pensão. Não é um estabelecimento hoteleiro legalizado. Não tem quartos para alugar por noites. Não tem sequer qualquer indicação desse género no exterior. Aliás, não há qualquer indicação de espécie alguma que diferencie aquela casa das demais que estão na rua.
> O livro de registos da pensão é um caderno tipo A5, no qual cada página corresponde a um dia. No cimo da página está a data, dia e mês; abaixo desta é feito um registo por linha e com uma linha de intervalo. Os registos estão numerados e, à frente de cada número, aparece o nome da mulher e o dinheiro pago (...). No fim do dia, a empregada soma e deixa o caderno ao patrão, juntamente com o dinheiro apurado. (DC 13.02.2005)

Independentemente da legalidade do aluguer de quartos na pensão, o negócio dos quartos de *sobe e desce* pode surgir paralelamente a outros negócios lícitos ou ilícitos, como a venda de preservativos[51].

> A tal tasca tem duplo negócio, pois funciona também como pensão. Na rua há duas portas, lado a lado. Por uma entra-se na tasca, um sítio imundo e fétido. Pela outra porta, entra-se num corredor estreito que dá acesso a umas escadas que sobem até aos quartos. Nesse pequeno corredor, mais ou menos a meio, há uma porta à esquerda que dá acesso à tasca. Ou seja, o senhor que controla o bar é o mesmo que controla o uso dos quartos da pensão. É ele que cobra, que vende os preservativos (50 cêntimos/cada) e, ainda, que embebeda quer mulheres, quer clientes. (DC 11.02.2004).

Em suma, nas pensões a legalidade é a possível, ao envolver um negócio que o Estado não reconhece. Apesar desta não existência legal e do preconceito, o quotidiano nestes estabelecimentos é tão *normal* quanto aquele que se verifica noutros contextos laborais. Entre trabalhadores e *patrões*, gerentes ou empregadas de pensões podem existir relações impessoais, mas a maioria delas caracterizam-se pela amizade.

---

[51] Não são apenas as pensões que lucram com o negócio do sexo. Há uma vasta economia informal associada que inclui a venda de preservativos na rua, a venda ambulante de roupa às prostitutas e a venda de produtos de furtos por delinquentes.

1.4. Os clientes e a relação com as prostitutas: sexo, afectos e poder

No mundo social da prostituição de rua *vivem* clientes, tal como existem prostitutas. O relacionamento entre eles é complexo: entre os homens que frequentam esse meio e as pessoas que se prostituem constituem-se relações que não se confinam à compra e venda de serviços sexuais. Nalguns casos, os contactos entre eles não chegam a atingir o relacionamento sexual, mas noutros é possível que a relação tenha outras dimensões. Podem, então, estabelecer-se entre os clientes e os trabalhadores do sexo de rua (mulheres, homens e transexuais) diferentes tipos de relações com diversos graus de afecto.

As trabalhadoras do sexo têm, no contexto do seu trabalho, relações que são, em regra e por definição, apenas instrumentais, enquanto na sua vida privada têm relações de afectividade. Contudo, em determinadas circunstâncias, podem surgir no âmbito da prostituição relações com prazer, amor e afecto. Para lá do estereótipo da indiferença emocional total por parte dos actores envolvidos no sexo comercial, existe uma variedade de relações e de significados atribuídos a estas. É sobre estes aspectos que vou dissertar de seguida.

Não o vou fazer no sentido dos discursos habituais acerca dos clientes da prostituição, que vêem estes como exploradores calculistas sem sentimentos; muito menos da classificação da trabalhadora do sexo como manipulada e vítima dos clientes; nem das características presentes nas definições e que falam em ausência de emoções, amor e prazer. Vou falar na multiplicidade de relacionamentos e sentimentos que existem e me foram dados a conhecer pela proximidade e profundidade com que vivi o mundo da prostituição de rua.

O estereótipo da indiferença emocional pode, de resto, estar presente no discurso das pessoas que se prostituem. Percebi isso mesmo, no início da fase intensiva do trabalho de terreno, num curso para prostitutas em que fui formadora, logo na primeira sessão, ao efectuar com as mulheres um exercício de discussão de valores e atitudes[52]. Confrontadas com a afirmação: "Numa relação sexual por dinheiro não há sentimentos", a reacção inicial e unânime foi de concordância com a frase, mas, logo de seguida, de forma espontânea, cada uma delas foi lançando mais ideias: a de que pode haver envolvimento por parte da mulher se ela não tiver companheiro e se sentir afectivamente carente; a de que é possível uma mulher apaixonar-se por um cliente e vice-versa;

---

[52] Tratou-se de um curso de formação para prostitutas sobre a temática da prostituição, promovido por uma ONG que intervém com esta população. O curso teve 10 formandas e foi-me solicitado que dirigisse algumas sessões. Entre aquelas que concluíssem o curso com sucesso poderia ser escolhida uma para trabalhar como mediadora social no projecto de intervenção de que a entidade promotora do curso era responsável, o que veio a acontecer.

a de que podem existir clientes agradáveis que proporcionem prazer sexual[53]. Ou seja, houve uma rejeição inicial da possibilidade de envolvimento entre prostitutas e clientes que deu lugar ao lançamento de várias hipóteses: a) Envolvimento psico-afectivo por parte de uma mulher que não esteja a viver uma relação amorosa na sua vida privada; b) Envolvimento físico-emocional no caso do cliente se apresentar agradável para a mulher; c) Envolvimento amoroso quer por parte da mulher, quer por parte do cliente. Constatei logo aqui que podem estabelecer-se vários tipos de relações entre quem compra e quem vende serviço sexuais.

Masculinidades e procura de sexo comercial
Outra evidência que cedo se afigurou foi a da normalidade destes homens e destas relações. A primeira vez que falei com um cliente num quarto duma pensão, encontrava-me ansiosa e sem saber como me comportar, mas os restantes intervenientes, prostituta e cliente, fizeram-no com toda a espontaneidade e abertura. Para as prostitutas, estas relações são naturais, fazem parte da sua vida diária profissional. Assim, quando me apresentou o cliente e me deixou a conversar com ele, a prostituta fê-lo sem pruridos, sem rodeios, retirando-lhe a carga negativa que quem desconhece os actores da prostituição e os estereotipiza poderia julgar ter.

Não só as relações que as prostitutas estabelecem com os homens que as procuram são relações profissionais e sociais iguais a tantas outras, como os clientes são homens como todos os que conhecemos. Os clientes são os pais, os irmãos, os maridos/companheiros e os filhos de todas mulheres. Os clientes são *machos* normais, sem qualquer patologia[54], nem traço de marginalidade (Leonini, 2002). Tal como tem sido revelado pelos estudos empíricos recentes, o cliente pode ser qualquer homem, pois o conjunto dos que procuram o trabalho sexual encerra todas as características, tais como a idade, o estado civil, o nível de escolaridade, a actividade profissional e a proveniência sócio-económica e cultural (e.g. Campbell, 1998; Frank, 2003; Monto, 2000; Sacramento, 2005).

---

[53] Embora haja prostitutas que admitem que podem ter prazer com alguns clientes, outras negam essa possibilidade e sentem-se culpadas se o obtêm. Uma mulher, num dia em que estava junto dela no momento em que saiu do quarto com o cliente, vinha com sinais de estar embaraçada. Contou-me que aquele cliente, que nem sequer era habitual, lhe tinha proporcionado prazer sexual, sem que ela tivesse conseguido controlar-se. Estava visivelmente perturbada e expressava-o: "sei que não o devia ter feito... não percebo o que aconteceu... não sei o que ele me fez mas gostei... que vergonha, meu Deus, não devia ter acontecido".
[54] No entanto, como referem Atchison, Fraser e Lowman (1998), os primeiros estudos sobre clientes de prostituição, efectuados por psiquiatras e psicoterapeutas, indicavam que aqueles padeciam de variadas psicopatologias.

Mais ainda, como defende Welzer-Lang (2001a), os clientes são homens ordinários, no sentido em que são pessoas normalmente socializadas como homens, o que faz deles, potencialmente, e de facto, consumidores de comércio de sexo. De acordo com o que defende este investigador, os homens, ou seja, os humanos socializados em machos dominantes por, e no âmbito das relações sociais de género, sabem como são os clientes.

A família e a escola, a par da Igreja e do Estado, são as mais importantes instituições de reprodução da dominação e da visão masculinas (Bourdieu, 1999). A construção do homem enquanto género, isto é, a masculinidade, inicia-se na infância, no contexto da família (Heward, 1996) e prolonga-se na escola (Mac an Gahill, 1994). Mais tarde, diz Welzer-Lang (2001b), na adolescência, quando partilham revistas pornográficas, os rapazes aprendem que podem excitar-se, sós ou em grupo, diante de figuras femininas e que estas figuras, representações de pessoas reais, estão disponíveis nos seus *scripts* sexuais. E ainda, ao comprar estas revistas, eles compram igualmente o direito de imaginar a sua posse sexual. Em consequência, continua o sociólogo francês, todo o homem sabe que, por uma pequena quantia, pode alugar ou comprar os serviços sexuais de uma mulher, um homem ou um transexual. É deste modo que os homens estruturam o seu imaginário sexual e que faz de qualquer um deles um cliente do comércio do sexo. Ou, dito de outra forma, os processos de socialização a que os homens estão sujeitos predispõem-nos para o recurso ao sexo pago (Sacramento, 2005). Como refere Hite (1981), os homens foram educados a pensar que uma parte vital da sua virilidade consiste em ter um orgasmo dentro duma vagina. Assim, para os homens que procuram o meio prostitucional, o comportamento de compra de sexo é entendido como normal. Na sociedade actual, a procura de trabalhadores do sexo é considerada uma expressão normal da sexualidade masculina e faz parte das relações habituais entre sexos (Campbell, 1998).

Nas primeiras investidas que fiz no terreno, causavam-me estranheza alguns dos comportamentos dos clientes pela normalidade com que os praticavam. Imaginem-se dois rapazes que caminham por um passeio, lado a lado, aparentemente sem intenção de procurar prostitutas. Passam, indiferentes, defronte de uma trabalhadora do sexo que lhes faz um convite, param, um deles troca algumas palavras com a mulher, de seguida dirige-se ao companheiro e diz-lhe que vai *subir* com a prostituta. O parceiro que ficou no passeio encosta-se à parede do prédio, mesmo ao lado da porta da entrada da pensão, e espera com as mãos nos bolsos. Quando o outro desce, passados mais ou menos 15 minutos, retomam o seu passeio. Até desaparecerem da nossa vista, não houve mais diálogo entre eles, parecendo-me que aquele acto sexual foi encarado com bastante trivialidade. É normal que um homem pague por sexo e que não recuse os convites sexuais de uma mulher mesmo que esta seja prostituta (ou, sobretudo, por isso). É usual ainda que muitos homens conheçam estes comportamentos e os partilhem uns com os outros. Este caso é apenas um exemplo, pois verifiquei outras situações destas.

Mas não é só aos pares que os homens partilham a masculinidade e se mostram coniventes e solidários uns com os outros. Por vezes, o comportamento de procura de sexo pago é uma actividade grupal. Com relativa frequência assisti a grupos de homens e rapazes que rondavam as prostitutas e o seu território, fosse para fazer desta uma actividade lúdica sem o objectivo de concretizar relações sexuais, fosse para efectivamente comprar serviços às trabalhadoras do sexo. Uma vez, participei das interacções entre as prostitutas e um grupo de rapazes ingleses que se aproximou e, um a um, começaram a contratar as mulheres que estavam disponíveis.

> Primeiro foi a Martina. Pediu 40 euros [10 euros acima do que pede habitualmente]. A Joana ainda lhe disse para pedir mais, mas já era tarde.
> Houve outro que queria ir comigo. Disse-lhe de forma firme que não trabalhava ali. Não insistiu. Eram educados, apesar de serem muito jovens, estarem bêbedos e em grupo. Perguntou-me então se não havia ali mais raparigas. Apontei para cima, onde estavam a Miriam e as africanas. Um deles foi *buscar* a Miriam. Ainda lhe pude dizer quanto a Martina tinha levado. Ela pediu o mesmo. Nenhum quis as nigerianas.
> Ficou a Joana, velha demais para eles. No entanto, havia um baixinho, torto de bêbedo que olhava para ela. "Queres vir pá?", perguntava-lhe, mas ele não percebia nada. Traduzi, mas ele não se decidiu. Entretanto, subi para cumprimentar a D. Luísa, porque ainda não o tinha feito. Quando ia a descer cruzei-me no patamar com a Joana, subia com o tal baixinho. (...).
> A Martina ainda foi com outro. A Miriam entretanto teve um cliente que não era deste grupo, pareceu-me português. O da Joana, quando saiu, queria ir também com a Ana, mas esta dizia-lhe: "tomorrow" e ele tirava o dinheiro da carteira para lhe mostrar.
> Tive que me ir embora nessa altura, não sei como continuou o trabalho delas, mas pareceu-me que a noite ia ser boa. O sobe e desce de mulheres nas escadas da pensão era constante e o ambiente era amistoso. (...)
> Mais umas notas sobre o comportamento grupal dos rapazes: já nos quartos, abriam as persianas e punham a cabeça de fora para falarem (se vangloriarem?) com os que estavam na rua e elas logo de seguida puxavam-nos para dentro e desciam a persiana – até porque eles faziam-no aos gritos e era escandaloso; o reverso disto passava-se com os que estavam na rua, ao quererem comunicar com os que se encontravam nos quartos: chamavam-nos aos gritos (com a Joana sempre a dizer: "Pouco barulho, que há pessoas a dormir"). E até chegaram a atirar pedrinhas para as persianas; esperavam uns pelos outros à porta de pensão e manifestavam alguma alegria sempre que um saía. O mais ovacionado foi o baixinho que tinha ido com a Joana. (DC 29.04.2005)

Compreendemos melhor estes comportamentos descritos se tivermos em conta as construções culturais da identidade heterossexual masculina. A homossociabilidade é a regra de comportamento dos homens e, através do orgulho corporativo masculino, reproduzindo e actualizando os valores da masculinidade hegemónica, uma forma de os rapazes afirmarem individual e socialmente a sua masculinidade (Paniagua, 1999). Como salienta Leonini (2002), a experiência com prostitutas, sobretudo o *puttan tour*, pode apresentar-se a um jovem como uma conclusão possível dum serão passado na companhia de amigos. Segundo esta autora italiana, ir às prostitutas em grupo é um legado duma certa representação da masculinidade que vê as relações sexuais pagas como um elemento indispensável e carregado de valor positivo para o relacionamento entre amigos.

Ao procurarem uma prostituta e ao comprarem os seus serviços sexuais, os homens-clientes estão a reproduzir os pressupostos da masculinidade heterossexual hegemónica[55]. Acentuam, também, as assimetrias entre homens e mulheres, reiterando a associação do masculino à dominação e do feminino à submissão, pois enquanto a sexualidade feminina está ligada aos ideais de castidade, submissão, emoção e passividade, a masculina associa-se à acção, dominação, heterossexualidade, expansividade, incontrolabilidade, predação, insaciabilidade e aversão a sentimentalismos (Sacramento, 2005). Ser homem é ser activo, porque "a identidade masculina está associada ao facto de possuir, tomar, penetrar, dominar e afirmar-se, se necessário pela força." (Badinter, 1996, p.133). O homem é entendido como manipulador e conquistador dum objecto sexual instrumental (Silva, 1998). Ao comprarem os serviços sexuais de uma trabalhadora do sexo, os homens contribuem para perpetuar a estrutura a que o movimento de libertação das mulheres chamou de patriarcado, colaborando, assim, para a manutenção das relações de género – que são relações de poder desigual a favor dos homens.

São estes os motivos que sustentam a corrente feminista que se opõe à prostituição. De acordo com os defensores do abolicionismo, isto é, da ideia de que se deve acabar com qualquer forma de prostituição, esta perpetua o patriarcado e a heterossexualidade hegemónica (Shrage, 1989 *cit in* O'Neill, 2001). Esta corrente, que tem sido denominada de feminismo radical considera que as prostitutas são sempre vítimas da opressão masculina e que a escolha não existe, é apenas ilusória (e.g. K. Barry, 1984, 1986, 1995; Dworkin, 1987; Jeffreys, 1997; MacKinnon, 1987; O'Connell-Davidson, 1998; Pateman,

---

[55] Não existe uma só masculinidade, mas várias. O modelo central da masculinidade, que é intrinsecamente monogâmico, heterossexual e reprodutivo, é considerado hegemónico porque subordina as masculinidades alternativas (Almeida, 2000).

1988). K. Barry (1986) chega mesmo a afirmar que a prostituição é uma forma de escravatura feminina, sendo um crime contra as mulheres talvez mais grave do que a própria violação sexual, na medida em que no caso da prostituição há uma escolha aparente.

Saliente-se, porém, que a ideia de que o comércio do sexo existe para reproduzir os privilégios masculinos tem sido posta em causa por diversos autores que evidenciam a capacidade de auto-determinação e o poder na relação tido pelas(os) trabalhadora(e)s do sexo (e.g. Bromberg, 1998; Brünnot, 1986; Chapkis, 1997; Doezema, 1998; Frank, 2003; Lopes, 2006; Nagle, 1997; Paglia, 1997).

Ressalve-se ainda que nem todos os homens encaram com *normalidade* a procura de sexo comercial. Os homens que procuram trabalhadoras ou trabalhadores do sexo são uma minoria[56]. A masculinidade constrói-se e modifica-se: de uma cultura para outra; numa mesma cultura ao longo do tempo; durante o percurso de vida de um homem individualmente; e, entre diferentes grupos de homens segundo a sua classe, raça, grupo étnico e orientação sexual. Como defende Paniagua (1999), o modelo hegemónico de masculinidade tem sido crescentemente minado, especialmente pelo novo papel público assumido pelas mulheres. Em particular com o surgimento de novas formas não sexistas de construir a identidade de género – com a valoração da paternidade e da expressão dos afectos, a procura da satisfação mútua na sexualidade, entre outras – constrói-se lentamente a base para definições menos deterministas da condição masculina.

Relações de poder

As referências que efectuei à construção e prática da masculinidade pretenderam contribuir para a compreensão de alguns dos comportamentos masculinos que observei junto de prostitutas; tentei com este exercício realçar explicações que não devem ser descuradas[57]. No entanto, quanto aos contributos que esta linha de análise pode fornecer para a defesa da argumentação da dominação masculina e submissão feminina nas relações entre prostitutas e seus clientes não encontrei sustentação empírica. Pelo contrário, ao observar estas relações

---

[56] Segundo os dados disponibilizados por Månsson (2005), a percentagem de homens que já compraram sexo alguma vez na vida varia de país para país, indicando um máximo de 39% em Espanha (Leridon *et al.*, 1998) e um mínimo de 7% na Grã-Bretanha (Wellings *et al.*, 1993), sendo de 16 a percentagem nos Estados Unidos da América (Michael *et al.*, 1994).

[57] Para um melhor conhecimento das razões que têm sido indicadas como estando subjacentes ao comportamento de compra de sexo, poderão ser consultados os trabalhos de Atchison, Fraser e Lowman (1998), Campbell (1998), Frank (2002, 2003), Høigård e Finstad (1992), Leonini, (2002), Lever e Dolnick (2000), Lowman e Atchison (2006), Månsson (2005), McCaghy (1985), McKeganey e Barnard (1996), Monto (2000), entre outros, e o de Sacramento (2005), efectuado em Portugal.

tornou-se evidente o poder das prostitutas sobre os clientes, sendo de salientar a dissonância que existe entre o papel que estas assumem e aquele que é habitualmente atribuído às mulheres.

No geral, as trabalhadoras do sexo, nas relações que mantêm com os homens que são seus clientes, não são passivas nem submissas, mas antes activas e dominadoras. Ao passarem de submissas a dominadoras, de passivas a activas, as prostitutas estão, em certa medida, a inverter os papéis de género. Quando as trabalhadoras do sexo solicitam na rua, desempenhando o que a gíria recorrentemente designa por *atacar* – aqui, até a expressão popular do *ataque* o denomina metaforicamente – e quando negoceiam com os potenciais clientes, as prostitutas são activas e controlam a situação. São capazes de provocar os homens, passando de presas a predadoras. Quando um homem se acerca duma prostituta para tentar negociar com ela é a altura em que a prostituta convida o cliente: *queres vir?*, assumindo um papel contrário àquele que é habitual numa mulher. Ela é actuante; ela caça, não é caçada.

Na realidade, foi o cliente que a escolheu entre várias mulheres disponíveis, mas quando pára junto dela, devolve-lhe a iniciativa. A partir daí, é ela que assume o papel dominante: faz o convite e dita as regras. O preço, as práticas, a utilização do preservativo e a imposição de regras de comportamento para evitar o abuso são ditadas pelas trabalhadoras do sexo. A propósito do poder das prostitutas para obrigarem os clientes a terem comportamentos considerados adequados, veja-se o seguinte exemplo que me parece bastante ilustrativo:

> [Conversei bastante com a Luísa sobre diversos assuntos, nomeadamente sobre] a necessidade de impor condições aos clientes para que estes não abusem. Contou que um dia foi para o quarto com três homens. O dinheiro dos três totalizava 100 euros e para pagarem o quarto apenas uma vez entraram todos juntos – embora as relações sexuais tenham sido a dois. Estava com medo que eles se portassem mal e então disse-lhes: "Atenção, vão os três mas cuidadinho. À mínima coisa não há foda para ninguém. Nada de fazer coisas que não estavam combinadas, nem meter a mão, nem risos, que eu desço logo". Tem que ser! Por acaso, portaram-se bem, se não vinha embora. Já tinha o dinheiro... (DC 01.06.2004)

Há uma clara percepção por parte desta mulher de que a sua conduta é determinante para evitar abusos, ou, em sentido mais lato, que a forma como o acto sexual comercial se desenrola depende das regras enunciadas na negociação prévia que efectua e do seu comportamento depois de acordado o passe. Esta mulher tem noção do seu poder na relação.

O poder do cliente existe até este escolher a mulher, depois o poder é da prostituta (Medeiros, 2000). O cliente faz um pedido ou a prostituta faz uma oferta, mas é ela quem acorda os termos finais (Pheterson, 1989). Segundo Medeiros (2000), a relação com os clientes tem um carácter desigual porque as prostitutas têm vantagens sobre eles, pois possuem saber sobre o sexo, sobre como manejar o cliente, sobre a sexualidade dos homens, sobre tudo o que agrada ou desagrada a um cliente, sobre as regras, sobre o tempo e sobre tudo o que envolve a prostituição.

Quando faz uma investida sexual, o homem habitualmente tem como resposta a fuga. Nestes casos, ocorre uma aproximação. Deste modo, ele tem a ilusão da surpresa porque não é assim que as mulheres costumam reagir-lhe. Mesmo sabendo que estas mulheres o fazem por motivos não sexuais, por momentos o homem acredita, ou finge acreditar, que esta mulher o deseja. Deseja-o duma forma activa, invertendo os papéis habituais nas relações de género e, quiçá, indo de encontro a uma fantasia masculina da mulher dominadora.

Embora o período de negociação se possa revestir de alguma aparência de domínio e exercício de poder para o cliente, na intimidade do quarto da pensão, baixam as guardas das obrigações masculinas e sobressaem as necessidades individuais, nomeadamente de afecto. Isto mesmo descreveu Sacramento (2005) no estudo que efectuou com clientes de clubes de prostituição: "Alguns comportamentos masculinos, nomeadamente os que têm lugar nas esferas mais íntimas da relação com as mulheres prostitutas, parecem destoar nitidamente dos códigos da masculinidade dominante" (p.31).

Como afirma Frank (2003), a partir das suas investigações em clubes de *strip tease*, muitos homens declararam que são as trabalhadoras do sexo quem tem a vantagem nas relações sexuais comerciais e poucos entendem as suas relações com elas como um exercício de poder pessoal ou um desejo de dominar[58]. Também os homens entrevistados por Plumridge, Chetwynd e Reed (1997) descrevem o encontro sexual como estando quase totalmente sob controlo da mulher, declarando que a única fase em que são omnipotentes é a da decisão de ter sexo.

Igualmente Ribeiro *et al.* (2005) constataram que no contexto de prostituição que investigaram, a prostituição de bordel, as mulheres detinham "um certo poder possivelmente mais significativo que o que detêm outras mulheres em circunstâncias alegadamente caracterizadas por uma maior democracia sexual em termos convencionais" (p. 45). Connell (1995) refere mesmo que poderão ser configuradas situações de *disempowerment* masculino. E Perkins (1991) defende que na prostituição a mulher tem mais poder nas relações

---

[58] Não esqueçamos, porém, a falácia destas boas intenções. Como refere Bourdieu (1999), a violência simbólica não age ao nível das intenções conscientes.

sexuais do que em qualquer outra circunstância que envolve a interacção entre sexos.

Parece-me, pois, que a maioria das prostitutas de rua tem um controlo significativo sobre o encontro erótico. Reconhecendo que as relações de poder que se estabelecem entre trabalhadores do sexo e seus clientes são complexas e dinâmicas, percebi que o poder se negoceia e reparte, mas que fica sobretudo do lado da mulher, pois é ela quem define as características e o preço do passe, as regras de comportamento no quarto, quem tem o poder de recusa, quem gere o tempo, quem pode impor ou prescindir do uso do preservativo, quem define se a relação tem uma componente não sexual, e todas as restantes questões relacionadas com a negociação e o passe.

Deste modo, o trabalho sexual representa uma actividade capacitante para certas mulheres. No entanto, para a esmagadora maioria das profissionais do sexo, esta característica confina-se ao seu trabalho, não podendo ser generalizada a todas as esferas da vida da mulher. A prostituição, para certas mulheres, poderá mesmo constituir a única dimensão pessoal na qual elas detêm poder nas relações que estabelecem com o sexo oposto. Ou seja, se no conjunto das interacções estabelecidas no âmbito da sua actividade prostitucional se verifica um poder acrescido relativamente à generalidade das relações homem-mulher, este não é necessariamente reproduzido nas outras relações que mantêm fora do domínio profissional. Apesar de as trabalhadoras do sexo deterem o poder e dominarem quase completamente as relações de género tidas no contexto do sexo comercial, já na sua vida privada, nas relações que estabelecem com familiares e companheiros masculinos, elas vivem frequentemente situações caracterizadas pela falta de poder e pela passividade.

Conclui-se, então, que nas relações sexuais comerciais, o poder, mesmo não sendo da exclusividade das trabalhadoras do sexo, é maioritariamente detido por estas. Nega-se a afirmação de que o trabalho sexual é inerentemente explorador da mulher, quer por clientes, quer por incitadores. Ainda mais, para muitas das mulheres que trabalham na prostituição esta pode ser a única situação em que detêm o poder numa relação de género.

Não se deve omitir que as trabalhadoras e os trabalhadores do sexo possuem diferentes graus de autonomia. Das que não têm liberdade (os casos mais extremos, embora minoritários, de entre os que estão associados ao tráfico e exploração sexual) até às que possuem total independência e controlo sobre as suas condições de vida e de trabalho, as experiências das trabalhadoras do sexo diferem substancialmente. De acordo com estas diferentes experiências, a extensão do exercício de poder sobre o seu processo de trabalho é variada, havendo alguns factores estruturais, tais como o estatuto legal da pessoa, as exigências e regras ditadas pelo empregador, o uso de drogas, o isolamento, a competição e organização do local de trabalho, que diminuem ou aumentam o poder e o controlo do trabalhador (Chapkis, 2000).

Às vezes, o poder é negociado, disputado entre prostitutas e clientes. Exemplifico com o caso em que uma prostituta que trabalha sempre na mesma pensão, e que não admite trabalhar noutro local, cedeu, excepcionalmente, ao pedido de um cliente, depois de acordar com este um preço muito superior. A excepção aberta a este homem de ir a um parque de estacionamento e não à pensão ocorreu porque ele pagou o dobro do habitual. Mas aconteceu porque a prostituta avaliou as vantagens económicas decorrentes desse desvio às suas regras. O poder foi, assim, partilhado por via da negociação. O cliente, tal como desejava, conseguiu ter relações sexuais dentro do seu carro num parque de estacionamento, mas para isso teve que pagar mais. A profissional do sexo conseguiu dinheiro adicional, mas para o obter teve que ceder quanto ao local de realização do passe. No entanto, a decisão final foi da mulher, não do cliente.

A recusa em atender certos clientes é das situações mais ilustrativas do poder que exercem nas relações prostitucionais. Durante a minha observação, tive as mais claras demonstrações de que as prostitutas rejeitam clientes por diversas razões. Este facto contraria o conceito presente em certas asserções de que as prostitutas não têm escolha relativamente aos clientes; ou que aceitam todos indiscriminadamente. É certo que as prostitutas pretendem ganhar o máximo de dinheiro com os serviços que prestam, mas isso não significa que aprovem todos os candidatos a clientes.

São as mulheres mais vulneráveis e dependentes aquelas que exercem menos escolha – como é o caso das idosas ou das toxicodependentes. É importante notar que a falta de escolha não é inerente à prostituição, mas pode dever-se à pobreza, à dependência de drogas, ao desespero, ao abuso, ao racismo, à inexperiência ou às más condições de trabalho (Pheterson, 1989).

Ao longo do meu trabalho assisti a recusas de concretização de passes com certos clientes por muitos motivos distintos: do mais fútil, como estarem a conversar comigo e não quererem interromper, até aos mais fundamentados, como no caso de clientes alcoolizados, por receio de recusa do preservativo, por recusa de proposta de preço abaixo do estipulado, por rejeição em efectuar a prática solicitada pelo cliente, por não gostarem de certas características do cliente ou ainda, no caso seguinte, por um motivo emocional:

> Um cliente da Rafaela, com quem ela não gosta de ir, estava na rua à sua espera. Ela comentou connosco que não queria ir com ele e que lhe ia dizer que estava com a menstruação. Mas não foi logo falar com ele, deixou-o à espera. (...)

A razão pela qual a Rafaela não quis ir com ele é porque ele a penetra, mas não consegue ejacular, por isso tem que retirar o pénis e masturbar-se. A Rafaela não gosta de assistir a isto, diz que a enoja. (DC 29.04.2005)

Nesta situação, o cliente não consegue atingir o orgasmo durante a penetração vaginal, mas obtem-no depois. Há casos em que o homem não ejacula ou mesmo não consegue obter uma erecção. Quando tal se verifica, cabe à prostituta estimulá-lo, mas se mesmo assim o homem não consegue atingir o clímax, pode ficar frustrado e pretender a devolução do dinheiro que pagou pelo passe. Tal, nunca acontece, o que denota, de novo, que é a trabalhadora do sexo a detentora do poder de definir e fazer cumprir as regras daquela relação sexual. Assim, perguntei isso mesmo à Rafaela:

Se havia clientes que não se conseguiam *vir* e como fazia nesse caso. Disse-me que são raros os que não conseguem mas, quando assim é, cobra na mesma, pois a culpa não é dela. Eles pagam para ter uma relação sexual e têm-na. (DC 15.04.2005)

A prostituta negoceia uma determinada prática (ou práticas), mas o cliente não negoceia o prazer. A prostituta consegue o que quer do cliente (dinheiro vivo), o cliente obtém da prostituta a realização de certos actos de estimulação sexual, mas não a garantia de obtenção de prazer. Quando tal não acontece, não há lugar a reclamações, pois a prostituta prestou o seu serviço, como foi contratado. Alguns clientes, contudo, tentam ser ressarcidos, competindo à prostituta determinar que não.

Esta análise do poder nas relações sexuais comerciais que realizei situa-se ao nível micro, o nível das relações entre trabalhadores do sexo e seus clientes a partir duma visão de *dentro*. Contudo, se efectuasse uma abordagem macro, teria que ter em conta outras variáveis, tais como as desigualdades estruturais entre homens e mulheres e as crenças e expectativas culturais e individuais sobre o género. É claro para mim que muitas das trabalhadoras do sexo com quem fiz o meu trabalho estão em situações de desvantagem económica, social e política. Com base nos meus dados empíricos, pretendi tão-só desmontar a imagem construída e veiculada, tanto por alguma ciência, como pela comunicação social e outros especialistas, da ausência de poder das pessoas que se prostituem no encontro sexual com os seus clientes.

As características dos homens que procuram prostitutas e prostitutos de rua

Estando na rua atenta ao movimento de homens clientes do sexo pago, facilmente constatei certas características. Embora se verifique a procura de sexo pago por homens de todas as idades, a maioria deles aparenta situar-se entre os 25 e os 40 anos. Quase todos estes homens se deslocam sozinhos, apesar de alguns surgirem em pares ou grupos. Também se infere que pertencem a diferentes condições económicas ou níveis socio-económicos ao observar a grande diversidade de marcas, cilindrada, categoria e estado de conservação dos veículos em que se deslocam.

A partir dos mini-inquéritos a clientes que utilizei e salientando novamente as limitações metodológicas que já enunciei, obtive, mesmo assim, características socio-demográficas diversificadas. As idades presumidas pelos trabalhadores do sexo encontram-se distribuídas por todas as faixas etárias, tendo-se constatado uma menor prevalência dos homens com menos de 26 e mais de 55 anos, sendo a média das idades de 36,82 anos (D.P. = 11,77). As profissões são muito diversificadas: estudantes, secretários, caixas, técnicos de informática, operários fabris, empresários e desempregados, entre outras. Quase metade dos homens, 47,52%, é casada.

Os clientes são de diversos tipos e comportam-se de forma desigual consoante as características da profissional do sexo, a zona da cidade e a hora do dia. Por exemplo, na zona do campo de jogos, durante o dia, os clientes são mais do tipo habitual; já na Rua do Minho, são particularmente clientes ocasionais, homens que vêm à cidade com um determinado propósito, em geral profissional, e aproveitam para ir procurar prostitutas. As trabalhadoras do sexo mais velhas são mais procuradas por homens com idade mais elevada. E aquelas que estão mais degradadas fisicamente são sobretudo pretendidas por homens condicentes com o seu aspecto. Os transexuais/travestis têm a sua procura centralizada na madrugada e, na generalidade, parecem ter clientes mais diferenciados e mais novos – isto mesmo foi confirmado pelos dados obtidos com as fichas de clientes. De noite, os homens são mais explícitos quando abordam as(os) profissionais, talvez porque a penumbra os oculta mais do que a luz do dia – "a interacção com os clientes é mais rica à noite; à tarde eles tentam disfarçar, fazem, por exemplo, o convite com um piscar de olhos, ou apenas movendo a cabeça como quem diz *vamos*" (DC 23.03.2005).

A percepção das mulheres sobre os clientes e sobre a forma como estes as abordam leva-as a dicotomizar as atitudes dos homens que as procuram, a partir das suas características individuais, sejam negativas, sejam positivas. Assim, simplificam, opondo aos brutos e indelicados os que são meigos e bem-educados.

A Raquel começou logo a falar sobre os clientes e a conversa que eles têm com as mulheres:
– A doutora vai ver com os seus olhos e ouvir com os seus ouvidos o que eles dizem, mas vai ver que é mais ou menos como lhe disse. A conversa é sempre a mesma. São

quase todos muito estúpidos. Brutos a falarem com as mulheres. Quer dizer, nem todos, há alguns que são educados.
– [Joana] Há alguns que são meiguinhos. Alguns até perguntam se está a magoar quando estão a enfiar. (DC 23.03.2005)

Pude também eu perceber estas diferenças nas interacções. Há, pois, homens que são grosseiros na interacção com as prostitutas de rua, ao passo que outros são amáveis, proporcionando um relacionamento amistoso e cordial com elas.

Mesmo sabendo que esta classificação cria dois tipos que reduzem as características da diversidade de indivíduos e interacções que mantêm com as trabalhadoras do sexo, parece-me que, pelo menos aos olhos da quem vende sexo na rua, eles distinguem o carácter da generalidade das interacções.

Olhar, perguntar, subir
As relações entre trabalhadoras do sexo e seus clientes podem ser analisadas tendo em conta outras características, tal como a diversidade comportamental dos homens quando, na rua, fazem uma aproximação aos territórios da prostituição e às prostitutas.

Na Rua do Minho, depois do jogo de futebol ter acabado, elas começaram a ter muitos clientes. Todas, incluindo as nigerianas, entravam e saíam do quarto com frequência. Homens de todas as idades e dos mais variados aspectos passavam, perguntavam o preço e subiam com elas.
Havia também muitos carros que passavam com grupos de três, quatro ou cinco rapazes. Esses apenas queriam brincar – elas sabem disso, portanto, já não os levam a sério: quando as abordam, elas nem saem do lugar em que estão.
Há muitos que apenas olham ou só perguntam quanto é aparentemente sem outra finalidade, mas, apesar disso, dizem que é caro, como que a justificar a desistência, e vão-se embora. Outros fazem o mesmo, mas parece que esperavam mesmo que fosse mais barato, pois quando vão embora demonstrem lamentar não ter dinheiro. Ainda outros antes de desaparecerem dão uma explicação. Dizem que vão estacionar o carro ou que vão levantar dinheiro. A Ana contou-me como isso a irrita por ser uma mentira desnecessária – eles não têm nada que se justificar, não precisam de mentir, podem limitar-se a ir embora sem mais. (DC 09.04.2005)

Este excerto do diário de campo é rico por descrever os vários comportamentos dos clientes na abordagem às mulheres: (a) Há os que apenas olham e não se dirigem a nenhuma mulher ou ao conjunto delas; (b) Aqueles que olham e perguntam, mas não compram o serviço, limitando-se uns a abandonar o local e outros a fazerem-no dando uma explicação para o facto. Aqui incluem-se ainda, tal como surge na citação, as abordagens de grupos, na medida em que interagem mas não chegam a concretizar o negócio; (c) E há ainda os clientes que passam, olham, perguntam o preço e, eventualmente as actividades incluídas, e sobem para concretizar a relação sexual.

Nos dois primeiros casos, dos homens que frequentam as zonas de prostituição sem chegarem a comprar serviços sexuais às trabalhadoras do sexo, mulheres ou transgéneros, chamo clientes não-clientes, isto é, homens que se comportam como clientes até à altura de concretizar o negócio, ocasião em que se abstêm de o fazer. Denominei-os de *clientes não-clientes* por oposição aos clientes de facto.

Os clientes não-clientes são hipotéticos clientes que não chegam a sê-lo; são protoclientes. Comportam-se como clientes mas não compram o serviço sexual: passam e olham ou passam, olham, param e interagem fazendo perguntas sobre preço e serviços praticados, mas vão embora.

Entre os que apenas olham, há os que o fazem uma vez e vão embora, sem dizerem nem fazerem mais nada.

> Houve um que parou, olhou para nós e andou. Não perguntou nada; não lhe foi dita palavra. Perguntei à Mónica o que se tinha passado, pensei que podia ter-me escapado algo:
> – O que é que você quer, são malucos. Alguns são sim. Param e andam sem dizer nada. (DC 11.02.2005)

Outros passam repetidamente por um ou vários locais onde se encontram trabalhadores do sexo – podendo este exercício ter uma duração prolongada de horas –, acabando por retirarem-se sem chegar a interagir verbalmente com nenhum deles. Ainda outros, ficam parados a olhar durante um tempo abundante. Muitos deles são habituais nisto e fazem-no em várias zonas da cidade – as prostitutas já os conhecem por esta característica, algumas até decoram as matrículas dos seus veículos se estes se deslocam em viaturas.

Posso levantar duas hipóteses explicativas para o comportamento destes homens. Quanto à primeira, talvez gostassem de comprar os serviços dos profissionais do sexo, mas tenham alguma barreira, que pode ser moral, dificuldades pessoais de relacionamento com o sexo oposto ou ausência de capacidade financeira para pagar por sexo. A outra hipótese é a de renunciam porque não conseguiram encontrar nenhuma mulher do seu agrado.

As hesitações e desistências são evidentes. Alguns clientes param e demoram-se em frente às montras dos estabelecimentos comerciais adjacentes aos locais onde se encontram as prostitutas, mesmo que o interesse pelos artigos expostos seja aparentemente diminuto. Assisti numerosas vezes a este comportamento dos clientes, independentemente do tipo de estabelecimento comercial, o que me leva a interpretar no sentido de uma tentativa de dissimulação do seu comportamento de procura de prostitutas, enquanto hesitam relativamente à passagem ao acto. Uma outra hipótese é a de que se tratará de indivíduos que, movidos pelo desejo de comprar um serviço sexual, mas tolhidos por alguma timidez, ganham tempo e coragem enquanto exibem um foco de interesse diferente, mas mantendo-se geograficamente próximos do seu alvo primeiro. Alguns destes homens acabam por abordar as prostitutas, mas outros abandonam o local sem o fazerem.

> Um indivíduo com cerca de 50 anos, vindo numa motorizada, parou em frente a nós. Desmontou, tirou o capacete, penteou-se enquanto se olhava no espelho do veículo e guardou o capacete. Tudo com muita calma. Depois atravessou a rua na nossa direcção e ficou, *colado* a nós, a olhar para a montra, após o que voltou para a motorizada e arrancou. Tudo no seu comportamento denotava que vinha às *meninas*... mas, afinal, desistiu. (DC 05.05.2005)

A hipótese de timidez parece-me ter alguma consistência, pois ao longo da permanência na rua fui observando como tantos homens clientes potenciais aparentam grande indecisão face à concretização da relação sexual paga. Passam várias vezes, apenas olhando, acabam por parar e perguntar o preço e mais uma outra informação e só mais tarde se decidem a concretizar o negócio – nalguns casos, depois de alcoolizados, o que reforça esta ideia, sendo o álcool considerado um desinibidor de comportamento.

Apesar de elas serem prostitutas e, logo, estarem disponíveis, alguns dos homens clientes não conseguem abordá-las como desejam. Ou seja, apesar da aproximação a estas mulheres estar facilitada pela sua disponibilidade para o relacionamento sexual, para alguns homens ela é embaraçosa. Imaginemos, então, quão difícil, se não mesmo impossível, será para estes homens iniciar e manter uma relação com não prostitutas.

Ricardo, um dos clientes com quem falei, contou-me que é uma pessoa tímida e não consegue iniciar relações com outras pessoas, homens ou mulheres. Mesmo com prostitutas, antes de se ter fidelizado com uma, a única profissional a quem recorre, não conseguia logo ir ter com elas e negociar, rondava várias mulheres até que elas tomassem a iniciativa de o abordar, só dessa forma conseguia concretizar com elas o negócio. Mesmo assim, ficava atrapalhado e nem sempre ia, apesar de o desejar.

Ir às *putas* também tem uma dimensão de pudor. Alguns indivíduos são inseguros e mostram constrangimentos. É possível encontrar dois tipos de homens:

os ousados e os retraídos. Os primeiros são expansivos, interagem com à vontade, escolhem a mulher que desejam, perguntam preços e actividades e concretizam de seguida o negócio; os segundos são envergonhados, comportam-se de forma discreta e, frequentemente, rondam várias vezes a mulher que escolheram até interagirem com ela. Nesta altura, negoceiam com toda a discrição e entram com a mulher na pensão.[59]

Outra explicação para o comportamento dos homens que rondam, mas não compram os serviços sexuais, é a de que estes não pretendem comprar os serviços de uma trabalhadora do sexo, mas tão-só observá-la. Adquirindo assim este acto um valor sexual: talvez estes homens sejam *voyeurs* a quem basta, isso mesmo, olhar, atingindo, dessa forma, o prazer sexual que desejam. Isto é, excitam-se ao vê-las e isso é-lhes suficiente.

Neste sentido, as prostitutas e prostitutos defendem que muitos destes clientes não-clientes se masturbam enquanto os observam.

> Um indivíduo, numa carrinha, esteve parado ao pé de nós cerca de meia hora. Sem mais: não falou, não saiu do carro, nada. Parou um pouco à nossa frente, do mesmo lado da rua e olhava-nos pelos espelhos retrovisores. Primeiro esteve com o motor ligado, depois desligou-o e voltou a ligá-lo antes de ir. Estávamos todas a ficar irritadas com aquele comportamento. A Rafaela dizia que ele devia *estar a esgalhá-lo*[60].
> (DC 20.04.2005)

Mas se há casos em que os homens renunciam sem chegarem a falar com as prostitutas, outros acabam por negociar. Para isso, eles utilizam estratégias de abordagem diferenciadas: uns param mesmo em frente e outros a alguns metros de distância; uns dirigem-se e dizem directamente o que desejam e outros esperam que seja a mulher ou o transgénero a perguntar-lhes se pretendem *ir* com ela; uns vêm a pé, ou estacionam o carro por perto e depois dirigem-se a pé às prostitutas, e outros fazem a abordagem de carro. Vejamos estes exemplos neste excerto do diário de campo:

> Hoje, como sempre, houve muitos carros com homens que pararam. Uns mais tímidos, outros mais ousados. Uns paravam mesmo em frente a nós e perguntavam

---

[59] Era quando me abordavam, pensando que eu era uma prostituta, que ousados e retraídos se aproximavam. A grande maioria dos homens nesta situação, quando ficava a saber que eu não me prostituía, ficava embaraçada, desculpava-se de forma veemente e retirava-se. Talvez porque achem que o seu comportamento sexualmente explícito e predador só se justifique perante uma mulher que representa a disponibilidade sexual e seja inadmissível perante uma mulher das *outras*, que era o que eu lhes afigurava.

[60] Expressão do calão que se refere à masturbação masculina.

directamente o que pretendiam, outros detinham-se um pouco mais à frente ou imediatamente antes esperando que uma mulher se dirigisse a eles para iniciarem a conversa. Geralmente vêm sós, mas às vezes são acompanhados por outros, mais um, dois ou três homens.

Alguns vêm também a pé ou, se vierem de carro, estacionam mais à frente e dirigem-se a pé. Os veículos são muito diversificados em marca, cilindrada e categoria. Há Mercedes e Opel Corsa, Audi e Fiat Uno, carros novos e carros com mais de 20 anos, ligeiros de passageiros, ligeiros de mercadorias, todo-o-terreno, motas e motorizadas.

Um carro de gama média, com dois indivíduos saloios com cerca de 35 anos, pára mesmo em frente a nós. Dirige-se à Mónica e o diálogo é este:
– Ó boneca, quanto levas?
– 25.
– E se for os dois?
– É 50.
– Não há desconto?
– Os descontos acabaram.
– Então... adeus.

O carro arranca, ela olha para mim e encolhe os ombros, como quem já sabia previamente que ia perder o seu tempo.

Estava parado, atrás deste, outro carro que esperou que o lugar em frente a nós ficasse vago. As filas de carros de perguntar preços... Cheguei a ver três carros seguidos, em fila, à espera para perguntar preços a uma mulher. Como se soubessem que os da frente também queriam apenas perguntar, daí esperarem. De facto, este perguntar parece ser um passatempo de muitos homens. De tal forma, que elas chegam a conhecê-los apenas por isso. Já sabem que determinados homens apenas perguntam e nunca compram o serviço. (DC 10.02.2005)

Parece, então, que a interacção entre os homens e os trabalhadores do sexo não se limita a chegar lá, perguntar o preço e *subir*.

Para os que se delongam em acções antes da concretização, talvez estas constituam um preâmbulo da relação sexual. Também nestes casos, os homens podem obter alguma gratificação sexual pelo facto de observarem as trabalhadoras do sexo demoradamente, o que funciona, então, como um preliminar da relação sexual. E, ainda, isto indica que o acto de procura de sexo pago não se caracteriza pela linearidade que aparenta.

Atente-se ao que descrevi e reflecti no diário de campo, a 30 de Setembro de 2003, nas incursões iniciais no terreno:

A rua está como sempre, neste início de Outono frio e chuvoso. Os carros passam, abrandam e, por vezes, param. Homens, rapazes, sós ou em grupo percorrem as ruas à procura de algo. Talvez duma mulher-sexo ou, tão-só, de uma companhia. Muitos param e conversam demoradamente, como se o seu objectivo fosse apenas esse. Parece-me que, se quisessem apenas saber o preço e serviços para poderem negociar, talvez o diálogo fosse bastante mais rápido. Será que há homens que passam a noite nestes pequenos diálogos? Que percorrem as diferentes ruas, conversam com diferentes *putas* e que depois vão para casa? (DC 30.09.2003)

Na altura, ainda não sabia responder àquelas questões, mas, posteriormente, percebi que as respostas eram afirmativas: há homens que passam a noite nestes diálogos com prostitutas e depois vão para casa. E esta interpelação de *clientes* que são apenas putativos é constante. O prolongamento destas interacções sem consequência de negócio, deve-se em parte ao comportamento das mulheres, pois estas, apesar de os reconhecerem como incertos, esforçam-se por tratá-los como potenciais clientes, respondendo-lhes e exibindo simpatia.

Os homens que passam para ver, fazer perguntas e conseguir um pouco de conversa com as prostitutas, são como os clientes dos bares de prostituição que aí se deslocam apenas para beber um copo e ver as mulheres que estão presentes, sem comprar um serviço sexual. Como refere Allison (1993 *cit in* Frank, 2003), quando um homem deseja sentir-se bem com ele mesmo enquanto homem, uma conversa sobre sexo é mais efectiva do que o sexo como acto de penetração e alívio. Especialmente, continua Allison, se for uma conversa sobre sexo com uma mulher bonita que parece estar genuinamente interessada nele, isto pode estimular o ego dum homem e restaurar a sua segurança e masculinidade.

Estes clientes não-clientes que iniciam com as trabalhadoras do sexo uma interacção verbal, obtêm, segundo dizem algumas trabalhadoras do sexo, mulheres ou transgéneros, excitação sexual com as pequenas conversas que têm com elas, nomeadamente pelo facto destas conversas terem conteúdo sexual. Tal como no caso daqueles que apenas observam, os homens que negoceiam sem concretizar o passe parecem fazê-lo porque isso chega para se sentiram sexualmente satisfeitos. Excitam-se com as conversas de cariz sexual que têm com os trabalhadores do sexo e não pretendem destes mais do que isso. É uma pretensa negociação desonesta. Não sendo clientes pagantes, usufruem dos *serviços* das prostitutas e prostitutos. Alguns destes trabalhadores, dizem mesmo que muitas vezes estes homens se masturbam enquanto conversam. Eles usufruem mas não pagam, o que faz deles clientes sem serem clientes.

Contudo, admite-se que estes clientes não-clientes também possam ter como motivação a procura de companhia feminina; quer dizer, estes homens utilizam a disponibilidade das profissionais do sexo para manterem conversas breves pela vontade de convívio com pessoas do género feminino. A pretexto de quererem saber os preços e as práticas que elas desempenham, encenam uma negociação sem propósito de compra. Deste modo, conseguem manter-se alguns minutos em diálogo com uma mulher ou transgénero que está disponível para esse mesmo diálogo, o tempo suficiente para preencher algum tempo – pelo menos, enquanto a prostituta não perceber que se trata apenas de uma encenação ou enquanto não se aborrece com ela. De mulher em mulher e de rua em rua, o homem pode conseguir passar algumas horas de uma noite. Estes homens conseguem, sem desembolsar dinheiro, usufruir dos serviços das trabalhadoras do sexo na sua vertente emocional.

Sempre foi habitual que os homens saíssem para a rua à noite. A rua é uma categoria simbólica marcadora da masculinidade e a noite um tempo que é propriedade dos homens[61] (Almeida, 2000). Seja quando vão para os cafés ou bares conversar com outros homens, jogar às cartas, beber ou ver um jogo de futebol, seja quando vão à procura de mulheres para as casas de alterne, para as boîtes ou para as ruas. Desse modo, conversar com prostitutas pode bastar para cumprir alguns dos propósitos masculinos. Para quem não quer o sexo físico, despender o tempo nestes pequenos diálogos pode ser uma forma compensadora de passar a noite.

Sobre os homens que interagem com as prostitutas que estão disponíveis na rua, mas não são clientes destas, termino com a descrição duma situação que me envolveu. No início da fase intensiva do meu trabalho de terreno, eu estava com um grupo de prostitutas numa rua quando passou um indivíduo conhecido destas, mas não seu cliente. Este homem pensou que eu era uma profissional do sexo nova na zona e dirigiu-se à prostituta mais velha elogiando-me. Esta disse-lhe que eu não era prostituta, mas que gostaria de o entrevistar (foi mesmo assim, sem cuidados nem rodeios que ela o fez).

O homem aceitou falar comigo, mas continuava a pensar que eu era prostituta e disfarçava tal facto. Quando lhe expliquei o que estava a fazer na rua, ele aproveitou para desabafar longamente sobre os seus problemas familiares. Depois, pediu-me desculpa pela confusão que tinha feito, felicitou-me pelo meu trabalho e disse-me que caso eu, de facto, trabalhasse ali, seria sua intenção convidar-me para jantar com o propósito de me censurar pela hipotética actividade de prostituição, pois, segundo ele, não era correcto que eu o fizesse. Ou seja, o homem que queria fazer um negócio sexual com uma rapariga que encontrou numa zona de prostituição, estava preocupado com a conduta moral dela e chamava a si a tarefa da condenação e tentativa de correcção de tal comportamento.

---

[61] De novo, as trabalhadoras do sexo, e muito particularmente as prostitutas de rua, surgem a contrariar distinções com base no género.

Este sentimento de superioridade moral sobre a mulher prostituta, radica na percepção desta como caracterizada por um uma dupla condição de inferioridade: é mulher e é prostituta. Também evidencia o desejo de contribuir para a remissão da mulher detentora duma condição negativa, através da utilização duma grelha de leitura desadequada que toma as prostitutas quer como seres com má conduta, quer como sujeitos passivos na expectativa de serem ajudados.

Apesar destas supostas intenções humanistas, o senhor manteve a insinuação do convite para jantar e o tratamento na primeira pessoa, o que é habitual entre clientes e prostitutas, mas, em Portugal, não seria expectável relativamente a alguém que não se conhece, não é do seu meio e é licenciada. O que parece indicar que o homem, apesar de deter a informação de que eu não era prostituta, considerou que, pelo facto de estar junto delas, podia ser tomada como uma delas. Ao reiterar o convite para uma refeição a dois, ele manteve o comportamento de *engate* pela suspeição de possibilidade de *má* conduta da minha parte. Como se houvesse uma espécie de contaminação da suposta imoralidade das mulheres que se prostituem.

Eis, o trecho de diário de terreno onde dei conta deste acontecimento:

Quando estava apenas com a Inês, passou um indivíduo num todo-o-terreno de caixa aberta, que olhou para mim, abrandou e arrancou, tendo parado mais à frente numa loja. Passado algum tempo, voltou a passar. Parou em frente à Inês e disse-lhe:
– Oh que coisa linda! Tu hoje tens aqui material novo.
– [Inês] Tenho mas não é para o teu bico. Nem para o teu nem para o de ninguém, mas se lhe quiseres dar uma entrevista ela aceita.
Ele arrancou. Eu espantei-me com o que ela lhe disse e comentei que ela assim estava a mandar embora potenciais clientes, tal como aproveitei para lhe explicar que apreciava muito o seu esforço para me por em contacto com clientes mas que achava que isso tinha que ser feito doutra forma, com tacto. Respondeu-me ela que tinha falado daquela maneira por saber que ele não vai com nenhuma delas, é cliente duma loja de material de construção civil que existe na rua, passa lá com frequência, cumprimenta-as, diz umas piadas mas não é cliente.
Passado pouco tempo, ele voltou a passar, tornou a abrandar e parou de novo. A Regina, que entretanto tinha chegado com a Carla, dirigiu-se a ele dizendo:
– Dá aí uma moedinha para irmos tomar café.
Ele deu-lhe cinco euros e disse:
– Isto é para vocês as três irem tomar café, mas aqui a jornalista que vá ali ter comigo à Praça da Figueira para eu falar com ela.
Nessa altura, eu aproximei-me do carro e disse-lhe que não era jornalista e antes que pudesse explicar-lhe o que estava ali a fazer, ele disse-me:

– Eu bem sei que não és jornalista. Anda ter comigo ali à Figueira que eu vou dar a volta com o carro.

Fiquei insegura e hesitante. Auscultei a Inês e ela disse-me para eu ir descansada ver o que é que ele queria. Fui com medo e com cautela, nomeadamente não entrando no carro (vim depois a saber que ele não falou comigo na R. de Cabo Verde para eliminar a possibilidade de ser visto pelos funcionários da tal loja a negociar com uma *puta* – digo eu).

Dirigi-me à Praça da Figueira, situada muito próximo. Quando o carro chegou, enquanto fazia um sorriso de orelha a orelha e segurava, em pose, o cachimbo, perguntou-me: "Tu trabalhas aqui, não trabalhas?" Eu esclareci-o, ao que ele replicou: "Ah!... Eu vi logo que tu eras uma coisa muito fina para estar aqui. É que se estivesses a trabalhar aqui eu ia convidar-te para jantar", e começou a desfiar os seus problemas. Contou-me que se estava a divorciar, que a mulher o tinha traído, que era engenheiro de formação e comerciante de profissão, etc, etc. Pediu-me muitas desculpas pela confusão que fez e disse-me que se eu, por acaso, estivesse ali a trabalhar, me convidava para jantar com ele, e ia levar um grande sermão ("Ah, ias levar tantas..."), porque aquilo não era sítio para mim. Depois, de súbito perguntou-me: "Tu és psicóloga, não és? Eu vi logo." Não sei como é que ele viu mas parece que acertou. Só se foi porque nos 20 minutos de monólogo eu tive que o ouvir contar um pouco da sua vida... No fim, agradeceu a conversa. Tornou a pedir desculpas e deu-me os parabéns "duplamente: pela coragem de estares a fazer este trabalho e por quereres ajudá-las" – em nenhuma altura eu disse que estava ali para ajudar alguém. É o estereótipo da vítima que está à espera de ser ajudada por uma alma boa... Que no fundo era o que ele queria fazer comigo com o jantar e o sermão... (DC 26.01.2005)

Este duplo padrão moral, de quem, por um lado, quer usufruir dos serviços das prostitutas e, por outro, as condena pelo seu trabalho, ao achar que elas não deviam ter aquela *vida*, observei-o mais do que uma vez. Noutras ocasiões em que a curiosidade dos clientes a meu respeito se agudizou e eles acabaram por obter a informação de que eu não era prostituta mas psicóloga, pude comparar as suas boas intenções relativamente àquelas mulheres consideradas perdidas com a sua vontade de ter sexo com elas.

Um rapaz novo, que estava com um amigo com quem eu conversei – ele insistia em mim até que a Rafaela lhe disse que eu era psicóloga –, acabou a dizer-me que eu tirasse aquelas mulheres da vida porque aquilo não interessava a ninguém. Apesar deste moralismo, antes de saber que eu não era prostituta, insistiu bastante e chegou a dizer-me que era uma pena que eu não fizesse aquele trabalho porque com o rosto que tinha, faria bom dinheiro. (DC 29.07.2005)

Os clientes

Finalmente, os que concretizam essa vontade de ter sexo com uma prostituta, os que são clientes de facto. Neste grupo, distingo entre os casuais e os habituais.

Os clientes casuais são clientes de uma só vez. Passam na rua, olham para as diversas mulheres, escolhem uma, negoceiam, sobem ao quarto e têm uma relação rápida. Não voltam a aparecer – o que não quer dizer que não voltem a negociar sexo, mas não o fazem com aquela profissional.

O tempo que demora a relação sexual destes clientes é muito curto. No entanto, este acto de sexo pago não se pode contabilizar usando apenas os minutos que se desenrolam no quarto da pensão. Para muitos dos clientes da prostituição, o acto de consumir sexo comercial inicia-se muito antes da relação sexual propriamente dita. Este acto pode ter no período de negociação um jogo de preliminares importante, mas pode ter começado muito antes, numa ronda pelas ruas de prostituição para apreciar as mulheres que aí trabalham. Apesar da relação sexual com a prostituta ser encarada como central, parece que este comportamento de compra de sexo é mais complexo e inclui uma sucessão de antecedentes do acto sexual. Assim, o acto de percorrerem várias ruas apreciando as prostitutas, os diversos diálogos que têm com elas e a própria negociação fazem já parte do *acto sexual* e justificam a pouca expressividade temporal das actividades que têm lugar dentro do quarto da pensão.

O acto de procura de trabalhadoras do sexo inicia-se muito antes, quando ainda em casa ou no emprego o homem começa a formular a intenção de ir procurar uma profissional (Frank, 2002; Welzer-Lang, Barbosa & Mathieu, 1994). A aventura do cliente começa longe da prostituição, quer dizer, com ele mesmo, com as suas fantasias (Medeiros, 2000). O mesmo dado obtiveram Plumridge, Chetwynd e Reed (1997) através da descrição do encontro sexual feita por clientes: estes incluem no encontro a decisão de ter sexo e a negociação do serviço, ambos realizados antes do desempenho sexual. Ser um cliente é, pois, com algumas excepções, muito mais do que pagar algum dinheiro por um alívio sexual rápido (Høigård & Finstad, 1992).

Quanto ao significado que a relação tem para os clientes ocasionais, ela reveste-se dum conteúdo erótico-sexual. Para a prostituta, a relação é meramente instrumental, desprovida de qualquer forma de afecto, embora possa haver um simulacro disso como parte do serviço fornecido (Oliveira, 2004a). O cliente pode ficar-se pelo sexo *tout court* ou tentar partilhar afecto ainda que momentaneamente. Eles podem demonstrar interesse por elas apesar da sua indiferença. Antes e depois do acto sexual, tentam conversar fazendo perguntas sobre a sua vida, tal como o estatuto marital, a existência de filhos ou o sentimento relativo à prostituição. As que trabalham ou já trabalharam em casas e que são estrangeiras contam da preocupação de certos clientes em saber se elas estão a exercer a actividade livremente ou se são coagidas, devido às notícias existentes sobre tráfico e exploração sexual de mulheres migrantes que exercem prostituição contra a sua vontade. Parece que, entre os clientes ocasionais, há os que pretendem apenas a descarga física e aqueles que desejam dotar a relação fugaz de um cariz mais afectivo, enriquecendo-a com características mais próximas de uma relação não comercial. Assim, a satisfação não é apenas sexual, mas também emocional.

Como clientes habituais entendo aqueles que procuram recorrentemente os serviços sexuais de um trabalhador do sexo – note-se que um homem pode ser cliente habitual de várias mulheres ou transexuais. Neste caso, como já descrevi atrás, as interacções que se desenrolam na rua são mínimas, não sendo necessário haver um diálogo de negociação prévia. Eles sabem que serviços são prestados e a que preços. Elas sabem que se os vêem na rua é porque estão a procurá-las. Em alguns casos, a periodicidade permite mesmo que elas saibam o dia da semana, a hora ou a ocasião em que eles as procuram.

> A Mónica recebeu hoje um cliente habitual. É um senhor com aparência de 65anos[62], ou talvez mais, que ela diz que lhe é fiel:
> – O meu homem não sei se me é fiel mas este senhor eu sei que é.
> Disse isto bem alto em frente a ele. O senhor manteve-se calado mas sorridente. Este cliente procura a Mónica sempre que há um jogo do FCP. O homem, que a Clara diz que "é um senhor muito fixe, é educado e simpático", chegou numa altura em que a Mónica estava ocupada, e aquela disse-lhe para entrar enquanto esperava por ela. Ele foi para o fundo do corredor, ao pé da recepção e esperou, paciente, com as mãos nos bolsos. (DC 13.02.2005)

É muito frequente que estes clientes habituais paguem um preço superior ao estipulado, seja por sua iniciativa, seja por solicitação ou chantagem da mulher. Há, assim, um apoio económico adicional para além do preço habitual do passe. Este apoio pode ser pontual, para fazer face a uma despesa extra ou às dificuldades de um mês com menos clientes; ou pode ser regular traduzindo-se por um pagamento superior pela relação sexual.

> A rua estava sem movimento de clientes e elas continuavam a queixar-se. A Rafaela disse-me que este mês nem sequer tinha dinheiro para pagar a renda. O que lhe tinha valido foi um "amigo ontem me ter vindo entregar 80 contos. Não lhe menti, nem nada, disse-lhe que era para a renda." (DC 08.04.05)

---

[62] Pareceram-me ser tendencialmente os homens mais velhos os que têm maior propensão a estabelecer com as prostitutas relações duradouras.

Neste grupo de clientes, distingo três tipos de motivações na relação com a trabalhadora do sexo, sejam independentes ou em sobreposição: o sexo, a amizade e a paixão.

Quando a motivação predominante é o sexo, transformam-se em clientes habituais duma mulher porque ela os atrai fisicamente e se sentem sexualmente satisfeitos com ela. Por estas razões recorrem sempre à mesma profissional. A relação limita-se ao acto sexual e ao quarto da pensão. Embora procurem a mulher com frequência, a relação não passa de uma relação de âmbito sexual comercial, rápida e intensa. Apesar disto, como a relação com a trabalhadora do sexo perdura no tempo, acabam por reconhecer que se cria alguma afeição, mas sempre limitada ao momento comercial.

No caso de António, cliente da Mónica, estas características são evidentes no discurso que elabora em resposta às minhas perguntas:

– Sou um homem que tem muita necessidade de sexo e em casa com a minha mulher é só uma ou duas vezes por semana, ao fim de semana. Eu preciso de três ou quatro vezes por semana, é por isso que venho aqui. (...) Mas não pense que venho aqui, desculpe-me a expressão, só para descarregar os tomates... a Mónica despertou em mim qualquer coisa... olhei para ela e pensei 'esta miúda parece simpática'. Não vou com qualquer uma... só por ser prostituição, não é qualquer uma. A Mónica, achei que é especial. Não gosto só de ter sexo, só sexo, tem de haver uma atracção... a Mónica diz-me qualquer coisa. (...)
– [Alexandra] Quer dizer que apesar de pagar há uma certa afectividade ou intimidade?
– Não. Não é bem intimidade, é intimidade mas só aqui. Fora daqui não... se a encontrar na rua cumprimento-a normalmente, não tenho problema nenhum mas é só isso.

Já noutros casos, além da componente sexual, existe com a trabalhadora do sexo uma relação de amizade e afecto. As relações com estes clientes, clientes de há muito tempo, embora mantenham a sua característica de relação comercial, têm uma dimensão de amizade. São confidentes, conversam, sabem da vida um do outro, preocupam-se, trocam presentes nas ocasiões festivas, fazem visitas mútuas. Eles dizem que elas são amigas deles; elas também se consideram suas amigas. Há, então, um sentimento de amizade partilhado, confiança mútua e envolvimento emocional – aqui a intimidade já não será ilusória mas real. A diferença que pode existir entre clientes e trabalhadora do sexo é que aqueles podem tentar estender este significado à relação física, pensando assim que a mulher partilha do seu prazer sexual, o que, em regra, não acontece.

Diz o Silva, um dos clientes com quem falei, que procura sempre a mesma mulher por haver uma relação de amizade. Aliás, quando começamos a conversa e lhe perguntei porque recorria a prostitutas, ele disse-me:

– Eu não sou só cliente, sabe? Não sei se ela lhe disse...
– [Alexandra] Não, ela não me disse nada sobre si.
– Eu não sou cliente. Nós somos amigos. Venho uma vez por semana e não é só pelo sexo, gosto muito de conversar com ela.

A componente amizade é bastante enfatizada na relação por estes clientes a ponto de, em certos casos, a relação sexual poder ser secundarizada. Eles não deixam de ser clientes e elas profissionais; por isto mesmo é que recebem o dinheiro. E não são apenas amigos, são clientes-amigos.

A Raquel já não está na rua, mas mantém alguns dos seus clientes mais fiéis. São clientes antigos que são seus amigos. Hoje recebeu um "amiguinho" de há muitos anos. É um juiz do tribunal que vem sempre duas a três vezes por mês.
– Acredite que ele, às vezes, nem me toca!... Chega ao quarto e diz: 'senta aqui um bocadinho, vamos conversar'. E conversamos um bocado sobre várias coisas. Ele diz que gosta de estar comigo por amizade, que o sexo nem sempre interessa, mas paga-me na mesma. (DC 24.3.05)

Esta expressão *ele às vezes nem me toca* indica que o interesse central para certos clientes deixa de ser o sexo, nem que seja apenas em certos encontros ou em certos momentos desses encontros. E, a menção ao *conversar sobre várias coisas*, aponta para que a centralidade do diálogo seja sobre questões quotidianas da vida do cliente. É usual que as prostitutas refiram que os seus clientes habituais lhes confidenciem os seus problemas familiares e laborais e partilhem com elas acontecimentos importantes das suas vidas. Quando um cliente frequenta a mesma prostituta há muito tempo, na sua relação, tal como em todas as relações comerciais regulares e em particular nas que se caracterizam pela proximidade física, há lugar para interacções e discussões que não têm a ver unicamente com o sexo e a sexualidade. Desde questões íntimas, como a partilha do nascimento dum filho ou dos problemas conjugais, até assuntos mais triviais, como contar um passeio de fim-de-semana ou comentar um acontecimento mediatizado.

Há ainda os clientes que são apaixonados pela trabalhadora do sexo. Além do sexo e da amizade, existe amor do cliente pela mulher. Amor que ele gostaria de ver correspondido e concretizado. Se a prostituta estiver interessada em ter uma relação amorosa com o cliente, este passa a ter outro estatuto: namorado ou amante, deixando de haver pagamentos pelas relações sexuais.

Se ela não pretender um tipo de relação como essa, desincentiva-o e pode mesmo recusar ter relações sexuais com ele. Ou seja, a prostituta recusa prestar-lhe um serviço sexual por saber que o cliente tem sentimentos amorosos.

> A Martina diz que há alguns clientes que se apaixonam. Teve um apaixonado que lhe trouxe problemas, até com o marido. Não saía de lá, queria que ela fosse sair com ele, que lhe desse o número do telemóvel, estava sempre a querer ir com ela para o quarto, até que ela lhe jurou, pela filha, que nunca mais ia com ele e não voltou a ir. Ele, entretanto, deixou de a chatear. (DC 23.03.05)

Noutros casos, as prostitutas aproveitam este sentimento em seu favor, manipulando o cliente para obtenção de benefícios ou de rendimentos económicos. Assim, estas relações são desequilibradas, pendendo o poder para o lado da prostituta. Deste modo, algumas fazem um jogo mantendo os clientes na expectativa de poderem vir a relacionar-se com ele doutra forma, fingindo que estão apaixonadas e usufruindo de vantagens económicas. O homem atribui um significado amoroso a uma relação que a prostituta encara apenas como comercial e esta alimenta essa paixão para dela colher vantagens.

> A Rafaela tem um cliente, o Porfírio, que é apaixonado por ela. Sendo assim, ela aproveita este sentimento para usufruir de algumas ofertas, que vão além do preço que paga pela relação sexual. Para isto, ela faz um jogo de interesse dissimulado. Diz sempre que é casada e não o ilude quanto a poder ter outro tipo de relação, mas constrói algumas mentiras para conseguir que ele lhe dê mais dinheiro. Recentemente, disse a esse senhor que esteve grávida e que teve de fazer um aborto, pelo qual pagou 800 euros, tendo pedido o dinheiro emprestado. Assim, ele deu-lhe dinheiro para que ela pagasse a sua suposta dívida por ter feito um aborto. Além disto, Porfírio tem um supermercado e todas as semanas lhe oferece um saco com *despesa*. Para ela, ele é apenas um cliente a quem extrai dinheiro. Para ele, ela é sua amante. Por isso é que chega a fazer-lhe cenas de ciúmes na pensão quando a vê com outros clientes. (...)
> Às vezes, este homem telefona-lhe só para falar com ela por ter saudades. No fim do telefonema, diz que vai "bater uma punheta" a pensar nela, uma vez que não podem estar juntos. Ela, consentânea, diz-lhe que fará o mesmo quando for para a cama. (DC 22.02.2005)

> O Porfírio, que vem uma vez por semana à Rafaela, apareceu hoje. O homem deve gostar mesmo muito dela. Além de lhe trazer o cabaz e de lhe pagar bem, ainda lhe trouxe um ramo de rosas colhidas do seu quintal. A propósito deste cliente, disse-me ela:

– Viu o cónó do gajo? Este homem dá-me uns nervos, mas ajuda-me.
– [Alexandra] Como?
– Hoje, deu-me só 60 euros, mais a mercearia... estão aqui para aí uns cinco contos em mercearia... mas eu tenho que lhe bater uns coiros, se não ele não me ajuda... tem muito dinheiro, mas é um agarrado...
– Mas ele dá-lhe muito dinheiro, não é?
– Às vezes, dá-me aos 100 contos, uma vez deu-me 600 contos.
(DC 07.07.05)

A Rafaela tem pelo menos duas destas relações, homens que se julgam amantes dela. Eles não sabem da existência um do outro, mas sabem que ela é casada. Mesmo assim, mantêm a esperança de que um dia talvez deixe o marido para ficar com ele(s). Ela vai jogando com eles esse jogo, porque este lhe traz vantagens – ela consegue que eles lhe vão oferecendo bens ou dinheiro constantemente. Na prática, ela manipula-os para obter o dinheiro que necessita porque eles têm interesse amoroso e ela apenas económico.

Saliente-se, contudo, que nem todas as mulheres se comportam assim. Muitas distanciam-se desta conduta e criticam esse tipo de relacionamento que consideram fraudulento. E convém também não analisar estas relações de forma simplista. Mesmo que elas os manipulem, não quer dizer que não tenham por eles sentimentos positivos. O outro cliente da Rafaela com quem ela tem uma relação especial, o Miguel, um homem divorciado de 62 anos, é para ela um amigo. Das várias vezes que saí com ela e colegas para actividades de lazer, foi frequente ela ter convidado o Miguel para nos acompanhar, mostrando assim que gostava da sua companhia, mesmo em actividades e contextos exteriores ao do trabalho sexual.

Com estes clientes *especiais*, elas despendem mais tempo e eles, por sua vez, também precisam de maior duração para ficarem sexualmente satisfeitos. Da parte delas, a maior quantidade de tempo é uma cedência para manterem a aparência de relação romântica que lhes permite continuar a extrair benefícios da ligação que têm com o cliente e é justificada pelos ganhos extraordinários. No caso deles, a duração superior poderá prender-se com as maiores expectativas que são criadas quando investem afectivamente na relação com a mulher prostituta.

Pode existir também simulação de prazer. Ao fingirem obter satisfação sexual nestas relações, elas estão a ir ao encontro do que esperam os seus clientes, para quem é desejável que as mulheres obtenham gozo sexual, pois consideram que as relações que têm com as prostitutas não são meramente profissionais. Aos olhos dos clientes, a volúpia que pensam proporcionar confere à relação um significado diferente daquele que eles consideram existir com os restantes clientes. É este prazer, que elas fingem, que lhes prova e garante que a relação que mantêm com elas é especial.

Sendo uma relação diferente de todas as outras, está justificado que eles as brindem com pagamentos extras e, não raro, bastante avultados, quer a pedido das mulheres, quer por sua iniciativa espontânea. Na nossa sociedade, é aceite com normalidade por ambos os sexos que os homens, entendidos como detentores de poder económico, ajudem, financeira ou materialmente, as mulheres com quem mantêm relações sexuais e amorosas. É com isto que elas contam. Mesmo que tenham que ir longe no seu profissionalismo, fingindo que obtêm prazer nas relações sexuais com estes clientes.

Há, pois, diversos níveis de relações entre prostitutas e clientes. Desde a clássica relação sexual comercial rápida e única, desprovida de afecto, até às relações de amizade partilhada e de paixão não partilhada.

Em síntese, os homens que procuram trabalhadoras do sexo detêm todos os tipos de características e são homens *normais*, na medida em que a construção cultural da masculinidade os influencia a terem este tipo de comportamento. São homens que *visitam* as margens e o desvio, o que os obriga a efectuar um *alargamento* da norma, tornando-a menos definida, mas mais capaz de se adaptar às necessidades de realização individual. O seu comportamento sexual normativo ou não normativo obriga-os a tomarem as normas com flexibilidade.

Entre estes existem muitos não-clientes: homens que se limitam a observar ou a ter pequenos diálogos com as trabalhadoras do sexo, sem comprar os seus serviços, o que, mesmo assim, os parece deixar sexualmente satisfeitos. Entre os que são clientes de facto, distinguem-se os habituais dos ocasionais. As relações que estes estabelecem com as prostitutas são diversas, complexas e com distintas intensidades de afecto: há relações de clientes com prostitutas que se limitam à componente sexual, mas outras contêm elementos afectivos em diferentes graus. Seja qual for o tipo de relação, a trabalhadora do sexo desafia os estereótipos de género, sendo activa e detendo maioritariamente o poder. Embora este poder possa ter que ser negociado, é a prostituta quem define as características da relação e quais os seus limites, tendo o cliente que adaptar-se aos seus requisitos.

1.5. Entre prostitutas: amizade e concorrência

É habitual nos discursos das trabalhadoras do sexo a ideia de que entre as prostitutas não há relações de amizade. Ouvi frequentemente dizer, tanto a mulheres como a transgéneros, "aqui não tenho amigas, só conhecidas". Ou, como certa vez, me disse a Rafaela, para reiterar a inexistência de relações de amizade entre ela e as colegas: "Aqui não há amigas, se pudermos *fodemo-nos* umas às outras." (DC 23.02.2005). De facto, entre muitas delas existem relações que podem não ser pacíficas e se confinam ao trabalho.

No entanto, entre algumas mulheres sobressai mais a amizade do que a relação profissional. Numa grande parte do tempo que passam juntas e em numerosas actividades, predominam as interacções próprias de quem tem uma relação de amizade, tais como as confidências e o apoio em situações difíceis. As relações sexuais comerciais, mesmo que sejam muito frequentes para certas mulheres, são rápidas e, logo, ocupam pouco tempo do tempo que é passado na rua a angariar clientes. As longas horas que estão a licitar são, a par da estratégia comercial, preenchidas com interacções várias que são caracterizadoras e propiciam a construção de relações de amizade.

Também aqui, tal como no caso das relações entre homens, é pertinente falar em homossociabilidade, pois o facto de todas serem do sexo feminino, aproxima-as e ajuda à formação de cumplicidades. Isto acontece quase naturalmente quando as mulheres trabalham juntas há muitos anos ou verifica-se entre imigrantes pela partilha de vivências, características culturais e sentido de pertença a um grupo étnico ou nacionalidade. Num local frequentado por mulheres com características diversas, embora o ambiente geral e habitual possa ser de boa convivência, é claramente visível uma maior proximidade, entendimento e partilha entre as mais velhas e portuguesas, tal como intragrupos das estrangeiras de diferentes nacionalidades. Apesar disto, o seu discurso reitera com frequência a falta de confiança mútua, a concorrência desleal, as invejas e a desonestidade que existem entre elas.

Testemunhei diversas e intensas relações de amizade que, embora não generalizadas, se verificam. Mesmo na ausência destes laços mais fortes e duradouros, ocorrem entre prostitutas comportamentos de inter-ajuda e de solidariedade que são extremamente patentes quando elas são alvo de agressões ou quando se trata de implementar medidas de redução dos riscos de agressão, por exemplo. Como nota Redoutey (2005), quando as prostitutas fazem circular entre si as matrículas dos carros dos clientes considerados suspeitos, elas estão a mostrar que dão atenção umas às outras e a manifestar solidariedade. E não só: apesar de ser grande a concorrência entre as portuguesas e as estrangeiras e de intra-grupos as relações serem mais próximas, é possível mesmo assim, existirem manifestações de solidariedade entre mulheres de grupos e nacionalidades diferentes. Tal como observei quando, em vésperas de Natal, a Rafaela convidou uma nigeriana recém-chegada à rua para passar a consoada em sua casa.

Veja-se ainda o exemplo de empréstimo de dinheiro num caso de necessidade. A circunstância envolveu um abono na ordem das centenas de euros, numa situação desesperada causada pela execução de uma ordem judicial que envolvia a possibilidade de prisão. Este caso revelou a amizade existente, a partir da solidariedade entre elas e da cumplicidade masculina entre os seus companheiros – com um a emprestar o dinheiro e o outro a garantir (com a sua "palavra de homem") que lhe pagariam.

Esta acção implicou a quebra de algo que é quase um tabu: o empréstimo de dinheiro. Sabemos que os empréstimos financeiros ocorrem apenas entre relações sólidas, mas neste meio, adquire ainda um outro significado. Aqui, no mundo da prostituição, o dinheiro que se ganha não é uma garantia certa decorrente do trabalho. Ele é conquistado todos os dias e a sua boa gestão é crucial para economizar. Por isso mesmo, ou seja, porque é capaz de poupar, um dos casais pôde emprestar o dinheiro que o outro necessitava. Assim, os que emprestaram como que inverteram a sua lógica habitual de poupança. Além do mais, para que não houvesse incoerência entre o discurso de negação de amizade e de impossibilidade de emprestar o dinheiro e a prática, os envolvidos comprometeram-se a não divulgar este facto.

Em suma, observa-se uma contradição entre o discurso das trabalhadoras do sexo no que concerne à relação entre elas e o seu comportamento. Se este discurso é pautado por afirmações de falta de solidariedade e de ausência de amizade, relacionadas com a competitividade desmedida, quando se está próximo e se assiste às relações mútuas observam-se, com alguma frequência, manifestações contrárias de cooperação e companheirismo, como esta que agora anotamos. Há, pois, uma diferença entre o discurso que emana delas de que não existem amizades entre prostitutas, e, como afirmam Ribeiro, Silva, Ribeiro e Sacramento (2005), a observação de que existem solidariedades e cumplicidades.

Porém, muitas vezes, as relações entre trabalhadoras do sexo são caracterizadas por tensões e disputas, observando-se amiúde brigas, muitas delas, marcadas por grande agressividade. Apesar da amizade e do ambiente calmo serem predominantes, podem existir situações desagradáveis com discussões, insultos e agressões físicas.

Uma das causas de desentendimento provém da grande diferença de idades entre prostitutas duma mesma zona – por causa da preferência dos clientes pelas mais novas e perda de rentabilidade das mais velhas. Embora a maior parte do tempo não se verifiquem inimizades, por vezes, eclode a tensão latente provocada por esses ganhos diferenciais. Acontece isto porque as mais velhas, que estavam habituadas a ter rendimentos elevados, quando estes decrescem, não se auto-atribuem a responsabilidade de tal, mas tendem a fazer recair nas mais novas a culpa por uma concorrência que pode ser encarada como desleal.

Mas nem sempre esta concorrência das mais novas resulta em contendas, muito embora não deixe de produzir desconforto. Este desconforto e sentimentos negativos, tais como a inveja, são motivados pela concorrência e fazem recair sobre as mulheres que atendem muitos clientes, comentários depreciativos. Acusando-as, por exemplo, de práticas que consideram reprováveis, como a de não usarem preservativo ou a de praticarem sexo anal.

Um grupo relativamente ao qual é corrente recaírem estas acusações é o das brasileiras. Estas, novas, bonitas, com boa apresentação e uma atitude activa na rua, captam grande número de clientes, pelo que são alvo de inveja e, logo, de comentários desfavoráveis. As restantes, em lugar de reconhecerem que é o seu aspecto cuidado e o seu comportamento activo de solicitação de clientes o motivo da sua maior procura, optam por atribuir-lhes comportamentos censuráveis.

Do mesmo modo, uma mulher que se destacava pelo uso de mini-saias, blusas com decotes e roupas justas, numa zona em que as outras trabalhadoras do sexo vestiam roupas discretas e conservadoras, era alvo de inveja, descrédito e condenação moral por parte das restantes. As mais conservadoras criticavam e distanciavam-se relativamente a um modo de vestir considerado impróprio, em sinal de conformidade com as normas dominantes sobre o que é um comportamento adequado a uma mulher, neste caso sobre qual a forma de vestir correcta, o que indica que estas mulheres com um comportamento considerado desviante partilham da ordem social dominante. Elas mantêm a crítica relativamente ao que consideram ser a perda de valores e normas centrais e reclamam para si a manutenção dessas mesmas normas e valores.

Este sinal de conformidade, que se repetiu ao longo da minha permanência no terreno, neste, tal como noutros temas, confronta os estereótipos sobre que o é uma mulher destas. E, no exemplo dado, confronta precisamente aquele que é o estereótipo físico mais marcadamente associado à prostituição, o da mini-saia.

Outro grupo alvo de rejeição e tensão entre trabalhadores do sexo é o das toxicodependentes, que são consideradas culpadas pelo estado de degradação da prostituição de rua, nomeadamente por presumivelmente serem pouco higiénicas.

> Nesta zona, não exactamente nesta rua, mas um pouco mais abaixo, existe uma mistura de travestis/transexuais, prostitutas tradicionais e prostitutas toxicodependentes. As não toxicodependentes, como é o caso da Alda, queixam-se constantemente do comportamento das toxicodependentes. Sobretudo do não cumprimento de regras, traduzido nos preços praticados, na não utilização do preservativo e no roubo de clientes. Queixam-se ainda de que aquelas têm relações sexuais em qualquer local, não se importando de o fazerem de forma impudica à vista de quem passa (por exemplo, dentro dum carro estacionado). Por isto é que a Alda faz tanta questão na separação entre as toxicodependentes e as outras. (DC 22.01.2004)

A quebra de regras e outros comportamentos pouco éticos, como o roubo de clientes e a falta de pudor, são razão para más relações entre mulheres com características e comportamentos diferentes.

Outra conduta altamente reprovada é o acto de *roubar* os clientes das outras, isto é, tentar fazer negócio com um homem que é reconhecidamente cliente habitual de outra mulher.

> Numa altura, disseram muito mal da Clara, em uníssono. Até a Mónica, que costuma ser mais discreta, colaborou. Criticam as suas mentiras constantes, alguma altivez expressa em termos de "não querer misturas", cobrar menos dinheiro do que o estipulado e ficar com os clientes das outras. Este último aspecto foi grandemente criticado e ilustrado com vários exemplos em que ela enganou o cliente. Se um cliente chegar para procurar uma determinada colega, da qual é cliente habitual, ela, com frequência, lhe mente dizendo que essa colega não está a trabalhar, para ser ela a fazer o trabalho. Este comportamento viola as regras de conduta ética características daquele local. A cobrança de dinheiro abaixo do preço habitual é entendida pelas outras como mais uma tentativa de ficar com os clientes das colegas. (DC 26.04.2005)

É frequente que situem a rivalidade na actualidade, comparando-a com um passado em que esta não se verificava e as trabalhadoras do sexo eram solidárias entre si. O excerto seguinte, registado a partir das discussões que animei no curso de formação, contempla esta asserção, assim como muitas das que referi nesta secção.

> Disseram que achavam que havia muita rivalidade entre prostitutas, motivada pela inveja. Se uma mulher estiver a fazer mais clientes do que outra é logo vítima do falatório. Algumas mulheres até chegam a perguntar aos clientes que praticas uma determinada mulher teve com ele, para depois dizer que se quiser lhe faz igual (isto para que ele deixe de procurar a outra).
> Também algumas, pelo facto de um determinado cliente ter ido com elas várias vezes, pensam que "esse cliente é delas" e entram em conflito com as outras se, por acaso, o cliente deixa de a procurar ou procura casualmente outra.
> Também acham que antigamente era diferente, havia mais solidariedade entre as mulheres – este antigamente tanto é de há cinco, seis anos, como de há 20, 30 anos, nos casos das mais velhas. Começaram por atribuir o facto à maior quantidade de clientes, mas questionei-as se não seria porque dantes havia menos concorrência, e elas concordaram. Acham que as mulheres deviam ser mais unidas e que não se justifica o conflito, uma vez que "estão todas ao mesmo" e que para rejeição já

basta aquela de que são alvo por parte do resto da sociedade. Precisamente por isto deviam estar unidas para se protegerem mutuamente.

Pergunto-lhes se é verdade que na rua não há amigas, só colegas. Algumas discordam, dizendo que também há relações de amizade mas outras concordam e ainda agravam dizendo que nem colegas são; preferem dizer que são conhecidas.

A Regina, a Inês e a Carla, amigas há muitos anos, contrariam esta visão e falam da sua relação. Sobretudo as duas primeiras porque são mais extrovertidas. Dizem que são mesmo amigas: visitam-se na casa uma da outra, dão prendas no Natal, confiam uma na outra, são cúmplices. (DC 20.10.2004)

Em suma, existem na relação entre elas, tais como em outras relações humanas e profissionais, aspectos positivos, como os relacionados com a amizade e a solidariedade, e outros negativos, como a inveja e a agressividade. Contudo, ao nível do discurso, os aspectos negativos, como a concorrência desleal, são os mais enfatizados, descredibilizando as relações de amizade naquele meio. Parece pois que nas relações mais proximais a amizade se verifica com facilidade e a solidariedade se exprime frequentemente, enquanto que nos relacionamentos menos próximos se evidenciam aspectos menos positivos.

Capítulo 2
O mundo familiar da prostituta

Para além do mundo social da prostituição, as pessoas que fazem trabalho sexual envolvem-se em outros mundos. As trabalhadoras e os trabalhadores do sexo são sujeitos sociais e as suas experiências não se resumem ao universo da prostituição, nem às relações prostitucionais: elas defrontam-se com e vivem noutras esferas, tal como a que diz respeito à família.

A imagem estereotipada dos trabalhadores do sexo tende a cristalizá-los no traço prostitutivo. A redução ao estigma circunscreve as suas relações amorosas e maritais a ligações com interesses financeiros e despreza os seus afectos e relações afectivas estranhando-se que sejam mães e pais.

Lombroso (1991), na sua concepção de prostituta-nata, indicava a ausência de afeição pela família e a falta do sentimento de maternidade nas mulheres que exercem prostituição. Actualmente, se a ciência se coíbe de encontrar estes défices, uma parte dos indivíduos que compõem a sociedade, bem como das instituições de poder que a representam, não entendem que a prostituta pode ser cônjuge e progenitora. Para a maioria do corpo social esta dualidade constitui um princípio inquestionável (Liberato, 2002), subsistindo ainda o conceito da partição insuperável entre *putas* e esposas-mães.

As prostitutas e prostitutos, tal como as restantes pessoas, existem também por referência a uma família. As trabalhadoras do sexo têm maridos, companheiros, namorados, amantes, filhos, pais e irmãos; têm uma rede familiar que pode ser mais ou menos extensa mas que existe e não é um mundo à parte. Estes mundos também se caracterizam pela normatividade e há momentos de lazer, há celebrações em datas festivas, há alegria mas igualmente tristeza e preocupação.

Neste âmbito, dois temas emergiram no trabalho de campo de forma destacada: a relação das trabalhadoras do sexo com os companheiros e filhos (ponto 2.1.) e a relação com outros familiares (ponto 2.2.). Assim, porque este aspecto se impôs, é da prostituta em família que me ocuparei neste capítulo.

2.1. Os companheiros e os filhos: ser prostituta, esposa e mãe

As relações amorosas entre prostitutas e seus companheiros

As relações que as trabalhadoras do sexo mantêm com os seus companheiros são como as relações que as pessoas não prostitutas têm com os respectivos pares amorosos: há bons e maus relacionamentos afectivos; há relações de respeito e relações abusivas; há alianças de conveniência e alianças de amor. A vida amorosa das mulheres que se prostituem é, pois, como a de qualquer outra pessoa. Importa salientar que serem trabalhadoras (ou trabalhadores) do sexo não é incompatível com viverem uma relação amorosa autêntica. O que observei no terreno infirma os preconceitos de que os companheiros das prostitutas não as amam e que os motiva apenas o interesse económico.

As relações de intimidade das trabalhadoras do sexo são reiteradamente descritas como violentas e desprovidas de afecto, tal como a própria sexualidade destas é entendida como pobre e incapaz de proporcionar prazer (e.g. Jeffreys, 1997). Com frequência as experiências de sexualidade e de relações de intimidade das trabalhadoras do sexo são assumidas como desviantes ou como completamente diferentes das tidas pelas restantes mulheres da sociedade (Treena, 2007). O que verifiquei contraria estas assunções.

Na esfera da intimidade e, especificamente, no que respeita à sexualidade, as prostitutas distinguem claramente as relações que têm com os maridos daquelas que estabelecem com os clientes. Com os maridos ou companheiros as relações sexuais são diferentes porque a motivação é erótico-sexual e/ou afectiva, nela havendo lugar para o prazer sexual. Com os companheiros elas podem entregar-se à relação e ter orgasmos, enquanto que com os clientes não – a não ser excepcionalmente, como já vimos. É, de acordo com o que afirmam, a diferença entre fazer sexo e fazer amor, sendo impossível fazer amor por dinheiro (Oliveira, 2004a). Se elas não devem apaixonar-se, nem ter prazer com os clientes, tal como faz parte das suas regras, então a relação sexual comercial é uma relação vigiada (Medeiros, 2000) – o oposto ocorre nas suas vidas privadas.

Os relacionamentos amorosos que mantêm com os companheiros podem ser caracterizados pelo interesse, mas é certo que também existem relações maritais ou de conjugalidade marcadas pelo amor, respeito mútuo, consideração, afecto, preocupação, partilha e carinho. Veja-se o exemplo da relação entre a Inês e o seu companheiro que este extracto do meu diário de terreno tão bem ilustra:

> Hoje estávamos no local A e a Inês, depois de um telefonema para o Nelson, disse: "O meu homem é um espectáculo". (...) Depois, para demonstrar que ele era mesmo especial, mostrou um guardanapo que ele lhe havia deixado no dia anterior com uma mensagem amorosa. Dizia "amo-te muito..." e estava assinado por ele. Ela diz que isto é muito habitual: "quase que não há um dia em que ele não me deixe uma coisa destas...". (DC 11.05.05)

A Inês mantém com o Nelson uma relação de 12 anos. Ambos percepcionam o seu relacionamento de forma muito positiva, sem atritos, sendo as manifestações de amor e de carinho habituais. O exemplo transcrito parece ser uma demonstração desse amor e igualmente uma prova de que o relacionamento é regido pelo afecto.

A quase totalidade das mulheres com quem fiz a minha pesquisa de terreno tem companheiros afectivos. Alguns destes dependem economicamente daquelas, mas não deixam de ser seus companheiros, namorados e maridos e de manterem com elas uma relação amorosa. Apesar do rótulo que a sociedade coloca nestas relações, apelidando de chulos os homens e de exploradas as mulheres, estes não se identificam com essa etiqueta.

Não há fundamento para a concepção da falta de amor nas relações íntimas das(os) trabalhadoras(es) do sexo. Para quem conhece de perto essas relações, é inexplicável que se pense que por elas serem prostitutas eles não as amam.

As formas de relacionamento entre prostitutas ou prostitutos e seus companheiros constituem, então, relações de conjugalidade. O vínculo destas relações pode ser o casamento, mas também existem relações maritais ou de namoro. As relações maritais são as mais prevalentes

Atente-se ao caso da Rafaela. Esta mulher é casada, vive com o marido, a filha e a sogra. Aquele tem o seu emprego, numa empresa de destribuição, a filha começou a trabalhar recentemente e a sogra é uma idosa que está acamada. As despesas mensais são partilhadas por ambos. A relação com ele, chamado Tito, é uma relação de respeito e partilha. Quando o conheci achei-o um marido como os outros. Sempre que visitei a sua casa, senti que estava num ambiente familiar normativo. As dinâmicas familiares eram as adequadas, com grande respeito inter-geracional e na díade conjugal e sobressaindo o apoio e solidariedade entre membros. Não observei nada que distinguisse este casamento e esta família de outros agregados em que nenhum dos cônjuges é trabalhador do sexo.

Da mesma forma são as relações de namoro. Nas vezes em que me desloquei a contextos de lazer de algumas das mulheres e transgéneros com quem fiz o meu trabalho de terreno, por exemplo, a discotecas, detive-me parte do tempo a observar a forma de interacção com os respectivos namorados. O que vi foram interacções de acordo com o que se espera em situações análogas, tal como descrevo de seguida:

> No Disco Dance, a Piedade e a Sabrina estavam acompanhadas por um homem cada. A Sabrina estava mesmo em frente a mim e pude reparar como estiveram sempre enlaçados. Excepto durante uma música que ela dançou com as raparigas que a acompanhavam, ela esteve sempre sentada num banco alto e ele, encostado a ela, agarrava-a com os braços em volta da sua cintura. Pareciam muito apaixonados, sobretudo ele que aparentava ter prazer em estar junto dela. Deixaram-se ficar assim enquanto observavam quem dançava na pista.
> A Piedade, que é mais extrovertida, tinha um comportamento diferente. Pousou o casaco e a carteira e dançava. Ele também. Muitas vezes, aproximavam-se, agarravam-se e beijavam-se. Talvez estivessem enamorados... (DC 08.05.2005)

São assim as relações de namoro e é desta forma que se comportam os pares de namorados, independentemente dos seus intervenientes serem ou não trabalhadores do sexo.

De resto, as relações de afecto das trabalhadoras do sexo até nas rotinas são normativas. É algo frequente, por exemplo, que os maridos, companheiros e namorados diariamente se encontrem com elas no local onde trabalham, para as levar para casa. O que, em alguns locais, proporciona uma espécie de *ritual de chegada dos maridos* que as vêm buscar. Isto mesmo pude testemunhar em diversas ocasiões e com diferentes mulheres.

Os companheiros não são *chulos*

Antes de avançar neste tópico, exponho o que neste trabalho se entende por *chulo*.

O *chulo* (proxeneta ou *azeiteiro*) é um homem que mantém com uma mulher que se prostitui uma relação regida pelo interesse estritamente económico, isto é, o seu intuito é o de explorar os lucros provenientes da prostituição, sendo que a mulher (homem ou transexual) que faz trabalho sexual se mantém na relação por razões afectivas ou porque não tem liberdade nem poder para pôr fim à relação. Estes relacionamentos são desiguais na medida em que a trabalhadora do sexo tem a ilusão de que o afecto que sente pelo homem é recíproco, mas aquele é apenas um explorador que vive às suas custas ou, então, não tem nenhuma ilusão desta natureza, mas está destituída de poder para terminar o relacionamento. É factível que estes homens mantenham várias destas relações em simultâneo, com ou sem o conhecimento das mulheres exploradas. De todo o modo, é o explorador quem detém o poder e a mulher mantém-se na relação por afeição, mas também por falta de agência.

Este conceito de *chulo* pode ser posto em causa dada a complexidade e diversidade de relações que as prostitutas e prostitutos estabelecem, assim como pelos parâmetros adoptados para a sua definição. Por exemplo, se nos guiarmos pela definição formal do Código Penal Português, as gerentes das casas de prostituição, na medida em que, com intenção lucrativa, fomentam, favorecem ou facilitam o exercício por outra pessoa de prostituição, podem ser acusadas do crime de lenocínio (Artº 169º).

O discurso académico também pode originar conceitos diversos. Høigård e Finstad (1992), contrariamente ao exercício que aqui faço, incluem na categoria dos *chulos* os homens que têm com as prostitutas relações de amor, nas quais a mulher se prostitui em resultado duma decisão conjunta. Eles não as forçam a ir para a rua; elas fazem-no porque precisam de dinheiro e porque os amam. Segundo estas autoras norueguesas, estes são os namorados-chulos não violentos (*the non-violent boyfriend-pimp*).

As próprias trabalhadoras do sexo podem ter noções discrepantes entre si ou podem conceber de maneira diferente o que é um chulo consoante se trate de analisar o seu caso ou o de outras mulheres.

É pelas diferenças na forma como se define esta figura que se justifica que certos investigadores afirmem a quase inexistência de proxenetas (e.g. Hart, 1998; Ribeiro *et al.*, 2008; Sharpe, 1998), enquanto outros apontam cifras elevadas. Por exemplo, Giobbe (1993 *cit in* Williamson & Cuse-Tolar, 2002) conclui, a partir das suas investigações, que 53% das mulheres entraram na prostituição através dum *chulo* e que mais de 80% acabaram por se envolver com um destes homens em alguma altura da sua vida. Da mesma forma, Barry (1995), no livro *The prostitution of sexuality*, estima em cerca de 90% as mulheres com proxeneta, pois ela tem uma perspectiva abolicionista segundo a qual uma prostituta é, por definição, uma mulher explorada.

Os meus dados empíricos não apontam para estes números. Relativamente às trabalhadoras do sexo de rua e às relações que estabelecem com os homens que são seus parceiros afectivos, eu não posso defini-las como relações de exploração. Na quase totalidade dos casos, os companheiros não são *chulos*.

Entre os companheiros das prostitutas, há homens que genuinamente não desejam que a mulher faça esse trabalho. Alguns chegam mesmo a efectuar tentativas para que elas deixem a actividade, nomeadamente conseguindo-lhes um emprego alternativo. Mas a opção de ficar é da mulher. Nestes casos, ela recusa porque pretende manter a sua independência económica e liberdade de movimentos ou sente responsabilidades na partilha das despesas.

Tal é o caso da Ágata, cujo companheiro, comerciante, tem capacidade financeira para fazer face a todas as necessidades económicas familiares e, como não gosta que ela se prostitua, está sempre a tentar que ela cesse a actividade. Ela não deixa a prostituição defendendo que, como os filhos são apenas seus, sente ter a obrigação de contribuir com dinheiro para as despesas mensais. Tendo o companheiro a suportar quase todos os gastos, ela trabalha de forma esporádica.

Na mesma situação, algumas imigrantes recusam a eventual pretensão dos namorados de que elas deixem de praticar prostituição, porque têm o desejo de aforrar para atingir montantes previamente definidos. Veja-se o que se passa com a Ana:

> [ela] tem um companheiro português com quem namora há três anos. Vivem juntos. Ele é cozinheiro. Têm uma boa relação. Já era prostituta quando se conheceram. Ele não gosta que ela se prostitua. Não queria que ela fizesse isto, pede-lhe para ter um emprego *normal*, mas ela não desiste de atingir os seus objectivos e *ele tem que compreender*.
> – Que objectivos?, pergunto.
> – Juntar dinheiro para comprar uma casa e um carro e ficar com algum para poder estudar [no país de origem, para onde tenciona regressar]. (E Ana)

Ainda algumas mulheres podem preferir a prostituição a outro emprego qualquer, seja ou não por razões económicas, como na situação que é relatada a seguir.

> Diz [o Celso, companheiro da Xica] que tem passado as *passas do Algarve* com ela por causa do seu feitio; é teimosa em não querer deixar aquela vida. Até já lhe arranjou uma entrevista para ela trabalhar na cantina da multinacional que o empregou durante tantos anos, mas ela acabou por não ir. Chateiam-se, discutem muito. Ele diz-lhe: "Fica em casa, não vás... Ela não me ouve... veja a menina se ela a ouve a si, que a mim não me adianta dizer nada." (E Celso)

Depois desta conversa com o companheiro, confrontei-a com as afirmações dele, até para perceber se ela confirmava a veracidade das intenções que ele havia enunciado. Ela comprovou e defendeu-se, atribuindo a recusa ao local do emprego proposto por ele, mas também argumentando com vantagens da prostituição, tais como a flexibilidade e os altos rendimentos.

Utilizei atrás o termo *genuinamente* para me referir ao desejo dos companheiros das prostitutas na finalização da actividade por parte destas, porque alguns deles me pareceram verdadeiros na ambição da mulher deixar a prostituição. Já outros não aparentavam sentir desconforto pelo facto da sua companheira ser trabalhadora do sexo, nem mostravam interesse em impedir essa actividade. Apesar da afirmação do desejo de mudança de actividade da mulher, e independentemente da vontade desta, pude constatar que em alguns casos este não passava de um discurso ao encontro da desejabilidade social, sem equivalente comportamental. Refiro-me aos casos em que observava que não efectuavam as acções necessárias e ao seu alcance para contrariar isso. Designadamente, no caso dos desempregados, estes não faziam esforços para obter uma remuneração por via laboral.

Há, então, no trabalho sexual, um grande número de trabalhadoras independentes. A esmagadora maioria das prostitutas de rua é autónoma, não sendo evidente que haja exploração no seu trabalho. Refiro-me aqui, quase sem excepção, às portuguesas, mulheres ou transexuais. Quanto às estrangeiras, existe uma maior probabilidade de serem exploradas por uma organização.

Contrariamente ao que é asserção comum, o *chulo* é na realidade uma figura pouco presente. Ao longo dos vários anos em que me mantive no terreno, conhecendo centenas de mulheres e dezenas de transexuais prostitutas, conheci escassos casos que identifiquei como de proxenetismo *tout court*. Sublinho o que se me evidenciou de forma tão clara: as relações de exploração por parte dos companheiros das prostitutas, que lhes valeria o rótulo de *chulos*, são de facto excepcionais.

Sempre que participo em formações, reuniões científicas ou noutro tipo de encontros para falar sobre trabalho sexual, repetidamente me perguntam pelos *chulos* – se os vi, como são eles, se são violentos, se estão na rua a controlar as mulheres, se são perigosos. A minha resposta é sempre a mesma: no meu trabalho de terreno, eu não vi *chulos*, eu vi companheiros. O que eu encontrei no terreno não foram proxenetas, mas maridos, namorados e companheiros das mulheres e transgéneros que se prostituem[63]. O que contraria o lugar-comum de que os companheiros das prostitutas são *chulos*; exploradores que mantêm com elas uma falsa relação de amor. Como defende O'Connell-Davidson (1998), quando um parceiro sexual e emocional duma pessoa não lhe faz exigências para que ela se inicie ou mantenha na prostituição, e pode até expressar um desejo de que ela pare de trabalhar como prostituta ou prostituto e não tem qualquer envolvimento na sua actividade prostitutiva, é inútil referirmo-nos a

---

[63] Não tenho dúvidas de que existirão trabalhadoras e trabalhadores do sexo que são explorados por pessoas que os obrigam a prostituir-se, mas estes não se evidenciaram no meu trabalho de terreno.

esse parceiro como chulo, mesmo que ele receba presentes, comida ou alojamento pagos pela mulher com dinheiro proveniente da prostituição.

A ciência não tem demonstrado grande interesse em investigar a natureza das relações que se estabelecem entre trabalhadoras do sexo e seus companheiros[64]. Apesar de, como salienta Bradley (2007), os companheiros terem um grande impacto nas trabalhadoras do sexo e a sua actividade. Segundo esta autora, estas relações são frequentemente as mais relevantes e significativas das trabalhadoras do sexo e nelas talvez resida a influência mais poderosa na forma como estas exercem o seu trabalho, no que pensam sobre a sua ocupação e como se percepcionam a si próprias[65].

Nos casos dos estudos em que esta questão é analisada, os resultados obtidos são semelhantes aos meus, contribuindo para a rejeição da noção do homem explorador sem implicação afectiva e com interesse meramente económico. Sharpe (1998) refere que talvez o traço mais óbvio da prostituição de rua na cidade inglesa onde efectuou a sua investigação seja a aparente total ausência de chulos. Hart (1998), no estudo etnográfico com prostitutas de rua que realizou num bairro de Barcelona, conclui que apenas uma minoria dos companheiros das mulheres da sua investigação era sexista, violenta ou vivia à custa dos seus ganhos no sentido tradicional dum chulo, ou seja, poucas trabalhadoras do sexo estavam claramente a trabalhar para suportar os seus parceiros. Também Medeiros (2000), a partir dos dados empíricos obtidos em trabalho com igual método e conduzido na mesma cidade, defende que a vinculação da prostituta com o marido não está inscrita na ordem do negócio ou da formalidade social, mas da cumplicidade e da partilha.

Pryen (1999b), a partir de pesquisas efectuadas em Lille, com recurso a entrevistas e à observação participante, conclui que a acusação de proxene-

---

[64] Quando os trabalhos científicos abordam as relações amorosas das pessoas que fazem trabalho sexual, o que é pouco habitual, fazem-no de forma breve e por duas vias: 1. Incluída em secção dedicado ao proxenetismo, constatam que nem sempre essas relações são de exploração, podendo ser de âmbito conjugal (e.g. O'Connell-Davidson, 1998; Høigård & Finstad, 1992; Pryen, 1999b); 2. Salientam que o significado atribuído às relações sexuais de âmbito privado é distinto do que é dado às relações com clientes, sendo assim possível obter prazer sexual com os companheiros sexuais privados, contrariamente ao que acontece com os clientes (e.g. Allman, 1999; Gil, 2005). As excepções que conheço são de Angie Hart (1998), Regina Medeiros (2000), Karen Sharpe (1998) e Mindy Bradley (2007), que o fazem de forma particular – com relevância para as duas últimas que têm esse como objecto central do seu trabalho.

[65] O trabalho de Bradley (2007) é sobre as relações amorosas de *strip teasers*. Neste, entrevistou 19 companheiros destas dançarinas e refere que, até à data em que fez o seu trabalho, não havia qualquer estudo que tivesse analisado as relações de intimidade das trabalhadoras do sexo, nem que, especificamente, tivesse entrevistado os parceiros destas mulheres. Eu, nas pesquisas que efectuei, não encontrei mais nenhum trabalho, além deste, que incluísse entrevistas a parceiros amorosos de trabalhadoras do sexo.

tismo a alguns companheiros não tem sentido porque muito frequentemente esta relação é vista, tanto pela mulher, como pelo homem, como uma troca de serviços negociada no seio duma relação de casal com uma situação económico--social particularmente difícil. No caso das investigações desta socióloga francesa, efectuadas com uma população maioritariamente toxicodependente, em que ambos os membros do casal eram consumidores de drogas, estas carências financeiras resultavam da necessidade de poder dispor quotidianamente do produto psicoactivo e a prostituição de um deles era praticamente apresentada como um trabalho de equipa: a rapariga era responsável por ganhar dinheiro e o rapaz de a defender, proteger e vigiar. De forma semelhante, em trabalho anterior (Oliveira, 2004a), argumentei que a relação estabelecida entre prostitutas toxicodependentes e seus companheiros, apesar da possível presença destes na rua, "não é necessariamente uma relação de explorador-explorada, o tradicional proxenetismo, mas uma relação amorosa em que há uma partilha do sofrimento provocado pela droga e pela necessidade de praticar uma actividade que não é desejada por nenhum dos dois" (p.164).

Quando, na formação que levei a cabo com as trabalhadoras do sexo, lhes pedi que comentassem a frase: "Os *chulos* só ficam com o dinheiro das prostitutas porque são seus protectores", originou-se um debate muito pertinente sobre a noção de *chulo* em oposição à de companheiro. Veja-se:

> Foi a Carla que tirou o papel [com a frase] e disse que concordava: os *chulos* protegem as mulheres. Eu perguntei-lhe como.
> – Se não fosse o meu *chulo* eu passava fome porque vivemos da pensão dele. Hoje, sou eu que vivo às custas dele.
> As restantes reagiram em uníssono e disseram: "Mas isso não é um *chulo*, é um companheiro". Deixei-as discutir esta questão. Concluíram que havia um chulo quando não existia uma relação afectiva entre ambos, como quando um homem tem várias mulheres a trabalhar para ele. Ou quando o homem maltrata a mulher para lhe ficar com o dinheiro. No caso da Carla, é um companheiro, ainda por cima de longa data e pai da sua filha – "é como se fosse marido, mesmo se não estamos casados".
> Disseram ainda que achavam que antigamente é que era mau porque a mulher não tinha hipóteses nenhumas de fugir ao chulo. A mulher sentia-se mais subjugada e pensava que tinha que se sujeitar. A Carlinda acrescentou ainda a grande violência física a que estavam sujeitas antigamente. Acham que actualmente há menos mulheres com chulos. (DC 14.10.2004)

Ou seja, estas prostitutas efectuaram uma clara diferenciação entre as relações em que existe exploração das relações afectivas sem abuso. No primeiro caso, chamam aos homens chulos e, no segundo, chamam-lhes companheiros.

É este, então, o conteúdo da noção de *chulo* para estas mulheres: explorador, abusivo e sem afecto pela mulher.

Ainda confrontando a situação actual com a de antigamente, elas consideram que há menos exploração por parte de proxenetas; que as mulheres já não se deixam subjugar, não estão tão sujeitas a situações de violência e conhecem os seus direitos. Noutra altura, mantive com duas mulheres uma conversa relevante na qual se falou dos *chulos* predominando a ideia de que a regra é a não existência deles. Disseram-me que, quando os há, são excepção. Perguntei-lhes porque achavam que agora era assim e elas responderam que actualmente as mulheres já são mais esclarecidas.

Sobre a evidente diferença nas relações actuais e passadas que as prostitutas têm com os homens com quem mantêm relações amorosas, a Inês tem uma posição muito segura que passo a transcrever:

> A Inês falava sobre o seu passado e sobre a relação amorosa que manteve durante mais de 20 anos com um homem que a explorava:
> – [Alexandra] Existe amor?
> – [Inês] Sim, mas acho que eles gostam mais deles e nós gostamos menos de nós próprias... mas nessa época eu não pensava assim. Agora as mulheres são mais independentes porque gostam mais delas próprias.
> – Porquê?
> – Houve uma evolução de mentalidades... a mudança para a democracia ajudou muito; no fascismo as mulheres eram mais controladas. Antigamente, as mulheres eram feitas para casar, ter filhos e servir o marido, o 25 de Abril foi bom, entre outras coisas, para isso: para a mulher ser mais independente e ter voz. Dantes, toda a mulher tinha um chulo... naquela época tinha que ser. Agora não. Agora já não é assim. (DC 03.08.2007)

Este posicionamento das mulheres prostitutas reitera os restantes dados de terreno que me levam a afirmar que os chulos estão pouco presentes na actualidade. Com esta argumentação, não pretendo encobrir situações de exploração ou de violência, mas pôr em causa o modelo da relação entre prostitutas e seus companheiros que tem sido incorrectamente associado ao proxenetismo.

Pelo lado dos homens que são companheiros das prostitutas, é nítida, no seu discurso, a rejeição do rótulo de proxeneta. Nenhum dos homens com quem falei se identificou como tal, embora alguns considerem que a etiqueta de *chulo* lhes pode ser aplicada pelo facto de a mulher com quem partilham a vida ser prostituta.

Quando entrevistei o Nelson, ele enunciou uma tipologia dos *chulos* onde se incluiu, para logo de seguida se excluir:

> – (...) acho que há diversos tipos de chulos: aquele que põe a mulher num lugar estratégico a trabalhar para ele e que chega a casa e lhe bate se achar que ela não fez alguma coisa que ele queria. Depois, há aquele que não se importa se ela trabalha ou não, desde que tenha o dinheiro dele. E depois, como eu... mas eu não me considero *chulo*.
> – Por é que se incluiu nos *chulos* e simultaneamente disse que não era?
> – Incluí-me aí porque ao fim e ao cabo para a sociedade eu sou [um *chulo*]. Se eu estou a tarde toda aqui no café e depois a vou buscar ali à rua, as pessoas apontam o dedo e dizem: "É o chulo". Mas, por outro lado não me considero porque sempre a apoiei e sempre a ajudei e sempre fui trabalhando e quando ganhava dinheiro no jogo também lho dava. Agora tenho esta coisa do rendimento [Rendimento Social de Inserção]... (E Nelson).

Ora, aí está, ele reconhece que pode ser apelidado de proxeneta, mas rejeita tal título. E rejeita-o porque recusa a hipótese de ser considerado explorador da companheira. Ou seja, ele faz uma dissociação da imagem negativa ligada aos companheiros das prostitutas pela sua identificação com a exploração e a violência.

Apesar disto, porque o estigma se faz sentir de forma significativa, ele racionaliza os seus actos chamando a atenção para o bom relacionamento que têm e para os esforços que faz em contribuir monetariamente para a economia doméstica, o que remete para uma das técnicas de neutralização de Sykes e Matza (1996): a negação dos danos, que é utilizada para que a sua auto-imagem não fique danificada. Posso ainda recorrer a outra técnica de neutralização para explicar as racionalizações que estes homens têm sobre o seu comportamento: alguns deles fazem uma *condenação dos condenadores* (Sykes & Matza, 1996), censurando quem os apelida de chulos e os recrimina por terem companheiras prostitutas.

Alguns homens têm boas relações com as suas companheiras que são trabalhadoras do sexo e distanciam-se da imagem que os incomoda do explorador violento. O João, companheiro da Carla, um homem de 51 anos, incapacitado de trabalhar por causa de um acidente laboral, é um destes casos. Para ele, os companheiros das prostitutas não são todos iguais:

> Não é tudo igual, há diferenças. No meu caso, é normal... a Carla faz a vida que faz porque precisamos, mas se não fizer [clientes], não há problema. (...) As pessoas têm ideia que é só *chulos*, que são só chapadas para a frente... nós, no nosso caso, damo-nos bem... as pessoas pensam na generalidade... é tudo igual, são bandidos, marginais, mas há muito boa gente, bons pais... a nossa filha fez o 12.º ano... ela aceita, a minha mãe é que já não aceita bem, também tem setenta e tal anos, é doutra geração..." (E João)

Em essência, este homem identifica-se com a figura de (bom) pai e marido, distanciando-se da imagem que, como defende Liberato (2002), simboliza e encarna o negativo do homem exemplar. Se as prostitutas são mulheres como as outras, os seus companheiros, de igual modo, pretendem ser homens como os restantes.

Realçando de novo as diferentes relações existentes entre as prostitutas e os seus companheiros, o João, no final da entrevista, colocou-me uma questão que me parece de interesse transcrever.

– Ó doutora, desculpe o que lhe vou perguntar mas, assim em geral o que acha, qual é a sua opinião, acha que é tudo chulos? Violentos? É que não é tudo preto ou tudo branco... acho que é muito interessante o trabalho que está a fazer mas não sei a que conclusões é que vai chegar, porque você não vai poder dizer que é tudo preto ou tudo branco, porque há pretos, há brancos, há todo o tipo. Nem toda a gente é chulo, nem todos são violentos, não é tudo daqueles que passam a vida a dar chapadas.

Este homem reconhecia assim a importância de dar a palavra aos companheiros das prostitutas, mas, desconhecedor das *fórmulas* científicas, queria perceber como se tiravam conclusões a partir da diversidade de relações existentes. Acima de tudo, pareceu-me que ele pretendia que eu, que sou externa ao meio e a quem ele reconhece credibilidade, o sossegasse quanto ao seu papel. Como se quisesse que eu confirmasse o que sentia: que ele não era aquilo que a sociedade diz serem os maridos e companheiros das trabalhadoras do sexo, isto é, *chulos*.[66]

A violência familiar

A existir uma relação abusiva entre a mulher que se prostitui e o seu companheiro defendo que ela deve ser enquadrada na violência conjugal. Há trabalhadoras do sexo, mulheres e transexuais, que têm com os seus companheiros relações caracterizadas pela violência. Nestas, a existir, a exploração dos ganhos

---

[66] A este propósito, de referir ainda um outro estereótipo que infirmei no terreno: o de que os companheiros estão na rua com as mulheres para as controlar e explorar. Antes de mais, os companheiros que permanecem na rua nas proximidades das mulheres quando estas estão a trabalhar são muito poucos. Depois, quando o fazem, parece-me que o objectivo não é tanto o controlo mas a protecção. De tempos a tempos, estes homens têm a possibilidade de exercer a sua função protectora relativamente aos agressores – não apenas de forma simbólica – ou de alerta em caso de investidas da polícia junto das imigrantes em situação irregular.
Embora nunca tenha observado situações de controlo, exploração e agressão por parte dos companheiros destas mulheres, ouvi algumas delas relatarem casos de homens que estão na rua com as suas companheiras prostitutas, controlando-as e exercendo violência sobre elas.

da prostituição será uma de entre as várias formas de exercer o abuso. Em suma, o chamado proxeneta não é mais do que um companheiro agressor.

O facto de ouvir prostitutas contarem histórias de agressões por parte dos seus companheiros não me permite concluir que estes o fazem porque são *chulos* e até que essas agressões se destinam a contribuir para a manutenção da mulher na prostituição. Se pensarmos na população feminina em geral, a percentagem de vítimas de violência conjugal é muito significativa. O estudo de Lisboa, Vicente e Barroso (2005) indica que, em Portugal, uma em cada três mulheres já foi, é ou poderá vir a ser vítima de violência doméstica. Segundo um estudo da UMAR, uma organização que trabalha com vítimas de violência doméstica, realizado através da análise de notícias de jornais, no primeiro trimestre de 2008, 17 mulheres foram vítimas de homicídio conjugal (Sanches, 2008) – como nem todos os homicídios são noticiados na imprensa, este número estará sub-estimado. No que diz respeito às mulheres europeias com mais de 16 anos de idade, segundo dados do Conselho da Europa (2006), 12 a 15 por cento já viveram situações de violência numa relação conjugal.

A violência conjugal caracteriza-se por um padrão coercivo que implica o exercício de poder e domínio num relacionamento íntimo (Walker, 1994). A intenção do agressor é dominar o outro, fazê-lo sentir-se subordinado, incompetente, sem valor e com medo (Matos, 2002). Assim, utiliza variadas estratégias, umas mais imperceptíveis e outras mais violentas, para controlar e intimidar a vítima. Entre essas identifica-se a violência física e sexual, a coacção, as ameaças, a intimidação, a violência emocional, o isolamento social e o controlo económico (Walker, 1994). Na violência sexual, pode incluir-se a violação e a sujeição a práticas sexuais não desejadas.

É neste âmbito que situo os casos em que o companheiro de uma trabalhadora do sexo a agride, podendo obrigá-la a prostituir-se e ficar com parte ou com a totalidade dos rendimentos que provêm do seu trabalho. Entendo que se trata de formas de exercício da violência dentro de uma relação de conjugalidade violenta. Até porque todas as características estão presentes, incluindo o ciclo das três fases (Walker, 1994) que, segundo alguns autores, caracteriza a violência doméstica[67].

Este enquadramento pode também ajudar a compreender porque é que as prostitutas se mantêm numa relação destas: a explicação é já conhecida pelos estudos da violência doméstica. As razões pelas quais as mulheres permanecem nas relações violentas são diversas e incluem a dependência emocional, a perda

---

[67] De acordo com Walker (1994), nestas relações, a violência tem tendência a acontecer num ciclo previsível – mas não para a mulher ou, pelo menos, não até uma determinada altura – de três estádios: a fase da tensão crescente, o episódio de maus tratos e o período de reconciliação.

da identidade social e da forma de vida que têm, a concepção da separação ou do divórcio como algo inaceitável, o isolamento social, o receio de serem responsabilizadas pelo fim do matrimónio, o medo de serem alvo de represálias se chamarem a polícia ou se forem a tribunal, entre outras (Walker, 1994). A justificação para que as prostitutas vítimas de violência por parte de um companheiro não saiam dessa relação abusiva, tal como acontece com outras mulheres vítimas de violência nas suas relações de intimidade, encontra-se nas próprias dinâmicas da violência conjugal, não sendo uma característica inerente ao trabalho sexual.

Nestas situações, a violência não é habitualmente exercida na rua. As agressões físicas, quando ocorrem, acontecem na casa que partilham. O que se pode perceber no contacto de rua com algumas destas mulheres é o controlo psicológico por parte dos companheiros agressores. A Júlia que tinha, numa determinada altura, uma relação amorosa com um homem extremamente violento que lhe controlava todos os ganhos e a quem ela entregava uma importantíssima parte do dinheiro que ganhava, deixava claro o exercício desse domínio psicológico ao contar uma das formas deste verificar o dinheiro que ela ganhava.

> A Júlia pediu na carrinha se lhe davam mais dois preservativos além dos 12 habituais. Explicou que teve dois preservativos que *rebentaram*. Se puder levar mais dois, o companheiro já não a chateia (...) ele controla o dinheiro que ela lhe entrega pelo número de preservativos utilizados. Faltando dois preservativos ele pode supor que ela os utilizou em relações sexuais das quais não lhe está a entregar o dinheiro. Se na carrinha lhe derem os preservativos em falta ela não tem que lhe dar explicações e convencê-lo de que não está a mentir. (DC 25.11.2003)

Trata-se dum controlo psicológico, exercido e sentido desta forma. É quase simbólico. Não fora o medo e era falível, bastava que ela pedisse mais preservativos aos técnicos dos projectos, que não dissesse a verdade sobre o número que é fornecido por estes, que aceitasse preservativos dos clientes ou mesmo que comprasse preservativos na pensão com dinheiro extra dos clientes. Contudo, é precisamente pelo medo que exerce na mulher que o controlo se revela eficaz, o que é um mecanismo comum nas dinâmicas da violência conjugal (Matos, 2002). Considero, pois, legítimo fazer o paralelo entre as duas situações porque são uma e a mesma.

Um facto que se me afigurou de forma saliente na relação destas mulheres com os seus companheiros foi a normalidade com que encaram a violência. Percebia isto pela ligeireza e conformidade com que falavam das agressões. Por exemplo, fazendo afirmações como: "Ele não me bateu, mas deu-me assim dois chapos" ou "o meu homem é muito meu amigo, só me bateu uma vez" ou, ainda, apesar das agressões, uma certa mulher dizer-me que não pensa em separar-se por saber que não arranjaria outro marido com as qualidades do seu.

O significado de normalidade atribuído à violência de que são alvo pelos companheiros e a relativização que fazem desta, desvalorizando-a comparativamente a outros casos de agressão que elas consideram graves e elogiando as restantes características dos companheiros, surpreenderam-me. Talvez isto aconteça por estas mulheres terem representações da conjugalidade que são próximas do modelo conjugal tradicional, no qual a violência exercida pelo homem é tida como legítima. É por isto que é possível e relativamente frequente, *acontecer quem bata*, sem ser criticado ou penalizado (Matos & Machado, 1999).

Esta normalização das relações violentas, interpelaram-me enquanto mulher e cidadã. Eu não podia tolerar estas formas de violência, sendo cúmplice. Como é que eu podia impedir estas agressões? Como é que problematizava algo que para elas não é entendido dessa forma? Para que servia, nestes casos, explicar-lhes que se trata de um crime público?

Optei por não ser neutral. Nunca deixei de lhes transmitir o quanto eu condenava essas práticas violentas[68], no entanto, obtive sempre silêncio da parte delas. No início, admiraram-se com a minha tomada de posição, mas depois passaram a ignorá-la. Apenas numa situação de agressão grave fui directamente interpelada. Nesta altura, pude pôr em prática algumas das orientações para atendimento a vítimas que integram o modelo de intervenção em crise, tais como fazer uma escuta empática, normalizar as reacções apresentadas, enquadrando-as no contexto emocional do acto, apoiar a vítima e discutir estratégias de segurança para evitar novos crimes (Machado & Gonçalves, 2002). O que incluiu respeitar as suas escolhas. Isto significou que, apesar de a ter informado quanto às atitudes que podia tomar, nomeadamente fazendo a denúncia, e de lhe ter referido a possibilidade de ter um acompanhamento psicológico numa consulta da especialidade, na qual consegui um atendimento imediato, ela optou por não seguir nenhuma das minhas sugestões e ultrapassar sozinha mais um episódio de violência e manter-se na relação.

Das 28 entrevistas aprofundadas que realizei a mulheres, quatro delas (14,3%) viviam nessa altura relações de violência e outras seis (21,4%) tinham vivido relações abusivas no passado. Num total de 10 em 28, ou seja, cerca de 1/3 das mulheres tinham ou haviam tido relacionamentos conjugais caracteri-

---

[68] Esta opção põe de parte preocupações metodológicas, ocupando um papel interventivo. Embora eu ali não estivesse com funções de psicóloga, muito menos como interventora na área da violência conjugal, eu tinha consciência de que, nestas situações, não resulta minimizar ou normalizar a violência masculina.

zados pela violência. Das quatro entrevistas realizadas a transexuais, uma delas encontrava-se em situação idêntica. Assim, a extensão dos casos de violência conjugal, com ou sem exploração económica, coincide neste grupo com a média portuguesa.

A violência está de resto presente nas interacções com outros familiares, nomeadamente com os filhos. A violência verbal com as crianças foi-me chocando ao longo de todo o tempo em que estive no terreno. Uma das situações de maior tensão psicológica que vivi foi quando, certa vez, jantei em casa de uma mulher, juntamente com a sua família e outras trabalhadoras do sexo. Havia muito barulho e agitação, mas o que mais me perturbou foi a violência das interacções entre eles, particularmente do pai com as crianças. De seguida, apresento a descrição desse ambiente em casa da Sónia, pois parece-me bastante ilustrador do que estou a referir:

> Quase perto da hora do jantar telefonou a Sónia a perguntar à Mónica se ela queria ir lá jantar. Acabamos por ir eu, a Mónica e a Rafaela. (...)
> Levei-as no meu carro. Quando cheguei, a Sónia apresentou-me o marido, a filha e o cunhado. Dos outros, que eram o filho e a irmã, esqueceu-se. (...) Enquanto a comida não ficava pronta, interagi com a menina.
> A M. tem quase seis anos, é muito bonita e esperta, viva e reguila. Expressa-se bem. Apesar disto, percebi que não sabia escrever o seu nome – o que é habitual nos meninos e meninas que conheço e são da sua idade. Então, ensinei-a. Bastou-lhe copiar duas vezes para aprender. No final do jantar, quando recuperou a brincadeira, ainda sabia fazê-lo.
> O irmão, de 13 anos, N., está ainda na quarta classe e, no presente, ano vai passar porque não pode ser retido mais nenhuma vez. Este tentou fazer uma composição sobre o 25 de Abril que tinha como TPC, pedindo ajuda ao pai, que o tratou com agressividade e desconsideração:
> – Pai, és do tempo de 25 de Abril?
> Ele levanta o olhar na direcção de menino, fixa-o com desprezo e torna a olhar para a televisão. O N. insiste:
> – Pai, és do tempo de 25 de Abril?
> – Então não havia de ser do tempo do 25 de Abril? Se eu tinha 12 anos na altura... ainda me lembro de andarmos ali ao pé da PIDE...
> – Como é que começou?
> Torna a olhar para ele com um misto de falta de empenho e desdém, mas não responde.
> – Como é que começou?
> – Como é que começou!? – grita-lhe.
> – Sim, como é que começou?

– O que é que queres que eu te diga?
– Que me contes...
– Que te conte o quê?
– O que se passou.
– O que se passou... isso é para quê?
Ele já tinha explicado que a professora da escola o tinha mandado fazer uma composição sobre o tema do 25 de Abril, mas tornou a explicar.
– Não disseste que hoje foram lá falar à escola sobre isso? Então, escreve tu o que souberes.
Não quis e não soube ajudá-lo. O menino acabou por desistir e copiar o que vinha escrito no livro escolar. Perguntei-lhe se tinha mesmo feito isso e ele disse-me que não: "Só duas palavras é que são iguais".
Enquanto tentava fazer esta composição em cima da mesa de jantar, a irmã encontrava-se estendida na própria mesa, a tentar tirar-lhe os lápis e canetas que tinha no estojo, com a anuência do pai. A televisão estava ligada no máximo e a música aos berros vinha da sala de estar e dava-nos a ouvir ora o pai, ora a mãe a cantarem *karaoke*. Este ambiente e a forma como o pai interagiu com o N., a seu pedido, e como as restantes pessoas ignoraram este mesmo pedido, fazem deste miúdo um herói. Pois mesmo copiando parcialmente o seu esforço foi imenso. Estes miúdos com insucesso escolar podem muitas vezes fazer um esforço demasiado grande, em vão. Não há nada a fazer, se não mudarmos o *setting* ambiental. O esforço que faz a filha da R. [minha colega], com quem esta estuda horas a fio, é zero, quando comparado com o esforço que faz o N. Contudo, já sabemos, a filha da minha colega terá um bom percurso escolar, licenciar-se-á e prosseguirá os estudos, enquanto o N., no máximo, vai ficar com o segundo ciclo[69].
O jantar ficou pronto. Sopa de couve com arroz, salada de alface e cebola, esparguete com carne de vaca. Tudo delicioso. Éramos nove à mesa e havia muito barulho. Ainda para mais, com a televisão ligada com um volume bem alto. Apesar do barulho não se estava propriamente a conversar. Aliás, estranhava que as pessoas não dissessem nada. O telejornal impunha-se e nem sequer havia comentários. A menina desestabilizava com o seu comportamento, o pai gritava com agressividade e ameaçava que lhe batia, quer pelo barulho que ela fazia, quer por não querer comer. O rapaz, por vezes, respondia ao comportamento da irmã, o que originava mais barulho e gritaria. Não ouvi, uma única vez, as vozes da irmã e do cunhado da Sónia.
Senti uma enorme estranheza lá. (DC 26.04.2005)

---

[69] No final de 2007, ou seja, com 16 anos e a escolaridade básica por concluir o N., trabalhava na linha de montagem duma fábrica.

Estas experiências durante o meu trabalho de terreno foram muito ricas por me permitirem uma profundidade e intensidade de dados difíceis de alcançar nas investigações. E, se estou aqui a descrever os aspectos familiares das mulheres que fazem trabalho sexual é porque as vivências de observação participante como esta me possibilitaram obter um conjunto de dados muito extenso.

Neste dia, ao ter ido a sua casa, além de testemunhar os aspectos mais negativos das dinâmicas da sua família, percebi que a Sónia tinha muito orgulho em viver num apartamento com boas condições, numa zona de não exclusão, em ter boas mobílias e a casa bem decorada. Concluí que ela era solidária com os seus familiares, pois albergou em sua casa a irmã e o cunhado, temporariamente desempregados. Era ainda nítido que se orgulhava por ter uma família na qual se empenha: um marido de quem gosta e a quem reconhece qualidades, *apesar* de ser agressor; um filho e uma filha que são o que tem de mais importante. E, embora o meu olhar tenha salientado a agressividade, pareceu-me que para eles reinava a harmonia. O barulho aparentava só me incomodar a mim; a agressividade era ignorada por todos. O que eles destacavam com satisfação, em forma de partilha ao estranho que eu representava, era esse momento lúdico gravado em que ambos os progenitores cantavam *karaoke*.

As características dos companheiros das trabalhadoras do sexo

Os companheiros das prostitutas são homens com as mesmas características socio-demográficas que elas. Em geral, são provenientes de meios desfavorecidos, têm fracas habilitações académicas ou profissionais e têm várias idades e nacionalidades. Quase todos têm uma ocupação profissional sem qualificações, como a de operário da construção civil, de motorista, de empregado de restauração e de comércio e, em certos casos, são pequenos comerciantes. Alguns companheiros de prostitutas também trabalham na indústria do sexo como porteiros, *barman*, empregados de mesa, motoristas ou *disco-jockeys*.

Dos oito companheiros que entrevistei, dois tinham empregos temporários, um detinha um negócio ilegal e um era reformado por invalidez. Os restantes quatro tinham empregos formais e estáveis. No entanto, não posso, nem pretendo, generalizar estes dados para a totalidade dos companheiros das prostitutas. Conheci outros casos, embora sem ter realizado entrevistas formais, de homens desempregados de longa duração que alegavam um qualquer problema de saúde para justificar a sua inempregabilidade. Se alguns tinham uma deficiência ou uma doença que os impedia de trabalhar, como é o caso de um paraplégico, noutros tratava-se de falsas razões de saúde. Ouvi várias prostitutas falarem de supostas doenças dos companheiros que se traduziam em sintomas vagos e imprecisos como "o meu homem não pode trabalhar porque é doente, tem uns ataques" ou "dá-lhe umas tonturas e é perigoso para trabalhar"; ou a referirem doenças que não são incapacitantes, como a diabetes: "Ele não pode trabalhar porque é diabético", o que indicia sobretudo indisponibilidade psicológica e menos incapacidade física para o trabalho.

Há outro grupo de companheiros de prostitutas sem ocupação laboral: os toxicodependentes. Nestes casos, em que frequentemente ambos são dependentes de drogas, a mulher prostitui-se para angariar dinheiro para ambos, quer para a droga, quer para as demais despesas. Conheci dois casos em que a prostituta não era toxicodependente e prostituía-se para fazer face ao vício do namorado; num dos casos, ainda tinha que manter a casa, incluindo filhos. Quanto a comportamentos delinquentes dos entrevistados por mim, dois tinham antecedentes criminais.

Tal como está manifesto no extracto seguinte do diário de terreno, sempre que conheci companheiros de trabalhadoras do sexo, mulheres e transexuais, a interacção com eles foi adequada. Mostraram-se educados e aparentaram bons relacionamentos com as suas companheiras.

> Hoje conheci o namorado da Martina. Ele estava mais abaixo e ela chamou-o. Ficou envergonhado comigo. É um rapazinho novo, igual a todos os outros rapazes da sua idade. Estava também o marido da Dalila, juntamente com a Ana e a Martina. Conversavam e riam-se em romeno. Não percebi o que diziam. A Ana, às tantas, disse que eles estavam a perguntar se eu não arranjava comprimidos para dormir. Expliquei-lhes que não e porquê – pensavam que por ser psicóloga podia passar receitas. Também ali me senti num grupo *normal* de pessoas amigas que conversavam. Depois, chegou o Zélio, amigo da Martina, que também passou a fazer parte da conversa. (...) Conheci também o namorado da Sara. Um rapaz muito simpático, que pensou que eu era romena. (DC 01.07.2005)

Percepção sobre a actividade da mulher

Aos companheiros, que mais do que os clientes, são as vozes que faltam na investigação sobre trabalho sexual, não é usual que lhes seja perguntado como é que se posicionam relativamente à actividade da sua companheira, esposa ou namorada. Este é, pois, um aspecto pouco ou nada estudado.

Afinal, que percepção têm estes homens sobre a actividade comercial da mulher com quem mantêm um relacionamento amoroso? Como é que os maridos, namorados, companheiros das trabalhadoras do sexo entendem o facto de elas manterem relações sexuais por dinheiro com vários homens?

Referi atrás que alguns companheiros de prostitutas expressam não gostar que a sua mulher tenha essa actividade. Estes casos referem-se a homens que vêem como nefasta esta ocupação quer para a mulher e para si, quer para a relação que ambos têm.

Já outros dizem que não se sentem mal com isso e que aceitam a actividade da mulher. Veja-se o que diz o Zélio, amigo de uma das minhas informantes, namorado de uma prostituta-alternadeira:

> Como ela já fazia isso antes de a conhecer, não tenho nada que interferir, nem me sentir mal com isso. Não me sinto mal por ela fazer isso. Eu sei que ela tem muito cuidado... usa sempre o preservativo, faz exames regularmente e isso deixa-me tranquilo. É só essas questões [de saúde] que me preocupam... o resto não penso, não penso muito noutras questões como se ela me está a trair, não. Não penso nisso... (E Zélio)

Outros ainda referem que se incomodavam, no início, mas que depois se habituaram. Ou o oposto, isto é, sentem que o passar dos anos imprime um maior peso à situação, o que os satura e leva a pensar na necessidade de mudança.

> – Mas incomoda-a que ela faça o que faz?
> – Dantes não, mas agora já me incomoda. Chega a um ponto que é saturante... e mesmo toda a violência que há... é uma vida que... para ela... já tem anos a mais...
> – Está a dizer que queria que ela deixasse a prostituição...
> – Sim, já lhe disse muitas vezes, pergunte-lhe... (E Manuel)

Estes discursos não são diferentes dos que têm as trabalhadoras do sexo relativamente à sua actividade. Eles, tal como elas, referem quer os custos iniciais acrescidos que se mitigam com o tempo, quer o oposto, acharem que o lapso temporal implicou desgaste e o acumular de experiências negativas que fazem surgir o desejo de pôr fim à actividade.

Analogamente, no que respeita ao desempenho da actividade e às práticas que ela implica, os companheiros das prostitutas têm o mesmo discurso e utilizam as mesmas racionalizações que estas. Eles consideram que elas fazem um trabalho legítimo e apontam a violência como o seu aspecto mais negativo. Eles encaram com a mesma normalidade que elas a sua actividade prostitucional. Dizem que o que elas fazem é um trabalho, diferenciando entre o trabalho sexual voluntário e o forçado:

> É uma profissão. Aqueles que condenam toda a prostituição, podiam medir o que dizem... deviam ver quem é que anda à custa das mulheres... sou contra esses que vendem as mulheres e as obrigam, mas quando elas vão porque querem é uma profissão. (E Manuel)

E, da mesma forma, encaram a prostituição como um trabalho digno que não deve ser reprovado:

> A mulher não deve sentir falta de dignidade por fazer este trabalho. É preciso ir aos inícios disso, saber porque é que a mulher está nessa actividade. Se é por necessidade ou não. Agora acho que é diferente, antes era mais por necessidade, agora acho que é mais por capricho. Por exemplo, para comprarem um telemóvel ou roupas. Acho que é mais por isso do que por necessidade, mas se tiverem cabeça não as condeno. Se souberem pôr um ponto final a isso. Uma rapariga que faça isso até aos 30 anos, vamos lá, e depois mude de vida, arranje uma família e a parte económica já ficou assegurada, não a condeno, mas é preciso ter cabeça para isso. (E Nelson)

Quanto à natureza das relações sexuais comerciais das companheiras, eles utilizam as racionalizações que já conheço das mulheres: dizem que estas relações sexuais são desprovidas de afecto e de prazer, são mecanizadas e por isso não têm qualquer significado. Enfim, segundo eles, são relações de trabalho caracterizadas pela indiferença emocional.

> O que a Inês faz é um trabalho. Portanto não há envolvimento com os clientes. Mesmo eu, às vezes, via-a com um cliente, ia para a pensão e ao fim de um quarto de hora, 20 minutos, já estava cá fora, ora isso não dava para nada... (E Nelson)

Uma prostituta, pelo facto de ter relações sexuais com vários homens, não tem que considerar-se infiel ao companheiro. Não tem que sentir desconforto por o fazer, pois aquelas relações são tidas no âmbito do seu trabalho e, logo, por definição não implicam prazer, nem afectividade. Porque com os clientes não têm prazer e o corpo tem carácter instrumental, elas continuam a entender-se monogâmicas e a defender o *sexo amoroso* no seio de uma relação de afecto. O mesmo dizem os seus companheiros: "Eu sei que ela não me trai, eu confio nela, o que ela faz é um trabalho, portanto, não há envolvimento com os clientes" (E Tito). O seu orgulho masculino não é ofendido porque a actividade sexual da sua companheira não é considerada infidelidade – tal como elas não acham que estejam a trair os companheiros ou maridos durante a sua actividade laboral.

Uma vez encontrava-me num café com o Nelson e a Inês e o tema infidelidade surgiu espontaneamente e desligado do assunto prostituição. Inicialmente, senti alguma estranheza pela consciência de que o tema *relações sexuais ilegítimas* falado por um companheiro duma prostituta na sua presença e junto de terceiros pudesse ser incómodo. Mas, afinal, o assunto foi discutido comigo, pela prostituta e companheiro, sem qualquer desconforto. De facto, as relações sexuais tidas pela mulher no âmbito da prostituição não foram incluídas no tema adultério, porque para eles não é disso que se trata.

Um aspecto referido por alguns dos homens com quem falei liga-se com as questões de saúde e higiene – como, aliás, está já presente numa das citações anteriores. Para eles, é importante acreditarem que a mulher tem todos os cuidados sanitários, nomeadamente na prevenção de doenças. Além de que, o uso do preservativo, que, em geral, elas utilizam apenas com os clientes e não com os companheiros, também para eles assume o papel de barreira emocional e física. Assim, a confiança na companheira relativamente ao uso sistemático do preservativo é importante e está presente no discurso deles.

Os filhos e a sua importância

A maioria das prostitutas é mãe. Das 88 mulheres que entrevistei ou sobre as quais abri uma ficha com informação sobre esta questão, 77,3% tem filhos[70]. Para muitas delas, foi o amor pelos filhos que as fez contornar as normas da sociedade que ditam que o sexo é monogâmico para as mulheres. Invocam, então, como explicam Sykes e Matza (1996), a lealdade a normas superiores, o que quer dizer que o desvio dos valores dominantes não ocorreu porque eles tivessem sido rejeitados, mas porque se valorizaram outros. O amor pelos filhos é, neste caso, um valor mais importante do que os restantes. Foi pelos filhos que elas efectuaram uma difracção da norma: as regras de moral e de boa conduta com as quais se identificam. Os filhos são o que têm de mais precioso; é por eles que se sacrificam. Para quase todas estas mulheres, os descendentes estão presentes nos seus motivos de entrada no trabalho sexual. Nas entrevistas formais que realizei nesta investigação, esta parte é de 10 em 21, cerca de metade das que têm filhos, portanto.

O discurso que têm acerca dos filhos é altamente positivo e nele predomina a referência aos fortes laços de afectividade que os unem. Sobre eles recai grande preocupação, apoio e investimento, nomeadamente ao nível escolar, em relação ao qual têm, com frequência, grandes expectativas. Estas expectativas podem ser correspondidas e, a contrariar o determinismo social, alguns casos de filhos de prostitutas de rua chegam ao ensino superior e terminam uma licenciatura. Quando assim é, elas enchem-se de orgulho e vêem recompensados os seus sacrifícios por eles. Outros, na senda dos pais, não completam a escolaridade e ficam-se pelos empregos indiferenciados. Alguns conseguem ir um pouco mais além do que as mães e pais, fazem o 12º ano e conseguem

---

[70] No estudo de 2002, efectuado também com prostitutas de rua (n=104), Manita e Oliveira encontraram uma percentagem de 84,1% de mães. Ribeiro *et al.* (2008) indicam que, na sua amostra (n = 200) de mulheres a trabalhar em clubes, 67% das estrangeiras e 48% das portuguesas são mães.

empregos na área do comércio ou dos serviços. A esmagadora maioria, porque são mulheres com pouca idade, tem filhos ainda pequenos que frequentam a escolaridade básica.

Elas consideram que os seus filhos a elas pertencem e é, pois, com grande veemência que rejeitam qualquer tentativa de intromissão no seu direito sobre eles, nomeadamente no que se relaciona com a sua tutela quando são pequenos. O discurso que têm é marcado pela afirmação das suas capacidades educativas e de suprimento das necessidades alimentares, de higiene, protecção e carinho. Elas, melhor do que ninguém, sabem o que é bom para as suas crianças.

Serem-lhes retiradas é necessariamente mau, ficarem com elas é seguramente bom. Para as que já foram alvo de investigação judicial no sentido de uma eventual perda de tutela das crianças, ou mesmo nos casos em que de facto a perderam, o agente do Estado a cargo dessa averiguação, geralmente uma funcionária da segurança social, é apreciado de forma muito negativa. A figura da assistente social é simultaneamente temida e detestada; é uma espécie de bruxa má que as atormenta. Estas técnicas de serviço social são, em regra, apresentadas como insensíveis, incompreensivas e mal intencionadas relativamente a elas, que são sempre excelentes mães e que, acima de tudo, têm um direito inquestionável aos seus filhos.

Eu também não questiono o seu amor pelos filhos, o seu direito a serem mães e a educarem as suas crianças, nem sequer as suas capacidades educativas. Não encontro nada, a este nível, que as distinga de outras mulheres pertencentes à mesma categoria sócio-económica. Questiono antes a atitude moral de que são alvo e que põe em causa o seu direito à maternidade.

Uma mulher que perde a tutela de um filho por ser prostituta, é uma mulher revoltada porque se considera vítima de uma injustiça. Mas é também uma mulher que perde parte da sua auto-estima, pois esse acto de que é vítima contribui para que ela apreenda o que essa acção reflecte: que ela é má mãe, porque uma prostituta não pode ser boa mãe por ter padrões de conduta imorais. A negação do seu direito à maternidade surge, então, como um reconhecimento social da falta de respeitabilidade.

Nem todos os casos se enquadram aqui. Há situações em que a retirada da tutela é justificada por outro tipo de razões, não morais. Há casos em que as crianças lhes são retiradas por manifesta incapacidade educativa, com frequência devido à degradação física, económica e psicológica, com destaque para esta última. Estas circunstâncias, que não têm como motivo principal a actividade prostitutiva da progenitora, são vividas com grande intensidade emocional, até porque as mulheres com estas características não têm a noção correcta da ausência de condições para criarem uma criança. Para elas conta apenas o amor e por isso sofrem. A este propósito, transcrevo um trecho do meu diário de terreno, relativo a uma situação emocionalmente muito forte, pela qual uma mulher estava a passar e que penso ilustrar bem o que acabei de afirmar.

> Fui ao Largo do Monumento para ver se encontrava um das minhas conhecidas. Estava lá a Ricardina. No dia 20 de Agosto teve uma menina que deixou na maternidade. Foi aconselhada a deixá-la lá. No dia 12 de Outubro vai a tribunal para decidir se a entrega ou não para adopção. Não sabe o que fazer, porque acha que não tem condições, mas queria ficar com a filha ("ao menos se arranjasse uma casa... quase não trabalho e o meu homem está desempregado").
> Diz que a menina é (era) muito linda e começa a chorar: "Só queria que a visse, que tivesse estado lá para ver... era tão bonita e gordinha". Chora. Depois diz que só pede a Deus que, se for para a adopção, que vá para uma família com dinheiro. Sossego-a relativamente a isso.
> Era notório o seu sofrimento, por isso mesmo, impossível dizer-lhe: "Foi melhor assim". Não me passou pela cabeça dizê-lo, mas é verdade. Esta mulher não tem condições para ter com ela uma bebé. Vive numa pensão, não tem qualquer rendimento fixo, o dinheiro da prostituição é escasso; a avaliar pelo desleixo físico e pelo cheiro que exala também não tem condições de higiene; psicologicamente é débil; o companheiro é agressor e não trabalha.
> Queixa-se da falta de dinheiro. Pergunto-lhe se não recebe o rendimento mínimo. "Não. Mas vou lá segunda-feira". Onde?, pergunto. Mas ela não sabe explicar o que é, nem onde é. Diz apenas que vai lá e que é perto do DIAP. Diz que já foi lá uma vez, mas que o rendimento não veio. E à Instituição D não pediu ajuda? "Eles mandaram-me ir não sei onde, tenho lá uma carta...".
> Estava tristíssima, deprimida, derrotada. Envelhecida. Sentada na beira duma montra, de preto. Não conseguiu falar da filha logo no início. Estava envergonhada. "Também não tive culpa do que me aconteceu [a gravidez]. Agora, já não tenho mais" – no pós-parto foi-lhe colocado um implante anti-conceptivo que tem a duração de três anos. Nem perguntei porque é que não teve culpa... (DC 16.09.2005)

Ora, apesar, de tudo, da luta para terem os filhos com elas, do seu orgulho nos descendentes e no que fazem por eles, existem alguns casos de mulheres que se demitem da sua educação ao entregá-los a amas que cuidam deles diariamente. Quando ficarem sem os filhos não depende de si, mas é imposto por alguém, elas não o toleram; mas pagarem a uma ama para que lhes eduque os filhos aparece para algumas como algo *normal*. A rejeição da perda da tutela dos filhos, além de se relacionar com o sofrimento da privação, ainda se liga com o reconhecimento da falta de respeitabilidade, isto é, quando a sociedade repetidamente as identifica como destituídas de dignidade, elas não toleram mais uma falta de respeito que, neste caso, significa serem consideradas incapazes de educarem os seus próprios filhos.

Quanto ao facto de algumas, apesar disto, os entregarem a uma ama, talvez o façam porque, neste caso, são elas que detêm o controlo, contrariamente a quando ficam sem a tutela das crianças. A qualquer momento, a prostituta pode recuperar os filhos e dispensar a ama e isto só depende de si. Mais ainda, talvez isto se prenda com um funcionamento enraizado na *cultura* prostitucional, ou seja, quando entram na actividade, elas aprendem, entre outras coisas, que é prática para algumas prostitutas entregarem os seus filhos a amas que os educam. Pelo menos, assim era no passado, o que remete estes casos para números pouco expressivos.

Não me refiro, aqui, às que contratam amas para o período de trabalho – porque à noite os infantários estão fechados e, por vezes, elas não têm com quem deixar os filhos – ou mesmo às que os deixam com as amas durante a semana e os vão buscar ao fim de semana. Ou então, o que é mais frequente, aos casos em que os filhos vivem com os progenitores das trabalhadoras do sexo, maioritariamente a sua mãe. Falo naquelas que não estão com os filhos longos períodos de tempo, que raramente os vão ver e que nem sequer falam com eles pelo telefone.

O que pagam às amas é muitíssimo, mas o seu contacto com as crianças é nulo. Depois não compreendem quando as crianças chamam "mãe" às amas, as tratam com indiferença ou mesmo que não as reconheçam – o seu contacto é esporádico e faz-se geralmente em alturas festivas (aniversário, Páscoa, Natal, etc). Há, então, uma contradição entre querer ter os filhos e não estar com eles. É um paradoxo entre querê-los e perdê-los, pois muitas vezes os laços afectivos diluem-se e as amas acabam por vê-los como filhos, desperdiçando definitivamente a possibilidade de relação com a verdadeira mãe.

As trabalhadoras do sexo, embora sem concretizar, referem que há muitos casos destes; a mim afiguraram-se como minoritários. Considero que esta será mais uma diferença entre a prostituição e as prostitutas de rua actuais e as do passado. Tal como no que respeita aos chulos/exploradores que quase já não existem, também neste caso, tratar-se-á de uma mudança na relação das prostitutas com os seus filhos. E estas duas questões talvez estejam interligadas, pois se o tipo de relação que as prostitutas têm com os seus companheiros passou de uma relação de exploração, em que do lado da prostituta existia interesse afectivo e do outro apenas interesse financeiro, para uma relação de afecto com características conjugais, aparece como corolário que a ligação com os filhos se normalize, adeque e enquadre neste âmbito familiar. Assim, o mais habitual é que as trabalhadoras se sexo façam parte dum núcleo familiar tradicional em que existe uma mãe, um pai e os filhos.

Quanto ao conhecimento detido sobre a actividade da mãe, usualmente os filhos pequenos das trabalhadoras do sexo ignoram-na. O receio é que eles sejam discriminados quer na escola, quer noutros contextos sociais e, por isso, escondem-lhes o que fazem. No caso dos mais velhos, já adultos, quase todos sabem.

À medida que os filhos vão crescendo, mesmo que não sejam as mães a informá-los, eles podem descobrir qual é a actividade destas. Para algumas mães-prostitutas, esta descoberta pode não ser discutida com os filhos, mas torna-se claro que estes, a partir de certa altura, sabem que a mãe é uma trabalhadora do sexo. Como me contou a Raquel, a sua família nunca soube o que ela fazia, mas já relativamente à filha, diz que, em certa altura, ela se apercebeu: "Ela não é burra... Mesmo o facto de eu trabalhar aqui, ela não é burra..." (DC 24.03.05).

Nestes casos, há um conhecimento tácito de parte a parte. Do lado da prostituta ela subentende que os filhos sabem qual a sua actividade; da parte dos filhos está implícito o seu conhecimento. Se eles conhecem e não dizem nada, também não reprovam. E se não desaprovam pode ser que respeitem. Respeitam até que a mãe não lhes queira contar. Fica assim um assunto sobre algo que todos sabem que existe mas do qual não se fala. Noutras situações, como veremos um pouco mais à frente, o conhecimento é evidente, os filhos frequentam o local de prostituição da mãe e podem mesmo chegar a explorá-la.

Resumindo, se na viragem do século XIX para o século XX, os companheiros das prostitutas passaram de "maridos complacentes" e "companheiros para as ocasiões críticas a intencionados exploradores" (Pais, 1985, p.79), no final deste século a situação inverteu-se e assistiu-se a um retorno às relações enquadradas na conjugalidade afectiva. Os relacionamentos existentes entre trabalhadoras do sexo e seus pares são relacionamentos amorosos nos quais, mais do que ganhos materiais, os intervenientes obtêm recompensas afectivas e sexuais. Aqui, não há desvio, mas norma. Agora, início do século XXI, se alguns companheiros de prostitutas não têm qualquer rendimento e se sentem confortáveis nessa situação – o que mesmo assim não faz deles *chulos* exploradores -, outros, em número significativo, têm uma ocupação profissional que lhes permite obter um rendimento económico que em conjunto com o lucro obtido pela mulher vai formar o bolo com que fazem face às despesas familiares.

Esta mudança reflecte-se na relação que as prostitutas têm com os seus filhos menores, extinguindo quase totalmente as situações em que a maternidade é efectuada por interposta pessoa para isso contratada. Ficam, assim, prostitutas, companheiros e filhos enquadrados na norma da família conjugal.

Afinal, o sentimento maternal das prostitutas não está ausente. Pelo contrário, os laços e os afectos relativos aos filhos são fortes. O direito à maternidade é consciente, reivindicado, exercido com empenho e vivido muito positivamente. O investimento feito na educação dos filhos, que surge no discurso das trabalhadoras do sexo como uma das principais razões para permanecerem na prostituição, é recompensado quando os descendentes correspondem às expectativas que as progenitoras depositaram neles, nomeadamente prosseguindo estudos e aceitando a actividade da mãe. As excepções são isso mesmo, excepções. E a retirada da tutela, acontecimento pontual mas de consequências negativas, nomeadamente pela diminuição da auto-estima da mulher, pode ocorrer por razões injustas e incompreensíveis ligadas com a condenação moral, mas pode ter o seu fundamento na real falta de competências parentais e educativas.

Voltando aos companheiros das prostitutas de rua, detentores das mesmas características sócio-demográficas que estas, resta recapitular que foi isso mesmo que vi: companheiros, maridos, namorados. Não vi *chulos*, no sentido em que habitualmente este termo é empregue. As situações de exploração existem com algumas imigrantes e as restantes relações abusivas aparecem enquadradas na violência conjugal (que por vezes é extensiva aos filhos). Como defende Pryen (1999b), se a violência não é rara nestes casais, é necessário colocá-la na problemática mais alargada da violência conjugal, sem a reduzir a uma forma de exploração sistematizada, maniqueísta e integrada em redes mais vastas.

É esta mesma a perspectiva dos actores envolvidos. Prostitutas e seus companheiros reconhecem o rótulo que lhes é aposto, mas não se identificam com ele porque remetem a noção de *chulo* para o arquétipo do homem violento, explorador e sem afectos pela prostituta. Elas não se sentem exploradas e eles não se acham exploradores. Estes sentimentos justificam-se porque ambos se situam numa relação de afecto, com respeito mútuo e consideração, não distinguindo a sua das restantes relações conjugais.

Ao dar voz aos companheiros das trabalhadoras do sexo, método que não é de todo habitual nas investigações sobre trabalho sexual, percebi que alguns não gostam que a sua mulher se prostitua e fazem esforços no sentido de acabar com essa situação, mas outros encaram a actividade com normalidade. Neste caso, eles utilizam as mesmas racionalizações que elas quando se trata de justificar a actividade sexual comercial na qual a mulher está envolvida. Assim sendo, analisando o que elas fazem como um trabalho e pensando que entre elas e os clientes há uma relação estritamente comercial, os companheiros consideram que a fidelidade delas não é posta em causa e, logo, não sentem que a sua masculinidade seja tocada pela actividade prostitucional da mulher.

2.2. A relação com outros familiares: entre o desconhecimento, a rejeição, o respeito e o usufruto

Da parte delas ou o que decidem contar

As relações das mulheres que se prostituem com os seus familiares, progenitores, irmãos e irmãs, cunhados e cunhadas e demais parentes são semelhantes às relações familiares de outras pessoas. De novo, os dados empíricos, mostraram como estas relações são normativas. No entanto, quase sempre, está presente o estigma ou a sombra que ele projecta nas famílias em que um membro faz trabalho sexual. Justifica-se, assim, que alguns destes profissionais optem por esconder da totalidade ou de parte da família a sua ocupação.

Quando, com um grupo de prostitutas, lancei para debate a afirmação: *Uma mulher não deve esconder da sua família que é prostituta*, as opiniões dividiram-se, de acordo com a sua experiência pessoal. Veja-se o que registei:

> Umas acham que sim, outras acham que não, porque os pais e outros familiares nunca aceitariam. Estas opiniões coincidem com a situação de cada uma delas. Algumas defenderam que deviam dizer aos filhos quando eles atingirem a maioridade. As que acham que não se deve contar são aquelas cujos pais souberam e tiveram comportamentos negativos e de rejeição. Diz a Dina:
> – Há pais que renegam as filhas. A minha mãe esteve três anos sem sair de casa com vergonha da filha.
> As que nunca contaram à família dizem porquê:
> – [Pilar] Não tenho lata.
> – [Carla] Ia ser um desgosto para a minha família.
> – [Dina] Mesmo quando as mães sabem, agem como se não soubessem porque é difícil assumir.
> – [Bianca] Não conto por respeito, porque ia magoar.
> Há casos em que alguém viu e contou ficando a família a saber, mas mesmo nesta situação nunca se fala no assunto. Duas contam que depois de as mães terem sabido nunca mais aceitaram dinheiro delas.
> Nalguns casos, sabem os maridos, os filhos e outros familiares, como as irmãs, e não levantam problemas. (DC 14.10.2004)

Embora certos familiares possam tomar conhecimento sem a vontade da trabalhadora do sexo, o mais habitual é que sejam elas a gerir a informação e a adequá-la ao destinatário.

Ainda que seja frequente em trabalhadoras de sexo de interior que a família desconheça totalmente a actividade laboral da mulher (Oliveira, 2004a), na prostituição de rua isto acontece em poucos casos. Se quiser manter essa situação, a prostituta tem cuidado com os disfarces que utiliza para esconder a sua actividade. Finge ter uma profissão, como empregada de café ou de restaurante, de molde a justificar quer os ganhos, quer os horários de saída e de permanência fora de casa. Quando está na rua, mantém-se sempre em vigilância para não ser surpreendida e desmascarada por alguém e encontra-se localizada de forma a poder esconder-se rapidamente, para o caso de aparecer alguém conhecido, colocando-se, por exemplo, à entrada de uma pensão. Há ainda mulheres que trabalham apenas à noite, em locais escuros, de forma a dissimularem-se melhor. Nalgumas situações, quando o seu telemóvel toca, elas entram rapidamente na pensão ou num café, para que, quem telefona, não perceba que estão na rua. Vivem, assim, com grande receio de um dia serem vistas e de que seja revelada a sua actividade. Fazem-no por causa da estigmatização e porque pretendem proteger os familiares do que consideram que seria nefasto para eles.

Noutros casos, familiares e amigos têm conhecimento de que a mulher se prostitui. Geralmente, são trabalhadoras do sexo de longa data que fazem desta actividade uma profissão assumida. É, deste modo, habitual que aqueles se desloquem ao seu local de trabalho para as encontrar. Ou, quando aí passam perto, se desviem apenas para as cumprimentar – tal como podemos fazer se estamos perto do local de trabalho de um familiar que queremos ver.

Há ainda situações em que certos familiares sabem da profissão da mulher, enquanto outros a desconhecem. O mesmo acontece com os amigos. É frequente que o marido saiba da actividade da mulher, mas os filhos não; ou que o namorado esteja ao corrente, mas os amigos desconheçam; ou o pai saber que a filha se prostitui mas achar que o faz numa *boîte*.

São elas que administram a informação que disponibilizam às pessoas de quem são próximas e da forma que lhes é mais conveniente. Como argumenta Goffman (1963), a dúvida não é tanto a de saber como manipular a tensão que é gerada nas relações sociais, mas a de saber como controlar a informação que respeita à actividade estigmatizada: expor ou não expor; dizer ou não dizer; fingir ou não fingir; mentir ou não mentir; e, em cada caso, a quem, como e quando. Tentam proteger-se da tensão que o estigma provoca, mas também salvaguardar aqueles de quem gostam dessa mesma tensão. E mais ainda, pretendem salvaguardá-los do prejuízo, da tristeza ou da mágoa que o conhecimento dessa informação lhes poderia causar. Os filhos podem ser disto um exemplo evidente.

As estrangeiras, como estão longe do seu meio, nunca informam as famílias sobre o que fazem. No entanto, algumas destas supõem que os seus familiares desconfiam da sua actividade, tendo em conta a grande quantidade de dinheiro que conseguem auferir em pequeno período temporal, juntamente com as histórias que ouvem sobre o destino de muitas das imigrantes do seu país quando vão para a Europa Ocidental.

Voltando às que assumem que se prostituem perante familiares e amigos, isto não significa que deixem de estar vigilantes na rua, pois pode surgir alguém perante quem não pretendem desvendar o que fazem, tal como a senhoria da casa onde habitam ou o instrutor da escola de condução onde estão inscritas.

> Estávamos a conversar na porta da pensão e a Ana, repentinamente, entrou para se esconder. Explicou, depois, que tinha acabado de passar, de carro, o seu instrutor da escola de condução. Disse-me que ele não sabia o que ela fazia, nem tinha nada que ficar a saber. (DC 22.09.05)

Pretendem, desta forma, manter a imagem que terceiros, mais ou menos afastados, têm delas, evitando um estigma que consideram desnecessário. A Ana, romena, tinha nesta altura um namorado, que veio a tornar-se marido, que sabia qual era a sua actividade, mas a restante família, no estrangeiro, bem como todos os seus amigos em Portugal, desconheciam que ela se prostituía.

Este jogo entre os que sabem e os que não sabem implica que os que detêm conhecimento sejam seus cúmplices na manutenção desse segredo. Uma vez, em casa da mãe da Mónica estava uma amiga de uma das suas irmãs. Conversávamos a três sobre rendimentos provenientes do trabalho, quando a Mónica quis perceber que informações esta mulher tinha sobre a sua actividade. Perguntou-lhe, então, de forma neutral, mas pensando que esta sabia que era prostituta: "Não sei se ela [a irmã] te disse o que é que faço..."; "Disse que tinhas uma pensão."; ao que a Mónica respondeu: "É isso, mais ou menos". E a conversa prosseguiu, sabendo agora a Mónica que não tinha o rótulo de prostituta perante aquela mulher, não tendo por isso que sentir-se estigmatizada, porque a sua irmã havia controlado a informação relativa à sua actividade perante uma terceira pessoa. Vemos, assim, que o manejamento do estigma não diz respeito apenas àquele que o sofre, mas também aos seus íntimos, o seu verdadeiro círculo protector (Goffman, 1963).

Nota-se que, embora com alguns limites, existe capacidade de gestão da estigmatização a que estão sujeitas. O que faz com que não sejam meras vítimas e espectadoras passivas do estigma que pesa sobre elas. Nem sempre o podem evitar, nem sempre o evitam completamente mas, frequentemente, sujeitam-se ao estigma apenas quando desejam e com quem pretendem, ou seja, com as pessoas que menos as poderão prejudicar, como aquelas com quem mantêm fortes laços afectivos e que, portanto, as protegem. E ainda evitam contaminar com o estigma aqueles que elas próprias não pretendem lesar, como é o caso dos filhos. De facto, o estigma é algo difícil de carregar e, assim, compreende-se que haja uma gestão da informação que se esconde e que se revela de molde a poder escapar a este. Contudo, é igualmente inteligível que quem tem uma actividade tão rejeitada sinta que pode e deve partilhá-la com as pessoas de quem mais gosta, que são, precisamente, aquelas que poderão fornecer-lhe apoio emocional.

Da parte dos familiares: como se comportam
Conhecendo a actividade laboral da mulher que se prostitui, a sua família pode posicionar-se de três formas[71]: rejeitar, respeitar incondicionalmente ou aceitar por motivos essencialmente económico-materiais.

Há familiares, e mesmo amigos, que podem ter um comportamento de rejeição ao terem notícia do envolvimento da sua familiar ou amiga na prostituição e, posteriormente, aceitar que a mulher o faça. Noutros casos, a reprovação é inalterável. O pai da Regina nunca aceitou a sua actividade. Recusou-a totalmente, não admitindo manter com ela qualquer tipo de relação e, segundo as suas palavras, *morreu sem me ter perdoado por eu ter esta vida*. A Ducha, senhora idosa, tem o desgosto da filha licenciada rejeitar a sua actividade e comportar-se como se a mãe não existisse, ignorando-a e negando-lhe o apoio que ela necessita.

Noutros casos, poucos, de acordo com as mulheres que conheci, há um respeito incondicional pela mulher e pela sua actividade, tal como acontece com os filhos da Inês, ou mesmo admiração, como me reportou a Carlinda que seria a atitude do filho por reconhecer os sacrifícios que a mãe fez por ele.

Ainda para outro grupo de mulheres, a família aceita o seu trabalho sexual, principalmente porque dele obtém vantagens económicas e materiais. Não defendo que existe um exclusivo interesse material, negando a existência de laços de afectividade ou de sentimentos de solidariedade – embora nalguns casos se assemelhe a isso. O que considero é que a não condenação do exercício da prostituição se obtém por um reconhecimento das vantagens económicas que lhe estão associadas.

A maioria das mulheres que se prostitui na rua é proveniente de meios socio-económicos desfavorecidos. Insere-se em famílias de parcos recursos nas quais, em geral, os salários auferidos são baixos. A quantia de dinheiro que é ganha pela trabalhadora do sexo é notoriamente superior àquela que conseguem os restantes familiares. Portanto, é usual que a prostituta distribua dinheiro e bens pelos familiares, tanto espontaneamente, como a pedido e, nalguns casos, sob chantagem.

---

[71] Excluímos aqui os companheiros cujo posicionamento referimos já.

Esta última situação, mais grave mas menos frequente, compreende situações de grave exploração por parte de familiares directos, sejam descendentes, ascendentes ou colaterais. Uma das minhas informantes, a Júlia, vivia em casa de um irmão que a explorava e maltratava. A Júlia tinha que lhe pagar uma enorme quantia pelo facto de lá viver e deixar com ele a sua filha menor durante a noite, debaixo de ameaças constantes de que se faltasse com os pagamentos a expulsava de casa. Ainda mais, estava sujeita ao maltrato verbal e à humilhação pelo facto de exercer prostituição. Desta forma, ela afirmava, como ouvi outras mulheres dizerem, que *a família é o pior azeiteiro*. Este caso configura uma situação de falta de poder sobre si, exercida por um familiar que não devia estar sob suspeita. Parece ser este e não a Júlia quem determina a sua vida[72].

Contactei com um caso semelhante relativo a uma transexual conhecida por Floriana. As dinâmicas familiares eram as mesmas, chegando mesmo a ser alvo de agressões físicas caso não entregasse o dinheiro que pais e irmãos pretendiam e sabiam ser proveniente do trabalho sexual.

Em situações menos abusivas, em lugar da chantagem, há a solicitação, por vezes muito insistente, e exercendo uma grande pressão sobre a mulher. Há casos em que observei mesmo uma dependência familiar dos ganhos da prostituição. Uma das mulheres que conheci, a Camila, recebia todos os dias a visita duma filha no seu local de trabalho para lhe pedir dinheiro. A pretexto de lhe mostrar a neta, tinha como intenção receber um soldo diário, evidenciando uma dependência económica da mãe. Aliás, esta não era a única, pois todos os filhos dependiam dos seus ganhos como prostituta, não hesitando em pedir-lhe dinheiro diariamente.

> Na sala estava ainda outra rapariga que não é prostituta. É filha da Camila, foi lá para mostrar a sua filha à avó. Esta rapariga, com 33 anos, tem quatro filhos, o mais velho com 14 anos e a mais nova, que estava lá, com dois anos. Todos os dias ela leva a menina à avó: "A minha filha adora a avó e todos os dias a trago cá porque ela fica toda contente", afirmou. (DC 11.05.2005)

> Uma altura, as duas que estavam à janela interagiram com a neta da Camila, a pequena L. de dois anos, que se encontrava em baixo. Noutro momento, a Xica desceu para ir dar um cigarro à Camila que "ainda não tinha ido ao quarto"[73]. Depois conversaram sobre como tinham pena dela por ter os filhos a viver às suas custas, sempre explorada e sempre sem dinheiro. (DC 01.06.2005)

---

[72] Atrás, referi que esta mulher, a Júlia, vivia uma situação de exploração enquadrada na violência conjugal. A mudança para casa deste irmão ocorreu depois do fim dessa relação por morte do companheiro.

[73] *Ir ao quarto* significa ter um cliente ou atender um cliente. Neste caso, indica que a mulher ainda não tinha atendido nenhum cliente nesse dia.

Não sei se ela se sentia explorada por eles ou se sentia bem em ajudá-los, porque ela nunca quis falar sobre isso comigo, mas parece-me não ser desadequado este rótulo colocado pelas colegas de que se trata de exploração.

Finalmente, as situações menos graves: aquelas em que existem benefícios familiares decorrentes da actividade prostitutiva que surgem como ofertas espontâneas da trabalhadora do sexo ou resultam de solicitações comedidas e pontuais. Ressalto, nestes casos, a satisfação da prostituta em ajudar os seus familiares por, simultaneamente, reconhecer as desigualdades económicas que a favorecem e obter reconhecimento da importância do seu dinheiro e, por consequência, da sua actividade.

Uma das vezes em que conversei a sós com a irmã de uma das minhas informantes privilegiadas, a Mónica, aproveitei para tentar perceber que sentimentos tinha em relação à circunstância da irmã ser prostituta. Dirigi a conversa nesse sentido tendo conhecimento prévio das importantes ajudas económicas de que essa irmã beneficiava. O que obtive foi um lamento pelo facto da irmã ser prostituta, muito embora salientando os seus aspectos mais positivos. Veja-se o registo do meu diário de terreno:

> Durante o lanche perguntei à N. que opinião tinha sobre o facto de a irmã ter aquele trabalho. Disse-me:
> – Não condeno as mulheres da rua, mas é uma dor muito grande ter a minha irmã lá. Não condeno, mas dói-me muito por ser a minha irmã. Eu fico contente por ela me dar muitas coisas, gosto que ela me dê porque pode, mas preferia que ela não me desse nada e que não andasse nisto... que tivesse, prontos, um emprego normal. É uma dor muito grande. Às vezes estou em casa, na minha cama, no Inverno, a chover e frio e penso nela... fico preocupada com ela, não queria que ela estivesse ali, mas não posso fazer nada. O que é que se pode fazer? Deus é que escolhe o nosso destino e nós não podemos fazer nada. (DC 08.05.2005)

Neste relato é notório que ela lamenta, mas que usufrui. É também nítida a preocupação que tem com a irmã. Mas, ao referir o destino e o carácter inelutável da situação, está não só a desresponsabilizar a irmã como a si própria, evitando um eventual sentimento de culpa pelas vantagens que a situação económica da irmã lhe proporciona. Também aqui se assiste a uma racionalização que ajuda esta irmã a gerir psicologicamente as suas contradições, pois, por um lado, desaprova mas, por outro, recolhe regalias.

É evidente a procura de apoio material e económico por parte de familiares relativamente a muitas das mulheres que se prostituem. Em famílias de baixos recursos, havendo um elemento com rendimentos superiores aos dos restantes, este é pressionado no sentido da partilha. Parece-me que essa pressão é ainda mais clara pelo facto da actividade laboral exercida ser a prostituição: actividade encarada como altamente lucrativa, com uma fonte inesgotável e sem necessitar de grande esforço.

Se comparar a actividade e os ganhos da mulher que se prostitui com os das restantes pessoas da sua família entendo as razões que situam esta atitude As irmãs, mães, cunhadas, primas, sobrinhas e restantes elementos – incluindo os masculinos – das famílias destas mulheres, com as mesmas características sócio-culturais, têm mais do que um emprego, uma carga horária e laboral pesada, trabalham longe de casa, levantam-se muito cedo e executam funções duras e pouco prestigiantes. Assim, acham, que apesar de ser prostituta (ou precisamente por isso), a familiar tem vantagens sobre si. Estes benefícios podem ser-lhes úteis no financiamento de uma série de actividades porque a prostituta tem muito dinheiro e tem sempre. Esta, por sua vez, comparando a sua situação percebe isto e gosta de ajudar. É assim que a prostituta apoia financeiramente os seus familiares através de carregamentos de telemóvel, do pagamento de refeições, da compra de alimentos, enchendo depósitos de carros com combustível, comprando fraldas e leite para bebés, comprando um vestido de casamento ou uma roupa de baptizado, ou mesmo pagando todas as despesas relacionadas com a festa do baptizado dum sobrinho.

É, em suma, entre o desconhecimento ou conhecimento da actividade, situação que é gerida pela mulher, de acordo com os seus desejos, que se situam as relações das trabalhadoras do sexo com os seus familiares. No caso de saberem que ela é prostituta, eles posicionam-se entre a rejeição, o respeito e o usufruto. Este último, quando resultado duma contribuição voluntária da mulher, proporciona-lhe satisfação pessoal e o reconhecimento da sua actividade, que contrariam os efeitos da estigmatização. No entanto, esta conivência com a actividade de sexo comercial por objectivos económicos, ainda mais quando favorece dependências familiares, mais do que a rejeição com efeitos negativos imediatos, talvez seja a atitude que dá um contributo menos negligenciável para a manutenção das mulheres nesta actividade, algo que contraditoriamente os familiares dizem lamentar.

Capítulo 3
Ser-se prostituta

Como surge a prostituição na vida das trabalhadoras do sexo, porque ficam e porque saem dessa actividade e que sentidos atribuem aos seus actos são os objectos de estudo neste capítulo. É pela análise dos trajectos das pessoas envolvidas no trabalho sexual que se pretende conhecer a entrada, manutenção e saída da prostituição. Tenta-se aqui compreender se existem, quais são e como se qualificam os pontos de inflexão da trajectória individual que podem desencadear a entrada no trabalho sexual, assim como averiguar quais as circunstâncias que proporcionam a saída da actividade.

As trajectórias dos trabalhadores do sexo são todas diferentes. Os percursos das pessoas que se prostituem são diversos e não são lineares, nem pré-determinados por qualquer destino ou especificidade. Na diversidade de trajectórias encontrei algumas características que se repetem, permitindo formar sub-grupos, mas também traços particulares de cada indivíduo.

A partir dos discursos das prostitutas tentei analisar os significados que atribuem à sua actividade. Os sentidos, as racionalizações, os desejos, as atitudes e as vontades das trabalhadoras do sexo são essenciais para a compreensão de como se tornaram prostitutas e se mantêm na prostituição.

Interessa-me uma análise de nível *micro*: parto das suas experiências de vida e do seu discurso, que articulo com os dados que obtive nas observações efectuadas, para compreender o trabalho sexual. O meu nível de análise é este, não tanto o das grandes variáveis sociais, económicas e culturais que influenciam a sua existência. Elas estão lá e não são rejeitadas quando efectuo a análise, mas o centro desta situa-se ao nível individual e no ponto de vista subjectivo das prostitutas, nas suas significações.

Defendo que a entrada e permanência no trabalho sexual voluntário deve ser compreendida a partir das interacções que se jogam entre a capacidade de auto-determinação psicológica e os factores estruturais – como as condições sócio-culturais e económicas, as desigualdades de género e as acentuadas diferenças entre países ricos e países pobres que motivam a migração. Existem constrangimentos de diversa ordem que influenciam na tomada de decisão, mas será sempre uma tomada de decisão depois de equacionadas as vantagens e desvantagens de começar um trabalho como este, altamente rentável mas estigmatizado e não reconhecido. Haverá sempre um nível de actividade rotineira estruturada culturalmente e/ou no *habitus* e casos de pessoas que não o fazem voluntariamente, mas na iniciação duma actividade como é a prostituição, julgo ser pertinente a valorização da capacidade individual de agência, ou auto-determinação, entendida num contexto espácio-temporal.

As dificuldades económicas, por exemplo, têm tido um papel preponderante quando se trata de explicar o envolvimento no comércio do sexo. Considero que na iniciação e manutenção desta actividade estão subjacentes motivos financeiros, mas não determinismos económicos. Rejeito os determinismos sejam eles quais forem. A maioria dos comportamentos humanos são complexos e este em particular, pelas suas características e implicações, é-o de sobremaneira. Deve então ser explicado de forma complexa, tendo em conta variáveis de diversa ordem (psicológicas, sociais, culturais, económicas, de género), os processos que lhe estão associados e as significações que o sujeito atribui.

Tendo estes objectivos, começo pelo que significa ser prostituta. Tomo o exercício da prostituição como um trabalho, para compreender os significados que lhe são atribuídos, no sub-capítulo 3.1. Certos aspectos desta questão foram já analisados no capítulo 1, como as vantagens da prostituição, ou serão analisados no capítulo que se segue, como as reacções sociais, mas trata-se de análises distintas. Aqui, concentro-me exclusivamente nos sentidos e significados dos trabalhadores do sexo. Começo, então, por estes, antes de me centrar nas trajectórias – o que farei no ponto 2 deste capítulo.

3.1. Exercer prostituição: sentimentos ambivalentes e procura de dignidade

Ambivalência de sentimentos, discurso incoerente
Para a totalidade das prostitutas que participaram na minha investigação, o significado que é atribuído à sua actividade caracteriza-se pela ambivalência, conferindo-lhe simultaneamente um sentido positivo e negativo. Esta ambivalência é nítida quando se posicionam relativamente ao facto de serem prostitutas. Quando o fazem, há uma minoria que se situa nos pólos muito negativo ou

muito positivo, mas a maior parte delas é bastante hesitante no que respeita ao sentido que atribui à prostituição.

Analisando finamente os discursos mais polarizados, percebe-se que também estes são ambivalentes, sobressaindo neles muitas das racionalizações que as prostitutas usam para se sentirem bem com o que fazem. Vejam-se alguns exemplos.

Primeiro, a Carla, uma mulher com um discurso muito negativo no que concerne à vivência da prostituição, e que salienta, especialmente, a vergonha que tem em estar na rua a angariar clientes. Lamenta-se muito frequentemente do que faz e expressa o seu desejo de deixar a actividade. Nos contactos que tinha com ela, esses sentimentos predominavam, indicando a impossibilidade de se sentir confortável com a actividade prostitucional. Quando a entrevistei, porém, ressaltaram racionalizações e estratégias que revelam contradições, adaptabilidade e capacidade para neutralizar os aspectos que mais a incomodam na sua actividade, denotando uma posição negativa menos extremada. Veja-se este extracto da sua entrevista:

– [Carla] Agora, não sei se é da idade… tenho vergonha, não consigo estar ali parada. Não é só da idade, eu sei por que é: é por causa da minha filha.
– [Alexandra] Que idade é que ela tem?
– 19 aninhos. Tenho medo que ela passe e me veja… os vizinhos… se calhar é paranóia minha… porque até tenho boa relação com as pessoas…
– A sua filha sabe o que faz?
– Sabe, mas uma coisa é saber e outra é dar de cara com a pessoa, ver… As pessoas condenam, é por isso que não estou na rua.
– Mas acha que está a fazer alguma coisa de mal?
– Não, é a minha maneira de ser, é mesmo assim. De resto, até tenho boas relações com toda a gente: vizinhos, comerciantes, armazéns. Não é por isso. É uma questão de respeito. Tenho um comportamento diferente das outras. Quando vou com um cliente, dou-lhe o meu número de telefone e digo-lhe se ele não se importa de me ligar na vez seguinte, em vez de me procurar na rua. Assim, estou aqui no café e quando recebo um telefonema saio. Vou ter à pensão e ele também. Mas não vamos juntos. E quando saio, também nunca saio ao mesmo tempo que ele. Sou assim. É uma questão de respeito, até por quem passa.
– É o seu jogo.
– É um jogo limpo. Só vou com quem quero. Às vezes, passa algum e faz 'pssst, anda', faz o gesto com a cabeça e pisca o olho… qual anda, não gosto nada disso. Não vou. Estou aqui, dou a minha voltinha. Assim, as pessoas que passam ficam na dúvida: será, não será? E eu vou com quem quiser. Não vou à sorte, é preciso que haja astral,

que a minha aura diga: podes ir com esse que não há problema. (...) É preciso a gente saber comportar-se, independentemente da porcaria que a gente somos.
– Porque é que diz isso "da porcaria"?
– Porque somos.
– Mas porquê?
– Porque somos. Não valemos nada. Somos um zero à esquerda.
– Eu não acho.
– Mas somos.
– Mas sente-se assim tão mal com o que faz?
– Não me sinto mal da forma como o faço.
– Mas isso não é contraditório: dizer que é uma porcaria, que não vale nada e dizer que não se sente mal?
– Da forma como faço não sinto mal. Mas às vezes sinto-me mal. É injusto eu ter que fazer isto. (E Carla)

Percebe-se que o significado altamente negativo que confere ao trabalho sexual é minimizado pelo uso de estratégias que a ajudam a situar-se de forma diferenciada relativamente ao comportamento das restantes mulheres. O que torna a sua experiência mais positiva é a minimização das situações que a embaraçam, em particular estar na rua à espera de clientes e ser vista a entrar e sair com eles da pensão. Achar que tem um comportamento diferente do das demais e que não a envergonha fá-la sentir-se melhor com a sua actividade. A Carla adopta estratégias para racionalizar os seus actos, apesar de manter o acento desvalorizante no seu discurso. Este, no entanto, não é sempre totalmente negativo. Noutra altura da entrevista, ela teceu verbalizações opostas ao que aqui foi reproduzido. Ao afirmar "para mim é como ir para uma cozinha, pôr o avental e a patroa dizer faz isso, aqui é igual", ela compara a prostituição com um emprego formal e não estigmatizado, o que revela que possui sentimentos contraditórios em relação à sua actividade.

O exemplo oposto, é o da Rosana, uma transexual com 44 anos que, na altura da entrevista, tinha deixado a prostituição recentemente. Ela olha para o trabalho sexual como uma actividade muito positiva e expressa-o constantemente. Defende que *juntava o útil ao agradável* e que o fazia sempre por prazer. Na entrevista formal, acabam por ser referidas situações reveladoras de que a sua experiência nem sempre foi positiva, aparecendo também racionalizações para ultrapassar os aspectos mais desagradáveis. Veja-se:

– Eu adorava ser prostituta, eu se pudesse, hoje, eu adorava ser prostituta. Adorava estar numa casa, numa montra na Holanda. Adorava estar aí. Os meus clientes

favoritos, os *chavalos*[74]. Eu gosto, gosto de sexo, gosto muito de sexo, muito, muito. Então como eu gosto de sexo a melhor maneira de apanhar sexo é a prostituição. Porque tenho os homens que quero, escolho e, pronto, ganho dinheiro e tenho prazer, é juntar o útil ao agradável. É fantástico.
– Mas sentia-se sempre bem enquanto prostituta?
– Depende. Eu gostava, agora aquelas que têm de o fazer por obrigação é muito mais triste de ver. Eu também passei por ter de me sujeitar a ter de ir com eles para a cama e a ter de fazer o meu papel. Porque precisava do dinheiro. Claro que me sentia mal. Sentia-me útil porque estava a prestar-lhes um serviço que os estava a fazer feliz, porque naquele momento estava a fazê-lo feliz, porque ele precisava de fazer uma descarga e se ele me escolheu a mim eu queria fazê-lo sentir feliz. Por isso eu fui sempre uma puta feliz. (...) (E Rosana)

Apesar da tónica acentuadamente positiva que caracteriza o discurso desta transexual, ela descreve situações de mal-estar no desempenho do sexo comercial. Considerar que estava a prestar um serviço útil ajudava-a a atenuar ou eliminar esses sentimentos mais negativos.

Todavia, a maioria dos casos não são assim extremados e a ambivalência em relação à prostituição ressalta de imediato. A Flávia, uma brasileira que está em Portugal há dois anos e na prostituição há sete meses, logo na primeira conversa que teve comigo, tanto me disse que "isto não interessa a ninguém", como referiu: "Agora estou bem" (em comparação com os outros empregos que teve). A Joana, de cuja entrevista coloco um extracto, também deixa clara essa ambivalência:

> Esta vida é amargurada mas ao mesmo tempo faço o que quero, tenho o meu dinheirinho, não tenho ninguém a mandar em mim. Não há contas a dar a ninguém, mandei sempre no dinheiro que ganhava. É uma opção de vida. É optar que ninguém manda em nós[75].

Além das racionalizações e ambivalências, salientam-se ainda as contradições: sentir mal/não sentir mal, gostar/não gostar, escolher/fazer por obrigação. Estas incoerências radicam quer na reacção social negativa que existe em relação ao trabalho sexual, quer nas restantes desvantagens reconhecidas pelas

---

[74] Palavra popular que se refere a jovens (do sexo masculino).
[75] É interessante que esta mulher formule esta frase: "É optar que ninguém manda em nós", pois trata-se de alguém que entrou na prostituição depois de fugir a um casamento em que era vítima de violência conjugal, com forte componente de controlo psicológico. Ressalte-se que se tratava duma situação de grande conforto económico, em que o marido exerce uma profissão de prestígio e no exercício da qual ela tinha um papel de colaboradora.

trabalhadoras do sexo, por oposição às vantagens que identificam. As prostitutas confirmam que, entre outras, a grande vantagem da sua actividade é económica, mas sentem de forma severa o estigma que lhes é projectado, as agressões que lhes são dirigidas e os riscos que correm.

Da reacção social me ocuparei no capítulo seguinte, mas ressalto aqui os aspectos negativos de se ser prostituta que são referidos por elas. As trabalhadoras do sexo enumeram como desvantagens a estigmatização e a etiquetagem, a vergonha que sentem, as violências variadas de que são alvo, a discriminação, as condições climatéricas a que estão sujeitas[76], o risco de contrair doenças e de terem que realizar actos sexuais com homens desconhecidos ou de quem não gostam. São estas condições que orientam as suas asserções negativas em relação ao trabalho sexual.

Em relação às vantagens da prostituição de rua, identifiquei-as já no ponto 2 do capítulo 1: ser um trabalho independente, as condições da relação com o cliente serem negociadas pela trabalhadora do sexo, o que lhes confere controlo sobre as práticas e sobre a escolha dos clientes e terem flexibilidade de horários e de dias em que trabalham. Mas quando se pergunta *quais as vantagens da prostituição?*, a resposta mais frequente e imediata é: *dinheiro*. Fazer muito dinheiro em pouco tempo é referido espontaneamente por quase todas as mulheres e transgéneros como a grande vantagem do trabalho sexual.

Veja-se como as afirmações da Ana exemplificam bem estas questões e, simultaneamente, sintetizam as contradições referidas:

– A vantagem é que é dinheiro rápido e com menos trabalho... não tens que trabalhar o mês todo para receber um ordenado. Também é bom chegar ao fim do mês e receber um ordenado mas aqui não é preciso esperar, ganha-se sempre e ganha-se mais. Por outro lado, apanhas de tudo, todo o tipo de homens, levas com toda a merda, aparece aqui toda a merda...
– [Alexandra] É essa a única desvantagem?
– As principais são os riscos: as doenças, podes levar um tiro, não sabes o que te pode acontecer.
– Seres apontada pela sociedade também é uma desvantagem?
– Também é desvantagem. A mulher sabe que não é bem, não é bom este trabalho mas a sociedade ao apontar o dedo ainda a fez sentir pior. (E Ana)

---

[76] Este pode parecer um ponto de somenos importância para quem nunca teve a experiência de estar na rua nas suas condições, durante horas seguidas, dia após dia, noite atrás de noite, todas as semanas e meses do ano. Mas não. Trata-se duma experiência de grande dureza, quer devido ao Inverno rigoroso (com chuva intensa e frio gélido), quer pelo extremo calor e exposição solar do Verão. Cheguei a estar 12 horas seguidas na rua e, por isso mesmo, tão bem compreendo que salientem este aspecto.

Ainda um outro exemplo, o de Ingrid, uma brasileira:

– [Alexandra] (...) não é um bocado contraditório por um lado dizer que odeia o que faz e por outro lado ter algum orgulho pelo facto de ganhar muito dinheiro?
– É complicado porque ganhar dinheiro realmente a gente ganha, mas dizer que eu gosto ou adoro o que faço não gosto, é aquela coisa, tudo na vida tem o seu preço, não tem coisa pior do que ir fazer sexo com um homem que não conhece de lado algum e com um homem que não dá prazer nenhum, que a gente não gosta. (E Ingrid)

De facto, este dinheiro que se ganha de forma rápida e em quantidade implica várias dificuldades e impede que elas avaliem bem o facto de serem prostitutas. Como se pode interpretar pelo que afirma a Ana, além dos riscos, a estigmatização tem um papel preponderante, ao lembrar às trabalhadoras do sexo que o seu comportamento não é correcto, o que é um contributo para que elas se sintam mal com o que fazem.

O posicionamento ambivalente e a incoerência discursiva são, pois, reflexos da presença simultânea de aspectos negativos e positivos, ambos com grande peso. Apesar de tudo, fazendo um balanceamento, elas permanecem na prostituição e acabam por dizer que o seu trabalho não implica qualquer comportamento que considerem incorrecto. Racionalizam afirmando que apenas prestam um serviço, que são honestas e não enganam ninguém. Como disse a Inês:

(...) senti-me sempre eu mesma e depois nunca vi a prostituição como um rótulo, para mim era um meio para a subsistência, para os meus filhos, para criar os meus filhos e não lhes faltar com nada e então eu dizia... rótulo é ladra, é roubar, mexer naquilo que está quieto, mexer naquilo que é dos outros! Isso é que é um rótulo... bem, eu não mexo em nada de ninguém, não pego em nada de ninguém... olha, o mais mal é meu porque no fundo se estou com um... um... se apanhar uma doença, o mais mal é meu porque eu... eu é que sou prejudicada. (E Inês)

As racionalizações que fazem contribuem para confrontar o estigma que lhes é aposto e para resistirem à pressão a que estão sujeitas pelo facto de serem prostitutas.

A prostituição como trabalho

Relativamente à natureza da sua actividade, similarmente podem sobressair dos seus discursos sentimentos ambivalentes. Se elas vivem a prostituição como um trabalho, o que já deixei claro no ponto 1.2., algumas delas não o assumem e, à pergunta: "considera a prostituição um trabalho?", respondem que não.

Mesmo que as explicações que adiantam não justifiquem a resposta, como, por exemplo, quando dizem: "Não, porque se uma pessoa trabalha recebe certinho e o dinheiro da prostituição é chorado. É muito esforço" (E Assunção) ou, então, "não. [Porquê?] Porque não gosto..." (E Júlia).

A propósito de algumas não considerarem a prostituição um trabalho, refiro como uma vez fui surpreendida pela reacção de uma mulher quando, depois de uma conversa que tive com ela na rua, lhe desejei que tivesse um bom trabalho. Endereci-lhe este cumprimento porque percebia que encarava a sua actividade como tal. Contudo, a reacção foi de rejeição a essa associação.

> No final da conversa, desejei-lhe bom trabalho.
> – [Piedade] Isto não é trabalho, é vida...
> – [Alexandra] Mas este não é o seu trabalho?
> – Não, eu não trabalho, eu ando na vida...
> – Mas isto para si é como um trabalho...
> – Não, não é. Isto é vida... trabalho é aquilo e aquilo [aponta para as pessoas que estão a trabalhar no restaurante do outro lado da rua e no café]. Pode não concordar comigo, mas isto não é trabalho... eu tenho que andar nisto porque não tenho trabalho, mas tenho estudos, sabe? (DC 05.05.2005)

Estas afirmações possuem um valor analítico de relevo. A oposição entre ter trabalho *versus* andar na vida e dizer *ando nisto porque não tenho trabalho* remete para a identificação das actividades laborais com o trabalho formal e não estigmatizado. É de notar que esta mulher, três dias antes, me tinha dito que faz descontos para a segurança social como empregada doméstica e que, a propósito da legalização da actividade, afirmou que se fosse preciso ia fazer barulho para a porta da segurança social porque não acha bem não ter os seus direitos enquanto que noutros países eles existem. De novo a ambivalência e a dificuldade de se gerirem, por consequência da interiorização das regras dos grupos sociais dominantes. Estas regras morais constituem um dos grandes, se não o maior impedimento, para a sua satisfação com uma actividade que é altamente rentável. Há um fosso entre o seu comportamento e o comportamento ditado pelas normas que impõem um modelo de sexualidade monogâmico e conjugal. Quando confrontam a sua actividade de venda de sexo com estas normas tomam consciência dessa distância e percepcionam-se negativamente. Assim, um comportamento que analisado individualmente tem um significado positivo adquire uma conotação negativa, sobressaindo-lhe as desvantagens, quando visto à luz da normatividade sexual femininina.

Da mesma forma, uma outra me dizia que não considerava a prostituição um trabalho porque não era honesto – "Trabalho não é. É uma maneira de ganhar dinheiro (...). Eu acho que é melhor um trabalho honesto do que isto." (E Safira). Na interpretação desta rejeição do rótulo de trabalho à sua actividade, é de salientar o forte peso da reprovação social e do estigma que dissociam a prostituição da seriedade e virtude.

Ainda sobre contradições notórias, exponho o que me respondeu a Iolanda quando rejeitou que se pudesse encarar a prostituição como um trabalho, justificando com a sua baixa rentabilidade. Durante esta parte da entrevista, ela acabou por notar a incoerência do seu discurso e admitir o contrário:

– [Alexandra] E acha que a prostituição pode ser considerada um trabalho?
– Claro que não.
– Não?
– De jeito nenhum, até porque hoje em dia nem dá. Está muito mau isto, já viu? (...) Não vale a pena andar-se na rua.
– Mas quando pergunto se acha que isto pode ser considerado...
– Não, não, não se pode considerar, quer dizer... ... inclusive eu considero um trabalho, porque eu digo "vou trabalhar", não é? Porque, pronto... é uma maneira de falar, vou trabalhar, mas não se pode considerar um trabalho porque isto é uma coisa muito incerta. (E Iolanda)

É, pois, compreensível a presença destas incongruências. O elevado valor que adquire o trabalho formal na sociedade actual, as condenações morais relativas ao comércio do sexo, que, como refere Bourdieu (1994), é o sacrilégio por excelência, e o forte controlo *invisível* da sexualidade feminina contrapõem-se ao peso do dinheiro e às possibilidades que este oferece de concretização de desejos e alcance de estatuto socio-económico. Afinal, este discurso não é mais do que o reflexo dum confronto moral interno; confronto entre o mal e o bem, entre o condenável e o aceitável, entre o desvalor e o valor.

A incoerência notória ao nível do discurso pode adquirir ainda maior compreensibilidade pela evocação do trabalho de Françoise Digneffe (1989). Tal como esta autora, posso questionar a possibilidade de nos construirmos num mundo tão sobrecarregado de regras e interpretar que as regras adquirem um significado pessoal de acordo com o projecto existencial adoptado. Surgem, deste modo, as racionalizações que são auto-justificatórias, mas não eliminam na totalidade o discurso contraditório e os sentimentos ambivalentes.

Os casos relatados até aqui são, todavia, em menor número do que os outros, já que a maioria das prostitutas de rua afirma que faz um trabalho. Entre estas encontram-se diferenças, pois umas dizem ser um trabalho, sem ressalvar os seus aspectos negativos, enquanto outras acentuam as diferenças relativamente às restantes actividades profissionais. Exemplifico as duas posições:

– [Alexandra] Mas acha que se pode chamar uma profissão?
– [Fátima] Então isto não é uma profissão? É uma profissão. Isto é a nossa profissão porque nós ao fim do mês, temos que pagar a renda, temos que pagar a luz, temos que pagar a água. Um trabalhador que anda a trabalhar de dia, de manhã à noite, também traz a féria ao fim do mês para pagar as dívidas. E nós temos que pagar as nossas dívidas. (E Fátima)

É um trabalho como os outros, exactamente como os outros, com a única diferença de que se é marginalizado... que se é discriminado... pronto, é um trabalho porque... é um trabalho porque nós vimos aqui fazer o nosso trabalho e vamos embora. Exactamente como os outros, o que é diferente, é que quando se está numa fábrica, por exemplo, a gente sabe que corre riscos... de espetar com uma agulha, mas aqui não sabemos quais são os riscos que nós corremos... (E Isabel)

Esta mulher, a Isabel, que antes de se tornar prostituta trabalhava numa fábrica têxtil, sabe que todas as profissões têm riscos, com a diferença que os desta são menos previsíveis. Estes casos maioritários traduzem, então, a posição de que se trata de uma profissão, mas não como as outras, na medida em que existe uma reacção social negativa e os riscos são variados.

Legalização e procura de dignidade
Se as pessoas que se prostituem consideram que o que fazem é trabalho, implica que defendam a sua legalização, o que não é mais do que a tentativa de serem respeitadas pela sociedade e reconhecidas pelo Estado pela sua actividade. Neste âmbito, constatei que muitas das trabalhadoras do sexo têm consciência política e conhecem as leis, advogando que a sua actividade devia ser regulamentada ou legalizada como qualquer outra[77].

Têm, contudo, diferentes opiniões sobre a forma que devia tomar esse reconhecimento, com a maioria a defender um regulamentarismo no qual existissem consultas médicas, dividindo-se as opiniões sobre se deviam ser facultativas ou compulsivas. No entanto, para a esmagadora maioria das que defende a obrigatoriedade dos exames médicos, tal não se aplicaria a si, mas às que vêem como pouco cuidadosas em termos higio-sanitários, como será o caso das toxicodependentes.

---

[77] A maioria das trabalhadoras do sexo de rua, tal como as pessoas não prostitutas, identifica a legalização com o regulamentarismo, embora estas noções não remetam exactamente para o mesmo conteúdo. O regulamentarismo implica a existência de leis e de estatutos especiais e é, regra geral, discriminatório para os trabalhadores do sexo. Na legalização, situação que defendem as associações de trabalhadores do sexo, a actividade sexual comercial é encarada e regida como qualquer outra profissão.

Vejam-se duas posições diversas no relato seguinte:

A Inês contou-me que tem uma amiga que não assume que já foi toxicodependente, o que acha mal. Também não percebe como é que esta não tem qualquer vigilância médica. Diz que anda a insistir com ela para que vá à maternidade [a uma consulta de ginecologia], mas ela não o faz. Por isto, quando se fala em consultas compulsivas a Inês acha bem por causa de pessoas assim. Confrontada com a questão "e no seu caso gostava que a obrigassem?", a Inês diz que uma lei regulamentarista seria benéfica, não se importando das consequências menos boas da lei.
A Dina, apoiada pelas outras, disse que não concordava. As consultas podiam existir mas não serem obrigatórias, até por causa do rótulo que está associado ao boletim sanitário que essa obrigatoriedade acarretaria. (DC 21.10.2004)

Para a generalidade das trabalhadoras do sexo de rua, o sistema ideal devia resguardar as mulheres da exposição pública, das agressões e das intempéries, ou seja, não seria compatível com a prostituição de rua. Seria um sistema que permitiria a sua inscrição na segurança social e o pagamento de impostos com uma declaração de rendimentos de trabalhador independente no fim de cada ano. Dadas as características da actividade, deviam existir consultas médicas disponíveis, mas não obrigatórias. Ressalvam ainda que um sistema que permitisse acabar com a prostituição de rua só devia funcionar se pudesse impedir a exploração que existe actualmente nas casas de prostituição que, na sua maioria, cobra 50% dos ganhos às trabalhadoras e trabalhadores do sexo.

No mesmo sentido vão as afirmações da Aurélia, na sua entrevista:

– [Alexandra] A legislação podia melhorar?
– Sim, para impedir que as mulheres fossem tão exploradas pelos donos dos clubes, estão ali a sugar o sangue das mulheres, e permitir às mulheres trabalhar com condições, proporcionando-lhes uma casa para trabalharem, longe dos perigos que a rua oferece. Por exemplo, uma mulher quando entra num carro com um cliente que não conhece ele pode levá-la para uma floresta e matá-la. Porque já que esta actividade existe e não se pode acabar com ela, pelo menos que se dê condições às mulheres para trabalharem. Já que é a profissão mais antiga do mundo que se ajude as mulheres a trabalhar com segurança. (E Aurélia)

Acrescente-se ainda a visão das imigrantes, especificamente das brasileiras, de que a legalização do trabalho sexual podia permitir regularizar a sua situação:

– [Ingrid] É assim, eu adoraria que melhorasse, a legalização que desse algum... Não é? Porque ia ser bom para mim.
– [Alexandra] O seu estatuto não é legal, cá em Portugal?
– Não, estou ilegal. Por exemplo se a prostituição fosse legal, quando trabalhei nessas casas podia ter legalizado... Claro.

Além de todos os aspectos práticos referidos, nomeadamente os relacionados com a protecção pessoal e a possibilidade de obtenção do estatuto de imigrante regular para as estrangeiras, parece-me que o que todas procuram é o respeito e a dignidade que a sociedade sempre lhes negou. O reconhecimento da sua actividade como um trabalho legal podia ser um contributo para isso; para serem encaradas com consideração e respeitabilidade. Como me dizia a Zulmira: "Eu acho que sou uma mulher como as outras, sou igual, não sou? Eu acho que sim. (...) já que não podem acabar com a prostituição, que nos tratem com um pouco de dignidade."
Afirmava assim a Xica:

> Eu acho que sim, acho que a gente somos como as outras pessoas. Há mulheres que passam aqui e olham a gente de lado. (...) mas acho que a gente devíamos ser tratadas como... pronto, como seres humanos que somos, como as outras pessoas que têm outra profissão qualquer. Isto é uma profissão. (E Xica)

Elas sentem-se mulheres e trabalhadoras como as outras, logo pretendem que as tratem dessa forma. Não procuram mais do que a dignidade que sempre lhes foi negada e esta ambição sobressai dos seus discursos: a vontade de serem respeitadas pela sociedade e de verem o seu trabalho devidamente reconhecido. Subsiste, então, uma sensação de injustiça pois, além da dureza do seu trabalho, ainda têm que enfrentar o desrespeito e a infâmia, o que influencia a concepção que têm de si próprias

Os aspectos mais negativos associados ao trabalho sexual influenciam a forma como as prostitutas se vêem. Alguém a quem a sociedade agride e lembra constantemente a *imoralidade* do seu trabalho tem grande probabilidade de ter uma vivência negativa de uma parte da sua vida e, como consequência, ver diminuída a sua auto-estima. No entanto, tal como tenho vindo a analisar, nem todas vivenciam a actividade de forma negativa e o que prevalece é a ambivalência.

Um dos mitos existentes relativamente às pessoas que fazem trabalho sexual é o da sua baixa auto-estima. Pressupõe-se que ninguém poderá gostar de ser prostituta (ou prostituto), ou gostar de si pelo facto de o ser. Pela experiência que tenho nos contactos com pessoas que se prostituem, parece-me que esta não é uma característica homogeneizante. A auto-estima das prostitutas(os) é muito dissemelhante entre si e depende de um conjunto de factores que não apenas o facto de praticarem sexo comercial. Além de que este não é um traço fixo mas uma característica constantemente actualizada: diferentes pessoas podem ter diferentes níveis de auto-estima, em diversas esferas da sua vida e em distintos momentos desta.

A contrariar este preconceito, existem estudos que indicam que uma grande percentagem de *call girls* ou mulheres a trabalhar em bordéis viram a sua auto-estima melhorada depois de entrarem na prostituição, pois se um dos objectivos de entrarem no trabalho sexual era a independência económica, elas passam a sentir-se melhor consigo próprias depois de o terem atingido (Prince, 1986). Igualmente, num estudo efectuado na Nova Zelândia, que comparou trabalhadoras do sexo de interior com uma amostra de mulheres não prostitutas da mesma idade, não foram encontradas diferenças no que respeita à saúde física, auto-estima ou saúde mental (Romans, Potter, Martin & Herbison, 2001).

As conclusões destes estudos remetem para trabalhadoras do sexo de interior, mas o que se passa relativamente às mulheres que se prostituem na rua? É possível que uma prostituta de rua tenha boa auto-estima? Pelo que tenho verificado, tal acontece. Embora seja na rua que se encontra a maior percentagem de mulheres a experienciar negativamente a actividade (Weitzer, 2000, 2005a) e aquelas que têm mais problemas psicológicos (Exner Jr. *et al.*, 1977; Weitzer, 2000), nem todas se enquadram nestas características. Uma larga maioria das prostitutas de rua tem estima de si. As mulheres avaliam-se positivamente, gostam de si mesmas, respeitam-se e têm poder sobre si.

Presumivelmente, esta ideia que associa prostituição com baixa auto-estima tem as suas raízes na concepção destas mulheres como vítimas e até na análise normativo-cêntrica que desvaloriza experiências de vida que se distanciam daquelas da classe média dominante. E, particularmente, pela incapacidade de olhar os trabalhadores do sexo de forma humanizada.

Nos contactos que a sociedade normativa estabelece com os indivíduos deste grupo, o enfoque é colocado apenas em um dos aspectos da sua vida: a prática da prostituição. Mas esta é uma visão exterior a quem faz trabalho sexual. Para as prostitutas e prostitutos, esta é a actividade que lhes permite obter o dinheiro que necessitam, não é a totalidade das suas vidas. Tal como as restantes pessoas, elas movem-se numa esfera familiar, têm redes de amizade, empreendem actividades de lazer, estão inseridas numa comunidade. As diferentes áreas da sua vida podem ser altamente positivas – a própria actividade prostitucional, pela grande quantidade de dinheiro que proporciona, pode permitir práticas e o acesso a bens que as valoriza (tal como vimos no capítulo anterior relativo às relações com familiares e como veremos ainda no capítulo que se segue a este).

Não defendo que todas as trabalhadoras e trabalhadores do sexo (de rua) têm boa auto-estima. Mas também não posso deixar de negar a imagem estereotipada generalizada da ausência de auto-estima, pois não encontrei consistência empírica para esta.

Em resumo, dos discursos das trabalhadoras do sexo ressalta a ambivalência em relação à sua actividade, pois todas lhe reconhecem aspectos positivos e negativos de relevo. Esta ambivalência pode traduzir-se numa incoerência discursiva, caracterizada por contradições que radicam na oposição entre vantagens económicas, por um lado, e estigmatização e riscos evidentes, por outro. Para a superação dos aspectos mais depreciativos, as prostitutas recorrem a racionalizações que são estratégias activas de salvaguarda da auto-estima. É pelo recurso a estas estratégias e/ou porque acreditam que estão a desempenhar uma actividade laboral com utilidade que elas permanecem resistindo a todas as contrariedades – o que faz deste um acto político.

Se todas *fazem* a prostituição como um trabalho, nem todas aceitam assumi--lo, talvez pela identificação de trabalho com o trabalho formal e pela rejeição do rótulo de imoralidade que está associado a esta actividade. A maioria, porém, defende que a sua actividade deve ser encarada como uma profissão. E esta, mesmo que não seja exactamente igual às outras, pelos perigos e estigma associados, requer os mesmos direitos. Para tal, legalizar ou regulamentar a prostituição seria um passo marcante e necessário na direcção do reconhecimento da sua prática, conferindo-lhes direitos e o respeito e a dignificação em falta. Igualmente ajudaria à desestigmatização, o que configuraria um contributo para melhorar a dimensão da auto-estima que poderá estar fragilizada: a que se relaciona com a actividade laboral. Esta não é, contudo, uma condição sempre presente, nem a auto-estima se limita a esta esfera da vida. Afinal, a auto-estima baixa, comummente associada às pessoas que se prostituem, não passa de um estereótipo e da projecção da ideia de vítima.

3.2. A diversidade das trajectórias: entrar, permanecer e sair

As trajectórias de vida das trabalhadoras do sexo que analisei são distintas entre si. Igualmente as suas características biográficas são diferentes em todas as dimensões. O enquadramento familiar, as relações com progenitores e irmãos, o percurso escolar e a relação com a escola, as experiências profissionais, a idade e os motivos de entrada na prostituição, as relações de conjugalidade e com os filhos são muito variados.

A ideia de uma trajectória tipo que prediz a entrada na prostituição e define as pessoas que se prostituem não é sustentada empiricamente. A diversidade de experiências, de percursos e de aspirações não se coaduna com a definição de tipos. Especificamente, a existência de uma trajectória única que passa por ambientes de privação e abuso na infância é negada por casos de mulheres que dizem ter tido uma infância feliz, da qual têm boas recordações. Embora muitas refiram a pobreza como marca distintiva, algumas delas não deixam de salientar como viviam num bom ambiente familiar, com pais apoiantes e que tentavam dar o melhor para os filhos, tendo ainda um bom relacionamento com os irmãos. É verdade que o oposto também ocorre: trabalhadoras do sexo cujas trajectórias de vida são marcadas por infâncias pobres e infelizes, em relação às quais dizem não ter boas recordações, onde a violência, o abuso, o abandono, a negligência e o alcoolismo por parte dos progenitores estiveram presentes – muitas destas acabaram por fugir de casa para escaparem à violência. As trabalhadoras do sexo têm, então, passados distintos entre si.

O momento em que entraram na prostituição, as condições de vida que as caracterizava e os motivos que evocaram como motivação, também se diferenciam. O único ponto que todas comungam é o desejo de ganhar dinheiro, de forma mais rápida e em maior quantidade. Quanto ao resto: há mulheres que entram no trabalho sexual com pouca idade, entre os 16 e os 20 anos, mas outras que o fazem mais tarde, depois de terem passado por um casamento e quando já têm filhos; algumas ingressam na prostituição porque estavam desempregadas, outras desempregam-se para entrar na prostituição; ainda outras nunca tiveram um emprego sem ser na área do trabalho sexual. A maior parte tem filhos e marido, companheiro ou namorado, com quem formam uma família, mas nem todas preenchem estas duas características. Certas, por exemplo, moram sós, em pensões. A duração da actividade prostitucional também é muito variável e vai desde a imigrante que começou na prostituição há um ano até à mulher de 60 anos que está na prostituição há 33 anos.

O grupo ao qual dei formação, apesar de pequeno, representa uma parte da grande diversidade de experiências. De facto, mesmo quando estamos perante uma *amostra enviesada* pela inclusão num grupo de formação, o que homogeneíza as características dos indivíduos, como vimos atrás, por exemplo, em relação à idade, encontramos experiências muito diversas. Neste grupo estavam incluídas 10 mulheres entre os 34 e os 58 anos. Desde a quase analfabeta e com poucos recursos cognitivos até à mulher inteligente e com discurso político. Da ex-toxicodependente que se prostituiu durante seis meses e que se distância do rótulo até às que assumem que são prostitutas de carreira. Mulheres com 30 anos de prostituição que viveram o proibicionismo e outras com menos anos de actividade. Com e sem filhos. Uma toxicodependente, três ex-toxicodependentes, seis que nunca consumiram drogas. Mulheres com experiências de violência muito severas e outras que apenas referem a violência "mais suave" das agressões da rua. Enfim, um grupo heterogéneo, que tinha em comum a vontade de deixar a prostituição.

À entrada: regularidades, pontos de inflexão e mudança
Se existem singularidades nas trajectórias, existem igualmente factores regulares. Não no sentido de se tratarem de características generalizáveis, que possam diferenciar este grupo e servir como variáveis preditoras, mas de aspectos que se verificaram comuns a um sub-grupo de pessoas entre as que praticam prostituição de rua.

Uma das regularidades encontradas no passado das prostitutas de rua, liga-se com a origem em níveis socio-económicos desfavorecidos. Uma grande percentagem das trabalhadoras do sexo da rua provém de meios sociais empobrecidos e de famílias com baixos recursos económicos: das 32 entrevistadas no meu trabalho, 12 afirmaram que tiveram uma infância pobre.

Entre estas, encontra-se a Darcília, de cuja entrevista se segue um trecho:

– [Alexandra] Com que idade é que começou a trabalhar?
– [Darcília] Ai, foi muito nova, não sei, agora não me lembro. Sei que foi muito nova. Já me fizeram essa pergunta há pouco tempo mas eu não me lembro.
– Mas andou na escola?
– Andei.
– Até que ano?
– Quarta.
– Até à quarta, e depois foi logo trabalhar?
– Fui. (...) tinha necessidade porque os meus pais eram pobres, eram pobres eu tinha que ajudar em casa.

Articulada com a pobreza, encontra-se, neste caso, como noutros, a pouca escolaridade. A baixa formação escolar será outra das regularidades. Cerca de 2/3 das pessoas que entrevistei possuíam um grau de escolaridade pequeno, na quase totalidade destas, igual ou inferior ao 4.º ano.

Estas características não podem ser dissociadas do facto desta investigação ter sido efectuada com trabalhadoras do sexo de rua. Se o tivesse feito com prostitutas de outro contexto, talvez estas características não se tivessem evidenciado. No estudo que realizei sobre trabalho sexual de interior (Oliveira, 2004a) encontrei um nível de escolaridade bastante mais elevado: havia uma percentagem considerável de mulheres com frequência universitária, actual ou passada, e mesmo com licenciaturas. Bernstein (2007) defende que as novas tecnologias de troca sexual, como, por exemplo, a internet, facilitaram o acesso ao trabalho sexual de homens e mulheres da classe média e, embora estes possam não constituir a maioria, nota-se um aparente apelo crescente deste trabalho junto de pessoas com vantagens raciais, educacionais e de classe. Como exemplo que confirma estes dados, esta autora cita Smith (2006) para indicar que, em França, cerca de 2% dos estudantes admite financiar os seus estudos através do comércio do sexo. Sendo, deste modo, rejeitada a associação exclusiva entre comércio do sexo e classes ou grupos desfavorecidos.

No que respeita ao abuso sexual, no conjunto das mulheres que entrevistei, uma foi vítima de abuso sexual continuado por parte do padrasto entre os nove e os 12 anos e duas sofreram uma violação, uma quando tinha 13 e outra quando tinha 17 anos. As restantes, representando 90%, iniciaram a sua actividade sexual de forma voluntária e, segundo o seu relato, satisfatória. Também Ribeiro *et al.* (2008) encontraram uma pequena percentagem de mulheres que referenciou ter tido uma iniciação sexual forçada – numa amostra de 200 mulheres, somente em 10 dos casos tal foi relatado. Estes dados opõem-se a certos resultados de investigações científicas que tendem a traçar uma relação, muitas vezes determinística, entre o abuso sexual de menores ou a violação em idade precoce e a entrada na prostituição (e.g. Farley, 2004; Farley & Barkan, 1998; Raphael & Shapiro, 2004). Há, pois, autores que referem a existência de uma relação entre abuso sexual na infância e prostituição e outros que, pelo contrário, indicam que o nível de abuso sexual entre as pessoas que se prostituem é semelhante ao da população em geral (Nixon, Tutty, Downe, Gorkoff & Ursel, 2002).

Se nos centrarmos agora no momento de entrada na prostituição constata-se um factor frequente: em muitas das histórias de vida, verifica-se a influência de amigas, conhecidas, vizinhas ou colegas com experiência na prostituição, que as ajudaram a perceber as vantagens da actividade, dando com isso um contributo para a sua decisão de iniciarem a actividade. Num momento de dúvida sobre o rumo a dar à sua vida e na presença de dificuldades económicas, cerca de metade das mulheres que entrevistei refere esta influência. Fosse porque uma mulher com quem se relacionavam lhes salientou o aspecto mais positivo do trabalho sexual, dinheiro rápido e em quantidade como solução para os seus problemas, fosse porque ao observarem a forma como essa pessoa vivia puderam perceber a alta rentabilidade do negócio. Vejam-se dois exemplos de afirmações das mulheres a este propósito, o de uma brasileira, a Aurélia, relativa ao seu início na prostituição ainda no Brasil, e o de uma portuguesa, a Clara.

> Isso não é feito sem indução de amigo, de amiga, você vê uma boa pessoa ali e, por exemplo, quando eu entrei, quando eu entrei nessa foi justamente induzida por

amiga porque eu trabalhava, ganhava muito pouco. Eu ganhava muito pouco. Não, as pessoas lá me falavam: "Não, aqui a gente ganha dinheiro fácil." Não é ganhar dinheiro fácil porque só o risco de vida que a gente corre não é fácil. Então, é assim, deixei aquele emprego, realmente eu ganhava muito pouco, eu vi minha amiga mudando de vida, mudaram de vida e tal. Deixei o trabalho pesado, que eu trabalhava de doméstica, e fui. (E Aurélia)

– [Clara] É assim: eu na altura separei-me, tinha um filho, eu tenho um filho de 12 anos, separei-me e tinha uma amiga que trabalhava na vida... (...) E então as pessoas diziam... tinha pessoas amigas que diziam: "Ai, esta vida é fácil, vou para uma boîte e tal. O quê? Trabalhas todo o mês para receber 60 contos?"
– [Alexandra] Onde é que a Clara trabalhava?
– Num restaurante. E eu num dia fui, experimentei e, só num dia, fiz 70 contos. No primeiro dia fiz 70 contos. (...) comecei a pensar: vou trabalhar todo o mês para ganhar 60, se eu num dia posso ganhar 70? (E Clara)

No que concerne às influências exercidas por terceiros na entrada na prostituição, existe um estereótipo que é infirmado neste trabalho: o de que as mulheres entram na prostituição sempre pela influência nefasta de um explorador. Apenas três das mulheres entrevistadas referem a interferência decisiva de um namorado aquando do início da sua actividade. Não tendo sido relatada, em nenhum dos casos, a existência de coacção, mas sim de persuasão. A influência que têm outras trabalhadoras do sexo suas conhecidas parece mais evidente do que a influência de um homem com objectivos de exploração.[78]

Esta interferência das amigas pode ser intencional ou não. Quer dizer, pode ter havido uma intervenção propositada com o objectivo de contribuir para a sua tomada de decisão ou, então, as amigas já prostitutas podem apenas ter servido de modelo inspirador à mulher para entrar no trabalho sexual por prognóstico de ganhos na opção.

Outra regularidade existente nas diversas trajectórias depois de entrarem no trabalho sexual consiste na passagem pelo alterne ou pela prostituição de interior, em bares ou em apartamentos, antes do ingresso na prostituição de rua. Metade das trabalhadoras do sexo que entrevistei trabalhou em contextos de interior antes de se decidir pela prostituição de rua. Esta passagem por outros tipos de trabalhos sexuais, com posterior opção pela rua, dá-se pelo

---

[78] Vanwesenbeeck (2001), numa revisão da literatura, refere que a pressão exercida pelos *chulos* afecta apenas uma percentagem relativamente pequena das prostitutas. A influência das amigas é, porém, um dado que tem sido evidenciado em alguns estudos (e.g. McKeganey & Barnard, 1996; O'Neill, 1997; Pryen, 1999b; Ribeiro *et al.*, 2008; Sharpe, 1998).

reconhecimento das vantagens deste tipo de prostituição, nomeadamente pela probabilidade de fazerem mais dinheiro, e não por degradação pessoal e despromoção na carreira. O estereótipo da prostituta colocada na base da pirâmide hierárquica das trabalhadoras do sexo, que passou necessariamente por um processo descendente em direcção à deterioração física e psicológica, acabando por se prostituir na rua por falta de alternativas viáveis, não se aplica aqui[79]. Em muitas das histórias que ouvi, aliás, a passagem pelo alterne e/ou prostituição de interior fez-se de forma breve: as mulheres não permaneceram muito tempo nesses contextos.

A Sónia, por exemplo, começou a fazer alterne por sugestão duma vizinha sua que o praticava e, mais tarde, passou para a prostituição de rua, quando considerou que precisava de mais dinheiro.

> Entretanto a vida complicou-se: pagava 12,5 euros por dia na pensão e sentia dificuldades em fazer face às suas despesas porque só fazia alterne. Uma das pessoas que morava na pensão era prostituta e dizia-lhe quanto ganhava: "foda-se e eu estou ali e não faço nada...", pensava. Além disso, não gostava de ter que ser apalpada para poder fazer algum dinheiro. Diz que o sistema do alterne não dá com o seu feitio, pois fazia má cara quando os clientes tentavam apalpá-la muito. Eles, por sua vez, não gostavam dessa reacção e não lhe pagavam bebidas. Perguntou ao Sílvio [o namorado] o que é que ele achava e ele disse-lhe que não achava bem. Face a esta oposição, ela esperou mais uns dias, mas depois decidiu-se a ir. Na primeira noite, entre as 22.30h e as 2h fez 80 contos. Foi ter com o Sílvio, que saía às duas e meia e mostrou-lhe o que tinha ganho. "Comecei e aí estou... depois acho que o dinheiro me subiu à cabeça... habituei-me a ter sempre muito dinheiro..." (E Sónia)

De salientar ainda neste excerto da entrevista da Sónia, as dificuldades financeiras que sentia e a discordância do namorado que não foi impeditiva da prevalência do seu arbítrio.

Os constrangimentos estruturais, quase todos económicos, presentes no momento de viragem para a prostituição, não podem ser encarados de forma determinista. Há que ter em consideração a capacidade de auto-determinação psicológica de cada um dos indivíduos que se encontra nessa situação. Numa dada conjuntura, caracterizada por condições financeiras desfavoráveis, que podem ser encaradas como tendentes a favorecer a entrada na prostituição,

---

[79] Embora existam situações destas. Algumas mulheres que iniciaram a sua actividade de sexo comercial por contextos de interior, e que não organizaram a sua vida de forma a acautelarem o futuro, podem acabar a sua vida a prostituir-se na rua quando a idade e o aspecto físico já não lhes permite trabalhar nas casas de prostituição ou nos bares de alterne (Oliveira, 2004a).

pode operar-se uma ruptura do estilo de vida por decisão ponderada. É desta decisão que surge a entrada no trabalho sexual.

Esta noção de ruptura ou inflexão na trajectória de vida destas mulheres e trangéneros, quando iniciam o trabalho sexual, parece-me importante para a compreensão da sua entrada no comércio do sexo. Quando se analisam os percursos individuais das prostitutas, tomando em consideração as variáveis contextuais, familiares e sociais, que caracterizam tanto o seu passado como a actualidade, os recursos psicológicos, económicos, escolares e profissionais que possuem e o momento da vida em que se encontram, percebe-se que houve uma ruptura que implicou uma modificação na sua trajectória. O ingresso no trabalho sexual faz-se através dum processo de corte num momento crítico ou com um passado problemático que rejeitam.

As circunstâncias que estão subjacentes a esse processo são variadas, mas observei duas formas que surgem com mais frequência: a presença dum acontecimento marcante que provoca alterações drásticas na vida da pessoa e a fuga à violência familiar. Vejamos cada uma delas em particular.

A presença dum acontecimento fracturante que provoca alterações drásticas na vida da pessoa é observada em várias das histórias de mulheres que se prostituem. Trata-se duma ocorrência relevante, como o divórcio, a prisão do marido, a expulsão de casa pelos familiares ou a perda do emprego – acontecimentos de vida importantes que obrigam a mudanças profundas na existência individual. Nestas situações, muitas das mulheres vêm as suas necessidades financeiras aumentar exponencialmente, pois ficam sozinhas com os filhos a seu cargo, não podem dividir despesas, passam a ter que pagar uma renda de casa, podendo igualmente haver uma diminuição repentina dos seus rendimentos. Face a estas circunstâncias, o trabalho sexual surge como uma opção válida, no qual elas poderão auferir as quantias de dinheiro de que necessitam.[80]

Mostrei já um exemplo, o da Clara, em que esta situação surge evidente: ela refere o pós-divórcio e a existência do filho, aos quais se pode associar a influência do grupo de amigas, como tendo sido decisivos para a sua entrada na prostituição.

Mas veja-se um caso distinto: a Iolanda é toxicodependente, vivia com a mãe e mantinha-se empregada. Com o seu salário e com o que ia desviando de casa conseguia ter dinheiro para comprar a cocaína de que precisava. Um dia, no emprego, é encontrada a consumir droga na casa de banho e é despedida. A mãe, entretanto, descobre que ela furtava bens em casa e expulsa-a. Resolve,

---

[80] Os motivos relacionados com dificuldades de sobrevivência após ruptura familiar foram por nós evidenciados em estudo anterior (Manita & Oliveira, 2002), tal como o são por outros autores (Mossuz-Lavau & Teixeira, 2005; Ribeiro *et al.*, 2008).

então, começar a prostituir-se na rua para conseguir dinheiro para a droga e para sobreviver. Embora os motivos sejam diferentes, existe igualmente um, ou melhor dois, acontecimentos drásticos que são decisivos para se iniciar a prostituição.

A entrada na prostituição dá-se, então, por uma inflexão na sequência de mudanças na vida de algumas pessoas. Nestes casos, o trabalho sexual surge como uma decisão na sequência de um ou mais acontecimentos marcantes que provocaram uma viragem.

A outra circunstância que aparece com frequência relevante é a fuga à violência familiar continuada. Esta motivação, presente em muitas das histórias de vida, está associada quer à violência conjugal, quer à violência por parte dos progenitores.

Nestes casos é constatada uma continuidade temporal e de acontecimentos entre a fuga a essa violência e a entrada na prostituição. Esta constatação é efectuada, seja pela própria mulher que estabeleceu essa relação, seja porque, no conhecimento dos vários elementos que integraram esse momento da sua vida, bem como atendendo à maneira como os articulou no decorrer da entrevista, eu própria faço essa interpretação.

Assim, existem mulheres que ingressaram na prostituição na sequência da fuga dum casamento no qual eram vítimas de violência por parte do marido. Por exemplo, a Júlia, tal como referi em nota de rodapé na secção anterior deste capítulo, fugiu de um marido agressor com a filha menor. Ela exercia a sua profissão com ele, pelo que, após a fuga, ficou sem meios de subsistência. Começou a procurar emprego tendo respondido a um anúncio para trabalhar numa pensão, sem ter percebido do que se tratava. Uma vez lá e perante a oferta de trabalhar como prostituta, começou por recusar, mas acabou por ceder e entrou no trabalho sexual.

Noutros casos, raparigas bastante jovens fogem ao seu meio familiar por serem vítimas de agressões físicas, psicológicas ou sexuais, por assistirem a maus-tratos conjugais ou por desejarem escapar à rigidez e desadequação das normas impostas pelos progenitores. Algumas vezes, associa-se ainda o desejo de partilhar a vida com um rapaz por quem se apaixonam, podendo este ter um papel activo, ou não, na entrada na actividade.

Nos casos em que a fuga não tem esta última motivação associada, as raparigas ficam sozinhas e, sem meios de subsistência, a prostituição pode, então, aparecer como uma alternativa realista para poderem viver. Para algumas, no entanto, o ingresso na prostituição faz-se de forma progressiva. Elas começam por mendigar ou aceitar que lhes ofereçam algo e, logo, alguns homens mais velhos trocam essas ofertas por pequenas permissões de carácter sexual.

O caso da Pilar parece-me bastante elucidativo desta situação. Esta mulher prostitui-se há 20 anos. Saiu de casa com a idade de 16, mas não entrou logo na prostituição, só mais tarde, aos 19 anos. Deixou a família de origem porque já não aguentava a violência do pai sobre si, irmãos e mãe. As agressões do pai, alcoólico, eram permanentes. Todos os dias, quando vinha de trabalhar, a mãe trazia um garrafão de vinho para o acalmar. Dar-lhe vinho em grandes quantidades era uma forma de conseguir que ele abrandasse, mas também uma estratégia para que ele adormecesse evitando assim mais ataques sobre ela e os filhos. As agressões eram muito severas, principalmente sobre a mãe, que ficou com graves sequelas físicas e psicológicas.

Por essa altura, a Pilar tinha começado a namoriscar com um vizinho e o pai andava sempre a ameaçá-la que a matava se ela perdesse a virgindade. Além das ameaças, quando lhe batia, era mais severo por ter essa suspeição. Como entretanto teve a primeira relação sexual, fugiu antes que o pai descobrisse. Ela refere que foi pela conjugação destes dois factores: agressões constantes e antecipação de mais violência que fugiu (mas não o fez para estar com o namorado).

Até ter entrado na prostituição, como era menor, tinha que andar escondida e, por isso, foi para uma localidade longe do seu meio de origem. Durante este período "metia-se com os velhotes" para eles lhe pagarem, por exemplo, o almoço. Diz que andava pelas tascas e que tentava que lhe dessem dinheiro oferecendo serviços sexuais, mas como ela era muito novinha, eles recusavam. Iam-lhe dando, então, qualquer coisa desinteressadamente ou a troco de pequenas brincadeiras ("uma mão aqui ou ali, mas não ia para a cama com eles"). Aos 19 anos, começou a prostituir-se. Desde aí sempre se manteve nesta actividade

Este caso, que tem baixa representatividade entre as mulheres que entrevistei, enquadra-se no fenómeno das crianças fugitivas que tem sido descrito pela literatura estrangeira, sob a designação de *runway adolescents* ou *runway children* (e.g. Cusick, 2002; Rees & Lee, 2005; R. B. Flowers, 1998; O'Neill, 2001). A maioria dos *runways* são raparigas e provêm de lares abusivos e/ou disfuncionais; outras deixam a sua família por um desejo de independência, emoção, excitação ou aventura; algumas são expulsas de casa por punição, desrespeito ou simplesmente abandono, refere R. B. Flowers (1998).

A relação entre os adolescentes que fogem de casa e a prostituição juvenil tem sido evidenciada na bibliografia científica. Cusick (2002), numa revisão de literatura, conclui que existem diferentes percentagens de crianças fugitivas ou sem abrigo que se envolvem na prostituição e cita vários estudos (e.g. Stiffman *et al.*, 1988; Yates *et al.*, 1991; Boyle, 1994; Shaw & Butler, 1998) que correlacionam fortemente a entrada de adolescentes na prostituição com as experiências de fuga de casa e ainda com institucionalizações em centros para menores. No caso que descrevi, trata-se de uma adolescente que deixa a casa para fugir aos maus-tratos do progenitor, acabando por se envolver em algumas actividades desviantes e, mais tarde, em práticas de prostituição.

Estas duas formas de entrar no trabalho sexual, a que decorre de um acontecimento drástico e a que ocorre por fuga à violência, são os percursos de entrada na prostituição que surgiram mais frequentemente nas trajectórias que estudei – embora não esgotem a totalidade das situações.

Pude também verificar a presença de características comuns a alguns trabalhadores do sexo que permitem agrupá-los. Assim, analisarei, de seguida, três tipos de trajectos particulares associados a pessoas com determinadas especificidades e que se prostituem na rua. Refiro-me às toxicodependentes, às transexuais e às imigrantes. Para estas, respectivamente, a prostituição existe para fazer face aos consumos de drogas, por falta de alternativas laborais e desejo de fuga a meios pequenos e opressivos por assumpção da transexualidade, e como parte dum projecto migratório.

Note-se que estes trajectos não são mutuamente exclusivos, nem exclusivos relativamente às trajectórias descritas anteriormente: uma transexual pode ser imigrante, uma toxicodependente pode ter fugido à violência, as prostitutas podem tornar-se toxicodependentes depois de já serem prostitutas, entre outras possibilidades que constituem a diversidade de trajectórias e de motivações associadas à entrada na prostituição

Ser prostituta para fazer face aos consumos de drogas

É grande a percentagem de toxicodependentes entre os trabalhadores do sexo de rua (Manita & Oliveira, 2002; Oliveira, 2004a; Porter & Bonilla, 2000; Potterat et al., 1998; Pryen, Barbotin & Mary, 1997). Em comum, as toxicodependentes têm a necessidade de grandes quantias de dinheiro para comprar a substância psicotrópica que as mantém em equilíbrio; que lhes evita e tira a *ressaca*. Nem todas são dependentes que depois se começaram a prostituir: algumas tornaram-se primeiro prostitutas e só mais tarde utilizadoras de drogas. Umas acabam por ingressar num programa de tratamento da toxicodependência que pode ser bem sucedido, acabando por deixar a prostituição. Outras, mesmo abandonando os consumos, mantêm-se no trabalho sexual e outras ainda vão-se envolvendo em consumos cada vez mais pesados e degradando-se. Conheci casos que se enquadram em qualquer uma destas três situações.

A sua presença nas ruas do Porto abrange toda a cidade: tanto se encontram no centro como na periferia; quer nas zonas de comércio, quer nos bairros sociais. No entanto, é nas zonas mais deterioradas da periferia urbana que parecem encontrar-se as mulheres mais degradadas. No centro, as características de degradação que geralmente se associam à toxicodependência não estão presentes em todas as mulheres. É possível encontrar trabalhadoras do sexo que fogem a este estereótipo e aos traços distintivos que lhes estão associados. São mulheres que mantêm a sua vida organizada, uma aparência física cuidada, bons níveis de higiene e não dispensam o uso de preservativos nas relações sexuais que têm com os clientes.

Quando visitava os bairros sociais onde existe consumo de drogas, inserida na equipa de trabalho de redução de riscos associados à prostituição, percebia estes contrastes entre as mulheres do centro e as da periferia. O registo do diário de terreno que se segue é desse período e retrata bem a decadência de certas toxicodependentes que se prostituem.

> No Bairro X, o habitual, só toxicodependentes. Eram sete, degradadas, esqueléticas, sujas. Estão tristes e com pressa. Há sempre pressa quando o corpo pede droga. A tristeza é a de quem já não espera nada, além da dose necessária. Há indiferença. Além da indiferença apenas a urgência. A urgência de quem está a ressacar e precisa do químico que lhe vai aliviar as dores. É difícil conversar com estas mulheres, mesmo quando estão mais calmas porque acabaram de consumir. Falam pouco. Sobretudo falam pouco de si e da sua vida. Talvez porque elas nunca tenham nada de novo. Pegar em assuntos delas, saber como estão leva sempre à resposta: "Tudo igual". De facto, nada muda. São rotinas, sempre rotinas. Cliente, dinheiro, sexo, pó, consumo, ressaca. Dia após dia. Não adianta perguntar pelos filhos, porque eles estão bem, estão com os avós. E por isso elas sabem que eles estão bem. Apesar de não saberem mais nada. Uma delas, a Milita, dizia contente que a filha dela, a mais velha, já ia para a escola – apesar de não ter a mais pequena ideia sobre se a escola já tinha começado ou não.
> Às promessas sempre adiadas de deixar a droga e "aquela vida" juntam-se lamentos vários: os perigos de estar na rua, a droga que não presta, os clientes que escasseiam, a vida que não muda, o desânimo. O deixarem-se morrer lentamente. Um contínuo, às vezes feito de avanços e recuos, em direcção à decrepitude humana. Diria mesmo não humana. Porque a sua condição, a sua vida comandada pela necessidade fisiológica de droga, vai reduzi-las a um funcionamento básico, próximo da animalidade. E a prostituição é assim uma espécie de instinto básico. Uma estratégia de sobrevivência.
> No centro da cidade, numa das partes da Rua Gustavo Eiffel, os casos não são muito divergentes. As mulheres são todas toxicodependentes e o comportamento é igual: têm pressa e falam pouco. Uma das poucas diferenças é que estas estão menos degradadas – embora os percursos na droga sejam longos mantêm-se com a vida mais organizada. (DC 18.09.2003)

Assim, a imagem estereotipada da prostituta de rua toxicodependente e degradada não corresponde a todas as trabalhadoras do sexo que são dependentes de drogas. O que caracteriza estes percursos é a realização do trabalho sexual pela necessidade de dinheiro para adquirir a droga e as rotinas que isso implica. O que comanda nestes casos não é a rotina do trabalho sexual mas a rotina ligada ao consumo de drogas e ao evitamento da abstinência. A prostituição não é um fim mas um meio; a prostituição é um instrumento, mas podia ser outro qualquer, tal como arrumar carros ou roubar. É por isso que lhes chamo toxicodependentes-prostitutas, porque a droga é o motivo primordial das suas vidas, mesmo nos casos em que a prostituição surgiu primeiro ou em simultâneo com os consumos.

Ser-se transexual: a prostituição como escapatória

O número de transexuais, homens em mulheres, entre os trabalhadores do sexo de rua é expressivo. É um grupo que se caracteriza pela exuberância comportamental e de vestuário, distinguindo-se claramente das mulheres e homens que fazem prostituição de rua. A maioria é muito feminina e tem uma aparência atractiva, sendo os seus gestos e a sua postura identificados com os das mulheres.

A maior parte delas mostra muita dignidade e orgulho de si, apesar de poderem viver vidas dramáticas, pois são frequentemente marginalizadas. Vêem-se constantemente rejeitadas pela sociedade e, por vezes, pelas próprias famílias que as maltratam e exploram.

As mais novas podem debater-se com dilemas sobre serem ou não operadas para fazerem mudanças de sexo, enquanto as adultas já ultrapassaram essas indecisões, podendo ou não ter optado pela cirurgia de remoção dos órgãos sexuais masculinos. Independentemente desta, todas passam pelo processo de transformação física em mulher, seja pela toma de hormonas femininas, que favorecem o aparecimento de caracteres sexuais secundários femininos e a minimização dos masculinos, seja pela submissão a cirurgias estéticas, como a colocação de implantes mamários, ou ambas. Uma das motivações para se prostituírem relaciona-se, aliás, com a vontade de amealhar dinheiro para efectuarem as operações cirúrgicas de transformação física em mulher.

Na sequência da toma de hormonas femininas, certas transexuais acabam por revelar problemas de saúde física e psicológica relacionados, nomeadamente, com a ingestão de hormonas sem a necessária supervisão médica. Algumas transexuais têm acompanhamento médico e realizam as suas intervenções cirúrgicas em estabelecimentos hospitalares legais, principalmente no estrangeiro, mas outras auto-medicam-se e sujeitam-se a injecções de silicone feitas por *habilidosas* sem os cuidados médicos adequados.

Quando se escutam as suas histórias percebe-se que desde muito novas sentiam que eram meninas e não meninos, como desejavam os seus pais e restantes membros da sociedade. A Letícia expressa isso mesmo quando refere que:

"já nasceu assumida", que sempre se sentiu uma menina e depois uma mulher, sempre teve jeitos femininos. A voz sempre foi como é actualmente: uma voz de mulher. Quando era miúda e lhe chamavam, de forma jocosa, mocinha, ela pensava "é isso aí, sou mesmo". Refere um episódio em que o pai insultuosamente lhe disse que ela devia ter nascido "com uma *cona* no meio das pernas" (...) ela não se ofendeu e concordou com ele, pois sempre se sentiu mulher. (E Letícia)

A decisão de assumirem a sua condição de transexuais foi precedida por uma inclinação precoce para se comportarem e vestirem como meninas, decorrente do facto de se sentirem do género feminino, desde muito cedo.

Através da análise das suas histórias de vida compreende-se como da assumpção da transexualidade decorrem a rejeição, a discriminação e a dificuldade de inserção laboral. Em alguns dos casos, esta rejeição deu-se ainda durante o percurso escolar e implicou o abandono, comprometendo a sua formação.

Actualmente, a transfobia[81] é um sentimento muito presente na sociedade portuguesa. Se havia dúvidas relativas a isso, esta foi bem perceptível aquando da morte da Gisberta. Este caso é excepcional na notoriedade pública que assumiu porque as associações de lésbica, gays, bissexuais e transgéneros o encararam, justamente, como um caso de transfobia e organizaram-se na sua denúncia para que não fosse esquecido. Apesar do móbil para a violência exercida se situar com evidência nas marcas estigmatizantes, as primeiras notícias sobre o caso eram breves e relatavam *apenas* a morte de *um* sem abrigo. O debate gerado na altura mostrou que muitas das abordagens ao caso, por parte de diversos agentes sociais, manipulavam uma oposição entre o comportamento desculpável, não intencional e inocente dos adolescentes, e o comportamento condenável de um indivíduo que era caracterizado pela aberração sexual de ser um homem num corpo de mulher e que representava vários perigos (para a saúde pública, pela associação entre seropositividade e prostituição, para a formação moral dos jovens e ainda o perigo social que se associa aos imigrantes). Por estas razões, porque o olhar social é tão depreciativo em relação aos transexuais, defende Pourette (2005b), o processo de transformação do corpo e de mudança da identidade é acompanhado de dúvidas e leva a que as pessoas se questionem, pois ser simultaneamente prostituta, transexual e, por vezes, ainda imigrante é estar exposto a uma tripla discriminação social.

---

[81] Transfobia refere-se ao medo irracional e ao ódio a todos os indivíduos que transgridem ou violam as categorias de género dominantes duma dada sociedade (Ryan, 2006).

Nas trajectórias individuais das transexuais que se prostituem na rua está quase sempre presente o afastamento do seu meio social e familiar de origem, sobretudo quando este é pequeno e opressivo. Este abandono ocorre quer pelo desejo de fuga à discriminação sentida na sequência da adopção do seu estatuto ou pela antevisão desta, quer pela vontade de conhecer outras pessoas em idêntica situação com as quais se possam identificar e partilhar os sentimentos e dificuldades associadas à sua condição. Apesar do afastamento da família de origem, é habitual que esta conheça a sua condição, ignorando, no entanto, a actividade prostitucional.

Trata-se de sujeitos que assumiram a sua diferença e isso acarretou custos pessoais, o mais incapacitante dos quais talvez seja a impossibilidade de conseguirem um emprego. Sem formas de subsistência formais, o trabalho sexual acaba frequentemente por ser a única saída. A dificuldade em arranjar emprego é referida por todas as transexuais.

Vejam-se os seguintes excertos de entrevistas a transexuais a ilustrar as questões enunciadas:

– [Rosana] Com 21 anos, fiz peito, foi a primeira coisa que eu fiz foi o peito, depois fiz o nariz, depois fiz as *pommes*, depois fiz a testa e fiz a anca. O tempo foi passando, eu tinha de arranjar dinheiro e para isso eu andava de um lado para o outro, trabalhava nos cabarés, naqueles *shows* porque era para eu me exibir como mulher, e a fazer prostituição para ganhar dinheiro para poder ter uma vida melhor e para ter dinheiro para as operações que eram caríssimas.

(...)

– Com que idade entrou para a escola?

– Seis anos. Fiz até ao 7º ano depois andei a saltar de liceu em liceu porque os meus pais faziam questão que eu estudasse, que tivesse um cursinho, só que eu tinha sempre problemas com os meus companheiros lá, porque eu já vestia a roupa da minha irmã. Eu tentava ao máximo prolongar a minha estadia, mas eu sentia-me muito mal, também era muito rejeitada. Depois não voltei mais, fui-me embora.

(...)

– Como é que a sua família encarou a sua transformação?

– Naquela altura foi muito complicado porque eu era um rapazinho. Eu cultivei sempre a minha dor. Eu disse-lhes que ia à procura da minha felicidade, eu queria ser feliz. Agora sou feliz como sou e a minha felicidade está em ser mulher e eu através dos anos, conforme ia fazendo as minhas operações, eles transmitiam-me as dores e eles foram sempre aceitando. Nunca lhes disse que era prostituta disse sempre que era artista. Eles ajudaram-me sempre, especialmente depois da operação [de mudança de sexo]. Tive sempre uma boa aceitação por parte deles.

– [Vanda] Para mim é um tipo de refúgio... um refúgio assim... de necessidade de um bom trabalho... porque, por ser um travesti[82] há discriminação, não é? Exacto, há uma discriminação... é maior, tem várias... mas travesti... sempre tem aquele preconceito... mas pode, então, em termos de trabalho... geralmente, todo o mundo quando vê pensa que é uma mulher, mas quando vê que é um travesti mesmo, já fica com um preconceito, já não aceita (...) quando vai à procura do trabalho para exercer a profissão, ninguém... ninguém dá... e diz logo outras coisas: "já não é preciso", diz que já está preenchida a vaga, não sei quê, aquelas coisas todas... então o que é que acontece? O meio... podem eles não querer roubar nem fazer tráfico de droga, nem nada... o jeito é prostituir.
– Estás a dizer que quem é travesti, quem assume essa condição como tu fizeste, acaba por não ter muitas hipóteses de ter um emprego?
– É... a não ser quando vem de uma família... quando já vem de uma família que tem condições... que possa dar uma condição boa para o filho... quando dá uma condição, sabendo que o filho é assim... pronto, não tem preconceitos, aí, dá toda a manutenção e ele procura um meio de sobrevivência sem precisar da prostituição.

É notório nestes excertos como a rejeição da transexualidade por parte da sociedade dominante dificulta a inserção social, escolar e laboral destas pessoas e como isso se repercute na opção pelo trabalho sexual. São, em suma, as diversas manifestações de transfobia que se constituem como fortes contributos para que os transexuais entrem no trabalho sexual, configurando este a escapatória possível para quem não consegue integrar-se laboral e socialmente doutra forma.

Ser prostituta e imigrante: prostituição a prazo

No caso das estrangeiras, a entrada na prostituição enquadra-se, quase sempre, no seu projecto migratório. Apesar dos discursos dominantes que tomam a totalidade das imigrantes a trabalhar no sexo comercial por vítimas de tráfico e exploração sexual[83], os dados empíricos mostram que estas mulheres, homens ou transexuais, ingressaram na prostituição como resultado da sua decisão

---

[82] Embora na literatura científica as diferenças entre transexual e travesti sejam claras, para muitas das pessoas transgénero estes conceitos são de difícil delimitação. Aqui está um exemplo de alguém que, sendo transexual, se define como travesti por não ter efectuado a cirurgia de redesignação sexual.

[83] Esta generalização que toma todas as migrantes no comércio do sexo por vítimas de tráfico e exploração radica na definição de tráfico adoptada. De acordo com o Protocolo de Palermo, o instrumento legal internacional que tem orientado as políticas e práticas estatais nesta área, basta haver a deslocação entre dois pontos geográficos para existir tráfico, mesmo que essa movimentação ocorra dentro dum mesmo país e a pessoa se tenha deslocado/sido deslocada de livre vontade – o consentimento dado é, para este protocolo, considerado irrelevante quando se trata de identificar as vítimas de tráfico e de exploração sexual.

de migrarem para a Europa para trabalhar. Estes são maioritariamente provenientes de zonas do globo onde existem níveis de vida muito baixos e o sonho de viajar para a Europa surge como uma hipótese de fazer face a esses défices económicos e, simultaneamente, em alguns casos, como desejo de aventura e vontade de conhecer países e culturas diferentes das suas.

Esta vertente não económica da imigração tem sido desprezada como se não existisse, embora surja nalguns relatos de mulheres e transgéneros que conheci. Certos especialistas em imigração, tal como Laura Agustín (2005c, d), têm igualmente salientado estes aspectos conferindo-lhes mesmo a centralidade no processo migratório. As pessoas migram sobretudo por questões de precariedade económica, mas têm ainda outras motivações, como, por exemplo, a busca de novas perspectivas profissionais e pessoais e o desejo de conhecerem algo diferente (Hellermann, 2005). É também importante assinalar que nem todos os que reúnem um leque de possíveis factores causais optam por migrar e, entre os que migram, nem todos optam pelo trabalho sexual: nenhum tipo de determinismo explica por completo a escolha humana (Agustín, 2005b).

Aurélia, uma brasileira, afirmou isso mesmo ao dizer em entrevista: "No Brasil, a gente pensa assim, a gente tem um sonho de ir até à Europa. Atravessar oceano, andar de avião, coisa que a gente nunca fez, então a gente só pensa isso", conferindo à sua trajectória migratória um carácter que não é apenas económico, mas que não pode ser descurado na análise das motivações de quem migra.

No que respeita à questão financeira, a que aparece com maior peso tomando o conjunto das migrantes, a decisão de deixar o seu país surge na sequência de uma degradação económica que se torna insustentável e na vontade de reverter essa condição. O desejo de melhorarem a sua situação económica, os filhos pequenos a quem querem proporcionar um bom futuro, a vontade de ajudarem os pais, os projectos de compra de casa, carro e de amealharem dinheiro para um negócio e, ainda, o plano de voltarem a estudar, são o que motiva as imigrantes a deixarem os seus países e a virem trabalhar na prostituição. São, em suma, motivações que se prendem com angústias relativas tanto ao presente como ao futuro – o seu, o dos filhos e o de familiares próximos, como os progenitores.

A Ana, romena, reúne vários destes aspectos na sua história:

> Veio para cá porque teve o filho e começou a pensar no futuro dele – veio quando ele tinha três meses. Está cá há três anos. Os ordenados lá são muito baixos. Para ela dava, mas com o filho já não dava. Veio pelo filho, "para lhe fazer uma vida". Quando veio já sabia para o que vinha trabalhar mas não pensava que fosse tão duro. No início, custou-lhe muito, depois foi-se tornando mais fácil.

– [Ana] Quando olhava para as mulheres da vida até gozava com elas... não sabia o que faziam. Não sabia que ia ter que aturar todo o tipo de homens. É preciso ter muita coragem e paciência para aturar aqueles homens todos, mas faço-o por mim, porque tenho objectivos.
– [Alexandra] Quais?
– Juntar dinheiro para comprar uma casa e um carro e ficar com algum para poder estudar. (E Ana)

É, neste caso, evidente a sua capacidade de determinação na vinda para Portugal e ainda que sabia o que vinha fazer. Nesse sentido, optou por vir prostituir-se. As imigrantes estão cá maioritariamente de livre vontade, mesmo que muitas delas tenham vindo através de redes de tráfico e de exploração sexual ou com o auxílio de redes de auxílio à imigração ilegal, como é o caso de Ana.

Esta forma de chegarem à Europa para trabalhar no comércio do sexo, tal como para outros sectores laborais, surge como consequência da política de imigração europeia restritiva que deixa espaço para a actuação de redes criminosas. As fronteiras, abertas para a circulação de mercadorias, fecham-se quando se trata de pessoas pobres em busca de condições para acederem a uma vida melhor (Leandro, 2006). Uma política de imigração europeia diferente e um verdadeiro investimento dos países mais ricos nas zonas menos desenvolvidas do globo, de forma atenuar as diferenças económicas e a diminuir condições precárias de vida que impulsionam as pessoas para migrarem, poderiam reduzir o número de pessoas nestas situações. No entanto, não existindo estas condições estruturais, nem políticas migratórias mais humanistas, quem se encontra em situação económica desfavorecida e deseja mudar a sua condição por via da emigração, para entrar na Europa tem, muitas vezes, de se sujeitar a essas redes. Fá-lo, contudo, na maioria dos casos, por iniciativa própria, como contrapartida para conseguir atingir os objectivos migratórios a que se propôs, como estratégia migratória, tal como denomina Oso (2000) – o que permite falar em tráfico e exploração sexual voluntários.[84]

---

[84] Todas as mulheres estrangeiras que conheci e que vieram para a Europa trabalhar no comércio do sexo, sabiam que era esse o seu destino.
A única mulher, brasileira, que conheci na prostituição e que veio enganada para Portugal foi ludibriada por uma família da classe média e não por uma rede mafiosa.
Ingrid tem 24 anos e trabalhava num hotel no Brasil, onde um casal português foi de férias com os seus filhos. Ela fazia animação com as crianças no hotel e esses portugueses convidaram-na a vir trabalhar para sua casa como empregada interna. Combinaram um salário e acertaram que o valor da passagem aérea seria descontado percentualmente nos primeiros meses de trabalho. Afinal, eles exploravam-na laboralmente de forma severa, controlavam as suas saídas de casa e não lhe pagavam ordenado. Ao fim de alguns meses decidiu fugir. Tentou trabalhar num restaurante mas foi novamente explorada e maltratada. Acabou por recorrer à prostituição e trabalha por conta própria num apartamento. Está

Pelo que tem vindo a ser evidenciado, a taxa de mulheres traficadas e exploradas sexualmente contra sua vontade entre as imigrantes que se prostituem em Portugal é baixa (Ribeiro *et al.*, 2008; Santos, Gomes, Duarte & Baganha, 2008), contrariamente ao que acontece noutros países da Europa. Esta percentagem pequena poderá estar relacionada com a grande percentagem de sul-americanas, sobretudo brasileiras, entre as imigrantes que vendem sexo, pois, como defendem Ribeiro *et al.* (2008), estas têm uma modalidade de chegada à Europa muito diferente da de outras mulheres de distintas origens do globo. Igual defesa faz Laura Oso Casas (2006), a partir de dados coligidos na Galiza (Espanha). Metade das imigrantes que entrevistou veio autonomamente e a outra metade veio com uma dívida, encontrando-se aqui diferentes relações de dependência com os prestamistas, sendo nalguns casos de grande exploração. Casas (2006) refere ainda que há mulheres que são trazidas directamente pelos donos dos clubes, mas descreve o percurso de libertação que fazem a partir do momento em que conseguem pagar a dívida. Estes dados confirmam "a tese de que o vínculo entre as imigrações internacionais e a prostituição feminina não se vem desenvolvendo unicamente em resultado de práticas de coacção e de ludibriação, exercidas sobre mulheres, nem decorre principal, nem, muito menos, exclusivamente, sob a alçada de redes de organizações criminosas internacionais" (Ribeiro *et al.*, 2008, p. 257).

Conclui-se, então, que a vinda e a permanência associadas a exploradores são diferenciadas de acordo com os países de origem das mulheres, sendo que as brasileiras, a maioria entre as imigrantes que se prostituem em Portugal, se apresentam como as que têm mais poder sobre a sua trajectória e trabalho. Existem situações de mulheres que vieram para a Europa através de apoios e contactos informais, como, por exemplo, de familiares ou amigas, não tendo qualquer ligação com redes de tráfico e exploração sexual. Como demonstram Ribeiro *et al.* (2008), as *pequenas redes informais* são as vias mais frequentemente mencionadas e accionadas para concretizar a viagem do Brasil para a Europa.

Considero que a prevenção de situações em que as mulheres são iludidas, não sabendo ao que vêm nem em que condições o vão fazer, deve ser efectuada

---

consciente das vantagens e desvantagens relacionadas com a opção por um trabalho deste género. Diz que pelo facto de ser brasileira é duplamente rejeitada: é imigrante e associam-na à prostituição (mesmo quando trabalhava no restaurante tinha este sentimento).

Este exemplo é surpreendente na forma como desmonta alguns estereótipos, nomeadamente o da suposta atitude não xenófoba dos portugueses relativamente aos imigrantes e a boa intencionalidade das famílias normativas da classe média. Mais admirável é o efeito de derrubar a barreira montada pelos discursos dos "empresários da moral", que opõem os portugueses benévolos, que lutam contra o tráfico e são contrários à exploração humana, aos estrangeiros malévolos, que são traficantes e pretendem escravizar mulheres na prostituição. Afinal, *eles* também somos nós.

através de campanhas de informação nos países de origem das mulheres imigrantes. Na posse de conhecimentos sobre a existência de situações de tráfico e exploração sexual, os alvos dessas redes ficariam dotados de poder para distinguir situações potencialmente perigosas e criminosas, ficando em situação de as recusar. Muitas mulheres já estão alertadas para estas situações e evitam-nas. Entrevistei uma brasileira, a Mercedes, que queria vir trabalhar para Portugal. Tentaram aliciá-la através duma rede de tráfico e exploração sexual, o que recusou quando percebeu do que se tratava, após ter efectuado insistentes perguntas sobre pormenores da viagem e do trabalho. Depois conseguiu um empréstimo pecuniário, com um juro baixo, através de uma pessoa conhecida, para poder vir de forma independente. Inicialmente não veio trabalhar na prostituição, mas depois compreendeu que a receber o salário mínimo não conseguia atingir os seus objectivos. Assim, entrou no trabalho sexual. Veja-se o seu relato a este propósito:

> (...) É. Eles me davam 1000 euros e, quando chegasse no destino, tinha que pagar 2000 euros, 2500, 2200. Entendeu? Aí eu peguei e falei não. Eu estou querendo é me ver livre das dívidas, não é ver crescer uma dívida. Eu vou ficar lá quantos meses sem poder mandar dinheiro para minhas filhas porque eu tenho que pagar essa dívida? (...) Não, não vou. Ela disse para mim que era um café e tudo e eu apertei muito ela e ela pegou e disse que era casa de prostituição. Falei que já não vou. Porque é assim, se eu quiser ir... e ela comprou passagem (...) e eu peguei e desisti, faltavam duas horas para viajar. Sentei com ela, falei que era melhor me falar a verdade porque *se tu me enganar e chegar lá e me jogarem numa casa de prostituição eu ligo para a polícia na hora. Dou teu nome, teu endereço daqui e tudo*. Aí a mãe dela pegou e mandou ela falar a verdade para mim. Aí ela falou. Eu falei: Pois é, porque se eu quiser ir, eu vou de livre e espontânea vontade. Se eu fizer o que eu tenho que fazer e quebrar a minha cara o problema é meu, agora não engana a minha consciência. Não engane a consciência de ninguém... não engane a minha. A mãe dela foi falar com ela para conversar comigo... Se você tivesse contado do começo, se eu fosse, estava bem, mas agora não vou mais. E voltei. Quando foi Dezembro, no final de Dezembro de 2003... eu e minha outra amiga, nós arrumamos dinheiro emprestado duma pessoa para pagar um juro bem baratinho, nós pegamos 3000 reais, pagamos 3200 reais para nós pagar praticamente com uns cinco meses. (E Mercedes)

O grupo de estrangeiras no qual me pareceu mais evidente a presença e domínio de traficantes e exploradores sexuais foi no das romenas, a confirmar que é sobre os imigrantes da Europa Central e de Leste que este tipo de organizações tem mais influência. Mas também com estas, quer pelos seus relatos, quer pelo que pude observar, esta influência e controlo, que se reflectem na falta de autonomia das mulheres, configuram situações que tendem a evoluir no tempo em relação à autonomização. Constatei de forma clara que as mulheres recém-chegadas à rua eram reféns desse controlo e tinham, nas suas proximidades, a presença dos seus controladores, estando muitas vezes notoriamente atemorizadas. Mas verifiquei como essa situação se modificava com o decorrer do tempo e como elas acabavam por obter a sua liberdade passando a ser independentes.[85]

Existem situações de violência e de exploração sexual de imigrantes no trabalho sexual que não devem ser desvalorizadas. Elas não podem ser negadas, são trágicas e têm de ser combatidas. O exercício que faço aqui é o de demonstrar que as condições em que estas mulheres se encontram são diversas, representam diferentes graus de autonomia e evoluem no tempo.

A Ana, por exemplo, fez-me um relato sobre a sua situação que contraria qualquer estereótipo sobre a falta de poder que estas mulheres detêm, mesmo quando estão numa situação em que este não pende a seu favor.

A Ana veio para Portugal com uma amiga através do contacto que esta tinha com umas pessoas ligadas ao comércio do sexo em Lisboa. Combinaram que quando chegassem teriam que pagar o custo da viagem com o dinheiro que ganhassem. Afinal disseram-lhe que a dívida era muito maior do que aquela que havia sido combinada. Recusou pagar mais alguma coisa. Pagou apenas a viagem. Não teve medo das ameaças: ameaçaram-na que lhe matavam o filho. Ela disse-lhes:
– Vai lá e mata-o. Ninguém consegue ir lá assim e matar uma criança. Existem leis e polícia e a polícia na Roménia é mais dura que a daqui. Ninguém vai a casa de ninguém matar assim...
– [Alexandra] Mas não lhe tiraram o passaporte?
– Não deixei. Nunca dei o meu passaporte a ninguém. E se tirassem eu ia ao consulado, existem consulados para isso mesmo. As mulheres são todas diferentes... algumas ficam com medo mas eu arrisquei... sempre...
– Mas há redes de tráfico que controlam muito as mulheres...
– Podes sempre fazer alguma coisa... Podem-te bater, isso é normal, mas podes sempre fugir.
– E as que estão fechadas?
– Há sempre uma saída... fazes queixa a um cliente... os clientes sempre perguntam 'estás bem?', 'és obrigada?', 'tens que dar o dinheiro a alguém?'... podes sempre pedir ajuda, eu acho... mas é preciso ter muita força de vontade e muita coragem

---

[85] De acordo com o que foi concluído na investigação dirigida em Paris por Handman e Mossuz-Lavau, as romenas são enganadas mas, uma vez na rua, conservam uma certa liberdade e são menos violentadas que mulheres vindas da Bulgária ou Ucrânia, por exemplo (Moujoud & Teixeira, 2005).

para fazer isso. Ninguém te vai matar, podem-te bater mas se tiveres coragem chamas a polícia e sais.
Assim, esteve em Lisboa até pagar a dívida e depois veio para o Porto. Sozinha e independente. Vai à Roménia de três em três meses para renovar o visto de turista.
(E Ana)

Este relato pode não ser muito vulgar pela força, firmeza e coragem que revela, bem como pelas suas consequências favoráveis. Não querendo, contudo, fazer deste um caso exemplar, apresento-o como o reverso das situações dramáticas e mais um dado no sentido da singularidade das histórias de vida das trabalhadoras do sexo, neste caso imigrantes. Tal como refere a Ana, "as mulheres são todas diferentes" e nem todas possuem este nível de determinação que lhe permitiu impor que o seu contrato com os exploradores fosse *justo*.

Ressalto ainda do extracto desta entrevista, a referência à importância que têm os clientes na detecção de casos de exploração sexual, facto que tem sido desvalorizado por quem diz querer combater estas situações[86]; bem como a menção que faz às agressões físicas e à normalidade com que são encaradas. A este propósito descrevo como observei na rua que as romenas já instaladas, isto é, as que já estão na rua a prostituir-se há bastante ou algum tempo e que, por isso têm já total ou alguma liberdade relativamente aos seus exploradores, convivem pacificamente com as recém-chegadas ainda sob o jugo apertado dos traficantes. Este pareceu-me um sinal de que encaram este processo com normalidade, tal como a Ana referiu relativamente à violência física. Talvez isto aconteça porque elas conhecem, por experiência própria, e aceitam os meandros e as regras da imigração clandestina para o trabalho sexual. Para estas mulheres, passar pela situação de traficada e explorada é algo que é entendido como inerente à imigração para a Europa, pelo que é o preço a pagar pela única possibilidade de atingirem os seus objectivos de migrantes. Elas não o vêem como crime, mas como a parte má do processo. Elas já passaram por isso e são livres, um dia as que agora são exploradas também o serão. Elas sabem-no e por isso se submetem à escravidão.

Há, em diversos momentos da trajectória de muitas migrantes diferentes graus de dependência relativamente às redes de tráfico e exploração sexual,

---

[86] É em nome da luta contra o tráfico e a exploração sexual que se tem defendido a criminalização dos clientes, seguindo o chamado modelo sueco. Esta não me parece uma medida eficaz e adequada para combater as situações que enuncia combater e pode mesmo ter efeitos iatrogénicos: se ser cliente do comércio do sexo for crime, estes jamais ajudarão as mulheres que eventualmente lhes indiquem estar numa situação de perda de liberdade, pois o contacto com forças policiais que tal representaria voltar-se-ia contra si.

sendo a autonomia crescente em função do tempo. É esta possibilidade que faz com que as mulheres se submetam às situações de perda de liberdade.

Relativamente às imigrantes de origem africana, devo referir que, embora tenha estabelecido relações com algumas delas, estas não foram suficientemente aprofundadas para me permitirem compreender as suas dinâmicas de imigração. Este grupo, composto maioritariamente por nigerianas, tem alguma expressividade nas ruas, mas foi aquele que menos colaborou no meu trabalho, caracterizando-se o seu comportamento por uma interacção mínima ou mesmo pela não interacção comigo. Apesar disto, constatei, no final do trabalho de campo, uma certa abertura de algumas delas.

Recorrendo a Scodanibbio (2002), a prostituição nigeriana, a de maior representação entre as africanas na Europa, baseia-se no sistema da sujeição à dívida (*debt bondage*), sendo a dependência relativamente aos traficantes limitada ao período médio-longo que demora a restituir a dívida (também para estas é a definição de um limite de tempo que torna a situação de submissão tolerável). De acordo com a mesma autora, elas podem partir conhecendo ou não o que vão fazer no destino e, a sua situação, embora aparente ser caracterizada como livre, não está isenta de trauma ou de violência – apesar de tudo, esta gestão da dívida como parte de um contrato representa um modelo com mais respeito pelas mulheres do que outras formas de exploração (como acontece no caso das albanesas).

Quanto à sua futura actividade na Europa, Moujoud e Teixeira (2005), apesar de indicarem que todas as nigerianas que entrevistaram em Paris disseram ter sido enganadas pelos traficantes, mencionam que, na actualidade, há estudos que enunciam que uma significativa percentagem de mulheres conheciam o propósito da viagem antes de embarcarem. As autoras salientam, contudo, que a escolha de sair do seu país está enviesada à partida, pois elas não estão na posse de todos os dados quando se lançam na aventura.

As dificuldades das imigrantes não se resumem a ter que lidar com redes de exploradores. Existem as dificuldades relacionadas com o seu trabalho, com o seu estatuto legal e ainda com a angústia de estarem longe: dos filhos, da restante família e da terra de origem. Como refere Leandro (2006), as experiências migratórias são frequentemente muito dolorosas quer do ponto de vista físico, quer psíquico, ao implicarem rupturas brutais, a negação do que se era anteriormente e alterações de identidade.

O registo que apresento de seguida reflecte estas e outras questões, tais como as motivações económicas da imigração e as vantagens da prostituição para as imigrantes.

A conversa com a Dalila foi sobre as contrariedades relacionadas com a sua vida de migrante: estar longe da família, não ver o filho que ficou na sua terra, estar num país estranho, ter problemas com a legalidade. Falou ainda das dificuldades relacionadas com o seu trabalho: a falta de clientes que origina um lucro baixo, as longas horas na rua que lhe causam fortes dores nas pernas por causa das varizes, a exposição a que está sujeita, os hipotéticos clientes que incomodam insistindo para que o preço seja reduzido, para que as relações sexuais se façam sem preservativo e para que elas efectuem práticas não desejadas, como o sexo anal. "É muito difícil, muito duro". Perguntei-lhe:
– Então, se é assim tão difícil porque há tantas mulheres a virem para cá fazer este trabalho?
– Porque lá não temos nada. Nada. – Mostrou-me os calos das mãos e disse-me: Vês os meus calos! Na Roménia trabalhava com uma enxada mas agora nem isso há. Não há trabalho. Nem no campo. Então temos que vir para cá procurar o melhor para nós. Porque aqui sempre ganhamos algum.
– Quer dizer que apesar de todas as queixas que estavas a fazer, mesmo assim vale a pena?
– Sim. Porque se ficasse lá não tinha nada. Aqui com este trabalho eu posso viver e juntar algum.
– E sempre se consegue juntar alguma coisa?
– Claro, se não, não valia a pena, estar cá só para comer e dormir. Eu mando dinheiro para a minha mãe [que cuida do seu filho] e guardamos o resto [ela está cá com o marido]. Quando regressarmos queremos ter as nossas coisas. (DC 18.06.2005)

Considero que este extracto de conversa com uma mulher imigrante condensa várias questões cruciais e chama a atenção para alguns dos seus dramas, mas, sobretudo, é muito claro quanto aos benefícios de emigrar, em particular, para trabalhar na prostituição. O mais evidente desses benefícios será a possibilidade de auferir rendimentos elevados. A Dalila, tal como muitas das imigrantes, ganha dinheiro suficiente para viver em Portugal, para enviar uma quantia para a sua família e ainda para amealhar, tendo em vista o regresso ao seu país. Também me parece notória a decisão bem sustentada de partir. É, de facto, devido à pobreza e à falta de alternativas no seu país que ela considera a hipótese de migrar para se prostituir, mas, de novo, me parece de salientar o domínio que esta mulher tem sobre a sua vida e a determinação em conseguir o que considera ser melhor para si.

Outra imigrante que conheci, a Marinela, uma romena com 21 anos, a mais velha de dez irmãos, veio para Espanha e depois para Portugal trabalhar na prostituição, porque queria ajudar a família. Todas as semanas envia entre 300 e 400 euros para a mãe. Além destes, e do que precisa para se manter cá, guarda ainda 100 euros semanais que economiza para o seu regresso. Diz que quer juntar para comprar uma casa para todos. Vimos já, igualmente, que muitas das portuguesas ajudam vários dos seus familiares. O que confirma todo o sentido da expressão *sustentadoras de famílias*, utilizada por Ribeiro *et al.* (2008).

Em suma, as trajectórias *de entrada* no trabalho sexual de rua são todas diversificadas sendo caracterizadas quer por particularidades individuais, quer por pontos que podem ser comuns a várias delas. Mesmo assim, a diversidade das trajectórias que encontrei não esgota todas as possibilidades. Cada indivíduo habita um determinado contexto e nele estabelece inter-relações a partir das quais faz as suas interpretações; todas as pessoas têm o seu espaço, o seu tempo, a sua personalidade e atribuem significados diferentes às suas vivências. Para demonstrar isso mesmo, termino com o caso da Sabrina que não consegui enquadrar em qualquer dos trajectos que analisei.

Ao tentar encontrar características comuns às várias histórias de vida, havia uma, esta, que me surgia como difícil de emparelhar pelo acumular temporal de eventos mal sucedidos que foram conducentes à sua entrada na prostituição. É, aliás, a própria que os encadeia desta forma, estabelecendo uma ligação entre todos. Veja-se um resumo destes acontecimentos, alguns dos quais trágicos.

A Sabrina interrompeu o percurso escolar para ficar em casa a tomar conta dos irmãos. Depois, aos 14 anos, sofreu com o suicídio da mãe e, com a morte desta, passou a viver em casa dos irmãos, alternadamente. Esta vivência em vários lares familiares levou-a ainda a casa de uma prima, onde foi alvo de uma tentativa de abuso sexual pelo marido desta, na sequência da qual fugiu. Entretanto, ficou grávida do namorado e descobriu que esta era casado, não podendo assumir o filho nem uma relação com ela. Foi para Lisboa, ter com uma amiga, para que ninguém soubesse que estava grávida e para juntar rapidamente dinheiro para fazer um aborto, altura em que essa amiga, que estava numa casa de massagens, a levou para trabalhar consigo.

Embora em algumas das histórias, nas quais identifiquei um ponto de inflexão, possa também perceber a existência de um conjunto de experiências desfavoráveis, em nenhuma como esta percebo esta sucessão de acontecimentos negativos que vão conduzindo na direcção da entrada na prostituição. Neste caso, tal como é analisado pela mulher e interpretado por mim, não é um acontecimento em particular que tem uma consequência crucial. A importância de cada um deles dilui-se para se jogar na totalidade de factores. Estes encadeiam-se temporalmente e parecem convergir para o momento em que a mulher entra na prostituição.

A permanência

Depois de se encontrarem no trabalho sexual, as mulheres mantêm-se pelos mesmos motivos pelos quais o iniciaram: o desemprego, os filhos a quem desejam proporcionar o melhor, um marido dependente, a ajuda a outros familiares, especialmente os progenitores, a vontade de comprar ou continuar a pagar casa e carro e ainda amealhar dinheiro para o futuro, a existência de dívidas, querer ter um melhor nível de vida e necessidade de droga. Mantêm-se porque ganham muito dinheiro e é este que lhes permite satisfazer essas necessidades. No caso das transexuais, é referida ainda a dificuldade de ultrapassar a estigmatização na obtenção de emprego, como uma das causas para permanecer na prostituição.

Algumas trabalhadoras do sexo falam também no *vício do dinheiro*, que se relacionará com o hábito de manterem um nível de vida elevado. Este traduz-se em terem dinheiro em quantidade suficiente para comprar bens de qualidade e frequentar locais caros, como, por exemplo, restaurantes. Outras ainda são viciadas no jogo, sobretudo no bingo, como foi, no passado, o caso da Raquel:

– Ganhei muito dinheiro. Chegava a ganhar 30 contos por dia, naquele tempo... como estava na mata e tinha medo que me roubassem, pedia à senhora do café que me guardasse o dinheiro. Ela punha num envelope e escrevia por fora: 'puta'... Dizia-me que tinha muita pena de mim, que eu nem parecia uma mulher da vida. Ganhei muito dinheiro, não tenho nenhum.
– [Alexandra] O que fazia ao dinheiro?
– Gastava tudo no bingo e no *poker*, milhares e milhares de contos... numa só noite gastei 800 contos, era dinheiro... tinha-me saído no sítio X e depois fui para o sítio Y e gastei-o todo... gastava 40, 50, 70 contos por noite, era viciada. Por isso, às vezes, quando ouço falar no vício do jogo, eu compreendo. Não tenho nada mas vivia bem, tive de tudo e não faltava nada aos meus filhos, nada. Por isso não me arrependo. (DC 30.06.2005)

A Raquel tem esta consciência agora, mas na altura em que gastava o muito dinheiro que ganhava, não tinha. Algumas mulheres, porém, têm noção de que gastam tudo o que ganham e percebem que isso lhes pode comprometer o futuro, mas simultaneamente assumem esse comportamento, referindo que o esbanjamento lhes permite aceder a bens e serviços que muito prezam. Vivem o dia-a-dia de forma excessiva e intensa. Como me disse Letícia, é um dinheiro que vem muito rápido mas que também vai depressa, de forma viciante – deseja-se sempre mais dinheiro para se gastar mais. Ou, como analisou Medeiros (2000), "las prostitutas tienen mucha prisa, tienen prisa para conseguir un cliente, para ganar el dinero y tienen prisa para gastarlo también, y tienen prisa para empezar todo outra vez" (p. 77).

Outras não são assim: têm uma visão a longo prazo amealhando dinheiro com vista ao futuro. É também por isso que permanecem, o que espelha o domínio que exercem sobre a sua vida e o poder sobre o dinheiro que ganham, o que revela um posicionamento auto-determinado.

A passagem pela prostituição pode ser curta ou longa. Em geral, as imigrantes ficam apenas o tempo suficiente para juntarem o dinheiro que estabeleceram como meta a atingir antes de regressarem ao seu país de origem, muitas toxicodependentes também se mantêm de poucos meses a alguns anos e ainda outras percepcionam a prostituição como não sendo compensadora, trocando-a por uma ocupação diferente. Mas, muitas, permanecem largos anos na prostituição, chegando a atingir as três ou quatro dezenas de anos de actividade. São prostitutas de carreira. Permanecem anos, ganham muito dinheiro, conseguindo manter um nível de vida elevado e, em alguns casos, possuem habitação própria e carro.

A expressão prostituta de carreira parece-me adequada a um tipo de mulheres que faz desta a sua actividade profissional. O contraste faz-se com os casos das toxicodependentes, cuja carreira, a existir, é a do consumo de drogas – a prostituição acontece para fazer face às despesas decorrentes da dependência química -, e o das imigrantes que ficam na prostituição apenas enquanto amealham dinheiro para regressarem ao seu país de origem, tendo uma existência transitória enquanto prostituta – aliás, a prostituição parece ser vista como um parêntesis na vida das mulheres imigrantes, e estas raramente se identificam como prostitutas.

A saída ou trajectórias que rompem com a prostituição: pontos de inflexão e mudança

O que se questiona aqui são as saídas da prostituição: porquê, sob que condições e em que fase da sua trajectória as mulheres deixam o trabalho sexual? Geralmente, questionam-se as entradas, eu também o fiz, mas pretendo igualmente perceber a fase de abandono da actividade. A ideia de que estas mulheres não deixam a prostituição porque não podem, não são capazes ou não querem, foi invalidada por via de várias histórias testemunhadas de abandono desse trabalho.

Quando entram no comércio do sexo é habitual que tenham uma visão a curto prazo, considerando que vão deixar esse trabalho em pouco tempo. Se conseguirem ultrapassar a fase inicial, que é também a mais difícil, muitas delas passam a encarar essa actividade como uma carreira profissional bem remunerada. Algures nesta trajectória surge o desejo de abandonar a prostituição.

Também aqui, tal como para a entrada no trabalho sexual, existem pontos típicos assim como singularidades. Começo pelas características que se mostram com alguma frequência.

Considero que existem duas fases, neste trajecto, em que o discurso das prostitutas se direcciona para a saída da actividade, sendo, por consequência, nestas que essa saída tem maior probabilidade de concretização. Uma, é no início da carreira, quando ainda existe mal-estar proveniente da natureza da actividade e da dificuldade em lidar com o estigma. Trata-se duma fase de conflitualidade e tensão psicológica que leva a ponderar o abandono. A outra coincide com o declínio da carreira, isto é, quando a mulher atinge uma certa idade, como os 50 anos ou mais, acumula muitos anos de actividade e começa a aspirar ao afastamento da prostituição. Seja porque já não consegue ter tantos clientes e auferir o dinheiro que ganhava no passado, seja porque está esgotada pela lonjura da carreira e suas consequências.

Algumas mulheres efectuam, então, um corte com a actividade sexual comercial, que pode ou não ser definitivo. A razão pela qual o fazem, além do que foi já referido e que se relaciona com o mal-estar inicial e com o cansaço final, pode prender-se também com um acontecimento relevante que leva a uma mudança no rumo da vida. Tal como acontece aquando da entrada no trabalho sexual, de acordo com o que observei, esta mudança pode ocorrer na sequência de um acontecimento marcante, como a morte do companheiro, o nascimento de um filho, a notícia de que se contraiu uma doença grave, como é o caso da SIDA ou o fim da dependência de drogas. Em qualquer um destes casos, o impacto causado pelo acontecimento, quer negativo, quer positivo, originou uma vontade de mudança da direcção que tinham tomado na vida e levou ao abandono definitivo da prostituição. O caso das toxicodependentes que deixam a prostituição depois de desintoxicadas é vulgar.

Uma forma quase mítica de deixarem a prostituição, da qual conheci dois casos, é o das mulheres que casam com um homem que passa a sustentá-las economicamente por não concordarem que elas se prostituam. Nestes casos, elas ficam agradadas com a situação e enquadram-se no que é a aspiração enunciada por muitas prostitutas, a de haver um homem de quem gostam e que as *tire da vida*, mas não basta haver um homem que queira que elas deixem a prostituição, passando a sustentá-las economicamente: é necessário que elas gostem dele e que queiram ficar nessa situação.

No que respeita a estas saídas em definitivo, termino com o exemplo da Inês que, quase a atingir os 50 anos de vida e os 30 anos de prostituição, começou a ponderar o abandono da actividade. Nesta altura, o rendimento que obtinha com a prostituição advinha-lhe sobretudo de clientes antigos e não era considerado por si o suficiente. Havia muitos dias em que não tinha qualquer cliente, o que a deixava descontente e desesperada, orientando o seu discurso para a necessidade e vontade de sair da prostituição. As perspectivas de emprego não eram muitas, até porque não tinha qualquer experiência profissional. Começou a fazer uns pequenos arranjos de costura, mas as encomendas eram escassas. Quando teve a oportunidade de fazer um curso de formação não hesitou, quer pela vertente formativa, quer pela possibilidade de receber a bolsa remuneratória, mesmo sendo pequena. Ela foi admitida no curso sobre prostituição no qual participei, do qual podia ser escolhida uma pessoa para trabalhar como mediadora social no projecto promotor. Assim, passado algum tempo, a Inês foi chamada para essas funções, mantendo um trabalho importante e competente que lhe advém da sua experiência enquanto prostituta.

Em geral, antes de saírem definitivamente, há uma fase de transição durante a qual articulam a prostituição com o seu novo trabalho, embora venham menos vezes *à rua*. O objectivo é equilibrarem as suas contas e habituarem-se a uma gestão mensal do dinheiro auferido. Depois de anos a ganhar dinheiro ao dia, precisam de um intervalo de tempo, não necessariamente muito longo, para se adaptarem a um salário que apenas recebem uma vez no mês. Isto faz-se, porém, de forma pacífica, contrariamente ao discurso por vezes veiculado e que afirma que estas mulheres são imediatistas e não têm capacidade para gerir o seu dinheiro.

Por vezes, a saída pode não implicar um corte definitivo com o trabalho sexual, sobretudo se não se enquadrar numa das situações enunciadas, princípio ou fim de carreira, ou na presença dum acontecimento fracturante. Quando tal acontece, revela em simultâneo a vontade de ficar e o desejo de abandonar a prostituição. Este é um trabalho lucrativo mas alvo de reacções sociais fortes. O primeiro leva a permanecer, o segundo empurra a sair.

Deste modo, identifiquei três outras formas de deixarem a prostituição de rua: as mulheres podem ingressar noutro ramo do trabalho sexual, podem sair parcialmente ou fazê-lo de forma provisória, havendo, neste último caso, um reingresso posterior na actividade.

Vejam-se alguns exemplos destes. Quanto à mudança de ramo, conheci uma mulher que deixou a prostituição de rua e passou a gerir uma casa de massagens e outra que passou a fazer alterne. Esta última, a Catarina, é um bom exemplo da determinação em sair e da ambivalência provocada pelos altos ganhos.

A Catarina é órfã e foi criada num lar de freiras católicas. Aos 18 anos, porque atingiu a maioridade, os seus tutores deixaram de a albergar, tendo sido *devolvida à sociedade*, sem qualquer esforço de inserção social e/ou familiar. Tinha apenas a 4ª classe, não possuía formação profissional e não tinha experiência de vida que não fosse a vivência numa *instituição total*[87] (Goffman, 1990). Nessa altura, por influência de um homem, começou a prostituir-se. Catarina, com 35 anos, começou a ter vontade de sair. Sem experiência nem formação profissional, começou a procurar cursos de formação para ter opções realistas de saída. Fez um curso de auxiliar de apoio geriátrico e ficou a trabalhar numa instituição dessa área. Inicialmente, estava muito satisfeita mas não se adaptou e voltou ao trabalho sexual. Desta vez, não para a rua, mas para trabalhar em bares de alterne.

No que respeita às saídas parciais, a mais comum é a das mulheres que deixam a prostituição de rua porque passaram a receber uma quantia fixa mensal de um homem que, em troca, quer disponibilidade sexual da mulher. Trata-se do que a gíria se refere a *ficar por conta*, significando que aquela mulher tem relações sexuais por dinheiro com um só homem. Na prática, passa a ter um só cliente, não se tratando assim de uma verdadeira saída do sexo comercial. A quantia de dinheiro que recebem é suficientemente elevada para não precisarem de recorrer à rua e a outros clientes, mas, ainda assim, algumas fazem-no esporadicamente sem o conhecimento do homem com quem têm esse contrato. Outro formato desta saída parcial é relativo àquelas que passam a ter um emprego noutra área, mas recorrem à prostituição ocasional ou regularmente como forma de complemento do salário.

Quanto às saídas temporárias, resultam da ambivalência que muitas sentem, e o reingresso ocorre porque apesar dos aspectos negativos da prostituição de rua, ela permite ganhos monetários que elas consideram cruciais. Trata-se de tentativas de montar negócios que, afinal, não eram suficientemente lucrativos ou do desempenho de trabalhos mal pagos, que as fazem regressar à prostituição de rua.

Por exemplo, a Pilar começou a trabalhar como empregada-recepcionista na pensão onde exercia prostituição.

> Quando me vinha embora para o parque de estacionamento, encontrei a Pilar à porta da pensão com uma senhora, ela estava visivelmente satisfeita com as suas novas funções. Está cá em baixo, à porta, quando lhe apetece; sobe quando *uma menina* vai ao quarto e recebe o dinheiro. Se quiser receber clientes também pode. Está bem. Já não tem que andar a correr atrás de clientes por necessidades básicas. Agora, como já tem um ordenado, quando vem um amigo, é dinheiro extra que dá para comprar qualquer coisa que lhe apeteça, como roupa. (DC 17.02.2005)

---

[87] De acordo com o que define Goffman (1990), uma instituição total é um local de residência e trabalho de um grande número de indivíduos que estão afastados da sociedade mais alargada por um período de tempo considerável, são dirigidos em conjunto e a quem é formalmente administrada uma rotina de vida.

Porém, ela manteve-se nesse emprego durante pouco tempo, pois sentia-se explorada; considerava que ganhava pouco dinheiro e trabalhava muitas horas. Então, deixou essas funções e voltou para a prostituição.

As trajectórias prostitutivas que passam por uma saída e reentrada na actividade assumem proporções significativas. De acordo com o estudo de caracterização efectuado por Manita e Oliveira (2002), 54,2% das mulheres inquiridas afirmavam já ter interrompido a actividade pelos menos uma vez, tendo reingressado. Este número sugere que, mesmo quando as prostitutas não gostam do que fazem, a prostituição é para elas melhor do que uma série de outras opções das quais também não gostam – aprender a adaptar-se às circunstâncias e ignorar os aspectos desagradáveis de um trabalho parece, pois, ser uma estratégia humana normal (Agustín, 2004).

Em resumo, a par da diversidade de motivações, trajectórias e factores antecedentes encontram-se características típicas. A forma como as mulheres se iniciam na prostituição tem maioritariamente duas configurações: a entrada pode ocorrer na sequência de um acontecimento negativo que fez alterar o rumo da vida ou representar uma fuga à violência continuada. Neste momento da sua vida, o conhecimento de mulheres prostitutas que as influenciam directamente ou lhes servem de modelo pode funcionar como impulsionador da entrada na actividade, enquanto exemplo de sucesso económico a seguir. Então, muitas iniciam-se no alterne ou prostituição de interior e só depois passam à prostituição de rua.

Também alguns grupos possuem, por regra, certas características independentemente de todos os outros factores diferenciadores: as toxicodependentes, as transexuais e as imigrantes reúnem entre si aspectos comuns caracterizadores das suas histórias de vida.

A permanência na prostituição pode ser curta ou longa e decorre dos mesmo motivos que as fizeram iniciar a actividade. Nalguns casos, porém, as mulheres e transexuais rompem com a trajectória prostitutiva, o que ocorre sobretudo na fase inicial da carreira ou quando esta já vai longa e a idade avançada ou, então, quando passam por uma situação marcante, seja positiva ou negativa. A saída da prostituição de rua, que implica quase sempre uma fase de transição, pode ser feita de forma definitiva, provisória ou parcial ou para outros ramos do trabalho sexual.

As trajectórias são todas diferentes e os antecedentes familiares, escolares, profissionais, sociais e culturais são diversos. A personalidade de cada trabalhador do sexo também é única e as significações que atribui aos seus actos, bem como a forma como se inter-relaciona com os demais e como se constrói a partir daí também. Se há um denominador comum a todas(os) as(os) trabalhadoras(es) do sexo é, sem qualquer dúvida, a vontade de ganhar uma grande quantidade de dinheiro; uma quantia que, dadas as suas características pessoais, sociais e legais não conseguiria auferir de outra forma (que não fosse delinquencial).

Para compreender o envolvimento na prostituição, parece-me fundamental uma análise que tenha em conta as diferentes variáveis antecedentes e presentes no momento da entrada, sejam elas psicológicas, sociais, culturais, económicas ou contextuais; os processos que se desenrolam no tempo e os resultados da interacção do indivíduo com o seu meio, bem ainda como as significações que este lhes atribui. Parece-me de utilidade o pensamento de Digneffe (1989) para encarar a prostituição como uma forma de gestão da vida do indivíduo – sem cair na ficção do livre arbítrio, ele gere-se entre as suas opções e os constrangimentos.

Apesar dos factores estruturais (económicos, sociais, culturais) que são inegáveis e se podem considerar como fortes influências no percurso de alguém que se prostitui, é a capacidade de auto-determinação individual o mais forte motivo da entrada, permanência e saída do trabalho sexual. Rejeito tanto os determinismos inelutáveis como o livre arbítrio categórico, mas acredito na capacidade humana para procurar o que é melhor para si. Mediante certas características pessoais, a prostituição e outros trabalhos sexuais, apesar dos seus aspectos negativos, mormente os que se relacionam com a estigmatização e a rejeição, podem constituir para muitas pessoas alternativas satisfatórias. A entrada e permanência no trabalho sexual pode representar uma estratégia pessoal de melhoria de vida, através do reforço de ganhos pecuniários.

Mostrei que a pertença a classes socio-económicas desfavorecidas e a reduzida escolaridade são características regulares numa expressiva percentagem de pessoas do grupo que estudei. De facto, todas as acções humanas se fazem sob constrangimento, incluindo quando o rumo tomado é o de uma actividade discriminada, estigmatizada, alvo de todas as condenações morais, podendo mesmo, em certas circunstâncias, configurar situações de exploração. Mas também considero que deixei claro, através dos diversos testemunhos que recolhi e aqui reproduzi que se trata de alternativas escolhidas.

Porque é que eu não devo considerar que a Rafaela fez uma opção pela prostituição, se tem pouca formação escolar e profissional? E mais, porque é que não devo achar que fez uma boa opção, quando conseguiu atingir certos objectivos económicos e de conforto na sua vida, como ter carro e casa próprios? Se analisasse a história de vida da sua filha, com o 12.º ano e um curso profissional que lhe permitiu ingressar numa profissão qualificada, não encontraria os *constrangimentos* económicos que estiveram presentes na história da sua mãe, mas encontraria idênticos factores sociais e culturais e semelhantes capacidades de opção que, nomeadamente, lhe permitiram rejeitar o desejo da sua mãe de que ela seguisse um curso superior.

E quanto à Mónica, cuja vida se caracteriza por um conjunto de factores que parecem conduzir à prostituição, de acordo com o que defendem algumas abordagens científicas? – foi vítima de abuso sexual enquanto adolescente, é pouco escolarizada, vive com um homem a seu cargo e tem vários familiares a quem ajuda economicamente -, porque devo considerar que não houve uma opção pela forma de vida que acha ser a melhor para si? Ela própria diz, apesar de não conseguir justificar tal afirmação, que na ausência da violação de que foi alvo, talvez não se tivesse tornado prostituta; mas afirma igualmente que não trocava o trabalho sexual por outro emprego que fosse pouco qualificante e mal remunerado, não lhe permitindo manter o nível de vida que tem. É, assim, na articulação de diversas variáveis, entre elas uma explicação que remonta a um acontecimento traumático passado e a sua auto-determinação psicológica que podemos situar a entrada e permanência desta mulher na prostituição.

É, em suma, entre as contingências estruturais e a agência, tendo em conta os processos e os contextos e atendendo aos sentidos e significações do indivíduo que se pode compreender a entrada e permanência no trabalho sexual – o que tem sido, aliás, a tendência mais actual das explicações científicas sobre a prostituição. É, assim, que podemos compreender este comportamento: na articulação da multicausalidade, na apreensão dos processos e na análise dos sentidos e significações que o sujeito atribui aos seus actos e às suas inter-relações.

Capítulo 4
Reacção social: estigma, exclusão, violências

Da pequena escala dos mundos social e familiar e do vivido individual, para a grande escala da reacção da sociedade ao comportamento e ao grupo é o sentido que tomo agora.

A reacção social às pessoas que se prostituem sempre foi, ou foi quase sempre, e ainda é, de rejeição e de exclusão. Tendo por base as normas do comportamento sexual considerado correcto (para uma mulher), as prostitutas são vistas como amorais ou imorais; como desviantes e transgressoras, sendo alvo de estigmatização. De facto, elas são estigmatizadas tendo por base uma concepção moral da actividade sexual que define certos actos como sendo maus, entre eles a prostituição (Nahra, 2005). Os comportamentos desviantes são comportamentos que aparecem como *evidentemente* imorais e, portanto, sancionam-se, o que justifica que muitos deles sejam definidos como tipos legais (Espinosa, 1993), incluindo a prostituição em diferentes momentos históricos e diversos contextos geográficos e políticos. O estigma ligado ao fornecimento de serviços sexuais a troco de dinheiro funciona como um mecanismo simbólico e ideológico poderoso de repressão e controlo sobre um modo de vida que não está conforme os valores sociais hegemónicos e os cânones morais, sendo, então, percebido como desviante (Ribeiro & Sacramento, 2005).

A desviância é criada pela sociedade, diz Becker (1963), por grupos sociais que produzem regras cuja infracção constitui a desviância. Deste ponto de vista, continua o autor de *Outsiders*, o desvio não é uma qualidade da pessoa que comete o acto mas uma consequência da aplicação das regras pelos outros. O desviante é, então, aquele a quem a etiqueta foi aplicada com sucesso e o comportamento desviante é o comportamento da pessoa assim etiquetada.

É neste conceito que me situo e aquilo que tento fazer é analisar e salientar as consequências que a etiquetagem, a estigmatização, a desqualificação, como diria Goffman (1963), produzem no indivíduo alvo desses processos.

A atitude que os *normais* têm com uma pessoa estigmatizada e a maneira como se relacionam com ela mostram que pensam que essa pessoa não é de todo humana, o que está na base de variadas discriminações (Goffman, 1963) e violências que são praticadas sobre ela. A estigmatização, a discriminação, a exclusão e as várias formas de violência, são as expressões mais visíveis e nefastas dessa reacção social. É delas que tratarei agora.

A violência do estigma

A referência a Goffman (1963), aqui, é incontornável e a sua noção de estigma basta-me para delimitar o conceito. O autor de *Stigma* designa-o como um atributo que confere um descrédito profundo, uma diferença deplorável; salienta que o sujeito estigmatizado é um indivíduo a quem qualquer coisa desqualifica e impede de ser plenamente aceite pela sociedade. No que ele define como itinerário moral, primeiro, o estigmatizado aprende e integra o ponto de vista dos outros, adquirido pelas imagens de si que lhe propõe a sociedade, ao mesmo tempo que tem uma ideia geral do que implica a posse de tal estigma; depois, compreende que possui o estigma e conhece em detalhe as consequências de tal facto. Processo que pressupõe, então, a co-ocorrência da etiquetagem, estereotipagem, separação, perda de estatuto e discriminação, como ressaltam Link e Phelan (2001).

A estigmatização influencia os trabalhadores do sexo nas várias dimensões da sua vida ao longo do tempo (Day & Ward, 2004; Ribeiro *et al.*, 2008) e as suas consequências podem ser graves ou mesmo avassaladoras. Nahra (2005) defende que os efeitos da estigmatização colocam três problemas principais: alto nível de restrição da liberdade, alto nível de susceptibilidade à violência física e psicológica e baixo bem-estar. Eu destaco, por ora, a violência simbólica (Bourdieu, 1999) que significa a interiorização do estigma pelos trabalhadores do sexo[88].

No início da minha ida para o terreno, quando as prostitutas se confrontavam com a minha presença prolongada na rua junto a si, variadas vezes constatei de forma clara o resultado desse processo, quando me manifestavam receio de que o facto de estar junto delas pudesse de alguma forma atingir-me com esse descrédito de que fala Goffman (1963). E mais: era incompreensível para

---

[88] Bourdieu (1999) fala em violência simbólica a propósito da dominação masculina, referindo-se ao facto das mulheres aplicarem "à realidade e, em particular, às relações de poder nas quais se encontram tomadas, esquemas de pensamento que são o produto da incorporação dessas relações de poder" (p. 29).

algumas delas que uma mulher como eu – alguém a quem elas conferiam um estatuto social elevado e viam sem estigma e sem o rótulo do desvio – não só não tivesse esse receio, como o seu familiar mais próximo, na figura do companheiro conjugal, não se sentisse também ele afectado por essa espécie de contágio provocado pelo estigma – Ribeiro *et al.* (2008) utilizam a expressão *contágio identitário* para se referirem à projecção da imagem identitária deteriorada sobre quem acompanha as mulheres associadas ao exercício da prostituição. A este propósito, espreite-se este extracto do meu diário de terreno, no qual descrevo as reacções e interrogações duma mulher, líder numa determinada zona, quando negociei com ela a minha permanência no local:

> Ela compreendeu o meu pedido, aceitou ajudar-me e sugeriu (...) que eu ficasse dentro da pensão juntamente com a menina que lá trabalha à noite. Expliquei-lhe que faria isso certamente, mas que também tinha interesse em estar na rua a observar o *ambiente*. Alertou-me, então, para o perigo de eu poder ser confundida com elas. Eu respondi esclarecendo que isso não me ofendia. Depois, fez uma pausa e, com muito tacto, perguntou-me se o meu marido sabia que eu estava a fazer este trabalho e o que pensava ele disso. Eu respondi-lhe que, naturalmente, ele sabia e expliquei-lhe que ele, tal como eu, não tinha preconceitos nem recriminava as pessoas que se prostituem. (DC 20.01.2005)

Alguns meses depois, esta mulher, na sequência de uma agressão com óleo queimado, na qual também eu fui atingida (a que farei referência um pouco mais à frente neste capítulo), quis falar com o meu familiar. Veja-se qual foi a circunstância:

> Eu estava com a Mónica quando o M. telefonou. Quando ela percebeu quem era [o meu marido], pediu-me que lhe passasse o telefone. Eles nunca tinham falado e a Mónica habitualmente é envergonhada, mas pegou no telemóvel e disse-lhe:
> – Olhe, desculpe aquilo do óleo no outro dia.
> O M. explicou-lhe que ela não tinha que pedir desculpa porque não foi ela a autora da acção, mas também foi vítima. Mesmo assim, ela continuou a achar que as escusas faziam sentido e desculpava-se. Perguntei-lhe porquê.
> – Porque se você não estivesse aqui connosco isso não lhe tinha acontecido. (DC 04.10.2005)

Esta mulher receava, tal como outras em situações idênticas, que eu fosse tomada por prostituta ao permanecer junto dela, o que seria negativo. E o que é que *estar ali com elas* tem de negativo? Concede descrédito e pode originar consequências como esta agressão – o que, de alguma forma, também lhes remete culpabilidade. E culpáveis porquê? Porque se comportam de forma ilegítima, ou melhor, porque interiorizaram a imagem de si como alguém que se comporta com ilegitimidade, que foi o rótulo que a sociedade lhes colocou. Esse rótulo foi internalizado passando a fazer parte delas. Deste modo, quando pensam sobre si tendo por referência a prostituição – sobretudo nesta situação – elas pensam-se estigmatizadas; vêem-se negativamente, portanto.

Este rótulo, este sentimento negativo por parte da sociedade dominante que o grupo dominado interioriza, implica perda de estatuto. E elas sabem-no: as prostitutas reconhecem que a sua actividade laboral é desvalorizada socialmente, o que torna perceptível a sua dificuldade em gostarem ou admitirem gostar de ser prostitutas. Apesar de muitas trabalhadoras do sexo assumirem que não trocavam a prostituição por outra actividade na qual a remuneração não fosse satisfatória, isto é, as ocupações também elas desvalorizadas a que poderiam aceder com as habilitações académicas e profissionais que possuem, elas reconhecem o descrédito que lhe está associado e rejeitam que essa actividade seja tida por *prazer*.

Essa desvalorização legitima certos comportamentos e, sim, parece que é contagiante. Senti em algumas zonas que as pessoas me viam como *puta*. De tanto permanecer com elas no seu espaço de prostituição, eu era vista como mais uma – o que me parece natural. Já algo que não avaliava como aceitável era que essa identificação com o grupo motivasse um tratamento diferente por parte de algumas das pessoas com as quais interagia, como, por exemplo, quando ia a um estabelecimento comercial. Nessas situações, certos empregados de comércio olhavam-me e lidavam comigo de forma diferente. Sei, tal como toda a gente, como é o comportamento habitual e correcto de um empregado de comércio: ele deve ser solícito, competente e educado, ao mesmo tempo que demonstra respeito e o distanciamento adequado para não ser considerado intrometido. Nestas zonas alguns não o eram. Os homens supunham-me *puta* e agiam como tal. E como é esse agir? É o agir de quem trata o *outro* como diferente; de quem olha aquela mulher como uma mulher diferente das outras, designadamente considerando que ela está disponível e receptiva às suas investidas sexuais, mesmo quando vai à farmácia comprar medicamentos ou à papelaria comprar material de escritório. O registo seguinte reflecte isto mesmo.

> Tive novamente a evidência de que, para algumas pessoas, nomeadamente para alguns homens, eu tenho o rótulo de *puta* naquela zona. A maneira como os homens olham para mim, leva-me a pensar isso. A forma como o empregado da farmácia lida comigo também: com extrema simpatia, tentando o contacto ocular, emitindo

olhares galantes, fazendo afirmações intencionalmente agradáveis e mesmo procurando afinidades.
Encontrei a S. T. [minha amiga] e estive a conversar com ela na Rua das Comunidades, em frente à loja de candeeiros. Houve um velho que parou a olhar, pasmado, em frente a mim. Virei-me de costas e ele continuou a olhar. Um tipo novo que estava no carro parado no semáforo, moveu o veículo até poder olhar para mim de frente. Quando o semáforo ficou verde, ele arrancou exibindo a potência do carro com todo o ruído. (...) isto não me acontece noutros locais da cidade, quando ando na rua. Mesmo que sejam locais de prostituição. (...) Há muitos ociosos, tal como os velhos e outros que trabalham na zona, que passam por ali repetidamente durante o dia. Já me viram lá com elas e à porta da pensão. Devem pensar que sou prostituta e por isso me olham daquela maneira. (DC 02.07.2005)

Igual percepção foi-me posteriormente transmitida pela empregada duma pensão, que considera sofrer de rejeição e assédio por considerarem que ela é prostituta:

Eu já fui rejeitada em certos sítios por ir acompanhada com elas... eu não tenho problemas em andar com elas, mas sinto que sou rejeitada, por exemplo, quando vou ao cabeleireiro... ou em alguns comércios reparo na maneira como eles olham e no que dizem... não é normal ir a uma loja e o empregado sem me conhecer dizer que eu sou muito bonita... apesar de elas saberem estar... elas sabem estar em qualquer sítio, isto para elas é um emprego normal. (DC 03.08.2007)

Todas estas acções, constantemente reiteradas – as dinâmicas estigmatizantes são intensas e frequentes – condicionam os trabalhadores do sexo e constroem a sua identificação com o estigma. Uma vez definidas deste modo, isto é, auto-definidas como detentoras duma marca negativa, é possível que elas sintam que o rótulo tem visibilidade. Nem sempre isto acontece, há mulheres que têm consciência de que, fora do local onde trabalham, conseguem escapar ao estigma, mas outras pensam que é possível serem reconhecidas como tal em qualquer contexto.

Uma vez fui a um espaço de diversão nocturna, um salão de baile com música ao vivo, que me havia sido referenciado por várias mulheres e por convite de uma delas. Enquanto lá estive, encontrei duas mulheres prostitutas que conhecia a quem cumprimentei e com quem conversei, juntamente com os seus companheiros. Elas não se conheciam e cada uma delas ignorava a actividade da outra, o que originou uma percepção mútua sem lugar para a etiquetagem. Este facto suscitou curiosidade e, posteriormente, indagaram-me sobre quem era a outra mulher que lá estava e que eu conhecia. Sobretudo uma delas, a Carla, questionou-me repetidamente sobre quem era a outra senhora e respectivo companheiro, porque conhecia *de vista* aquele casal e tinha por eles uma especial admiração por mostrarem harmonia e um comportamento que ela considerava exemplar. Assim, tinha curiosidade em saber quem eram. Tentei não dizer, para evitar a etiquetagem mútua, mas não consegui fugir a uma resposta. Ao saber que a outra também era prostituta, ela ficou muito surpreendida. Justificou dizendo que a imagem que tinha do casal nunca a fez levantar tal hipótese. Porquê? Porque tinha deles uma imagem bastante positiva, inconsistente com as representações negativas do que é uma prostituta e seu companheiro – representações que ela partilhava.

De novo, o facto remete para a internalização do estigma e, mais ainda, indica a percepção de que essa marca que foi interiorizada possui um equivalente externo – o que a torna visível. Falei com ela sobre a impossibilidade dessa circunstância e sobre a invisibilidade do estigma acentuada por se tratar dum contexto exterior ao exercício da prostituição. Deste modo, vendo-se na outra, como que tomou consciência de que o estigma que sente não se vê. Este sentimento da eventualidade da etiqueta ser visível (em todos os contextos) dota a interiorização do estigma de uma violência acrescida. Para algumas mulheres, como é o caso da Carla, tal é sentido com muito impacto, o que tem consequências na sua auto-estima e bem-estar.[89]

Os trabalhadores do sexo estão em situação de exclusão?
Ser estigmatizado pode ser sinónimo de estar em situação de exclusão. Os processos de exclusão de que são alvo os trabalhadores do sexo são múltiplos e destes o que tem sido mais frequentemente apontado como evidente é o da exclusão social. Mas será correcto dizer que os trabalhadores do sexo estão em situação de exclusão?

O conceito de exclusão social não é simples, nem consensual e tem vindo a sofrer modificações. Embora seja hoje uma noção de uso generalizado, este uso é indiscriminado e pouco justificado (Canário, 2003). Apesar de impregnar o discurso socio-político e técnico-interventivo, como defendem Fernandes e Carvalho, em 2000, esta noção tem frágil operatividade e falta de solidez teórica ou evidência empírica.

Várias são as formas pelas quais os especialistas têm definido exclusão social. Robert Castel (1995) afirma que a exclusão social é a fase extrema do processo de marginalização, o que significa um percurso *descendente* caracterizado por várias rupturas. Esta ideia de rupturas que se sucedem inclui-se igualmente na

---

[89] Recordo que esta é a mulher que no início do ponto 3.2. identifiquei como tendo um dos discursos mais polarizados em relação à prostituição, à qual atribui um significado muito negativo.

noção de Capucha (2005), quando este define exclusão social como o resultado da ruptura sucessiva com os laços sociais, o que está, aliás, subjacente em Paugam (1996) quando este a situa na crise do vínculo social.

A exclusão é processual e multidimensional (social, económica, política), de carácter cumulativo e estrutural e as pessoas passam a estar confinadas a territórios e grupos exteriores aos recursos e valores dominantes da sociedade (Capucha, 2005). A ideia de processo está igualmente presente na noção de *itinerário de exclusão* proposta por Dubar (1996), para quem a exclusão não é um destino irreversível, mas um processo de percursos biográficos ligados com determinadas características estruturais.

Outra ideia associada com a noção de exclusão é a da negação do acesso a direitos fundamentais, como os direitos de cidadania (Capucha, 2005; Costa, 1998; Paugam, 1996). A exclusão social ocorre porque a sociedade não concede de igual modo aos seus membros a oportunidade de beneficiar da totalidade dos direitos (direitos cívicos, sociais e culturais).

O conceito de exclusão surge, então, como dinâmico e processual, sendo analisado através de diversas dimensões: percursos biográficos exclusores (perda de emprego, envolvimento em actividades desviantes, ruptura com a família, ...), mecanismos estruturais (como as características do mercado de trabalho actual) e perda de direitos (Paugam, 1996).

Se tomamos somente a ideia da ruptura sucessiva dos laços sociais, comum a vários autores, é de concluir que se pode ser trabalhadora ou trabalhador do sexo sem ser excluído, pois estes, maioritariamente, não romperam ou não foram alvo de ruptura dos laços sociais. Os trabalhadores do sexo não são necessariamente desvinculados, apenas por serem pouco valorizados socialmente. Estes, na generalidade, mantêm-se enquadrados na sua família, envolvendo-se ainda noutras relações afectivas e de amizade, não tendo feito um percurso no sentido da exclusão social. Se a única dimensão da noção de exclusão for do domínio da perda dos laços sociais, esta não se aplica aos trabalhadores do sexo.

Mas, a existir, onde situar a ligação entre trabalho sexual e exclusão? Exceptuando casos pontuais e minoritários entre os grupos de toxicodependentes com uma carreira longa e pesada de drogas duras, de mulheres com bastante idade e de trabalhadoras do sexo exploradas por proxenetas, em que surge como evidente esse rompimento progressivo e agravado dos laços familiares e sociais, nos restantes casos, estabelecer esta conexão é possível apenas se adoptarmos uma noção mais abrangente de exclusão. Tomo, assim, a definição dada por Bruto da Costa (1998), que interpreta a exclusão social no sentido de se estar excluído do exercício da cidadania, e aplico-a aos trabalhadores do sexo. Este autor considera que "o exercício pleno da cidadania implica e traduz-se no *acesso* a um conjunto de *sistemas sociais básicos*" (Costa, 1998, p. 14), e que estes sistemas sociais se podem agrupar em cinco domínios: o social, o económico, o territorial, o das referências simbólicas e o institucional. Embora o autor defenda que estes domínios são inter-dependentes e que, nalguns casos, até se sobrepõem, vejamos quais deles estão comprometidos no caso dos trabalhadores do sexo, para podermos concluir sobre as suas exclusões.

Desta forma, à pergunta "os trabalhadores do sexo estão em situação de exclusão?", não podemos responder linearmente, sim ou não, sem analisar as diversas dimensões que estão em causa. Conclui-se que, de forma generalizada, não estão nesta situação, designadamente ao nível social e territorial e, em parte, no domínio económico e simbólico; mas, analisando com detalhe as consequências do não reconhecimento da actividade como profissão e as sequelas do estigma, mormente a discriminação institucional, há que reconhecer que a sua cidadania não é vivida em pleno, pelo que os trabalhadores do sexo são alvo de alguma exclusão.

Mas se a ausência de gozo de alguns dos direitos de cidadania é decorrente do estigma e da ilegalidade da profissão, então, faz parte dum processo activo de marginalização de um grupo. Como defende Luiz Eduardo Soares (2002), marginalidade social significa invisibilidade social e uma das formas mais eficazes de operar esse processo de tornar um grupo invisível é projectar sobre esse grupo um estigma. Marginalizar as pessoas que se prostituem implica afastá-las do sistema social, invalidá-las enquanto actrizes sociais e impedi-las de exercer os seus direitos, incluindo os de cidadania. O trabalho sexual não é reconhecido como um trabalho e os trabalhadores do sexo não têm voz própria, não estão associados, nem têm um sindicato que os represente, estão excluídos da segurança social e do sistema fiscal, não têm um acesso garantido ao crédito bancário e estão ainda, com frequência, privados do seu direito à justiça. A marginalização é, então, sintoma de injustiça social.

A violência sobre os trabalhadores do sexo e a sua justificação

A violência a que prostitutas e prostitutos estão sujeitos na rua foi um dos aspectos que observei de forma mais saliente e aquele que se afigurou como mais negativo a partir do trabalho de observação participante, quer pela sua intensidade, quer pela grande frequência com que ocorre.

A elevada taxa de vitimação entre os trabalhadores do sexo, nas mais diversas formas e contextos em que é exercida, tem sido largamente demonstrada (Davis, 2000; Høigård & Finstad, 1992; McKeganey & Barnard, 1996; Oliveira, 2004a, b; O'Neill & Barberet, 2000; Pourette, 2005b; Pryen, Barbotin & Mary, 1997; Ribeiro *et al.*, 2008; Schissel & Fedec, 1999; Welzer-Lang, Barbosa & Mathieu, 1994, entre outros), embora a sua amplitude seja ignorada pelas autoridades.

Entre todos os que praticam trabalho sexual, são aquelas e aqueles que o fazem na rua os que registam maiores índices de vitimação (Church *et al.*, 2001; Raphael e Shapiro, 2004), com a quase totalidade deles a relatar ter sido vítima de alguma forma de agressão.

As agressões assumem diversas formas e graus e, apesar de muitas das mulheres, homens e transexuais não pedirem ajuda, nomeadamente a serviços de saúde e/ou de justiça, estas acções imprimem um elevado grau de sofrimento na vítima. As violências ocorrem com muitíssima frequência, afectando de forma traumática o bem-estar físico e mental e podem ter como consequência o tratamento hospitalar ou mesmo resultar em homicídio.

Durante todo o trabalho de terreno que efectuei fui ouvindo contar variadíssimos casos de agressões, assumindo diversas formas (física, sexual, psicológica), de maior ou menor gravidade, dirigidos a uma só pessoa ou a um grupo e direccionados para mulheres, homens e transexuais, mas jamais me esquecerei do dia em que vi uma mulher agredida e a ouvi contar o selvático ataque de que tinha sido vítima:

> Enquanto estávamos na instituição A, fomos surpreendidos pela entrada duma senhora muito ferida. Tinha os dois olhos negros, com os globos oculares dilatados em sangue, o nariz inchadíssimo e negro, o maxilar inferior visivelmente partido, vários pontos na cara e um grande penso que lhe protegia um dreno que tinha no nariz. Ela estava de pantufas, calças de ganga e um casaco de malha com um carapuço enfiado na cabeça.
> Eu estava com a R. e o S. [técnicos da instituição] no corredor da entrada e ela perguntou por alguém. Disseram-lhe que não estava e ela insistiu. Pareceu-me ser uma utente habitual, dado o à vontade com que entrou para falar com eles, mas talvez não a estivessem a reconhecer por estar desfigurada. Eles estavam com pudor em perguntar-lhe o nome por suspeitarem do mesmo. Quando ela respondeu que se chamava Adelaide, a R., o S. e a I. ficaram boquiabertos. A R. ainda lhe pediu desculpas por não a estar a reconhecer e a senhora começou a soluçar enquanto as lágrimas lhe rolavam pela cara. Ela falava com muitas dificuldades, quer porque a voz estava embargada, quer porque tinha o maxilar partido. Eu não consigo associar aquele nome a nenhum rosto, nem aquele rosto deformado a nenhuma outra cara que conheça, mas eles garantiram-me que eu a conhecia – aliás, os técnicos dizem que ela é uma mulher muito bonita.
> Contou o que lhe tinha sucedido. A Adelaide é toxicodependente, toma metadona num CAT[90] e é prostituta na zona da instituição A. Na quarta-feira passada foi com um cliente no carro, diz que estava tudo a correr normalmente, que até pararam

---

[90] Iniciais de Centro de Apoio a Toxicodependente, actuais Centros de Respostas Integradas – CRI.

para comprar tabaco, e quando chegou a altura de terem relações sexuais ele queria sexo anal. Ela recusou-se e fugiu (suponho que houve insistência e ameaças que justificam a sua fuga). Ele foi atrás dela, atirou-a ao chão e começou a pontapeá-la ferozmente e sem parar. Ela gritava muito e alguns moradores que ouviram e vieram às janelas chamaram a polícia. Só quando a polícia chegou e o deteve é que ele parou a agressão. Ela diz que ele ficou preso e que tem 17 testemunhas.
Foi para o hospital de S. João, muito ferida e ficou em coma durante três dias. Ontem teve alta e regressa no domingo para ser operada ao maxilar na segunda-feira. Tem feito os curativos no CAT.
Esta parte da alta e readmissão no hospital, acrescentadas ao facto dela não estar a tomar nada para as dores, pareceram-nos inverosímeis. Nós pensamos na hipótese dela ter fugido do hospital, ou ter contrariado de alguma forma a vontade dos médicos, devido aos efeitos da ressaca. (...)
Os técnicos da instituição A deram-lhe a medicação [para as dores]. Ela deixou-nos e foi para casa: um quarto de pensão na Rua dos Passos onde mora sozinha. À minha pergunta sobre se ela não tinha apoio da família, respondeu-me: "Coitados, não têm para eles, quanto mais para mim". Diz que há um senhor que a tem ajudado.
Ficámos chocadíssimos. Eu fiquei muito perturbada. (DC 22.03.2005)

A violência de um ataque como este é evidente e as suas consequências extremamente graves, mas casos ainda mais sérios ocorrem, aqueles que resultam em morte. Excluindo os bem conhecidos assassinatos em série de prostitutas, compreendendo desde *Jack, O estripador*, da Londres do séc. XIX, passando pelo caso nunca deslindado do (também) chamado *Estripador de Lisboa* – que terá morto três prostitutas nos anos de 1992 e 1993 – até ao recente caso de Ipswich, em Suffolk, Inglaterra, ocorrido em 2006, em que um homem matou cinco prostitutas, o habitual é que os homicídios de trabalhadores do sexo passem despercebidos.

Enquanto estive no terreno, fui ouvindo as mulheres, homens e transexuais contarem histórias de agressões graves, algumas das quais resultaram em morte. Apesar disso, isto é, dos trabalhadores do sexo conhecerem formas de agressão muito graves, elas não têm as devidas repercussões na perseguição policial e condenação judicial dos agressores. Como refere Pourette (2005b), os clientes e outros agressores não agiriam assim se fossem perseguidos pelos actos de violência que cometem sobre as pessoas que se prostituem; estas, tal como aprendem os riscos da sua ocupação, aprendem igualmente que é difícil contarem com a polícia para as proteger e perseguir quem as agride.

Da mesma forma, estes actos graves não encontram ecos na comunicação social, mesmo que a notícia deles pudesse alertar para a vulnerabilidade deste grupo e contribuir para o fim das vitimizações. Certa vez li uma notícia de jornal sobre a agressão a uma mulher que surgia identificado como um caso de violência conjugal. Os contornos desse acto levaram-me a supor que poderia tratar-se da agressão a uma prostituta – tinha ocorrido durante a tarde sobre uma mulher que se encontrava sozinha numa área de mata. Algum tempo depois, em conversa com a Raquel percebi que, na verdade, se tinha tratado dum caso de violência sobre uma prostituta. Vejam-se as anotações constantes no meu diário de terreno sobre este e outros casos violentos:

> Antes de me vir embora fui despedir-me da D. Luísa e da Raquel, onde fiquei quase uma hora porque esta não se calava. Contou bastantes histórias da sua experiência pessoal. Muitas relacionadas com violência exercida sobre prostitutas (...).
> A Raquel relatou o caso de um agressor conhecido que anda nas matas de O. e que já agrediu perto de uma dezena de mulheres, mas que não é condenado porque é considerado inimputável. Descreve como uma vez foi salva de um ataque desse indivíduo por um cliente que se apercebeu do que lhe ia acontecer e a levou dentro da sua carrinha. O tipo viola, agride e rouba as mulheres.
> Lembro-me de, recentemente, ter lido uma notícia no [jornal] Público sobre um caso de uma agressão nas matas de O. Este caso era apresentado como tendo ocorrido sobre uma mulher por parte do seu ex-companheiro. Quando li a notícia, pelas características da agressão e pelos pormenores da história, achei que poderia ser uma agressão a uma das prostitutas que estão naquelas matas. Hoje, ao ouvir a história que a Raquel contou sobre uma agressão recente a uma colega sua, percebi que se tratava da mesma história.
> Também falaram de casos de homicídio, como a de uma mulher que apareceu cortada aos bocados numa serra – trabalhava ali mesmo, na pensão da D. Luísa.
> (DC 27.04.2005)

A violência sobre pessoas que se prostituem não tem, então, visibilidade. Tal como acontecia há alguns anos para os casos de violência doméstica, também no caso da violência sobre trabalhadores do sexo, as autoridades policiais e os meios de comunicação social tendem a registá-la e relatá-la sem compreensão pelo fundamento da agressão. Sem apreender que o motivo da agressão é a vulnerabilidade da pertença a um grupo estigmatizado e marginalizado. Neste caso, como a agressão era de um homem a uma mulher, a leitura efectuada enquadrou-a no âmbito da violência conjugal – e não houve questionamento sobre a estranheza de um marido agredir a sua antiga esposa, à tarde, numa mata.

Quem lida com estas situações, sejam forças policiais, técnicos de projectos, jornalistas e mesmo as próprias mulheres agredidas, parece, na maioria dos casos, encarar as agressões às prostitutas com indiferença e normalidade. Quando se trata de violência contra os trabalhadores do sexo há tendência a não actuar de acordo com a gravidade dos actos, quer porque aqueles são vistos de forma desvalorizada, quer porque se considera que o seu comportamento, de alguma forma, justifica as agressões. Apenas os casos mais sérios, como aqueles que resultam em homicídio, têm probabilidade de obter um tratamento diferente por parte dos diversos agentes sociais e estatais. A restante violência é encarada como não tendo gravidade – quando, a mim, se me afigura exactamente o oposto: é por se tratar de um grupo marginalizado e menos provido de poder que me parece que a violência adquire maior gravidade.

São várias as causas apontadas para os índices elevados de violência sobre trabalhadores do sexo. Oliveira e Manita (2002) referem as condições eco-sociais em que se desenvolve a prostituição de rua: zonas desertas e escuras, durante a noite, com obstáculos à visibilidade, como portais e colunas, "a presença de chulos ou de grupos organizados de controlo das mulheres, as fracas condições para a auto-protecção, a violência sistémica dos territórios que a prostituição (co)habita, a variedade de clientes e a imprevisibilidade dos seus comportamentos" (pp. 232-233). O'Neill e Barberet (2000) referem ainda o facto das prostitutas trazerem dinheiro consigo, estarem socialmente isoladas e viverem uma relação violenta com um chulo. Kurtz, Surratt, Iniciardi e Kiley (2004) indicam como preditores da vitimização, a toxicodependência, o desespero económico, não controlar o local do encontro e ter as relações sexuais no carro do cliente.

Um dos conceitos que tem sido utilizado para explicar os ambientes onde ocorrem muitos crimes é o de *acessibilidade* (Angel, 1968 cit in Fattah, 1991). Em *Understanding criminal victimization*, Fattah (1991) utiliza-o para explicar a vitimação criminal, pois considera que este é um factor de atractividade, na medida em que, se estão facilmente acessíveis, as vítimas são mais atractivas do que outros alvos em relação aos quais o acesso é limitado, difícil ou problemático. Assim, considera que os crimes contra as prostitutas podem, em grande medida, ser explicados em termos da fácil acessibilidade deste grupo. Fattah (1991) vai mais longe e olha para a prostituição como um estudo de caso, referindo-a como sendo caracterizada por uma propensão ocupacional. Este autor defende que a prostituição de rua é, sem dúvida, uma das ocupações mais perigosas nas quais as mulheres podem estar envolvidas, entre outras razões porque são, em geral, fisicamente mais frágeis do que os clientes, porque as agressões são facilmente racionalizadas pelos perpetradores por causa do estatuto marginal e pela etiqueta negativa associada; e, ainda, elas não têm protecção social e têm pouco ou nenhum acesso a instituições de apoio, nomeadamente a polícia.

Destaco especialmente as duas últimas justificações, porque vão ao encontro da minha argumentação, baseada nos dados que observei e que enquadram a agressão num acto dirigido a um grupo encarado como desviante, desprotegido e destituído de poder.

Os trabalhadores do sexo são, então, vítimas enquanto grupo; são alvo de uma série de reacções negativas por parte da sociedade. É desta violência que falo: a violência a que estão sujeitos os trabalhadores sexuais de rua pelo facto de o serem. São figuras da vitimação colectiva, noção que tomo de Fernandes (2006). Este autor estende o conceito de vítima à de vítima colectiva; eu estendo esta noção de vítima colectiva ao grupo das pessoas que se prostitui. Continuando com o paralelo que efectua Fernandes (2006), entre as vítimas configuradas a partir do individual e do psicológico e as figuras da vitimação colectiva, o trauma aqui é traduzido pela intensificação do estigma (além dos possíveis traumatismos físicos e psicológicos que individualmente podem ocorrer, até porque muitas destas acções se focalizam num indivíduo específico do grupo, como é o caso da agressão sexual) e pela acentuação do isolamento do grupo e da desconfiança relativamente ao que lhes é externo.

Elas são vítimas colectivas de acções de indivíduos ou grupos que parecem fazê-lo por uma rejeição do outro desviante e identificação com a norma moral dominante. São, então, vítimas de rejeição enquanto grupo em consequência de julgamentos morais. E essas acções, de tão gratuitas que são, aparentam tratar-se dum exercício de poder simbólico sobre o diferente. Adoptando um enunciado de Alba Zaluar (2002), que ilustra bem certos comportamentos agressivos, eles relacionar-se-ão com uma "dimensão do poder, do simbólico e da paixão destrutivos: o triunfo sobre o outro, o orgulho pela destruição do outro" (p. 19/20).

A sustentar esta alegação surge a violência acrescida a que estão sujeitos os trabalhadores do sexo, que se caracterizam por outros comportamentos igualmente estigmatizados e alvo de rejeição. Refiro-me aos casos dos homens e das transexuais que fazem prostituição. Nestes grupos, acumula-se ao estigma do sexo por dinheiro, o estigma de se ser homossexual, homem num corpo de mulher ou travestido. O caso da Gisberta é o paroxismo desses olhares que rejeitam o outro. Mas não é preciso acumular tantos estigmas para que a violência se exerça e seja facilmente racionalizada pelos seus autores. As agressões verbais que tantas vezes ouvi, eram acentuadas nestes casos e os relatos de agressões muito sérios. Uma transexual que conheci foi uma vez ludibriada por um grupo de homens que a sujeitou a uma violação colectiva. Este acto teve consequências gravíssimas para a sua saúde quer física, quer psicológica.

Outro grupo relativamente ao qual se acrescentam agressões é o dos dependentes de drogas. Alguns estudos indicam que entre as prostitutas vítimas de crimes, as mais agredidas são as consumidoras de drogas (e.g. Kurtz *et al.*, 2004; Pryen, Barbotin & Mary, 1997), o que torna este comportamento como um dos preditores da vitimização entre as pessoas que se prostituem. Esta forte associação relaciona-se com o facto deste grupo ser encarado como ainda mais vulnerável, pois a sua angústia em obter dinheiro para comprar a droga de que necessitam leva a que se sujeitem a práticas altamente lesivas. Acresce ainda a esta concepção de grupo vulnerável, e à frequência de meios violentos e ilegais, como os relacionados com o tráfico de drogas, os factores de risco que os próprios dependentes de drogas introduzem nas suas práticas prostitutivas. A severidade dos sinais e sintomas de privação de droga leva a(o)s toxicodependentes-prostituta(o)s a serem menos selectiva(o)s com os clientes, a encetarem práticas de maior risco, como o sexo sem preservativo, a frequentarem locais menos seguros, como as matas ou as casas dos clientes, e a entrarem em carros com mais do que um homem. Tudo práticas que podem facilitar o abuso e a violência.

Todavia, é habitual que os trabalhadores do sexo façam o contrário, isto é, que utilizem planos de protecção contra as agressões. Refiro-me aqui às estratégias de gestão do risco de se ser agredida(o) que qualquer trabalhador do sexo conhece e implementa, incluindo os toxicodependentes. Estas estratégias de protecção têm sido evidenciadas em diversos estudos com trabalhadores do sexo (e.g. Nixon, Tutty, Downe, Gorkoff & Ursel, 2002; Oliveira & Manita, 2002; O'Neill & Barberet, 2000; Pryen, Barbotin & Mary, 1997) e incluem, não entrar nos carros dos clientes, ou, no caso de o fazerem, não entrar em carros com mais do que um homem, evitar locais escuros e isolados, comunicar entre si as matrículas e as marcas dos carros e as características físicas de clientes que já tenham tentado ou efectivado uma agressão, esconder o dinheiro, não estar sozinha na rua, não transportar carteira, andar armada, trabalhar sempre no mesmo sítio, não ir a casa dos clientes, pedirem para ser pagas antecipadamente, manterem-se sóbrias para terem a certeza de que conseguem escapar se estiverem em perigo, não sair do centro da cidade, não ir com indivíduos alcoolizados, entre outras.

No presente trabalho, estas estratégias emergiram entre os dados. A grande maioria das pessoas com quem fiz observação trabalha em pensões, o que por si só constitui uma estratégia para diminuir a probabilidade de se ser vitimada. Quem trabalha nestes estabelecimentos está desde logo a implementar algumas das estratégias acima referenciadas, o que é intencionalizado: trabalha sempre no mesmo local, não entra em carros, não vai a casa dos clientes, não trabalha sozinha, nem em locais isolados e pode deixar a carteira e o dinheiro no interior do estabelecimento. Numa pensão, existe ainda a segurança da *autoridade* na figura da gerente ou empregada e de se estar num local conhecido e fisicamente mais resguardado.

Contudo, apesar de ser mais seguro, o trabalho nas pensões não isenta quem aí trabalha de toda e qualquer agressão. Mesmo no interior destes estabelecimentos é necessário empreender certos comportamentos preventivos. Um deles é nunca deixar a porta do quarto trancada porque, na eventualidade de ocorrer uma agressão, ela pode fugir mais facilmente ou alguém pode entrar para a socorrer.

Todas estas estratégias se direccionam para a prevenção ou minimização da ocorrência de actos violentos, contudo, não é possível que todas as agressões sejam evitadas.

A caracterização das formas violência

Caracterizemos, então, a violência a que estão sujeitas as prostitutas e os prostitutos de rua. Quem exerce estes actos são as pessoas que atravessam os locais de prostituição, de dia ou de noite, algumas propositadamente para exercerem o acto de violência e outras porque passando casualmente fazem-no. Clientes, homens que se fazem passar por clientes e outros (homens ou mulheres) que não tendo nem pretendendo ter qualquer relação com a prostituição praticam alguma forma de agressão.

Há dois tipos de violência na rua contra as pessoas que se prostituem, a violência encoberta e a violência aberta.

A violência encoberta é um tipo de violência disfarçada que se traduz em comportamentos como expressões faciais reprovadoras, sarcásticas ou de espanto, passar com altivez, virar a cara no sentido oposto, abanar a cabeça como sinal de censura ou afastar-se no passeio. Muitas das pessoas que passam são desagradáveis porque olham com um desprezo ostensivo. Observei-o e experimentei-o vezes sem conta. Sentia que os olhares de mulheres e homens que passam na rua são diferentes do que seriam se não estivesse naquele local e com aquelas mulheres. Achava que quem passava se julgava com superioridade moral; superioridade sentida como legítima por haver um estigma socialmente reconhecido a justificá-la. As mulheres prostitutas que estão na rua, independentemente de tudo o resto que são, de todos os papéis familiares e sociais que têm e de todas as suas características, são julgadas por serem *putas*.

Sobre isto, veja-se um exemplo dos registos que efectuei:

> Fiquei com a Clara a conversar. Era um fim de tarde com muito tráfego automóvel, como sempre. Reparei como as mulheres que passavam no passeio olhavam para elas e para mim. Passam mais mulheres do que homens e aquelas, ou não reparam e continuam indiferentes ou, se reparam, transmitem a agressividade na forma como olham e se comportam. Elas sabem que estão a olhar para *putas*, portanto,

fazem-no com altivez. Olham por cima: por cima do seu *altar* de moralidade (o que é da esfera do simbólico) ou por cima do ombro (o que é da esfera do observável). (DC 30.09.2004)

Para algumas das pessoas que passam na rua, o comportamento não é de indiferença. Sendo claro que aquelas são mulheres que se prostituem, muitos dos que passam observam-nas com curiosidade, outros fazem-no com descaramento, alguns olham com prepotência.

Quando alguém adopta um comportamento destes, diferente daquele que tem habitualmente na relação com o outro, é porque a sua atitude relativamente a estas pessoas, às pessoas que se prostituem é negativa: demonstram desprezo e desrespeito apenas porque são prostitutas. É uma forma subtil de agressão.

Esta violência não é muito evidente e nem sempre é sentida como tal. Há trabalhadores do sexo que se mantêm indiferentes, ignorando esses actos; e outros que a sentem e reagem com igual violência.

Já a violência aberta é uma forma de violência dirigida, orientada, muito frequente e que tem consequências físicas e/ou psicológicas. Refiro-me a uma diversidade de actos intencionais que incluem:

(a) Os insultos verbais ou escritos. É frequente ouvir insultos por parte de quem passa; o mais habitual é o grito de *puta* na direcção duma mulher ou o seu plural no caso de se tratar dum grupo. Muitas pessoas não se inibem em injuriar directamente os trabalhadores do sexo, dirigindo-se a eles de forma rude e ofensiva.

> Quando passa um carro com um grupo de rapazes, elas já sabem que não vão fazer negócio. Trata-se de pura brincadeira, gozo (...) eles pararam em frente. Foram desde o início desagradáveis. A Ana como estava chateada e era interpelada directamente respondia-lhes de forma adequada. Depois começaram a insultar e a ser mal-educados. O namorado da Sara meteu-se para os desincentivar e fazer com que fossem embora. Eles foram porcos com ele. Acabaram por ir. Estavam bêbados e eram jovens. (DC 01.07.2005)

As mensagens escritas não são muito frequentes, mas podem surgir junto às pensões ou a outros locais onde é habitual estarem prostitutas. Mensagens escritas com insultos, como, por exemplo, a inscrição de "putas" ou "putas baratas" em paredes ou soleiras de portas, são uma forma de insultar no anonimato;

(b) O escárnio refere-se a situações em que grupos de pessoas no interior de viaturas zombam ostensivamente das prostitutas, falando e rindo;

(c) O rapto surge com alguma frequência e, dependendo das suas circunstâncias, pode ter consequências psicológicas severas. Várias mulheres me contaram ter sido raptadas e depois abandonadas em locais isolados e distantes do sítio donde foram levadas. Quando, nesses casos, são agredidas física ou sexualmente e depois abandonadas sem roupa, a experiência pode ser profundamente traumática.

(d) As agressões físicas directas, incluindo murros, pontapés, ameaças com armas e o arremesso de objectos. Estas são as formas mais frequentes e graves de agressão, sendo a severidade das consequências ao nível do impacto físico e psicológico, por vezes, de difícil superação. As ameaças com armas, por exemplo, têm grande impacto emocional.

Outro tipo de agressão com grande impacto é a violação ou tentativa de violação. As experiências de violação em geral, incluindo as que são vividas por quem faz trabalho sexual, são traumáticas e detentoras de uma forte carga emocional podendo mesmo originar uma desordem de stress pós-traumático[91].

Vejamos agora alguns exemplos que abarcam várias das formas de violência que referi. Tomemos o caso da Isabel que é perseguida por um homem que se recusa a atender:

> Diz que uma vez se recusou a atender um cliente e que, a partir daí, ele passou a persegui-la com intimidações e insultos. Faz-lhe ameaças de morte. E cola papéis nas paredes onde lhe chama *puta* e a identifica pelo nome e local de trabalho; faz isto quer nas ruas próximas do local onde se prostitui, quer no espaço do comboio, porque ela é de B. e desloca-se para o Porto através deste meio de transporte, quer ainda no próprio local onde reside. Esta situação incomoda-a bastante. Diz que, muito frequentemente, tem que andar de caneta a riscar o seu nome e os insultos, dos papéis que estão na rua – muitas vezes chamada pelos lojistas que, conhecendo-a, lhe pedem que risque ou tire os papéis. Ela acha que um advogado a podia ajudar a resolver este problema junto da polícia e do tribunal. Acha também que o processo só está parado [ela já fez queixa na polícia] porque as autoridades sabem que ela é prostituta. (DC 14.10.2003)

O arremesso de objectos é também frequente e envolve peixe podre, ovos, lixo, água, balões com água, óleo e pó de extintor, entre outras matérias que são lançadas contra as mulheres, homens e transexuais que estão na rua.

---

[91] A desordem de stress pós-traumático (DSPT ou Posttraumatic stress disorder – PTSD) é caracterizada por um conjunto de sintomas específicos, tais como a raiva, a vergonha, a revivência do acontecimento, o isolamento, etc, desencadeado por uma experiência psicologicamente dolorosa.

No extracto do diário de terreno que se segue encontram-se dois exemplos, ambos inusitados, embora um deles, o que envolve o uso de extintores, seja mais frequente. Num dos casos eu própria me encontrava no grupo que foi atingido.

> Cerca das 23h voltamos à Rua da Amizade. Além das quatro referidas [Clara, Mónica, Sónia e Rafaela], estavam a Dália, a Jamila e a Darlene.
> Continuamos a conversar e com boa disposição. Num momento em que eu estava sentada na beira duma montra com a Sónia, enquanto conversava com esta e com a Dália que se encontrava de pé, virada para nós e de costas para a rua, dois indivíduos numa moto arremessaram-nos um saco de plástico aberto que continha óleo de motor queimado. (...) O saco destinava-se a nós e pretenderam atingir-nos em cheio – como estávamos sentadas penso que o direccionaram para a cara. A sorte foi que a Dália estava de pé à nossa frente e o saco, ao atingi-la, antes de nos atingir a nós, ficou com a sua rota desviada. Deste modo, acertou no chão e o óleo que nos atingiu foi por ricochete.
> Mesmo assim, eu e a Sónia ficamos bastante marcadas. As calças que trazíamos vestidas e os sapatos e meias que levávamos calçados ficaram muito sujos com óleo. Além da roupa, a nossa pele estava manchada e as marcas deste óleo dificilmente saíram da pele (...).
> A reacção inicial foi de incredulidade. Quando percebemos que não podíamos fazer nada para os apanhar ou identificar, pois eles fugiram a grande velocidade, ficamos as três, atónitas, a olharmo-nos. Logo se juntaram as restantes, que estavam um pouco mais ao lado, e tiveram uma reacção idêntica. Depois veio a indignação e a revolta – esta última, sobretudo da minha parte; elas pareceram-me indignadas mas mais resignadas, quer porque já o sofreram mais vezes, quer porque se sentem vulneráveis enquanto grupo.
> Pelo menos a Mónica e a Clara dirigiram-se a mim reiterando a sua vulnerabilidade enquanto prostitutas:
> – [Clara] Está a ver, como é? É assim... É assim... que nos tratam. Está para isto...
> – [Mónica] Olhe! Assim já pode ver com os seus olhos o que fazem connosco.
> Logo me contaram que uns dias antes tinham parado três homens num carro e que descarregaram a carga de um extintor na direcção delas. Esta atingiu a Mónica e a Jamila que teve que receber tratamento hospitalar. A Mónica foi para casa porque ficou com o cabelo impregnado da substância, mas a Jamila, como sofre de asma e apanhou com o pó directamente na cara, teve que ir de ambulância para o hospital. (DC 29.09.2005)

Apesar da frequência não existe indiferença, sobretudo nas situações mais graves. Se alguém as insulta, há apenas uma reacção imediata de devolução do insulto, mas se uma mulher vai para o hospital porque alguém passou e a atingiu com pó de extintor na cara há indignação e revolta. É como se todas fossem atingidas, porque na verdade o foram; porque o que motivou a agressão à colega é uma característica que também é sua, é a pertença ao grupo. Identificam-se com o grupo e por isso sentem as consequências dessa pertença.

Simultaneamente, as sensações de impotência e humilhação são fortes. Impotência porque não foi possível fazer nada para evitar, nem será possível fazer nada para punir os culpados que não são identificáveis; e mais, parece existir um sentimento de que a violência é um resultado inelutável do estigma. Humilhação porque sabem que são agredidas por serem prostitutas – no meu caso, fui atingida porque me viram como prostituta[92] – e é uma afronta ser tratada assim publicamente.

A violência institucional: outra forma de agressão

Além da violência que é exercida nas ruas, nos quartos das pensões ou noutros locais, encontrei uma forma de violência menos evidente que designei por institucional.

A violência institucional é aquela que surge no âmbito do contacto que as prostitutas e prostitutos têm com as instituições estatais na área da segurança social, da saúde e da justiça, se aí recorrem e são discriminadas e tratadas com preconceito. Quando ela ocorre há um reforço do estigma e isso sucede porque as instituições, na figura das pessoas que as representam, podem considerar legítima a violência exercida sobre as pessoas nas quais identificam uma transgressão moral. Acontece porque a visão estereotipada que a sociedade dominante tem sobre as pessoas que se prostituem é desumanizada. Ou melhor dito, desumaniza-as; e alguém que não é humano, não tem sentimentos, emoções ou sensações – está justificada a violência, portanto.

Este tipo de violência está ao serviço do controlo social. Controlo exercido sobre as sexualidades desviantes e, muito particularmente, sobre a sexualidade feminina desviante. Mas não só: porque se as prostitutas transgridem a fron-

---

[92] Na sequência desta agressão, senti-me motivada a fazer queixa na PSP. Auscultei as mulheres que não se mostraram interessadas em fazê-lo, mas também não se opuseram a que eu o fizesse. Disse-lhes que apresentaria queixa na autoridade policial competente, comportamento que foi adiado *sine die*. Durante algum tempo, não percebi o que me impediu de tomar uma iniciativa que estava de acordo com o meu desejo e princípio de crença na justiça. Hoje, com relativo distanciamento temporal, percebo que a inércia contou com a antecipação de algum desconforto para mim, uma vez na esquadra da polícia. Temi que, ao tomarem-me por prostituta, desvalorizassem o meu depoimento e que, mesmo que não fizessem a confusão, reagissem como se o facto de eu estar com prostitutas num local de prostituição durante a noite, pudesse justificar a agressão e desculpabilizar os agressores. A previsão de qualquer uma destas possibilidades era constrangedora e inibiu-me de concretizar os meus propósitos. Senti, de alguma forma, esse aspecto do estigma que se relaciona com a sua interiorização.

teira da sexualidade normativa feminina, os prostitutos, ao serem identificados com a homossexualidade, são associados à passividade (sexual), sendo, então, encarados como transgressores da norma masculina, o que também incita ao controlo.

Este controlo exercido sobre a transgressão é bastante bem operacionalizado pela estigmatização. O que torna o estigma de *puta* numa cómoda ferramenta de repressão estatal para as democracias modernas (Férnandez, 2001). Indo mais longe e usando as palavras de Pheterson (1989), talvez a função política mais insidiosa do estigma de *puta* seja a divisão das mulheres em honradas e desonradas. Neste sentido, no caso das mulheres, embora o estigma se dirija explicitamente às prostitutas, indirectamente ele controla o comportamento de todas as mulheres. Assim, a etiqueta da prostituição tem mais a ver com a transgressão feminina dos códigos de género discriminatórios do que com a prática do comércio sexual (Pheterson, 1989).

Apesar do contexto jurídico-penal descriminalizante da prostituição em Portugal, o Estado exerce sobre as mulheres consideradas sexualmente *mal comportadas* uma dominação mais ou menos subtil, por intermédio do controlo e poder institucionais exercidos pelos tribunais, forças policiais e segurança social (Silva, 2001). O que no passado foi efectuado através dos regulamentos que sujeitavam as prostitutas a restrições e controlo, actualmente é cumprido através de subtilezas que impõem a normalização do comportamento feminino. Hoje, o corpo da prostituta já não é policiado, mas a sua *docilização*[93] continua a ser ensaiada. Há uma ideologia sobre o modo de ser apropriado à categoria feminina que se traduz em limitações impostas ao comportamento das mulheres (Amâncio, 1994). Esta ideologia vai no sentido da situação social mais adequada ao modelo de *sexualidade feminina regulada* que é o casamento institucional (Machado, 1999) que parece ser negado pela prática comportamental das mulheres que se prostituem. Deste modo, há que controlar os padrões comportamentais, o corpo e a vida das trabalhadoras do sexo, retirar-lhes direitos universais e vigiar as suas *anomalias*. Há que controlar o desvio para manter a ordem social.

De forma evidente, tal acontece quando o direito das prostitutas à maternidade é posto em causa, como no caso relatado de seguida sobre a experiência duma prostituta na Segurança Social:

> Hoje a Raquel contou-me que foi à Segurança Social, na Rua dos 2 Moínhos, tentar obter o apoio económico de que precisava (...). Contou à assistente social a sua situação actual: grávida, a viver com um filho menor, uma filha e dois netos, com

---

[93] No sentido que lhe dá Foucault (1993), no *Vigiar e punir*.

um pequeno ordenado e num T0. Disse-lhe ainda que era ou foi prostituta. Não lhe disse mais nada, ou seja, a técnica não sabe mais nada da história da Raquel. Mesmo assim, perguntou-lhe logo porque é que ela não dava o filho para a adopção. A Raquel ficou muito chateada e chocada com isto:
– Ela não me conhece de lado nenhum, ela não sabe nada da minha vida, ela não sabe se eu sou ou não boa mãe, ela não quis saber se eu alguma vez faltei com alguma coisa aos meus filhos, ela não tinha nada que dizer aquilo, foi só porque eu lhe disse que fazia a vida[94], já viu? Até os animais gostam dos filhos, as cadelas quando se tenta tirar os cãezinhos mordem, o que é que ela acha: que eu sou pior que os animais? Não se admite dizer uma coisa daquelas. Ela que faça ela filhos e que os dê, se for capaz...
A resposta que a Raquel deu não foi de acordo com o seu estado emocional, controlou-se porque não lhe interessava arranjar escândalo mas antes conseguir o tal apoio económico. Acabou por ficar com pena de não o ter feito. (DC 18.06.2005)

Sem consideração pelos seus afectos, houve uma rejeição imediata da possibilidade daquela mulher ser mãe e exercer a sua maternidade tão só porque ela referiu ser prostituta, em lugar de serem equacionadas outras opções, nomeadamente averiguando a possibilidade de enquadrar o seu caso num dos diversos apoios económicos que a instituição pode disponibilizar.

Sabedoras destes casos, as prostitutas tratam de os prevenir. Assim, outra prostituta que conheci, quando grávida, fez o necessário para que logo que o filho nascesse a guarda ficasse a cargo da sua mãe por receio de perder a sua tutela para terceiros

Parece-me que estas situações acontecem porque os funcionários do Estado não lhes conferem os mesmos direitos, humanos e cívicos, que concedem aos restantes cidadãos pelo facto delas serem prostitutas, pondo, assim, em causa o seu direito à maternidade ou os seus sentimentos maternos. São estas formas de violência que acentuam o estigma através da projecção do desvio sobre as pessoas que se prostituem.

Quando agem assim, estes agentes encaram a norma como tendo um carácter binário, ou seja, há as mulheres que são mães, esposas e puras e há as outras que são prostitutas e pecadoras. E há uma linha a meio, estanque, que as divide. Como se estas categorias se anulassem mutuamente: ser-se esposa e mãe anularia a possibilidade de se ser prostituta e ser prostituta anularia a capacidade de se ser mãe. Ora, conhecendo a realidade percepciona-se que estas categorias se fundem: a maioria das prostitutas é mãe e muitas são esposas zelosas – como já foi focado no capítulo 2 deste trabalho.

---

[94] "Fazer a vida" ou "andar na vida" são expressões que se referem à actividade prostitucional.

A violência institucional em forma de discriminação acontece ainda nas instituições de saúde. Na generalidade, se um trabalhador do sexo quer ser bem tratado e atendido em centros de saúde e hospitais, a melhor opção é não referir a sua actividade. Por esta razão, muitos a escondem ou têm preferência por serviços privados ou especializados no atendimento a prostitutas e prostitutos para fugir ao tratamento discriminatório. Esta violência em certas situações pode ainda constituir uma vitimização secundária, como quando uma prostituta se dirige a um hospital enquanto vítima de uma violação ou quando uma transexual agredida recorre a instituição idêntica.

Ainda mais, as autoridades policiais podem exercer violência sobre este grupo. Todas as mulheres com um longo historial de prostituição conhecem histórias antigas de abusos policiais e confirmam que no passado a relação com a polícia era muito má. Hoje já não se verificam os abusos de antigamente. Agora, por vezes, as prostitutas até colaboram com a polícia e esta, de acordo com o que dizem, tem com elas, ao nível informal, uma boa relação. Já quanto à sua actuação formal, nem sempre corresponde à esperada – por exemplo, no que respeita à boa recepção de queixas e à perseguição de agressores. Parece, pois, que a polícia é largamente negligente quando se trata de pessoas que vêem como desviantes ou sem poder, como é o caso dos trabalhadores do sexo (Alexander, 1998).

Esta boa relação ao nível informal e pessoal surge com as portuguesas, pois quanto às estrangeiras, devido ao seu estatuto ser, muitas vezes, de iregular, a relação é de outra índole. Sob o lema da luta contra o tráfico e a exploração sexual, as diversas forças da ordem realizam acções que pretendem fiscalizar as estrangeiras a exercer trabalho sexual em Portugal. Estas acções, amplamente divulgadas pela comunicação social, centram-se sobretudo em apartamentos e bares, mas chegam também a acontecer na rua. Assim, as estrangeiras e os estrangeiros que não têm autorização de permanência têm que estar atentos e esquivar-se a estas investidas.

O controlo da imigração e as consequências de luta contra o tráfico e a exploração sexual

A luta contra o tráfico e exploração sexual insere-se nesta mesma lógica de controlo social mas, neste caso, o controlo é exercido sobre os imigrantes ilegais enquanto sinal da desordem. A acção policial fica legitimada pelas intenções do Estado de combater o tráfico e exploração sexual, situando-se, portanto, no plano das intenções humanistas. O discurso do poder político veiculado pelos meios de comunicação social, em páginas oficiais ou no patrocínio de projectos, vai no sentido de contrariar a criminalidade organizada e o tráfico e exploração sexual. A intenção primeira anunciada é sempre a de proteger as vítimas que, em situação de perda de liberdade, pretendem o auxílio.

A reiterar a importância desta missão, os números do tráfico de pessoas com fins de exploração sexual são constantemente apresentados como desmedidos pela comunicação social[95] e repetidos por representantes de entidades oficiais. Além disto, as mulheres imigrantes a trabalhar no sexo comercial são retratadas como vítimas e destituídas de qualquer capacidade de agência. Segundo este discurso, se as imigrantes trabalham na indústria do sexo, qualquer processo seu de viajar apoiado por outras pessoas converte-se em violência, engano e coacção e ela em criança passiva incapaz de ter optado pelo que faz (Agustín, 2004). Ainda mais, a defesa desta perspectiva vitimizante é reconhecida por diferentes sectores da sociedade portuguesa. Os actos, actores e grupos que sustentam esta espécie de cruzada moral anti-prostituição são legitimados pelas instâncias de poder – tal como tem sido reconhecido noutros pontos do mundo (e.g. Weitzer, 2006, 2007)[96].

A contrariar estes dados, surgem os estudos empíricos que indicam que nem todas as mulheres imigrantes são vítimas de tráfico (Ribeiro *et al.*, 2008) e que, embora Portugal se encontre nas rotas do tráfico de pessoas, ele assume entre nós "uma incidência não muito alta" (Santos *et al.*, 2008, p.327). Analogamente, uma fonte oficial do Serviço de Estrangeiros e Fronteiras refere como 98 a percentagem das brasileiras que sabia que vinha trabalhar para a prostituição em Portugal (Burcke *cit in* Pereira, 2004), escolheram, portanto, vir trabalhar para o sexo comercial. Estes dados confirmam, ainda, o que têm defendido investigadores internacionais (e.g. Agustín, 2004; Kempadoo, 2005; Oso, 2000, 2006). O facto de a polícia indicar que entre as mulheres traficadas apenas 10% são exploradas e que os investigadores e as pessoas que se prostituem digam a mesma coisa, não serve da nada: face às investigações empíricas e aos dados da polícia, os abolicionistas miserabilistas opõem a sua moral (Welzer--Lang, 2001a). Assim, é possível concordar com Agustín (2004, 2007) quando refere que existe uma contradição entre a forma como os migrantes que ven-

---

[95] Por exemplo, no Correio da Manhã: "Dados das Nações Unidas indicam que a escravidão sexual movimenta anualmente quatro milhões de mulheres e raparigas" (Guerreiro & Cunha, 2005).
[96] Weitzer (2006, 2007) defende que, no caso da luta contra a prostituição nos Estados Unidos da América, estão presentes todos os elementos que permitem identificar uma cruzada moral, a saber: o enquadramento da prostituição como um demónio inqualificável, a criação de "folk devils", o fanatismo entre os líderes do movimento que vêem a sua missão como um empreendimento correcto, a apresentação das suas reivindicações como se fossem verdades universais, a utilização de histórias do horror como representativas da totalidade das experiências dos actores, a revelação de um enorme e não verificável número de vítimas e as tentativas para redesenhar os limites normativos através do acentuar da criminalização.

dem sexo se vêem – como tendo agência – e a forma como muitos dos europeus os vêem – como vítimas.

Na posse de dados como estes e na evidência de que eles têm sido ignorados pelas instâncias governamentais, tendo a situar estas acções não na luta contra o tráfico, mas na luta contra a imigração clandestina. Ao controlo das sexualidades não normativas, associa-se o controlo da imigração e dos imigrantes ilegais. A perseguição e a investigação policial e judicial não são efectuadas aos casos e às casas de prostituição com portuguesas, estas são deixadas de fora da actuação policial, como me contou Mariana, uma ex-prostituta de rua que então geria uma casa de prostituição:

> Mariana descreve que já teve visitas de polícias à paisana na casa que dirige. Pretendiam ver se lá trabalhavam imigrantes e se estavam ou não com a situação legalizada. O que não era o caso. Como esta senhora tem muitos anos de experiência na prostituição de rua e conhece muitos polícias, uma das vezes reconheceu um e desmascarou-o. Ele contou-lhe que andavam a ver se encontravam imigrantes ilegais. (DC 24.11.2006)

Neste caso, tal como noutros, nada é feito para aplicar o Artº 169º do Código Penal, que prevê o lenocínio, apesar da autoridade policial ter a evidência deste crime. Parece, então, que estamos perante mais uma prova clara de que estas acções se inscrevem no controlo da imigração ilegal. Apesar da linguagem oficial, as acções policiais não pretendem a luta contra a exploração da prostituição, seja esta efectuada por redes de tráfico de seres humanos ou por um qualquer indivíduo que monte um negócio nesta área.

No discurso das autoridades, a luta é contra o tráfico; nas práticas policiais e judicias perseguem-se as imigrantes, independentemente delas terem sido traficadas e estarem contra a sua vontade ou, se, pelo contrário, vieram de livre vontade e estão por sua escolha no trabalho sexual.

Nesta luta contra imigrantes ilegais são estes quem mais sofre com as consequências de acções que aparentemente pretendiam protegê-los. As acções policiais contra os bares de alterne, as casas de prostituição e os trabalhadores do sexo, feitas em nome da luta contra o tráfico de seres humanos são, na prática, actuações inscritas na tentativa de manter a ordem e o controlo social da imigração. Mas, o mais grave é que começam a evidenciar-se atitudes abusivas por parte de agentes das polícias.

A proibição da prostituição em Portugal entre 1963 e 1982 piorou as condições de exercício desta actividade. A modificação da legislação, em lugar de acabar com as prostitutas, incentivou a elaboração de estratégias para iludir a polícia (Tovar de Lemos 1953 *cit in* Bastos, 1997). O regime proibicionista deixou as prostitutas, sobretudo as de rua, expostas a diversos perigos, como agressões e assaltos, mas elas temiam também as rusgas policiais. O medo da polícia não residia apenas na possibilidade de perda de liberdade e suas consequências, nomeadamente o abandono forçado dos filhos e a humilhação. O temor da polícia residia também nas experiências de abusos e da forma discricionária como estes exerciam a autoridade. O testemunho de prostitutas que ainda estiveram sob a alçada do proibicionismo, indica-nos que, por vezes, a polícia não fazia mais do que efectuar rusgas que redundavam em abusos sexuais na esquadra, findos os quais elas podiam regressar à rua (Oliveira, 2004a).

A alteração da legislação a partir de 1983 retirou a legitimidade à actuação policial na perseguição das prostitutas e prostitutos, mas a prática abusiva manteve-se, durante anos, à custa da falta de ética profissional e da ignorância ou do poder desigual das mulheres prostitutas[97].

No limiar do século XXI, mais de vinte anos passados sobre a entrada em vigor da lei actual que não pune a prostituição, e com uma nova geração de polícias, deixaram de verificar-se abusos deste género: a lei proibicionista deixou de ter vestígios na actuação policial. Apesar de se ouvirem algumas queixas dos trabalhadores do sexo, sobretudo relativas à falta de apoio policial em situações de agressão, a convivência entre ambos foi sendo pacífica.

É também nesta altura que começam a chegar a Portugal imigrantes para o trabalho sexual: um estudo efectuado, em 2002, com trabalhadores do sexo de interior, revelava já a existência duma percentagem significativa de mulheres imigrantes em contextos como bares e apartamentos – em alguns sectores, tal como no do *strip tease*, as estrangeiras eram mesmo a quase totalidade (Oliveira, 2004a); embora um estudo de caracterização da prostituição de rua, em 2001, tivesse encontrado um número residual de imigrantes (Manita & Oliveira, 2002).

Entre os anos de 2000 e 2004 colaborei com um projecto de apoio a prostitutas e prostitutos de rua no Porto, que abrangia a quase totalidade da cidade. Este trabalho permitiu ir constatando o aumento gradual de mulheres, homens e transgéneros estrangeiros na prostituição de rua. Confirmava assim o que podia ser inferido pela tendência que se vinha já verificando noutros países europeus: estavam a chegar cada vez mais imigrantes para o trabalho sexual. À medida que este número ia crescendo e as imigrantes ganhavam visibilidade, surgiu o discurso de combate ao tráfico de seres humanos e à exploração sexual e, a acompanhá-lo, as rusgas policiais aos estabelecimentos de prostituição.

---

[97] Além de que estava em vigor a lei de atentado ao pudor, extinta em 1995, e na qual a polícia se baseava para perseguir as pessoas que se prostituíam na rua.

Há aqui uma evidente contradição: as instâncias estatais conceptualizam a prostituição de imigrantes como situações de tráfico e exploração sexual e as prostitutas como vítimas sem excepção, mas actuam com perseguições policiais, detenções em centro para imigrantes ilegais e repatriamentos forçados, criando o absurdo de tratar as vítimas como delinquentes. Por vezes, são referidos desmantelamentos de redes, mas na realidade, o que sobressai das notícias dos órgãos de informação é a detenção de mulheres com estatuto irregular. Uma mulher imigrante que seja impedida de trabalhar e corra o risco de ser reenviada para o seu país de origem não está a ser salva mas a ser condenada e não consegue concretizar os seus desejos individuais e os seus propósitos de imigração. De facto, elas passam de vítimas a delinquentes, mas, ironicamente, ao abrigo de um discurso humanista e de protecção aos perseguidos. As medidas anti-tráfico voltam-se, assim, contra as próprias vítimas, discriminando--as e criminalizando-as. É neste sentido que Wacquant (2000), em *As prisões da miséria*, considera que os *centros de retenção* para estrangeiros na Europa são "prisões que não dizem o seu nome" (p. 115) e fala de "um verdadeiro processo de criminalização dos imigrados que tende, pelos seus efeitos desestruturantes e criminogéneos, a (co)produzir o próprio fenómeno que supostamente seria destinado a combater" (p. 117/118).

Por consequência, o abuso pode ocorrer. Agora, ao medo das acções policiais legitimadas e das deportações, do impedimento de trabalhar e da humilhação, junta-se o receio do abuso policial. Tal como quando a prostituição era proibida, certos elementos das forças policiais exorbitam o poder que detêm e verificam-se algumas situações de abuso. Em zonas de rua com imigrantes em situação ilegal fomos ouvindo relatos de casos destes. O que se segue é apenas um exemplo.

> A Patrícia pronuncia-se sobre os abusos policiais contra as imigrantes. Diz que os polícias abusam delas porque sabem o temor que têm por estarem ilegais. Conta o caso de uma brasileira, imigrante clandestina que trabalhava na sua casa, que foi denunciada (...). Os polícias foram ao local, detiveram a mulher, "levaram-na para um armazém, fizeram o que quiseram e passadas duas horas ela estava outra vez na rua, a trabalhar". Diz ainda que eles se aproveitam do medo que elas têm em ser deportadas para terem relações sexuais com elas sem pagar. Diz que, na sua pensão, há polícias que fazem isso. (DC 26.11.2006)

Este relato que ouvimos a uma dona de uma pensão diz respeito a elementos da PSP, mas, em 2007, foi noticiado um caso de abuso que envolvia funcionários do SEF, um dos quais acusado de obrigar as prostitutas a praticar sexo oral em troca da legalização (e.g. Gomes, 2007).

Não estou a tomar o todo pela parte e antes considero a sua excepcionalidade, mas parece que estas são demonstrações de que a repressão leva ao abuso sobre os trabalhadores do sexo. E de como nem sempre as boas intenções anunciadas pretendem ajudar ou ajudam de facto aqueles a quem se dirigem. É a política migratória restritiva, assim como o não reconhecimento da prostituição como actividade laboral e o forte estigma social que recai sobre ela que aumentam o abuso sobre estes indivíduos e a vulnerabilidade face à lei, às redes de tráfico e exploração sexual, aos clientes e à sociedade em geral. Além de que, a generalização abusiva sobre o tráfico e exploração sexual impede a concentração das medidas repressivas sobre o verdadeiro crime organizado que podia levar a encontrar os autênticos traficantes.

Em resumo, a reacção social traduz-se em dinâmicas e acções variadas que incluem e interligam a estigmatização, a exclusão, a marginalização, o descrédito, o desvalor, a invisibilidade, a injustiça social e outras agressões diversas. É a concepção das prostitutas e prostitutos como desviantes, e o olhar de condenação moral que sobre eles incide, que fundamenta e legitima muitas destas reacções sociais negativas. Apesar de reconhecer as distintas razões das agressões, nomeadamente a alta acessibilidade, a evidência empírica levou-me no sentido da interpretação da violência sobre os trabalhadores do sexo como uma violência direccionada a um colectivo que, sendo percepcionado como transgressor, desprotegido e sem poder, é rejeitado enquanto tal. A reiterá-lo está a violência que acumulam os trabalhadores do sexo que são simultaneamente dependentes de drogas, do sexo masculino ou transgéneros.

O processo de estigmatização e, designadamente, o modo como o estigma imposto se converte em estigma assumido, é uma das consequências da atitude social de rejeição. A par desta, salientaram-se as várias formas que assume a violência directa sobre os trabalhadores do sexo de rua. Violência esta que ocorre com muita frequência e abrange desde acções subtis até actos dirigidos abertamente, de situações de menor gravidade até outras de grande impacto. De salientar ainda que, independentemente das consequências individuais, ao nível do dano físico ou psicológico, se uma manifestação agressiva ocorreu, isso deve ser relevado.

Foram ainda realçadas as formas que assume a violência institucional, exposta de forma evidente quando o direito das prostitutas à maternidade é posto em causa ou quando os trabalhadores do sexo são discriminados em instituições de saúde, quando a polícia não os trata como aos restantes cidadãos, quando não são reconhecidos como profissionais (sendo-lhes negados direitos laborais e o direito à segurança social) ou quando se efectuam perseguições aos estrangeiros a pretexto da luta contra o tráfico e a exploração sexual, acções claramente inscritas no controlo da imigração ilegal.

Por último, nesta síntese, uma referência à análise efectuada a propósito da tentativa de compreender se a categoria exclusão podia ser justaposta aos trabalhadores do sexo. Daqui, concluiu-se que tal só é possível, e de forma parcelar, se adoptarmos uma noção abrangente de exclusão que a liga com a ausência do gozo pleno da cidadania. Assim, nas várias dimensões examinadas, nem sempre se constata a exclusão e, quando se confirma, ela existe com níveis diferenciados: os trabalhadores do sexo não são excluídos nem social nem territorialmente; são parcialmente excluídos nos domínios económico e das referências simbólicas; sendo alvo de exclusão na área institucional ao serem-lhes negados direitos civis e políticos. Donde, grande parte destas exclusões decorrem do não reconhecimento legal do trabalho sexual como actividade laboral, o que, por si só, significa exclusão.

Notas Finais
Da compreensão à intervenção

A investigação que realizei sobre prostituição de rua forneceu-me um conjunto de conhecimentos aprofundados sobre o objecto estudado. Ainda mais, este trabalho de pesquisa apareceu no seguimento de outras investigações sobre a mesma temática (Manita & Oliveira, 2002; Oliveira, 2004a, b) e paralelamente a uma conexão com a intervenção que me permitiu ir consolidando aquisições teorico-empíricas em articulação com a prática reflexiva.

Ficar dotada destes conhecimentos, num país em que o trabalho sexual tem sido negligenciado pela comunidade científica – salvo a honrosa excepção da equipa liderada por Manuela Ribeiro e constituída por investigadores das universidades de Trás-os-Montes e Alto Douro, do Minho e da Beira Interior -, concede-me uma responsabilidade acrescida na sua partilha.

Defendo que a ciência pode ser algo mais do que autofágica, e que os cientistas devem reflectir sobre a melhor maneira de transformar os seus conhecimentos em *instrumentos* com utilidade para as pessoas e grupos. Assim, dedico estas páginas finais a algumas reflexões sobre a intervenção com trabalhadores do sexo. Considero, como Bourdieu (2002), que a dicotomia existente entre aqueles que se dedicam ao trabalho científico e aqueles que assumem uma atitude de empenhamento e comunicam o seu saber ao exterior é artificial. Julgo ser necessário acabar com estas contradições que só existem nas nossas cabeças e que servem para autorizar a demissão do sábio que se encerra na sua torre de marfim (Bourdieu, 2002).

Assim, opero agora uma transformação dos dados, análises, interpretações e reflexões efectuadas ao longo desta investigação e dos últimos anos dedicados ao estudo do trabalho sexual em propostas de intervenção. Simultaneamente, farei uso dos conhecimentos detidos sobre a intervenção dirigida para trabalhadores do sexo em Portugal, nomeadamente sobre os seus objectivos, estratégias e métodos, que obtive nas diversas situações em que fui interventora social, de saúde e política. Embora não tenha efectuado uma investigação-acção, parece-me que citar Lewin se ajusta a esta parte final: nenhuma acção sem investigação, nem investigação sem acção (Lewin, 1948).

Os problemas que identifiquei junto das pessoas que se prostituem na rua são vários e estão bem explicitados no capítulo 4: estigma, exclusão – decorrente da falta de reconhecimento legal da actividade – e violências. Mas não só, assinalei grupos específicos a necessitar de uma atenção particular: toxicodependentes, velhas e doentes, transexuais e imigrantes; salientei que a violência dos companheiros sobre as prostitutas deve ser entendida como violência conjugal e não ignorei os casos graves, embora minoritários das vítimas de tráfico e exploração sexual. Assim identificados, proponho que a intervenção se direccione para três níveis que devem comunicar entre si: a intervenção para a redução de riscos associados ao trabalho sexual; a intervenção em grupos específicos com problemáticas particulares que não são decorrentes do trabalho sexual; e, a intervenção tendo em vista o empoderamento[98].

A intervenção para a redução de riscos associados ao trabalho sexual

A redução dos riscos e danos associados ao trabalho sexual, particularmente a que se direcciona para os riscos de contrair doenças como o VIH/SIDA e outras IST, tem sido o objectivo central da grande maioria dos projectos de intervenção para trabalhadores do sexo, em Portugal, como no resto da Europa.

Segundo um manual editado pela Rede Europeia para a Prevenção do VIH/SIDA na Prostituição (EUROPAP/TAMPEP, 2001), a intervenção na área da redução de riscos e danos, além da prevenção do VIH/SIDA e IST, tem como principais objectivos a promoção da saúde pessoal; a disponibilização de serviços sociais e de saúde; a prevenção, o tratamento ou o uso mais seguro de drogas; o aconselhamento e os serviços de apoio e informação; os direitos humanos e cívicos; a promoção ou o reforço da auto-estima e a capacitação; e a prevenção da violência e exploração. Tudo áreas justamente adequadas às necessidades dos trabalhadores do sexo. Porém, embora com frequência sejam enunciadas nos objectivos dos projectos, algumas destas têm sido pouco aprofundadas ou mesmo esquecidas, especificamente as que se ligam com os direitos humanos e cívicos, a auto-estima e a capacitação e a prevenção da violência e exploração.

Os três aspectos que simultaneamente se tornaram relevantes durante o trabalho de terreno e se evidenciaram como deficitários em alguns projectos

---

[98] Este vocábulo tem origem na palavra de língua inglesa *empowerment* e tem sido traduzido também por auto-capacitação ou capacitação.

de intervenção, são: a prevenção da violência, o apoio aos imigrantes ilegais e o apoio específico aos homens e transexuais.

A violência sobre os trabalhadores do sexo de rua caracterizei já como sendo frequente, intensa e variada, o que deve levar à inclusão nos programas de intervenção de estratégias que vão de encontro à sua diminuição. Os projectos de intervenção podem e devem desempenhar um papel activo na ajuda à protecção dos trabalhadores do sexo contra as agressões de que são alvo no exercício da sua actividade, pois tal pode comprometer seriamente a sua saúde física e psicológica. Considero que estas estratégias podem ser diversas, entre elas, a distribuição de material informativo com conselhos sobre segurança, o fornecimento de informação sobre os sistemas de segurança existentes, tais como os alarmes pessoais ou a vídeo vigilância, a difusão pelos trabalhadores do sexo de informação recolhida junto doutros trabalhadores do sexo sobre agressores, locais e tipos de agressão, de molde a que a sua identificação possa prevenir acções violentas, a administração de aulas de auto-defesa para os trabalhadores do sexo, de forma a que possam defender-se durante um eventual ataque e o estabelecimento de relações estreitas com a polícia, estimulando uma resposta policial optimizada aos crimes cometidos contra as pessoas que se prostituem, e ainda o incentivo às queixas por parte destas.

Todas estas acções são preventivas e pretendem contribuir para minimizar as agressões, obtendo-se um impacto na melhoria da qualidade de vida das pessoas que fazem trabalho sexual, o que é, aliás, quase sempre, um dos objectivos enunciados pelos programas de redução de riscos com esta população.

O apoio aos imigrantes ilegais aparece também como necessário. Os trabalhadores do sexo migrantes são actualmente em grande número e os seus pedidos vão frequentemente no sentido da regularização da sua situação ou da ajuda à resolução de problemas relacionados com o seu estatuto de irregulares, tal como a dificuldade de acesso ao Serviço Nacional de Saúde. Os projectos e os seus técnicos devem estar preparados para dar respostas a estas solicitações. Podem fazê-lo estabelecendo parcerias com associações ou organismos de apoio aos imigrantes, disponibilizando serviços de apoio jurídico, guiando-os nas teias burocráticas da legalização ou, tão-só, esclarecendo sobre os seus direitos enquanto migrantes em situação irregular e sobre os passos necessários para os reivindicar. Em muitos casos, esse apoio pode consistir na ultrapassagem da barreira da língua, passando pela adaptação dos materiais informativos para língua estrangeira, pelo ensino do português ou pela inclusão de um mediador cultural na equipa técnica.

Finalmente, os homens e os transexuais, que não são negligenciáveis na rua. Ambos têm características específicas que devem convocar uma atenção especial. Desde logo, porque o estigma, a discriminação (nomeadamente no acesso aos serviços de saúde) e as violências são mais acentuadas nestes grupos. Assim, deve haver uma especial atenção às consequências psicológicas destas dinâmicas de rejeição e disponibilizar ajuda. É ainda preciso reconhecer a existência de práticas como a toma de hormonas femininas e a injecção de silicone sem supervisão médica por parte dos transexuais e tomar consciência da sua gravidade para que a intervenção se direccione para a prevenção dessas situações. A compra de hormonas no mercado ilegal, a toma de hormonas receitadas a outrem e a injecção de silicone feita por não profissionais de saúde é frequente e pode acarretar consequências graves para a saúde física e psicológica destes indivíduos, pelo que há que orientar uma parte da intervenção para estes aspectos.

O grupo de homens que vende serviços sexuais requer ainda outros cuidados específicos. Muitos destes não se identificam nem como trabalhadores do sexo, nem como homossexuais; então, com grande probabilidade não procuram, nem se incluem entre os utentes dos projectos e das intervenções dirigidas a estes grupos. É a desidentificação que estes sujeitos fazem com estes grupos que está na base da adopção da denominação *homens que fazem sexo com homens* por parte de projectos de prevenção do VIH/SIDA (Overs & Longo, 2002). Esta é, pois, uma forma de aumentar a probabilidade destes indivíduos se dirigirem a quem lhes pode propiciar acesso à informação, aos meios preventivos e à aprendizagem de técnicas particulares que estão associadas à venda de sexo por homens – como, por exemplo, a cautela particularmente importante que deve ser colocada no uso de lubrificantes e de preservativos extra-fortes na prática de sexo anal pela falta de lubrificação das mucosas.

Parece-me que a quase totalidade dos projectos dirigidos a trabalhadores do sexo, mesmo incluindo homens e transexuais entre os seus utentes, está especialmente vocacionada para o atendimento de mulheres, negligenciando assim os aspectos que aqui referi, entre outros. Os centros de atendimento, por exemplo, quando possuem a valência médica, esta traduz-se, quase sempre, na especialidade de ginecologia, desconhecendo eu a existência de um serviço dirigido a homens ou transexuais que se prostituem e que, nomeadamente, tenha apoio de um especialista em urologia ou andrologia.

Independentemente das questões específicas que se ligam à prevenção da violência e a estes grupos particulares, subsistem outras áreas em omissão nos projectos de intervenção, da mesma forma que estes se caracterizam por objectivos, métodos e estratégias importantes. Um aspecto que me parece que deve ser tido em conta liga-se com a necessidade de formação dos técnicos que intervêm com trabalhadores do sexo. Esta deve realizar-se periodicamente e ser adequada às várias exigências e desafios que o trabalho com esta população implica, seguindo as orientações das melhores práticas reconhecidas nesta área.

Uma outra forma para acabar com lacunas poderia, por certo, advir do contributo das trabalhadoras e dos trabalhadores do sexo na concepção e implementação dos projectos. Se é para estes que as intervenções se dirigem, porque não questioná-los sobre as suas necessidades e sobre a pertinência da intervenção? Porque não envolver as pessoas das comunidades nas quais se intervém? Incluir os chamados educadores de pares ou os mediadores culturais nos projectos, algo que se me afigura como relevante, e que começa agora a tomar existência em Portugal, é uma forma de partilhar o poder. Significa que os profissionais (de saúde, neste caso) estão disponíveis para partilhar o seu saber especializado que deixa de ser uma trincheira e passa a ser uma ponte (Menezes, 2007).

Considero que a intervenção com esta população é imprescindível. Enquanto houver estigma e as trabalhadoras e os trabalhadores do sexo forem discriminados e tiverem experiências negativas nas instituições dirigidas para a população geral, está justificada a existência de serviços específicos. Ainda mais, esta população é caracterizada pela mobilidade e renovação (todos os dias novas pessoas ingressam no trabalho sexual, enquanto outras o abandonam), o que justifica a intervenção.

A intervenção em grupos com problemáticas particulares que não são decorrentes do trabalho sexual

Os casos de toxicodependência, de alcoolismo, de vitimação resultante de violência conjugal e do tráfico e exploração sexual e ainda os casos de pobreza/exclusão económica relacionados com velhice e/ou patologia mental, não sendo inerentes ao trabalho sexual, coexistem em pequenos grupos de trabalhadores do sexo que necessitam de uma intervenção específica.

Para o tratamento da toxicodependência existem já diversas respostas por parte de estruturas estatais e privadas com as quais os projectos devem e têm feito articulação, traduzida no encaminhamento e acompanhamento dos seus utentes. Algo semelhante pode ser dito para os casos de alcoolismo, embora existam algumas diferenças: os programas de tratamento actuais estão mais direccionados para a toxicodependência do que para a dependência do álcool; e, tanto os dependentes, quanto os projectos de intervenção e seus técnicos encontram-se mais sensibilizados para a resolução da dependência de substâncias ilícitas do que de álcool. Além disto, a percentagem de toxicodependentes entre as pessoas que se prostituem na rua é bastante mais significativa do que a de pessoas com consumos problemáticos de álcool, o que pode justificar, em parte, estas diferenças. Assim, recomenda-se um tratamento integrado destas situações. Integrado, porque muito frequentemente ao alcoolismo se associa a violência conjugal, a pobreza, a precariedade a vários níveis, menores cuidados de profilaxia e mais baixos níveis de higiene.

Defendi já a concepção da violência sobre as prostitutas por parte dos seus companheiros como violência conjugal e não como proxenetismo. Deste modo, ao passar para o nível interventivo, isso mesmo deve ser considerado: há que reenquadrá-la aí e direccionar essas mulheres para as ajudas institucionais já disponíveis. A intervenção com as trabalhadoras do sexo vítimas de agressão e exploração por parte dos seus companheiros deve seguir as linhas que têm vindo a orientar a intervenção com vítimas em geral e vítimas de violência conjugal em particular.

Encarar assim, como violência doméstica, a violência que tem sido entendida como proxenetismo, tem consequências na maneira de olhar a prostituição, as políticas a ela dirigidas e os discursos sobre o fenómeno. O discurso abolicionista é um discurso moralista e que emana dos sectores mais conservadores da sociedade e do espectro político – com frequência, os mesmos sectores que fazem a defesa do casamento ou até da sua insolubilidade. Sabe-se que, em Portugal, 33,6% das mulheres já foi, é ou pode vir a ser vítima de violência doméstica (Lisboa, Vicente & Barroso, 2005). Tal como não se pretende acabar com a instituição casamento por existir 1/3 de mulheres que alguma vez na sua vida será vítima de violência conjugal, também não se pode pretender acabar com a prostituição exemplificando com os casos em que ocorre violência e exploração. Os motivos da luta devem ser as situações de violência conjugal e de exploração do trabalho sexual de que são alvos algumas prostitutas e não a luta pelo fim da prostituição. A exploração não é inerente ao trabalho sexual, tal como a violência não é inerente ao casamento.

Já quanto às vítimas de tráfico em situação de exploração sexual forçada, há que prever programas de intervenção especificamente vocacionados para estas, indo ao encontro das suas necessidades e capacidades individuais, através da elaboração de um plano de apoio personalizado. Estas mulheres (são sobretudo mulheres quem se encontra nesta situação) são vítimas de crimes e não têm os seus direitos básicos assegurados, pelo que, além da necessária perseguição policial e judicial dos agressores, é importante que elas possam ser alvo duma intervenção que as liberte da situação opressora em que se encontram. A intervenção deve ir no sentido de as ajudar no regresso aos seus países de origem, caso o possam e desejem fazer, nomeadamente propiciando-lhes condições para a sua reintegração na sociedade donde são originárias, ou dando-lhes uma oportunidade para permanecerem no país de destino, concedendo-lhes protecção e autorização de residência, obtendo a possibilidade de se alojarem numa residência temporária, dando formação em diversas áreas e apoiando na recuperação dos eventuais danos provocados pela situação de vitimação em que se encontraram.

Há, no entanto, que voltar a salientar aqui a distinção que deve ser feita entre estas mulheres e outras imigrantes que não se encontram nesta situação. Tal como já foi sustentado em capítulos anteriores, não é infrequente que se tome a totalidade das imigrantes por vítimas de tráfico e exploração sexual forçada, o que é contraditado pelos dados empíricos. Para uma melhor sustentabilidade e eficácia deste tipo de intervenção, há, pois, que diferenciar entre as mulheres estrangeiras que são traficadas involuntárias e aquelas que se deixaram traficar e desejam continuar na prostituição; e entre as que estão no trabalho sexual de forma autónoma, ou com relativa autonomia, e aquelas cuja liberdade não existe em qualquer grau.

Por último, as situações de pobreza. A exclusão económica é uma realidade em certos casos de prostituição de rua. Se a grande maioria das trabalhadoras do sexo aufere um rendimento elevado ou satisfatório[99], também existem situações de pobreza. Muitas prostitutas têm pouca procura e, quando conseguem angariar algum cliente, recebem em regra uma quantia de dinheiro menor do que aquela que é cobrada pelas restantes, quer pela idade avançada que têm, quer porque padecem de alguma patologia mental ou são alcoólicas, o que, em qualquer dos casos, as pode dotar de características físicas menos atractivas para os clientes. Na situação de alcoolismo ou doença mental, pode mesmo significar degradação física, aspecto descuidado e falta de higiene. São ainda estas mulheres que, muitas vezes, pelas características enunciadas podem ceder às propostas de sexo desprotegido, o que as coloca em situação de maior vulnerabilidade à doença. Algumas delas ficam em situação de grande precariedade económica e muitas estão em situação de isolamento social. Com despesas diárias fixas, como a alimentação e o alojamento, quase sempre em quartos de pensões, quando não são sem abrigo, e com rendimentos ínfimos, acabam por ter que se submeter a acções caritativas ou ao parco rendimento social de inserção, quando o conseguem obter.

Assim, parecer-me-ia socialmente útil e solidária uma intervenção que tivesse em conta estes aspectos e encarasse estes grupos como casos de exclusão social que são. Uma resposta integrada, que fosse de encontro às várias carências destes grupos, devia incluir cuidados de saúde física e mental, apoio económico, ajuda na obtenção de alojamento e na reinserção social ou a integração em lares sociais.

---

[99] No estudo que efectuamos em 2002 com prostitutas de rua (Manita & Oliveira), 50,5% das mulheres entrevistadas afirmava auferir mais de 1.000 por mês, 33,6% disse ganhar entre 500 e 1.000 todos os meses e as restantes 15,5% declararam rendimentos abaixo dos 500 por mês.

Estes casos ocorrem quando as pessoas são velhas e/ou sofrem de alguma patologia mental. Reitere-se, porém, a reduzida prevalência destes, o que é consistente com dados de investigações que dizem não existir evidência de uma associação entre trabalho sexual e morbilidade psiquiátrica em adultos, embora possam existir subgrupos de trabalhadores do sexo com problemas particulares (Romans *et al.*, 2001). A existência de doentes mentais entre prostitutas e prostitutos de rua parece-me, antes, remeter para a falta de apoio institucional e familiar aos casos de psicopatologia, sobretudo aos mais graves, que leva a que estas mulheres e homens recorram à prostituição como estratégia de sobrevivência.

É quase unânime entre as prostitutas de rua o reconhecimento da falta de ajuda e da sua importância para que as velhas ou doentes possam deixar a actividade. A escassa formação profissional que se sabe possuírem devia levar ao redireccionamento de parte da intervenção nesse sentido, para que o desejo de saída do trabalho sexual pudesse ser uma opção mais realista.

Por todas as lacunas existentes no apoio às pessoas que se prostituem, muito especificamente no caso das que gostariam de deixar a actividade, geralmente as mais velhas, parece-me que tanto investimento político e económico num combate a um tráfico e exploração sexual sem expressão podia ser canalizado de forma eficaz para grupos como estes, a necessitar de uma intervenção mais urgente.

A intervenção com vista ao empoderamento

De acordo com Rappaport (1987), o empoderamento é o processo pelo qual as pessoas, organizações e comunidades ganham mestria e controlo sobre as questões que lhes dizem respeito. Segundo o autor, este constructo multinivelar tem duas componentes: a capacidade individual de determinação sobre a sua própria vida e a possibilidade de participação democrática na vida da comunidade a que cada um pertence, através de estruturas sociais como escolas, igrejas ou associações.

Para explicar esta ferramenta, Zimmerman (1995) refere três níveis: 1) O empoderamento organizacional – que se relaciona com os processos e estruturas que melhoram as competências dos seus membros e lhes fornecem suporte mútuo para que ocorram mudanças ao nível comunitário; 2) O empoderamento comunitário – que ocorre quando os indivíduos trabalham em conjunto de forma organizada para melhorar as vidas do colectivo; 3) O empoderamento psicológico – que, em interacção com os restantes níveis, tem três componentes: a intrapessoal, a interaccional e a comportamental.

Assim, o envolvimento no activismo político, no associativismo ou em projectos de intervenção por parte dos trabalhadores do sexo pode constituir-se como uma forma de empoderamento. A estimulação para que estes se mobilizem na luta pelos seus direitos cívicos pode levar a mudanças no seu discurso e comportamento, mas igualmente na forma como se percepcionam e se organizam. A afirmação de que "a participação em actividades e organizações comunitárias tem sido consistentemente associada com o empoderamento" (Menezes, 2007, p. 62), parece-me um excelente mote para basear esta evidência. Zimmerman e Rappaport, em 1988, defendem que o desenvolvimento do empoderamento psicológico acontece nas situações em que os indivíduos participam em actividades e organizações comunitárias porque podem ganhar experiência na gestão de pessoas, na identificação de recursos e no desenvolvimento de estratégias para atingir objectivos.

Este processo deve permitir-me inferir que o incentivo à auto-organização pode ser capacitante, sendo entendido como uma forma de intervenção no sentido do desenvolvimento pessoal. O envolvimento no activismo, nomeadamente pelo contacto que implica com outros trabalhadores do sexo com experiências de vida diferentes, também lhes projecta uma imagem de si desprovida de preconceitos e revestida de aspectos positivos, tais como a valorização da actividade enquanto profissão e a legitimação da sua opção de vida, em substituição da imagem da vítima desprovida de capacidades e desvalorizada.

Regresse-se à noção de estigma e relembre-se como a projecção de imagens negativas por parte da sociedade tem um papel importante no seu desenvolvimento e na diminuição da auto-estima. Recapitulemos que o estigmatizado apreende e integra o ponto de vista dos outros, adquirido pelas imagens de si que lhe propõe a sociedade (Goffman, 1963) e que este processo contribui para o baixo bem-estar dos trabalhadores do sexo.

Agora, saliente-se que lhes pode ser projectado o oposto, para concluir que, com isso, talvez se contribua para a melhoria da auto-estima e para o empoderamento. A verdade é que durante a minha investigação, por via do contacto comigo, algumas mulheres puderam conhecer o movimento internacional dos trabalhadores do sexo, participar em actividades de organização comunitária (de que é exemplo um encontro preparado para se discutir e chamar a atenção para a violência de que são alvo) e tomar contacto com discursos e atitudes não vitimizantes sobre a prostituição. Em consequência disto, notei, em alguns casos, uma evolução entre as primeiras interacções que tive com elas, em que havia assumpção do estigma, se vitimizavam e não reconheciam vantagens ao seu trabalho, e as interacções mais avançadas no tempo, quando já valorizavam o seu trabalho e assumiam a sua opção[100]. Assisti, então, a um desenvolvimento pessoal, mesmo que não possa assegurar que ele seja permanente no tempo.

---

[100] Regina Medeiros (2000) fez a mesma constatação na sua investigação efectuada em Barcelona (Espanha). Refere esta investigadora que os discursos iniciais das mulheres eram quase todos iguais: parece

A importância da projecção de uma imagem positiva sobre os trabalhadores do sexo, consequência tanto do envolvimento comunitário, como do convívio mais ou menos prolongado com pessoas com diferentes experiências e que valorizam os aspectos mais positivos do trabalho sexual, deve-nos levar a reflectir sobre a necessidade de mudança da perspectiva vitimizadora que tem a sociedade dominante, ao traçar continuamente uma imagem negativa sobre os trabalhadores do sexo. E, claro está, mais uma vez, os empresários da moral, os conservadores, os defensores das teses abolicionistas, aparecem como causadores daquilo contra o qual dizem lutar, pois ao defenderem a perspectiva vitimizante das pessoas que se prostituem, estão a prolongar essa imagem negativa que há-de contribuir para que quem faz trabalho sexual não se sinta bem consigo mesmo e se sinta descapacitada.

Assim, é possível e desejável uma intervenção psicológica deliberada com vista ao empoderamento junto da comunidade de pessoas que se prostituem.

Em síntese, ter percebido as reacções sociais negativas e o impacto que causam nos trabalhadores do sexo, bem ainda como conhecer as suas necessidades gerais e específicas, foram as bases para percorrer um caminho interventivo. O papel da etnografia, tal como o de outras formas de investigação social, implica, inevitavelmente, uma intervenção social pelo que o conhecimento que proporciona não pode ser apenas abstracto (Hammersley & Atkinson, 1994), mas deve servir de suporte à acção interventiva. Foi este o exercício que, agora, para terminar procurei fazer.

---

que tinham necessidade de se justificar pelo facto de estarem a exercer a prostituição. Associavam-se à ideia de vitimação, família pobre, abandono do marido, violência sexual, mãe solteira, etc., como se dissessem as coisas que achavam que a investigadora queria ouvir, como se assumissem o papel que a sociedade lhes atribui, mediante a ocultação da sua realidade (Medeiros, 2000). Também de acordo com esta autora, com o tempo este discurso foi mudando.

REFERÊNCIAS BIBLIOGRÁFICAS

Abbot, S. A. (2000). Motivations for pursuing an acting career in pornography. In R. Weitzer (Ed.) *Sex for sale: prostitution, pornography and the sex industry*. New York: Routeledge.

Adler, P. (1993) *Wheeling & dealing. An ethnography of an upper-level drug dealing and smuggling community* (2ª ed.). New York: Columbia University Press.

Adler, P. A. & Adler, P. (1998). Observational techniques. In N. K. Denzin & Y. S. Lincoln (Eds.) *Collecting and interpreting qualitative materials*. Thousand Oaks: Sage Publications.

Agustin, L. M. (2001). Sex workers and violence against women: utopic visions or battle of the sexes? *Development*, 3, 107-110.

Agustin, L. M. (2003). A migrant world of services. *Social Politics*, 3, 377-396.

Agustín, L. M. (2004) *Trabajar en la industria del sexo, y otros tópicos migratorios*. San Sebastián: Gakoa Editores.

Agustín, L. M. (2005a). Migrants in the mistress's house: other voices in the "trafficking" debate. *Social Politics: International Studies in Gender, State and Society*, 12, 1, 96-117.

Agustín, L. M. (2005b) 'Call for Papers: The Cultural Study of Commercial Sex', *Sexualities*, 8, 5, 618-631.

Agustín, L. M. (2005c) Cruzafronteras atrevidas: outra visión de las mujeres migrantes. In Miranda, M. J. (Ed.) *Mujeres extranjeras en prisión*. Madrid: Universidad Complutense.

Agustín, L. M. (2005d). La industria del sexo, los migrantes y la família europea. *Cadernos Pagu*, 25, 107-128.

Agustín, L. (2007). Questioning solidarity: outreach with migrants who sell sex, *Sexualities*, 10, 519-534.

Albuquerque, A. (2006). *Minorias eróticas e agressores sexuais*. Lisboa: D. Quixote.

Alexander, P. (1987). Prostitution: Still a difficult issue for feminists. In F. Delacoste & P. Alexander (Eds.) *Sex work: Writings by women in the sex industry*. San Francisco: Cleis.

Allman, D. (1999). *A pour Actes, M pour Mutuels. Le travail du sexe au masculin et le Sida au Canada*. Ottawa: Santé Canada.

Almeida, M. V. (2000). *Senhores de si. Uma interpretação antropológica da masculinidade* (2ª ed.). Lisboa: Fim de Século.

Amâncio, L. (1994). *Masculino e feminino. A construção social da diferença* (2ª ed.). Porto: Edições Afrontamento.

APA (2000). *Diagnostic and statistical manual of mental disorders* (4.ª ed. – texto revisto). Washington: American Psychiatric Association.

Arnal, R. B. & Llario, M. D. (1996). *Prostitución masculina. Estudio psicosocial en nuestro contexto*. Valencia: Promolibro.

REFERÊNCIAS BIBLIOGRÁFICAS

Atchison, C., Fraser, L. & Lowman, J. (1998). Men who buy sex: preliminary findings of an exploratory study. In J. Elias, V. Bullough; V. Elias & G. Brewer (Eds.) *Prostitution. On whores, hustlers and johns*. New York: Prometheus Books.

Atkinson, P. (1992). *Understanding ethnographic texts*. Newbury Park: Sage Publications.

Attwood, F. (2007). No Money Shot? Commerce, Pornography and New Sex Taste Cultures. *Sexualities, 10, 4*, 441-456.

Augé, M. (2005, ed. orig. 1992). *Os não-lugares. Introdução a uma Antropologia da sobremodernidade*. Lisboa: 90 graus editora.

Badinter, E. (1996). *XY. A identidade masculina* (2º ed.). Porto: Asa.

Barry, K. (1984). *Female sexual slavery*. New York: New York University Press.

Barry, K. (1986). La prostitution est un crime. *Déviance et Societé, 10*, 299-303.

Barry, K. (1995). *The prostitution of sexuality: the global exploitation of women*. New York: New York University Press.

Bartol, C. (1991). *Criminal behavior. A psychosocial approach* (3ª ed). New Jersey: Prentice-Hall.

Bastos, S. P. (1997). *O Estado Novo e os seus vadios. Contribuição para o estudo das identidades marginais e da sua repressão*. Lisboa: Publicações D. Quixote.

Becker, H. (1963). *Outsiders. Studies in the sociology of deviance*. New York: Free Press.

Becker, H. S. (1982). *Art worlds*. Berkeley: University of California Press..

Benjamin, H. & Masters, R. L. (1964). *Prostitution and morality*. New York: Julian Press.

Bernstein, E. (2007). Sex work for the middle class. *Sexualities, 10, 4*, 473-488.

Bertrand, M.-A. (2006) O sonho de uma sociedade sem riscos. *Toxicodependências, 12, 1*, 7-19.

Bindman, J. (1997). *Redefining prostitution as sex work on the international agenda*. Vancouver: Anti-Slavery International.

Blumer, H. (1986, ed. orig. 1969). *Symbolic interactionism: perspective and method*. Berkeley: University of California Press.

Bourdieu, P. (1994). Le corps et le sacré. *Actes de la recherche en sciences sociales, 104*, 2.

Bourdieu, P. (1999). *A dominação masculina*. Oeiras: Celta Editora.

Bourdieu, P. (2002). Um saber comprometido. *Le Monde Diplomatique* (Edição Portuguesa), 35, 3.

Bourgois, P. (1995). *In search of respect. Selling crack in El Barrio*. Cambridge: Cambridge University Press.

Bourgois, P. & Dunlap, E. (1993). Exorcising sex-for-crack: An ethnographic perspective from Harlem. In M. Ratner (Ed.) *Crack Pipe as Pimp: An Ethnographic Investigation of Sex-for-Crack Exchanges*. New York: Lexington Books.

Bradley, M. (2007) Girlfriends, wives, and strippers: managing stigma in exotic dancer romantic relationships. *Deviant behaviour, 28*, 379-406.

Brewis, J. & Linstead, S. (2000). *Sex, Work and Sex Work* Disponível em http://www.myilibrary.com/Browse/open.asp?ID=2380&loc=2 (11-10-2006).

Brewis, J. & Linstead, S. (2000a). 'The worst thing is the screwing' (1): consumption and the management of identity in sex work. *Gender, Work and Organization, 7, 2*, 84-97.

Brewis, J. & Linstead, S. (2000b). 'The worst thing is the screwing' (2): context and career in sex work. *Gender, Work and Organization, 7, 3*, 168-180.

Bromberg, S. (1998). Feminist issues on prostitution. In Elias, J., Bullough, V., Elias, V. & Brewer, G. (Eds.) *Prostitution. On whores, hustlers, and johns*. New York: Prometheus Books.

Browne, J. & Minichiello, V. (1995). The social meanings behind male sex work: implications for sexual interactions. *British Journal of Sociology, 4*, 598-622.

Brünnot, L. (1986). La prostitution comme travail. *Déviance et Société, 3*, 293-297.

BULLOUGH, B. & BULLOUGH, V. (1998). Female prostitution: current research and changing interpretations. *In* J. E. Elias, V. L. Bullough, V. Elias & G. Brewer (Eds.) *Prostitution: on whores, hustlers and johns*. New York: Prometheus Books.

BULLOUGH, V. & BULLOUGH, B. (1987, ed. orig. 1978). *Women and prostitution: a social history*. New York: Prometheus Books.

BURGESS, R. P. (1984). *In the field: an introduction to field research*. London: George Allen & Unwin.

CAMPBELL, C. (1998). Invisible men: making visible male clients of female prostitutes in Merseyside. *In* J. Elias, V. Bullough; V. Elias & G. Brewer (Eds.) *Prostitution. On whores, hustlers and johns*. New York: Prometheus Books.

CANÁRIO, R. (2003). Exclusão social: um conceito pertinente? *In* J. A. Correia & M. Matos (Eds.) *Violência e violências da e na escola*. Porto: Edições Afrontamento/ CIIE.

CAPUCHA, L. (2005). *Os desafios da pobreza*. Oeiras: Celta Editora.

CARMO, I. & FRÁGUAS, F. (1982) *Puta de prisão* (5º ed.). Lisboa: A regra do jogo.

CASTEL, R. (1995). *Les métamorphoses de la question sociale*. Paris: Gallimard.

CHAPKIS, W. (1997). *Live sex acts: women performing erotic labour*. Londres: Cassell.

CHAPKIS, W. (2000). Power and control in the commercial sex trade. *In* R. Weitzer (Ed.) *Sex for sale: prostitution, pornography and the sex industry*. New York: Routeledge.

CHARMAZ, K. (1995). Grounded theory. *In* J. A. Smith, R. Harré & L. Langenhove (Eds.) *Rethinking methods in psychology*. London: Sage Publications.

CHURCH, S., HENDERSON, M., BARNARD, M. & HART, G. (2001). Violence by clients towards female prostitutes in different working settings: questionnaire survey. *British Medical Journal, 322*, 524-525.

CLINARD, M. B. & MEIER, R. F. (1985). *Sociology of deviant behavior* (6ª ed.). New York: Holt, Rinehart and Winston.

COHEN, S. (1987, ed. orig. 1972). *Folk devils & moral panics. The creation of Mods and Rockers*. Oxford: Basil Blackwell.

CONNELL, R. W. (1995). *Masculinities*. Cambridge: Polity Press.

CORBIN, A. (1978). *Les filles de noce. Misère sexxuelle et prostitution aux XIXéme et XXéme siècles*. Paris: Aubier Montaigne.

COSTA, A. B. (1998). *Exclusões sociais*. Lisboa: Gradiva.

COSTA, A. F. (1986). A pesquisa de terreno em Sociologia. *In* A. S. Silva & J. M. Pinto (Orgs.) *Metodologia das ciências sociais*. Porto: Edições Afrontamento.

CRESPO, J. (1944). Contribuições para o estudo do lenocínio em Portugal. O meretrício no Distrito de Viana do Castelo. *Separata da Revista Coimbra Médica, 11, 4*, 5-14.

CRESSEY, P. G. (1972, ed. orig. 1932). *The taxi-dance hall. A sociological study in commercialized recreation and city life*. New Jersey: Patterson Smith Publishing Corporation.

CROSS, P. & MATESON, K. (2006). Understanding sadomasochism: an empirical examination of four perspectives. *In* P. J. Kleinplatz & C. Moser (Eds.) *Sadomasochism: powerful pleasures*. New York: Harrington Park press.

CRUZ, F. S. (1984). *Da prostituição na cidade de Lisboa (1841)*. Lisboa: Publicações D. Quixote.

CUNHA, M. I. (2006). Formalidade e informalidade: Questões e perspectivas. *Etnográfica, 10, 2*, 219-231.

CUSICK, L (2002). Youth prostitution: a literature review. *Child abuse review, 11*, 230-251.

D'AZEVEDO, F. P. (1864). *Historia da prostituição e policia sanitaria no Porto*. Porto: Casa de F. Gomes da Fonseca.

DANNA, D. (Ed., 2007). *Prostitution and public life in four european capitals*. Roma: Carocci.

DAVIES, P. & FELDMAN, R. (1997). Prostitute men now. *In* G. Scambler & A. Scambler (Eds.) *Rethinking prostitution. Purchasing sex in the 1990's*. London: Routeledge.

DAVIS, N. (2000). From victims to survivors: working with recovering street prostitutes. *In* R. Weitzer (Ed.) *Sex for sale: prostitution, pornography and the sex industry*. New York: Routeledge.

DAY, S. & WARD, H. (2004). Approaching health through the prism of stigma: a longer term perspective. *In* S. Day & H. Ward (Eds.) *Sex work, mobility and health in Europe*. London: Kegan Paul.

DEBUYST, C. (1990). Présentation et justification du théme. *In Acteur social et délinquance – hommage à Christian Debuyst*. Liège: Pierre Mardaga Éditeur.

DELACOSTE, F. & ALEXANDER, P. (1987, Eds.). *Sex work: Writings by women in the sex industry*. San Francisco: Cleis.

DENZIN, N. K. (1998). The art and the politics of interpretation. *In* N. K. Denzin & Y. S. Lincoln (Eds.) *Collecting and interpreting qualitative materials*. Thousand Oaks: Sage Publications.

DENZIN, N. K. & Lincoln, Y. S. (1998, Eds.). *The landscape of qualitative research: theories and issues*. Thousand Oaks: Sage Publications.

DESHOTELS, T. & FORSYTH, C. J. (2006). Strategic flirting and the emotional tab of exotic dancing. *Deviant Behavior, 27,* 223-241.

DIGNEFFE, F. (1989). *Éthique et délinquance. La délinquance comme gestion de sa vie*. Genève: Editions Médicine et Hygiène.

DIGNEFFE, F. (1990). Le concept d'acteur social et le sens de son utilisation dans les théories criminologiques. *In Acteur social et délinquance – hommage à Christian Debuyst*. Liège: Pierre Mardaga Editeur.

DIGNEFFE, F. (1997). Do individual ao social: a abordagem biográfica. *In* L. Albarello, F. Digneffe, J.-P. Hiernaux, C. Maroy, D. Ruquoy & P. Saint-Georges (Obra colectiva). *Práticas e métodos de investigação em ciências sociais*. Lisboa: Gradiva.

DIXON, D. & DIXON, J. K. (1998). She-male prostitutes: who are they, what they do, and why do they do it? *In* J. Elias, V. Bullough; V. Elias & G. Brewer (Eds.) *Prostitution. On whores, hustlers and johns*. New York: Prometheus Books.

DOEZEMA, J. (1998) Forced to choose: beyond voluntary v. forced prostitution dichotomy. *In* K. Kempadoo & J. Doezema (Eds.) *Global sex workers. Rights, resistance, and redifinition*. New york: Routeledge.

DOHAN, D. & SÁNCHEZ-JANKOWSKI, M. (1998). Using computers to analyse ethnographic field data: theoretical and practical considerations. *Annual Review of Sociology, 24,* 477-498.

DUBAR, C. (1996). Socialisation et processus. *In* S. Paugam (Dir.) *L' exclusion: L' état des savoirs*. Paris: La Découverte.

DWORKIN, A. (1987). *Intercourse*. New York: Free Press.

EARLS, C. & DAVID, H. (1989). A psychosocial study of male prostitution. *Archives of Sexual Behavior, 18,* 5, 401-419.

EDWARDS, S. (1997). The legal regulation of prostitution: a human rights issue. *In* G. Scambler & A. Scambler (Eds.) *Rethinking prostitution. Purchasing sex in the 1990's*. London: Routeledge.

EMERSON, R., FRETZ, R. & SHAW, L. (2001) Participant observation and fieldnotes. *In* P. Atkinson, A. Coffey, S. Delamont, J. Lofland & L. Lofland (Eds.) *Handbook of ethnography*. London: Sage Publications.

ESPINOSA, E. L. (1993). *Delitos sin víctima. Orden social y ambivalencia moral* (2ª ed.). Madrid: Allianza Editorial.

EXNER Jr., J. E., WYLIE, J., LEURA, A. & PARRILL, T. (1977). Some psychological characteristics of prostitutes. *Journal of personality assessment, 41,* 5, 474-485.

FARLEY, M. (2004). Bad for the body, bad for the heart: prostitution harms women even if legalized or decriminalized. *Violence Against Women, 10,* 1087-1125.

FARLEY, M. & BARKAN, H. (1998). Prostitution, violence and posttraumatic stress disorder. *Women and Health, 3,* 37-49.

FATTAH, E. (1991) *Understanding criminal victimization. An introduction to theoretical victimology*. Scarborough: Prentice-Hall Canada Inc.

FAUGIER, J. & SARGEANT, M. (1997). Boyfriends, 'pimps' and clients. *In* G. Scambler & A. Scambler (Eds.) *Rethinking prostitution. Purchasing sex in the 1990's*. London: Routeledge.

FERNANDES, L. (1998) *O sítio das drogas*. Lisboa: Editorial Notícias.

FERNANDES, L. (2002) *O sítio das drogas* (3ª ed.). Lisboa: Editorial Notícias.

FERNANDES, L. (2006). Figuras da vitimação colectiva. *Revista Europeia de Inserção Social, 1*, 57-78.

FERNANDES, L. & CARVALHO, M. C. (2000). Por onde anda o que se oculta: o acesso a mundos sociais de consumidores problemáticos de drogas através do método do *snowball*. *Toxicodependências, 6, 3*, 17-28.

FERNANDES, L. & CARVALHO, M. C. (2003). Consumos problemáticos de drogas em populações ocultas. Lisboa: IDT.

FERNANDES, L. & NEVES, T. (2002). Ethnographic Space-Time: culture of resistance in a dangerous place. *In* Brochu, S., Agra, C. & Cousineau, M.-M. (Orgs) *Drugs and Crime Deviant Pathways*. Aldershot: Ashgate.

FERNANDES, L., NEVES, T. & CHAVES, M. (2001). Investigação etnográfica em territórios psicotrópicos: notas de terreno e comentários. *Educação, Sociedade & Cultura, 16*, 171-201.

FERNÁNDEZ, I. (2001). Las nuevas retóricas de la inmigración femenina: la prostitución en las calles de Barcelona. *Revista Electrónica de Geografía e Ciencias Sociales, 94 (100)*.

FETTERMAN, D. M. (1989). *Ethnography. Step by step*. Newbury Park: Sage Publications.

FLOWERS, A. (1998). Research from within: participant observation in the phone-sex workplace. *In* J. Elias, V. Bullough; V. Elias & G. Brewer (Eds.) *Prostitution. On whores, hustlers and johns*. New York: Prometheus Books.

FLOWERS, R. B. (1998). *The prostitution of women and girls*. Jefferson: McFarland & Company.

FONSECA, Ângelo (1902) *Da prostituição em Portugal*. Porto: Typographia Occidental.

FONSECA, Aureliano (1964). Prostituição. Esboço da sua evolução no Mundo e em Portugal. Alguns aspectos da prostituição no Porto. *Separata de O Médico, 680*, 3-28.

FORD, K.-A. (1998). Evaluating prostitution as a human occupation. *In* J. Elias, V. Bullough; V. Elias & G. Brewer (Eds.) *Prostitution. On whores, hustlers and johns*. New York: Prometheus Books.

FOUCAULT, M. (1985). *História de sexualidade (vol. III): O cuidado de si*. Rio de Janeiro: Graal.

FOUCAULT, M. (1988). *História de sexualidade (vol. 1): A vontade de saber*. (10ª ed.). Rio de Janeiro: Graal.

FOUCAULT, M. (1990). *História de sexualidade (vol. II): O uso dos prazeres*. (6ª ed.). Rio de Janeiro: Graal.

FOUCAULT, M. (1993, ed. orig. 1975). *Vigiar e punir* (10ª ed.). Petrópolis: Vozes.

FRANK, K. (1998). The production of identity and the negotiation of intimacy in a gentlemen's club. *Sexualities, 1(2)*, 175-201.

FRANK, K. (2002). *G-strings and sympathy: strip club regulars and male desire*. Durham: Duke University Press.

FRANK, K. (2003). "Just trying to relax": masculinity, masculinizing practices, and strip club regulars. *The journal of sex research 40 (1)*, 61-75.

FRANK, K. (2007). Think critically about strip club research. *Sexualities, 10, 4*, 501-517.

GEERTZ, C. (1993). *The interpretation of cultures*. New York: Fontana Press.

GEMME, R. (1998). Legal and sexological aspects of adult street prostitution: a case for sexual pluralism. *In* J. Elias, V. Bullough; V. Elias & G. Brewer (Eds.) *Prostitution. On whores, hustlers and johns*. New York: Prometheus Books.

REFERÊNCIAS BIBLIOGRÁFICAS

Gil, F. (2005). Sexualité et prostitution In M.-E. Handman & J. Mossuz-Lavau (Dirs.) *La prostitution à Paris*. Paris: Éditions de La Martinière.

Goffman, E. (1963). *Stigmate. Les usages sociaux des handicaps*. Paris: Les Editions de Minuit.

Goffman, E. (1990, ed. orig. 1961). *Manicómios, prisões e conventos* (3ª ed.). São Paulo: Editora Perspectiva.

Gomes, F. A. (2003). Parafilias. In L. Fonseca, C. Soares & J. M. Vaz (Coords.) *A sexologia. Perspectiva multidisciplinar* (Vol. I). Coimbra: Quarteto.

González, E. A. & Martínez, F. M. (2002). *De la exclusión al estigma. Mujeres inmigrantes africanas en contextos de prostitución en el Poniente Almeriense. Una aproximación*. Sevilla: Asociación Pro Derechos Humanos de Andalucía.

Goodyear, M. (2007). Public health policy must be based on sound evidence, not opinion. Comment on British Medical Journal. Disponível em: http://www.bmj.com/cgi/eletters/334/7586/187 (11.04.2007)

Guba, E. G. & Lincoln, Y. S. (1989). *Fourth generation evaluation*. Thousand Oaks: Sage Publications.

Guillemaut, F. (2008). Sexe, juju et migrations. Regards anthropologiques sur les processus migratoires de femmes africaines en France. *Recherches Sociologiques et Anthropologiques, 39, 1*, 11-26.

Guimarães, J. C. (1928). Prostituição e criminalidade femininas na cidade do Porto. *Boletim do instituto de criminologia*, vols. VIII e IX, 54-69.

Hall, T. M. (2007) Rent-Boys, Barflies, and Kept Men: Men Involved in Sex with Men for Compensation in Prague. *Sexualities, 10, 4*, 457-472.

Hallgrimsdottir, H. K., Phillips, R. & Benoit, C. (2006). Fallen women and rescued girls: social stigma and media narratives of the sex industry in Victoria, B.C., form 1980 to 2005. *Canadian Review of Sociology and Anthropology, 43, 3*, 265-280.

Hammersley, M. & Atkinson, P. (1994, ed. orig. 1983). *Etnografía. Métodos de investigación* (2ª ed.). Barcelona: Paidós.

Handman, M.-E. (2005). Enquêter sur la prostitution. In M.-E. Handman & J. Mossuz-Lavau (Dirs.) *La prostitution à Paris*. Paris: Éditions de La Martinière.

Handman, M.-E. & Mossuz-Lavau, J. (2005, Dirs.) *La prostitution à Paris*. Paris: Éditions de La Martinière.

Hart, A. (1998). *Buying and selling power. Anthropological reflections on prostitution on Spain*. Boulder: Westview Press.

Hellermann, C. (2005) Migração de Leste: mulheres "sozinhas". In *Imigração e etnicidade. Vivências e trajectórias de mulheres em Portugal*. Lisboa: SOS Racismo.

Hermanowicz, J. C. (2005). Classifying universities and their departements: a social world perspective. *The Journal of Higher Educuation, 76 (1)*, 26-55.

Heward, C. (1996). Masculinities and families. In M. Mac an Ghaill (Ed.) *Understanding masculinities*. Philadelphia: Open University Press.

Hite, S. (1981). *El informe Hite sobre la sexualidad masculina*. Barcelona: Plaza & Janes.

Høigård, C. & Finstad, L. (1992). *Backstreets. Prostitution, money and love*. Pennsylvania: The Pennsylvania State University Press.

Jeffreys, S. (1997). *The idea of prostitution*. Melbourne: Spinifex Press.

Kammerer, N., Mason, T., Connors, M. & Durkee, R. (2001). Transgenders, HIV/AIDS, and substance abuse: from risk group to group prevention. In W. Bockting & S. Kirk (Eds.) *Transgender and HIV. Risks, prevention, and care*. New York: The Haworth Press.

Kempadoo, K. (2005). Mudando o debate sobre o tráfico de mulheres. *Cadernos Pagu, 25*, 55-78. Disponível em: http://www.scielo.br/scielo.php?script=sciarttext&pid=S0104--83332005000200003&lng=pt&nrm=iso (17-01-2006)

KLEIBER, D. (2000). Le VIH/sida et la prostitution. *Aidsnet*. Disponível em: http://www.aidsnet.ch/infothek/f/infothek_edition_6_00_02.htm (11.04.2007)

KOESTER, S. (1996). The process of drug injection. Applying ethnography to the study of HIV risk among IDUs. In T. Rhodes & R. Hartnoll (Eds.) *AIDS, drugs and prevention. Perspectives on individual and community action*. London: Routeledge.

KRAFFT-EBING, R. (1998, ed. orig. 1886). *Psychopathia sexualis*. New York: Arcade Publishing.

KUHN, T. (1994, ed. orig. 1962). *A estrutura das revoluções científicas* (3ª ed.). São Paulo: Editora Perspectiva.

KURTZ, S., SURRATT, H., INICIARDI, J. & KILEY, M. (2004) Sex work and "date" violence. *Violence Against Women, 10, 4*, 357-385.

LAPLANTINE, F. (1996). *La description ethnographique*. Paris: Nathan.

LEANDRO, M. E. (2006) Laços identitários. Os portugueses na Alemanha na interconfluência de identidades plurais. In M. C. Silva (Org.) *Nação e Estado. Entre o global e o local*. Porto: Edições Afrontamento.

LEONINI, L. (2002). I clienti. In M. Bufo & V. Castelli (Coords.) *Prostituzioni e tratta. Manuale di intervento sociale*. Milano: Franco Angeli.

LEVER, J. & DOLNICK, D. (2000). Clients and call girls: seeking sex and intimacy. In R. Weitzer (Ed.) *Sex for sale: prostitution, pornography and the sex industry*. New York: Routeledge.

LÉVI-STRAUSS, C. (1993, ed. orig. 1955) *Tristes trópicos*. Lisboa: Edições 70.

LEWIN, K. (1948). *Resolving social conflicts*. New York: Harper and Row.

LEWIS, J. (1998). Lap dancing: personal and legal implications for exotic dancers. In J. Elias, V. Bullough; V. Elias & G. Brewer (Eds.) *Prostitution. On whores, hustlers and johns*. New York: Prometheus Books.

LEWIS, J. (2000). Controlling lap dancing: law, morality, and sex work. In R. Weitzer (Ed.) *Sex for sale: prostitution, pornography and the sex industry*. New York: Routeledge.

LIBERATO, I. (2002). *Sexo, ciência, poder e exclusão social. A tolerância da prostituição em Portugal (1841-1926)*. Lisboa: Livros do Brasil.

LINDEMANN, G. (2005). The analysis of the borders of the social world: a challenge for sociological theory. *Journal for the Theory of Social Behaviour, 35 (1)*, 69-98.

LINK, B. & PHELAN, J. (2001). Conceptualizing stigma. *Annual Review of Sociology, 27*, 363-385.

LISBOA, M., VICENTE, L. B.& BARROSO, Z. (2005). *Saúde e violência contra as mulheres: Estudo sobre as relações existentes entre a saúde das mulheres e as várias dimensões de violência de que tenham sido vítimas*. Lisboa: Direcção-Geral de Saúde.

LOMBROSO, C. (1991). *La femme criminelle et la prostitué (1895)*. Grenoble: Editions Jérôme Millon.

LOPES, A. (2006). *Trabalhadores do sexo uni-vos! Organização laboral na indústria do sexo*. Lisboa: D. Quixote.

LOWMAN, J. & ATCHISON, C. (2006). Men who buy sex: a survey in the Greater Vancouver Regional District. *Canadian Review of Sociology & Anthropology, 43 (3)*, 281-296.

MAC AN GHAILL, M. (1994). *The making of men. Masculinities, sexualities and schooling*. Philadelphia: Open University Press.

MACHADO, C. & GONÇALVES, R. A. (2002). Vitimologia e criminologia. In C. Machado & R. A. Gonçalves (Coords.) *Violência e vítimas de crimes (Vol. I – Adultos)*. Coimbra: Quarteto.

MACHADO, H. (1999). "Vaca que anda no monte não tem boi certo": uma análise da prática judicial de normalização do comportamento sexual e procriativo da mulher. *Revista Crítica das Ciências Sociais, 55*, 167-184.

MACKINNON, C. (1987). *Feminism unmodified: discourses on life and law*. Cambridge: Harvard University Press.

REFERÊNCIAS BIBLIOGRÁFICAS

MAHER, L. (1997). *Sexed work. Gender, race, and resistance in a Brooklyn drug market.* Oxford: Oxford University Press.

MALINOWSKI, B. (1983, ed. orig. 1922). *Argonauts of the western pacific.* London: Routeledge & Kegan Paul.

MANITA, C. (1997). Personalidade criminal e perigosidade: da «perigosidade» do sujeito criminoso ao(s) perigo(s) de se tornar objecto duma «personalidade criminal». *Separata da Revista do Ministério Público, 69,* 55-80.

MANITA, C. & OLIVEIRA, A. (2002). Estudo de caracterização da prostituição de rua no Porto e Matosinhos. Porto: CIDM.

MÅNSSON, S.-A. (2005). *Les pratiques des hommes «clients» de la prostitution: influences et orientations pour le travail social.* Disponível em http://sisyphe.org/article.php3?id_article=1707 (14.03.2007).

MARIÑO, R., MINICHIELLO, V. & DISOGRA, C. (2003). Male sex workers in Córdoba, Argentina: sociodemographic characteristics and sex work experiences. *Pan American Journal of Public Health, 13, 5,* 311-319.

MATOS, M. (2002). Violência conjugal. In C. Machado & R. A. Gonçalves (Coords.) *Violência e vítimas de crimes (Vol. I – Adultos).* Coimbra: Quarteto.

MATOS, M. & MACHADO, C. (1999). Violência conjugal e o modelo de intervenção em crise. *Psicologia: teoria, investigação e prática, 2,* 373-388.

MATZA, D. (1964). *Delinquency and drift.* New York: John Wiley and Son.

MATZA, D. (1969). *Becoming deviant.* Englewood Cliffs: Prentice-Hall.

MCCAGHY, C. (1985). *Deviant behavior: crime, conflict and interest groups* (2ª ed.). New York: McMillan Publshing Company.

MCCALL, M. & BECKER, H. (1990). Introduction. In H. Becker & M. McCall (Eds.) *Symbolic interaction and cultural studies.* Chicago: University of Chicago Press.

MCKEGANEY, N. & BARNARD, M. (1996). *Sex work on the streets. Prostitutes and their clients.* Buckingham: Open University Press.

MEDEIROS; R. (2000). *Hablan las putas. Sobre prácticas sexuales, preservativos y SIDA en el mundo de la prostitución.* Barcelona: Virus editorial.

MEIER, R. (1989). *Crime and society.* Boston: Allyn and Bacon.

MENEZES, I. (2007). *Intervenção comunitária: uma perspective psicológica.* Porto: Livpsic.

MONIZ, E. (1906). *A vida sexual. Pathologia* (2ª ed.). Lisboa: Ferreira & Oliveira Lda.

MONTO, M. (2000). Why men seek out prostitutes. In R. Weitzer (Ed.) *Sex for sale: prostitution, pornography and the sex industry.* New York: Routeledge.

MORTON, A. N., TABRIZI, S. N., GARLAND, S. M., LEE, P. J., REID, P. E. & FAIRLEY, C. K. (2002). Will the legalisation of street sex work improve health? *Sexually Transmitted Infections, 78,* 309-312.

MOSSUZ-LAVAU, J. (2005). Qui sont les clients ? In M.-E. Handman & J. Mossuz-Lavau (Dirs.) *La prostitution à Paris.* Paris: Éditions de La Martinière.

MOSSUZ-LAVAU, J. & TEIXEIRA, M. (2005). Le vécu des femmes prostituées In M.-E. Handman & J. Mossuz-Lavau (Dirs.) *La prostitution à Paris.* Paris: Éditions de La Martinière.

MOUJOUD, N. & TEIXEIRA, M. (2005). Migration et trafic de femmes. In M.-E. Handman & J. Mossuz-Lavau (Dirs.) *La prostitution à Paris.* Paris: Éditions de La Martinière.

MURPHY, A. K & VENKATESH, S. A. (2006). Vice careers: the changing contours of sex work in New York City. *Qualitative Sociology, 29,* 129-154.

NAGLE, J. (1997). Introduction. In J. Nagle (Ed.) *Whores and other feminists.* New York: Routeledge.

NAHRA, C. (2005). *A morality for the third millennium (prostitution, homosexuality and sadomasochism in the light of Kant and Mill).*

(Tese de Doutoramento não publicada). Essex: University of Essex (England).
NIXON, K., TUTTY, L., DOWNE, P., GORKOFF, K. & URSEL, J. (2002) The everyday occurrence. Violence in the lives of girls exploited through prostitution. *Violence Against Women, 8, 9*, 1016-1043.
O'CONNELL-DAVIDSON, J. (1998). *Prostitution, power and freedom*. Ann Arbor: University of Michigan Press.
O'Neill, M. (1997). Prostitute women now. In G. Scambler & A. Scambler (Eds.) *Rethinking prostitution. Purchasing sex in the 1990's*. London: Routeledge.
O'NEILL, M. (2001). Prostitution & feminism. Towards a politics of feeling. Cambridge: Polity press
O'NEILL, M. & Barberet. R. (2000). Victimization and the social organization of prostituion in England and Spain. *In* R. Weitzer (Ed.) *Sex for sale: prostitution, pornography and the sex industry*. New York: Routeledge.
OLIVEIRA, A. (2004a). *As vendedoras de ilusões. Estudo sobre prostituição, alterne e strip tease*. Lisboa: Editorial Notícias.
OLIVEIRA, A. (2004b). Prostituição, exclusão e violência. Estudo empírico da vitimação sobre prostitutas de rua. *Actas do II Congresso Internacional de Investigação e Desenvolvimento Sócio-cultural* (ISBN 972-99404-0-1) – 28 a 30 de Outubro Centro Cultural de Paredes de Coura.
OLIVEIRA, A. (2005). Intervenção psicológica com um grupo de prostitutas para prevenção da SIDA e de outras doenças sexualmente transmissíveis. In M. P. Guerra e L. Lima (Coords.) *Intervenção psicológica em grupos em contextos de saúde*. Lisboa: Climepsi Editores.
OLIVEIRA, A. & MANITA, C. (2002). Prostituição, violência e vitimação. *In* R. A. Gonçalves e C. Machado (Coords.) *Violência e vítimas de crimes* (Vol. 1 – Adultos). Coimbra: Quarteto.
ÖSTERGREN, P. (2007). *Sexworkers critique of swedish prostitution policy*. Disponível em: http://www.petraostergren.com/content/view/44/108/ (31.05.2007).
Oso, L. (2000). Estrategias migratórias de las mujeres ecuatorianas y colombianas en situación irregular: servicio doméstico y prostitución en Galicia y Pamplona. *II Congreso sobre la Migración en España*. Disponível em: *http://redes-cepalcala.org/inspector/DOCUMENTOS%20Y%20LIBROS/MARGINACION/SERVICIO%20DOMESTICO%20Y%20PROSTITUCION.pdf* (06.09.2006)
Oso, L. (2006). Mulleres inmigrantes e prostitución en Galicia. Disponível em: www.pensamientocritico.org/lauoso0904.htm (06.09.2006)
OVERS, C. & LONGO, P. (2002, ed. orig. 1997). *Haciendo el trabajo sexual seguro*. Córdoba: Facultad de Psicología, Universidad Nacional de Córdoba, Argentina.
PADILLA, B. (2006). Brazilian Migration to Portugal: Social Networks and Ethnic Solidarity. *CIES e-working paper nº 12/2006*. Disponível em: http://www.cies.iscte.pt/documents/CIES-WP12.pdf (03.12.2007)
PAGLIA, C. (1997). *Vampes & vadias*. Lisboa: Relógio d'Água.
PAIS, J. M. (1985). *A prostituição e a Lisboa boémia do séc. XIX aos inícios do séc. XX*. Lisboa: Editorial Querco.
PANIAGUA, H. (1999). *Discontinuidades en el modelo hegemónico de masculinidad*. Disponível em: http://www.hombresigualdad.com/discontinuidades.htm (30.08.2007)
PARENT, C. (2001). Les identités sexuelles et les travailleuses de l'industrie du sexe à l'aube du nouveau millénaire. *Sociologie et sociétés, 33 (19)*, 159-178.
PARENT, C. & BRUCKERT, C. (2005) Le travail du sexe dans les établissements de services érotiques: une forme de travail marginalisé. *Déviance et societé, 29(1)*, 33-53.
PARENT-DUCHATELET, A. (1981, ed. orig. 1836). *La prostitution à Paris au XIXº siècle*. Paris: Seuil.

PATEMAN, C. (1988). *The sexual 'contract'*. Cambridge: The Polity Press.

PAUGAM, S. (1996). Les sciences sociales face à l' exclusion. *In* S. Paugam (Dir.) *L' exclusion: L' état des savoirs*. Paris: La Découverte.

PEREIRA, V. B. (2005). *Classes e culturas de classe das famílias portuenses. Classes sociais e «modalidades de estilização da vida» na cidade do Porto*. Porto: Edições Afrontamento.

PERKINS, R. (1991). *Working girls: prostitutes, their life and social control*. Canberra: Australian Institute of Criminology.

PHETERSON, G. (1989). *The prostitution prism*. Amsterdam: Amsterdam University Press.

PIDGEON, N. & HENWOOD, K. (1997) Using grounded theory in psychological research. *In* N. Hayes (Ed.) *Doing qualitative analysis in psychology*. East Sussex: Psychology Press.

PISCITELLI, A. (2007). Shifting boundaries: sex and money in the north-east of Brazil, *Sexualities, 10,* 489-500.

PITCHER, J., Campbell, R., Hubbard, P., O'Neill, M. & Scoular, J. (2006). *Living and working in areas of street sex work. From conflict to coexistence*. Bristol: The Policy Press.

PLUMRIDGE, E. W., CHETWYND, S. J. & REED, A. (1997). Control and condoms in commercial sex: client perspectives. *Sociology of Health & Illness, 19, 2,* 228-243.

POIRIER, J., CLAPIER-VALLADON, S. & RAYBAUT, P. (1995). *Histórias de vida. Teoria e prática*. Oeiras: Celta.

PORTER, J. & BONILLA, L. (2000). Drug use, HIV and the ecology of street prostitution. *In* R. Weitzer (Ed.) *Sex for sale: prostitution, pornography and the sex industry*. New York: Routeledge.

POTTERAT, J., ROTHENBURG, R., MUTH, S., DARROW, W. & PHILLIPS-PLUMMER, L. (1998). Pathways to prostitution: the chronology of sexual and drug abuse milestones. *The Journal of Sex Research, 4,* 333-340.

POURETTE, D. (2005a). La prostitution masculine et la prostitution transgenre. *In* M.-E. Handman & J. Mossuz-Lavau (Dirs.) *La prostitution à Paris*. Paris: Éditions de La Martinière.

POURETTE, D. (2005b). Les violences. *In* M.-E. Handman & J. Mossuz-Lavau (Dirs.) *La prostitution à Paris*. Paris: Éditions de La Martinière.

PRINCE, D. (1986). *A psychological profile of prostitutes in California and Nevada*. San Diego: United States International University [Tese de doutoramento não publicada]

PRYEN, S. (1996) Le statut du sociologue dans la situation de l' enquête. Le cas de la prostitution de rue. *In* J. Feldman, J.-C. Filloux, B.-P. Lécuyer, M. Selz & M. Vicente (Dir.) *Éthique, épistémologie et sciences de l' homme*. Paris: L' Harmattan.

PRYEN, S. (1999a). La prostitution: Analyse critique de différentes perspectives de recherche. *Déviance et Societé, 4,* 447-473.

PRYEN, S. (1999b). *Stigmate et métier. Une approche sociologique de la prostituion de rue*. Rennes: Presses Universitaires de Rennes.

PRYEN, S. (1999c). *Les territoires de la prostitution de rua. La gestion clonflictuelle d'un espece public*. Colloque international «Normes, déviances, contrôle social. Nouveaux enjeux, nouvelles approches». Paris, 14-16 Octobre.

PRYEN, S., Barbotin, D. & Mary, C. (1997). Étude sur les conditions de vie des personnes prostituées à Lille. Rapport IFRÉSI présenté à AIDES Nord-Pas de Calais et au Conseil communal de prévention de la délinquance de Lille.

PYETT, P. M. (1998). Researching with sex workers: a privilege and a challenge. *In* J. Elias, V. Bullough; V. Elias & G. Brewer (Eds.) *Prostitution. On whores, hustlers and johns*. New York: Prometheus Books.

RAPHAEL, J. & SHAPIRO, D. (2004) Violence in indoor and outdoor prostitution venues. *Violence Against Women, 10, 2,* 126-139.

RAPPAPORT, J. (1987). Terms of empowerment/exemplars of prevention: toward a theory for community psychology. *American Journal of Community Psychology, 15 (2)*, 121-148.
REDOUTEY, E. (2005). Trottoirs et territoires, les lieux de prostitution à Paris. In M.-E. Handman & J. Mossuz-Lavau (Dirs.) *La prostitution à Paris*. Paris: Éditions de La Martinière.
REES, G. & LEE, J. (2005). *Still running II: findings from the second national survey of young runways*. London: The Childrens Society.
RIBEIRO, M. & SACRAMENTO, O. (2005). Violence against prostitutes. Findings of research in the spanish-portuguese frontier region. *European Journal of Women's Studies, 12*, 1, 61-81.
RIBEIRO, M., SILVA, M. C., RIBEIRO, F. B. & SACRAMENTO, O. (2005). *Prostituição abrigada em clubes (Zonas fronteiriças do Minho e Trás-os-Montes). Práticas, riscos e saúde)*. Lisboa: CIDM.
RIBEIRO, M., SILVA, M.C., SCHOUTEN, J., RIBEIRO, F. B. & SACRAMENTO, O. (2008). *Vidas na raia. Prostituição feminina em regiões de fronteira*. Porto: Edições Afrontamento.
RICH, G. J. & GUIDROZ, R. (2000). Smart girls who like sex: telephone sex workers. In R. Weitzer (Ed.) *Sex for sale: prostitution, pornography and the sex industry*. New York: Routeledge.
ROBERTS, N. (1996). *A prostituição através dos tempos na sociedade ocidental*. Lisboa: Editorial Presença.
ROMANS, S., POTTER, K., MARTIN, J. & HERBISON, P. (2001) The mental and physical health of female sex workers: a comparative study. *Australian and New Zealand Journal of Psychiatry, 35*, 1, 75 – 80.
ROSECRANCE, J. (1985). The invisible horsemen: the social world of the backstretch. *Qualitative Sociology, 8 (3)*, 248-265.
RYAN, J. R. (2006). Transgender sex workers. In M. Ditmore (Ed.) *Encyclopedia of prostitution and sex work* (Vol. 2: O – Z). London: Greenwood Press.

SACRAMENTO, O. (2005). *Os clientes da prostituição abrigada: A procura do sexo comercial na perspectiva da construção da masculinidade*. Braga: Universidade do Minho (Tese de Mestrado).
SANDERS, T. (2005). *Sex work. A risky business*. Devon: Willan Publishing.
SANDERS, T. (2007) The politics of sexual citizenship: commercial sex and disability. *Disability & Society, 22*, 5, 439–455.
SANDERS, T. & CAMPBELL, R. (2007). Designing out vulnerability, building in respect: violence, safety and sex work policy. *The British Journal of Sociology, 58*, 1, 1-19.
SANTOS, B. S., GOMES, C., DUARTE, M. & BAGANHA, M. I. (2008). *Tráfico de mulheres em Portugal para fins de exploração sexual*. Lisboa: CIG
SANTOS-ORTÍZ, M. C., LAÓ- MELÉNDEZ, J. L. & TORRES-SANCHÉZ, A. (1998). Sex workers and the elderly male client. In Elias, J., Bullough, V., Elias, V. & Brewer, G. (Eds.) *Prostitution. On whores, hustlers, and johns*. New York: Prometheus Books.
SCHISSEL, B. & FEDEC, K. (1999). The selling of innocence: the gestalt of danger in the lives of youth prostitutes. *Canadian Journal of Criminology, 1*, 33-45.
SCODANIBBIO, S. (2002). Il target e le reti di sfruttamento. In M. Bufo & V. Castelli (Coords.) *Prostituzioni e tratta. Manuale di intervento sociale*. Milano: Franco Angeli.
SHARPE, K. (1998). *Red light, blue light. Prostitutes, punters and the police*. Aldershot: Ashgate.
SILVA, M. C. (1998). Prostituição feminina: uma primeira abordagem para uma pesquisa. *Cadernos do Noroeste, 11*, 1, 227-244.
SILVA, S. (2001). *As fronteiras das ambivalências. Controlo e poder institucionais sobre a prostituição feminina*. Braga: Universidade do Minho – Instituto de Ciências Sociais (Tese de Mestrado).
SLUKA, J. A. & ROBBEN, A. (2007). Fieldwork in cultural anthropology: an introduction. In A. Robben & J. A. Sluka (Eds.) *Ethnographic fieldwork: an anthropological reader*. Malden: Blackwell.

REFERÊNCIAS BIBLIOGRÁFICAS

Soares, L. E. (2002). Segurança pública e gestão do risco. *Cadernos de Direito Feso, 3*, 5.

Strauss, A. (1978). A social world perspective. In N. Denzin (Ed.) *Studies in symbolic interaction* (Vol. 1). Greenwich: Jai Press.

Sykes, G. M. & Matza, D. (1996, ed. orig. 1957). Techniques of neutralization. In J. Muncie, E. McLaughlin e M. Langan (Eds.) *Criminological perspectives. A reader.* London: Sage Publications.

Thomas, J. A. (2000). Gay male video pornography: past, present, and future. In R. Weitzer (Ed.) *Sex for sale: prostitution, pornography and the sex industry.* New York: Routeledge.

Thomas, W. I. (1923) *The unadjusted girl with cases and standpoint for behavior analysis.* Boston: Little Brown and Company. Disponível em: http://www.brocku.ca/MeadProject/Thomas/Thomas_1923/Thomas_1923_toc.html (02.05.2008).

Thompson, W. E., Harred, J. L. & Burks, B. E. (2003). Managing the stigma of topless dancing: a decade later. *Deviant Behavior, 24*, 551–570.

Toupin, L. (2002). La scission politique du féminisme international sur la question du «trafic des femmes»: vers la «migration» d'un certain féminisme radical? *Recherches féministes, 15,* 2, 9-40.

Treena, O. (2007) In This Life: The Impact of Gender and Tradition on Sexuality and Relationships for Devadasi *Sex Workers* in Rural India. *Sexuality & Culture: An Interdisciplinary Quarterly, 11(1),* 3-27.

Trottier, G. (1992). *Prostitution juvénile masculine et identité personnelle.* Thèse pour l'obtention du doctorat en criminologie à l'Ècole de Criminologie de l'Université de Montréal.

Vanwesenbeeck, I. (2001). Another decade of social scientific work on sex work: a review of research 1990-2000. *Annual Review of Sex Research.* Disponível em : http://www.findarticles.com/p/articles/mi_qa3778/is_200101/ai_n8932379 (13.3.2007).

Vanwesenbeeck, I. (2005) Burnout among female indoor sex workers. *Archives of Sexual Behavior, 34, 6,* 627–639.

Velho, G. (1999). Os mundos de Copacabana. In G. Velho (Org.) *Antropologia urbana – cultura e sociedade no Brasil e em Portugal.* Rio de Janeiro: Jorge Zahar Editor.

Venner, F. (2005). La prostitution sur Internet: visibilité ou clandestinité? In M.-E. Handman & J. Mossuz-Lavau (Dirs.) *La prostitution à Paris.* Paris: Éditions de La Martinière.

Vernier, J. (2005). La Loi pour la sécurité intérieure: punir les victimes du prexénétisme pour mieux les proteger? In M.-E. Handman & J. Mossuz-Lavau (Dirs.) *La prostitution à Paris.* Paris: Éditions de La Martinière.

Vieira, J. (1892). *A prostituição no Porto.* Porto: Typographia de José da Silva Mendonça.

Wacquant, L. (2000). *As prisões da miséria.* Oeiras: Celta Editora.

Walker, L. (1994). *Abused women and survivor therapy: A practical guide for the psychotherapist.* Washington: American Psychological Association.

Wallman, S. (2001). Global threats, local options, personal risk: dimensions of migrant sex work in Europe. *Health, Risk & Society, 3, 1,* 75-87.

Weinberg, T. S. (2006) Sadomasochism and the social sciences: a review of the sociological and social psychological literature. In P. J. Kleinplatz & C. Moser (Eds.) *Sadomasochism: powerful pleasures.* New York: Harrington Park press.

Weitzer, R. (2000). Why we need more research on sex work. In R. Weitzer (Ed.) *Sex for sale: prostitution, pornography and the sex industry.* New York: Routeledge.

Weitzer, R. (2005a). New directions in research of prostitution. *Crime, Law & Social Change, 43,* 211–235.

Weitzer, R. (2005b). Rehashing tired claims about prostitution. *Violence Against Women, 11,* 971-977.

REFERÊNCIAS BIBLIOGRÁFICAS

WEITZER, R. (2006). Prostitution panic. The growing hysteria over sex trafficking. *American Sexuality Magazine, 3, 4*. Disponível em: http://nsrc.sfsu.edu/MagArticle.cfm?SID=0E61E8D830A7E4FB52F044548FD47649&DSN=nsrc_dsn&Mode=EDIT&Article=566&ReturnURL=1 (17.10.2007)

WEITZER, R. (2007). The social construction of sex trafficking: Ideology and institutionalization of a moral crusade. *Politics and Society, 35, 3*, 447-475.

WELZER-LANG, D. (2001a). *Prostitution et travail sexuel: le client*. Disponível em http://www.multisexualites-et-sida.org/yapasque/client.html (20.03.2007)

WELZER-LANG, D. (2001b). A construção do masculino: dominação das mulheres e homofobia. *Revista de estudos feministas*, 9 (2), 460-482. Disponível em: http://www.scielo.br/scielo.php?script=sci_arttext&pid=S0104-026X2001000200008&lng=pt&nrm=iso (20.03.2007)

WELZER-LANG, D., Barbosa, O. & Mathieu, L. (1994) *Prostitution: les uns, les unes et les autres*. Paris: Editions Métailié.

WEST, D. (1998). Male homosexual prostitution. *In* Elias, J., Bullough, V., Elias, V. & Brewer, G. (Eds.) *Prostitution. On whores, hustlers, and johns*. New York: Prometheus Books.

WHYTE, W. F. (1984, ed. orig. 1943). *Street corner society* (4ª ed.). Chicago: The University of California Press.

WIDOM, C. (1984). Sex roles, criminality, and psychopathology. *In* C. S. Widom (Ed.) *Sex roles and psychopathology*. New York: Plenum Press.

WIJERS, M. & Van Doorninck, M. (2005). *What's wrong with the anti-trafficking framework?* Disponível em: www.sexworkeurope.org/BackgroundPapers/Trafficking.htm (24.10.2005)

WILLIAMSON, C. & CLUSE-TOLAR, T. (2002). Pimp-controlled prostitution. Still an integral part of street life. *Violence Against Women, 8, 9*, 1074-1092.

ZALUAR, A. (2002) Oito temas para debate: violência e segurança pública. *Sociologia, 38*, 19-24.

ZIMMERMAN, M. A. (1995). Psychological empowerment: issues and illustrations. *American Journal of Community Psychology, 23 (5)*, 581-599.

ZIMMERMAN, M. A. & RAPPAPORT, J. (1988). Citizen participation, perceived control, and psychological empowerment. *American Journal of Community Psychology, 16 (5)*, 725-750.

OUTRAS FONTES REFERENCIADAS

Código Penal Português: Lei 59/2007, de 4 de Setembro. Disponível em: http://www.gnr.pt/portal/internet/legislacao/pdf/CP.pdf (19.02.2008)

Conselho da Europa (2006). *Combating violence against women. Stocktaking study on the measures and actions taken in Council of Europe member States*. Strasbourg: Equality Division Directorate General of Human Rights. Disponível em: http://www.coe.int/t/e/human_rights/equality/PDF_CDEG(2006)3_E.pdf (16.02.2007)

EUROPAP/TAMPEP (2001). *Cuidar da saúde. Desenvolver serviços para as pessoas que se prostituem na Europa*. Lisboa: Coordenação do Projecto EUROPAP em Portugal – Consulta de Doenças Sexualmente Transmissíveis do Centro de Saúde da Lapa, Administração Regional de Saúde.

GOMES, J. (2007) Legalização paga com sexo. *Correio da Manhã*, 16 de Abril.

GUERREIRO, M. & CUNHA, S. (2005) Negócio de 2,5 mil milhões. Tráfico. Escravas do sexo. *Correia da Manhã*, 7 de Junho.

JESÚS, J. (2006). População do Porto recua para índices de 100 anos atrás. *Agência Lusa* (27-12-2006). Disponível em: http://www.agencialusa.com.br/index.php?iden=5417 (06.06.2007)

MOITA, T. & COSTA, P. F. (2008). Prostitutas pagam "renda" pela berma da estrada. Novos proxenetas dizem-se "donos" do terreno e cobram-lhes 50 a 100 euros por dia. *Jornal de Notícias*, 11 de Abril.

SANCHES, A.(2008). A violência no casamento começa no namoro. *Público*, 7 de Maio.

Sociedade de Reabilitação Urbana da Baixa Portuense (2007). Disponível em: http://www.portovivosru.pt/sub_menu_1_3.php (01.10.2007).

TAMPEP (2009). *TAMPEP VIII Newsletter, 2*, Novembro de 2009.

ÍNDICE

INTRODUÇÃO GERAL	7
Orientações epistemológicas e teóricas	9
O objecto	13
O conhecimento científico	16
Os objectivos	27
O método etnográfico	28
Outros métodos de recolha de dados	46
CAPÍTULO 1 – O MUNDO SOCIAL DA PROSTITUIÇÃO DE RUA	53
1.1. A prostituição na rua: ecologia e organização territorial	54
1.2. Dinâmicas da prostituição: o negócio sexual	70
1.3. O quotidiano das pensões	95
1.4. Os clientes e a relação com as prostitutas: sexo, afectos e poder	102
1.5. Entre prostitutas: amizade e concorrência	129
CAPÍTULO 2 – O MUNDO FAMILIAR DA PROSTITUTA	135
2.1. Os companheiros e os filhos: ser prostituta, esposa e mãe	136
2.2. A relação com outros familiares: entre o desconhecimento, a rejeição, o respeito e o usufruto	162
CAPÍTULO 3 – SER-SE PROSTITUTA	169
3.1. Exercer prostituição: sentimentos ambivalentes e procura de dignidade	170
3.2. A diversidade das trajectórias: entrar, permanecer e sair	182
CAPÍTULO 4 – REACÇÃO SOCIAL: ESTIGMA, EXCLUSÃO, VIOLÊNCIAS	215
NOTAS FINAIS – DA COMPREENSÃO À INTERVENÇÃO	243
REFERÊNCIAS BIBLIOGRÁFICAS	253
OUTRAS FONTES REFERENCIADAS	267